KB263367

이 레슨이 끝나지 않기를

EVERY GOOD BOY DOES FINE
Copyright ⓒ 2022 by Jeremy Denk
All rights reserved.

This Korean edition published by arrangement with Jeremy Denk c/o The
Cheney Agency through EYA Co., Ltd, Seoul.

이 책의 한국어판 저작권은 EYA Co., Ltd.를 통해 The Cheney Agency와 독점계
약한 에포크가 소유합니다. 저작권법에 의하여 한국 내에서 보호를 받는 저작물
이므로 무단 전재 및 복제를 금합니다.

이 레슨이 끝나지 않기를

피아니스트 제러미 덴크의 음악 노트

제러미 덴크 지음 | **장호연** 옮김

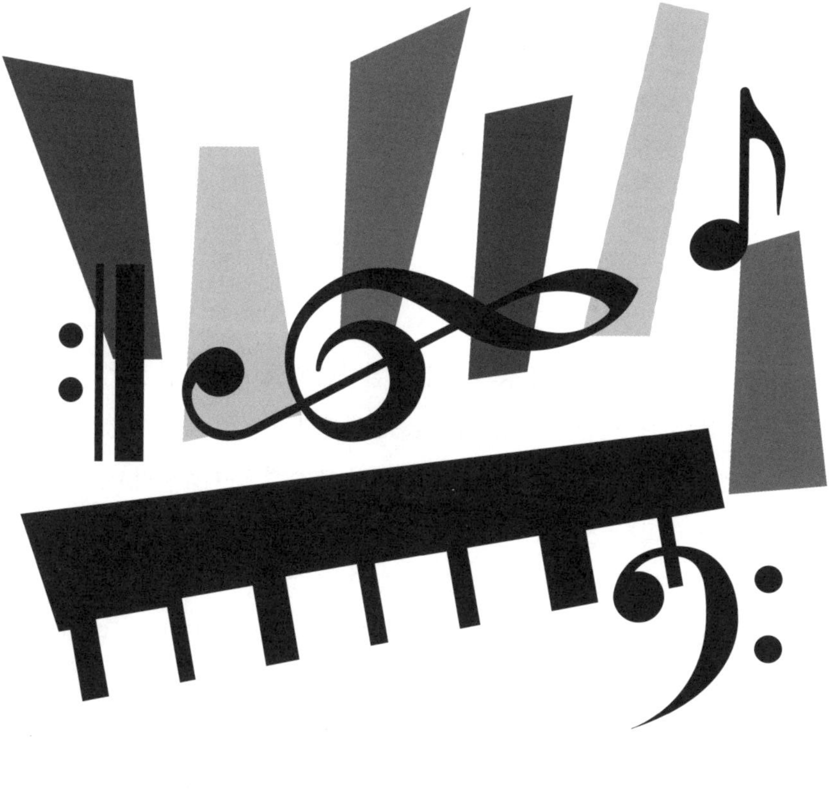

에포크

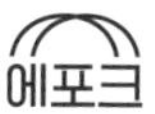

한국의 독자들에게

이 책이 음악에 대한 존경과 열정이 남다른 한국에서 출간된다니 몹시 기쁩니다. 지난 25년간 저는 많은 훌륭한 한국인 음악가들 그리고 한국계 미국인 음악가들과 실내악을 연주했으며 음악회가 끝나면 자축하고자 한국식 바비큐를 얼마나 많이 먹었는지 모릅니다(김치, 소주, 또 제가 좋아하는 깻잎은 말할 것도 없고 말이죠!). 이런 음악 친구들 덕분에 제가 이 세상과 연결되어 있다는 느낌을 받습니다. 이 책으로 그런 연결이 더 강화되기를 바라는 마음입니다.

책을 쓰게 된 동기는 단순합니다. 직접 대면하며 말로 가르치는 음악 교습의 전통을 보존하고 싶었습니다. 저 역시 그런 식으로 음악을 배웠고요. 책은 회고록의 형식을 취합니다. 공식적인 최초의 피아노 레슨부터 줄리아드에서 있었던 마지막 레슨까지 제 삶의 이야기를 들려주며 그 과정에서 제가 겪었던 성공과 실패, 그리고 배움을 방해했던 이해하기 힘든 멍청한 일들을 보여줍니다. 하지만 책의 핵심은 저를 가르친 교사들입니다. 그들의 전략, 그들의 이상, 그들의 음악 사랑을 묘사하면서 너무도 즐거웠습니다. 음악 레슨은 강렬한 감정적 경험이 될 수 있습니다. 왜냐하면 음악은 삶의 감정적인 순간들과 떼려야 뗄 수 없고, 레슨은 매 순간 인간의 연약함과 마주치는 나눔의 행위이기 때문입니다.

한 인터뷰에서 저는 이 책을 "음악 교사들에게 바치는 러브레터"라고 했습니다. 책에는 야노스 슈타커, 아이작 스턴, 레온 플라이셔 같은 유명한 교사들도 나오지만 덜 유명한 교사들, 열심히 묵묵히 가르치는 일에 몰두하면서 충분한 존경을 받지 못하는 교사들을 특별히 더 조명하고자 했습니다.

회고록 중간에 저만의 독특한 레슨들을 '에세이' 형식으로 끼워 넣었습니다. 음악의 가장 기초적인 면들을 엉뚱한 방식으로 생각해보자는 취지였습니다. 미리 말해두자면 불경할 수 있습니다. 고전음악에서 유머의 역할이 제대로 평가받지 못한다는 게 제 생각입니다. 모차르트는 웃는 것을 좋아했으며, 베토벤은 숭고한 것과 우스꽝스러운 것 모두를 삶의 비전으로 끌어들였습니다. 때로는 두 가지를 동시에 구사하기도 했지요.

지난해 연주 여행을 다닐 때 가끔 젊은 사람이 이 책을 들고 제게 찾아오는 일이 있었습니다. 일화를 하나 소개하자면 토론토에서 수줍음 많은 한 피아니스트가 말하기를 제 책이 자신의 불안정함을 극복하는 데 도움이 되었다고 했습니다. 음악을 배우는 학생으로서 자기만 힘든 삶을 사는 게 아님을 깨닫고 힘을 냈다고 했습니다. 저는 연주 여행도 사랑하고 무대에서 연주하는 것도 당연히 사랑하지만, 이것이 제가 받은 최고의 찬사임을 말하지 않을 수 없습니다. 바라건 대, 힘든 노력은 엄연한 현실이지만 다들 해내고 나면 그것 또한 더 큰 음악의 기쁨의 일부가 된다는 것을 이 책을 통해 음악가들과 음악 애호가들과 음악을 배우는 학생들이 느꼈으면 합니다.

제러미 덴크

성심을 다했지만 이 책으로 고마움을 갚기엔
턱없이 부족한 죄르지 셰복에게.
그리고 우리를 스스로에게 갇혀 있지 않도록
하는 모든 사람들에게.

차례

한국의 독자들에게 **4**

프렐류드 **11**

1교시 화성

1장 최초의 레슨 **19**

2장 화성: 첫 번째 수업 **54**

3장 연습하는 소리가 들리지 않는구나! **66**

4장 화성: 두 번째 수업 **106**

5장 피아노로 정하다 **119**

6장 화성: 세 번째 수업 **166**

2교시 선율

7장 정말 그렇다고 생각해? **181**

8장 선율: 첫 번째 수업 **214**

9장 꼭 피아노 선생이 아니어도 **225**

10장 선율: 두 번째 수업 **255**

11장 넷째 손가락에 닥친 위기 **264**

12장 선율: 세 번째 수업 **317**

3교시 리듬

13장 "아무것도 하지 않으면 다 이루어진다" **327**

14장 리듬: 첫 번째 수업 **360**

15장 콩쿠르와 마스터클래스 **372**

16장 리듬: 두 번째 수업 **408**

17장 종착점에 다다르다 **415**

18장 리듬: 세 번째 수업 **445**

19장 그래서 줄리아드에 가고 싶다고 **455**

코다(이행부) **496**

감사의 말 **508**

옮긴이의 말 **514**

부록 플레이리스트 해설 **518**

프렐류드

열두 살 때 새로 생긴 쇼핑몰의 음반 가게에 간 나는 스바로 피자가 묻은 손으로 클래식 코너의 물품 하나하나를 만지며 얼룩을 묻혔다. 내가 정말로 사고 싶은 앨범인지 확인하려면 꺼내서 손에 들고 살피는 수밖에 없었다. 10분이 지나자 어머니가 바깥 통로에서 소리쳤다. "헤이, 아들, 이제 가야지." 그래서 클리블랜드 오케스트라가 연주하는 모차르트의 〈신포니아 콘체르탄테〉 카세트테이프를 집어 들었다. 당시 나는 '콘체르탄테'는 말할 것도 없고 '신포니아'가 무슨 뜻인지도 잘 몰랐다. 그래도 클리블랜드 오케스트라가 대단한 악단이라는 정도는 알았다.

집에 돌아와 방문을 닫고 비닐을 뜯은 다음 테이프를 틀어 어떤 이야기가 담겨 있는지 들었다. **그래, 이게 모차르트지.** 과연 기대했던 대로 사랑스럽고 멋지고 우아한 음악이었다. 여러분도 알게 되겠지만 나는 구두끈도 제대로 맬 줄 모르면서 모차르트는 알아볼 줄 안다고 으스대는 아이였다. 2분이 지났을 때 묘한 일이 벌어졌다. 윙윙거리는 트릴이 몇 차례 들렸다. 곁가지에 불과한 부수적인 아이디어일 가능성이 높았다. 음이 점점 높아지고 있었다. 하지만 계속 이어졌다. 이 정도에서 그쳐야 하는데 트릴은 더 크게 더 높게 이어졌다. 모차르트가 정신이 나갔던 걸까? 피아노로 트릴을 연습한 적이 있었는데, 내가 알기로 트릴은 매력적인 장식음, 디테일이었다. 둥글게 깎은 의자 다리나 천장의 테두리 장식 같은 것 말이다. 하지만 여기서는 그렇지 않았다. 모차르트는 디테일이 주도권을 쥐고 계속 몸집을 불리도록 내버려두고 있었다. 이유는 알 수 없지만 그는 자신의 균형 잡힌 세계에서 거대한 불균형을 만들어내고 있었다.

내가 느끼기에 트릴은 피아노로 인간 목소리의 떨림에 가장 가까이 다가갈 수 있는 소리다. 음들이 활력으로 **진동하고** 있었다. 트릴은 장음계를 올라갔다. 당시에 나는 당연히 음계 연습도 했다. 음계는 기쁨이라고는 찾아볼 수 없는 과제였다. 끝도 없이 반복하고 반복해야 하는 지루함 자체다. 하지만 이 순간 나 자신이 음계가 된 것만 같았다. 점점 차오르면서 상승하는 음들이 내 위에 지도처럼 그려졌다. 가슴이 벅차오르고, 호흡이 바뀌고, 엄지발가락 아래 볼록한 부분에 힘이 들어가 발끝으로 섰다. 나는 더 이상 음악을 외부에서 받고 있지 않았다. 내부에서 풍선처럼 부풀어 올랐다. 어찌나 강렬한 느낌이던지 찬찬히 생각할 겨를이 없었다.

마침내 트릴은 황홀한 클라이맥스에 이르렀다. 음악이 이렇게 말하는 듯했다. **드디어 언덕 정상에 올랐어.** 바이올린이 비올라의 행진에 맞춰 엇갈리게 당김음을 연주하며 흥분을 더했다. 나는 몇 초 동안 까칠까칠한 카펫 위에서 춤을 추며 이 대목이 핵심이라고 생각했다. **그래, 바로 이거야!** 하지만 다음 화음에 맞춰 발을 옮기려는데 음악이 갑자기 조용하게 바뀌는 것이 아닌가. 온화함으로 충격을 주는 이례적인 역설이 일어난 것이다. 나는 동화책들과 아버지 서재에서 몰래 가져온 야한 소설 사이에 놓인 카세트플레이어를 쳐다보았다.

춤이 도중에 멎으면서 잠깐 어리둥절했다. 절벽에서 뛰어내렸음을 깨달은 와일 E. 코요테[애니메이션 〈루니 툰〉에 나오는 캐릭터-옮긴이]가 된 기분이었다. 정상적인 음악 시간이 중단되었다. 악기 대부분이 유보 상태에 접어들었다. 바이올린 섹션만 예외였다. 박을 주거니 받거니 할 대상도 없으면서 바이올린 혼자서 당김음을 계속 연주했다. (리듬을 만들게 된 이유는 사라졌지만 충동은 남아 있었던 것이다.) 나는 우리가 방금 올랐던 바로 그 음계를 바이올린이 내려오고 있다는 것을 알아차리지 못했다. 그저 음들이 아름답다는 것만 알았다. 불협화음이라는 것도. 나는 모든 음들을 붙들고 놓아주지 않으려고 했다. 하지만 삶이 그렇듯 음은 다음 음으로 미끄러지고 있었다.

모차르트의 영감이 빛나는 순간이었다. 묘한 감정에 휩싸인 나는 용감하게 나서고 싶었다. 문을 활짝 열고 그 순간을 부모님과 나누고 싶었다. 이례적으로 동생에게 상냥하게 대했을 수도 있다. 그러나 아버지가 놀릴까봐 걱정되었다. 동생이 내가 으스댄다고 생각하지 않을까, 어머니가 왜 응접실 청소를 안 했냐고 묻지 않을까 걱정되었다. 그래서 그냥 침대 옆 바닥에 앉아 같은 대목을 계속 들었다. 스튜를 휘젓듯 공기를 휘저으며 기쁨을 혼자서만 간직했다. 사실 그 대목의 정수는 온 세상을 품에 안고 싶다는 느낌이었는데 말이다.

{

38년의 세월이 흘러 부엌에서 글을 쓰고 있는데 〈신포니아 콘체르탄테〉의 그 대목이 문득 생각났다. 솔직히 말하면 피하고 있었다. 소중하긴 하지만 너무도 신성하고 끄집어내기에 너무도 위험한 기억이었던 것이다. 나를 취약한 열두 살 때로 돌아가게 하는, 혹은 대책 없는 사랑에 빠져 감당할 수 없는 감정으로 허우적대는 대학생 시절로 돌아가게 하는 기억이었다. 하지만 이번에는 용기를 내기로 했다. 나는 거미줄이 쳐진 벽장으로 들어가 아무렇게나 방치된 요리책과 가습기 뒤에 놓인 작은 가죽 상자에서 오래된 테이프를 찾았다. 예전 집주인이 두고 간 플레이어가 있었다. 용케 작동했다. 15분 뒤에 나는 여기가 어딘지도 모른 채 부엌 식탁에 놓인 소금통을 멍하니 바라보았다.

나는 구조를 하나하나 살펴보며 감정의 분석에 나섰다. 첫 번째 섹션은 당연히 트릴이었다. 반복이 핵심이었다. 예기치 않은 반복, 지나치게 오래 지속되는 반복. 비웃음 살 위험을 무릅쓰고 미지의 목표를 향해 조금씩 나아갔다. 두 번째 섹션은 느긋하게 만끽하는 순간이었다. 모든 에너지와 노력이 만족스럽게 분출되는 순간. 마지막 섹션은 셋 중 최고지만 앞의 둘이 없다면 무의미했다. 여기서 모차르트는 멋지게 쌓아올린 것을 허물어뜨렸다.

그 순간 깨달았다. 모차르트의 그 대목은 내가 쓰고 있는 피아노 레슨 이야기를 나타내는 완벽한 은유임을. 강박적인 반복, 알지 못하는 목표를 다시 써가며 조금씩 나아가기, 마침내 목표에 도달. 하지만 진정한 깨달음은 정상에 올랐을 때가 아니다. 거의 짐작도 못한 일이지만 깨달음은 같은 걸음을 다시 밟고 내려오는 과정에서 발견된다. 이 책의 요점을 억지로 요약하라고 하면 한 발씩 내딛는 기쁨이라고 하겠다. 성장하고 몸집을 부풀려가고 상황이 역전되는 과정을 즐기는 것이다. 그리고 모차르트 음악에서와 같이 시간이 멈추거나 심지어 거꾸로 돌아가는 것처럼 보일 때 여러분은 배우고 있는 것이다.

하지만 그 전에 내 부모님 이야기를 먼저 해야겠다.

화성

1장 최초의 레슨

PLAYLIST

생상스: 교향곡 3번 C단조(〈오르간〉), 2악장
말러: 교향곡 1번 D장조(〈거인〉), 1악장과 4악장
클레멘티: 소나티나 F장조 op.36, no.4, 참아낼 수 있는 대목까지

아버지는 수도승이었다. 대화 도중에 아버지가 이 말을 흘리고 아차 싶어 허둥대는 모습을 지켜보는 건 재미난 일이다. 그러면 나는 옆에서 눈을 찡긋하며 "내가 태어나기도 전에 말이죠!" 하고 거든다. 내가 어렸을 때 아버지는 자신이 수도원에서 보낸 10년 세월을 즐겨 이야기하셨다. 나이 많은 한 수도승은 복도를 지나 화장실에 가는 걸 거부하고 자기 방에 양동이를 두고 볼일을 보았다. 그래서 별명이 '천둥 양동이'였다. 어느 날 아침 그가 창문 밖으로 양동이를 비우는 바람에 예배당 담장에 그려진 그림에 오물이 묻었다. 그 이후로 그림은 '흐느끼는 성모 마리아의 기적'으로 알려지게 되었다. 아버지는 같은 방을 썼던 로렌스 수도사 이야기로 넘어갔다. 명철한 사상가였고 목욕을 하지 않아 "유인원의 몰골에 지독한 냄새를 풍

겼다"고 했다. 로렌스는 아버지에게 단테에 대해 가르쳤는데 로마에 갔을 때 신기하게도 그의 냄새가 났다고 한다. 내가 좋아하는 인물은 아버지가 수도원 일로 노터데임 대학에 가서 만난 당돌한 수녀들이다. 축구 경기만 하면 심한 욕지거리를 해댔다고 한다.

이런 이야기들 때문에 동생과 나는 수도원이 흥미로운 곳이라고 생각했다. 놀이공원이나 휴양지처럼 재미 삼아 가는 곳이라고 여겼다. "그곳을 왜 떠났어요?" 우리는 우리의 존재를 부정하는 질문인 줄도 모르고 그렇게 물었다. 아버지는 늘 같은 대답을 했지만 뜸을 들였다. 종교에 헌신하면서 그는 연기에 목이 말랐고, 얼마 안 되고 잘 속아 넘어가는 청중도 그에게는 중요했다. 아버지는 과장되게 얼굴을 찌푸리고 한숨을 내쉬고 강렬한 기억과 실존적 의문의 그림자를 털어내려는 동작을 취했다. 그러고 나서 마침내 이렇게 말했다. "프라이드치킨을 참을 수 없었단다."

우리는 어째서 이게 웃긴 말인지 몰랐다. 아버지는 항상 이렇게 말하고 나서 근엄하고 거의 화가 난 표정을 지었으므로 과연 웃어도 되는지 알지 못했다. 한참 뒤에, 내가 부모님을 고령자를 위한 지원 시설로 모시고 난 직후에 같은 표정을 본 기억이 난다. 점심을 먹으려고 앉아 있었는데 구급차가 주차장으로 들어와 불빛을 깜빡였다. "고기를 운반하는 차가 왔군." 그렇게 말하고 나서 아버지는 근처에 있던, 산소 호흡기를 달고 휠체어에 구부정하게 앉아 있는 사람을 뚫어지게 쳐다보았다. 웃어야 할 순간임이 확실했지만, 아버지는 음악의 지속저음처럼 찌푸린 표정을 계속 이어가며 농담에 들어 있는 진실을 강조했다.

〔

　지원 시설에서 어머니는 아버지를 글쓰기 수업에 데리고 갔다. 그 덕분에 동생과 나는 과거에 대한 진지한 대답을 마침내 듣게 되었다. 수업의 주요 과제는 회고록 쓰기였다. 아버지는 투덜댔지만 누가 봐도 그것을 좋아하셨다. 자신의 방에 틀어박혀 마감 시한을 앞둔 기자처럼 키보드를 미친 듯이 두들겨대며 회고록을 완성했다. "엉클 조의 비신화화"*는 보즈웰의 『새뮤얼 존슨의 삶』과 로드니 데인저필드[미국 스탠드업 코미디언으로 "사람들이 날 무시하는데 말이야"라는 말로 독백을 시작하는 것이 장기였다─옮긴이]의 통상적인 패턴이 흥미롭게 뒤섞인 스타일이었다. 고상하게 쓰인 문장이 지나치게 고상한 티를 낼 때가 많았다("역사에 간신히 한 발 걸치고 있으면서 당연하게도 불가피하게 허구적인 삶의 장들을 나열하고 있는 아래 글에서 드러나겠지만, 그리고 지금 생각하니 이런 글을 쓰는 것은 언젠가 한 번은 해야 할 일이었지만, 나의 삶은 장대한 서사시와는 거리가 멀었다"). 농담은 걸핏하면 제자리를 돌며 스스로를 놀리기 일쑤였다. 장황하게 사실을 늘어놓는 대목에서 아버지는 상대를 지루하게 만들며 즐기는 악취미가 있는 듯했다. 그러나 가끔 진심이 담긴 문장이 틈 사이로 흘러나와 마음을 아프게 했다.

---

* 공교롭게도 그 무렵에 여러분이 지금 읽고 있는 이 책의 출판 계약을 하게 되었고, 그 소식이 『뉴욕타임스』에 떠들썩하게 보도되었다. 그러자 부모님은 "오, 네가 그렇게 대단한 사람이란 말이지?" "그런 네가 황송하게도 우리와 같이 저녁을 먹겠다고?" 같은 말들을 했다. 그러고 나서 상황이 참으로 우습게 진행되어 내가 원고의 파일명을 고를 때 아버지가 회고록 집필을 마쳤다. 아버지는 우쭐대며 단 두 마디가 적힌 이메일을 내게 보냈다. "난 끝냈다."

첫 장은 엄청난 죄책감을 언급하면서 이유는 끝끝내 밝히지 않았다. 죄책감을 위한 죄책감이다. 아일랜드계 어머니와 바이에른 출신의 아버지를 둔 아버지는 시카고 교외에서 자랐다. 자신의 아버지에 대해 가급적 언급하지 않았지만, 탐욕스럽고 엄한 악당임이 분명하다. 내 아버지는 과학을 가족으로부터 벗어날 도피처로 삼았다고 했다. 디캘브에서 대학을 나왔고 뉴저지에서 화학 공학자로 일했다. 그것도 상당히 오랫동안. 그러니 뉴저지 유료 고속도로의 냄새가 마음에 들지 않는다면 그의 탓을 해도 좋다.

회고록의 이 시점에서 난데없이 새로운 갈래가 등장한다. 연극, 시, 문학에 대한 관심이다. 사실이 아름다움 앞에서 시들해진 것이다. 아버지는 자신의 진공관은 제쳐두고 뉴욕시에 드나들며 보헤미안 카페에 자주 모습을 보이기 시작했다. 그리고 그곳, 사악함의 소굴(내가 지금 살고 있는 곳)에서 배우들(내가 피하는 존재)에 둘러싸여 모험과 자유를 찾던 중 전혀 예기치 못한 인연을 만났다. 뉴저지주 이스트오렌지에 사는 메리 엘리스 래퍼티라고 하는 가톨릭 집안 소녀였다. 창조적 삶을 살겠다는 꿈은 물러났다. 두 사람은 1년 뒤에 결혼했다. "사람들은 첫눈에 반한 사랑이라고 하겠지만, 정확히 말하면 우리 둘 다 필사적으로 달려든 행동이었다." 그러나 메리 래퍼티는 천식을 앓았고 천식은 신혼여행에서 폐렴이 되었다. 나중에는 만성 기관지염으로 발전하여, 그녀는 결혼식을 올리고 3년이 지난 1955년 12월 3일에 숨을 거두었다. 그들은 잠자리를 함께 하지도 못했다.

그녀가 죽고 나자 과학은 변덕스러운 광채마저 사그라들었다. 아버지는 성경 공부를 시작했다. 그것으로 충분치 않았는지 수도원에 들어가 10년을 보냈다. 나로 말하자면 이제까지 살면서 이렇게 내가 가진 모든 것을 내려놓은 적이, 자아와 야망을 포기한 적이 없었다. 하지만 나는 아버지의 선택이 온전히 신념에 따른 것은 아님을 알아챘다. 거기에는 미적 요소가 있었다. 아버지는 아름다운 면도 있는 도덕적 행동을 하려는 마음이 컸다. 아버지와 나는 서로를 경계하듯 대했다. 마음 한구석에 공통된 편향이, 그러니까 예술과 관념에 한없이 약해지고 사람들을 조심조심 아이러니하게 대하는 면이 있었기 때문이다. 배가 가라앉고 있는데 더 많은 승객을 구하는 것과 마지막 남은 바흐의 〈마태 수난곡〉 악보를 구하는 것 중 하나를 선택해야 한다면, 우리 둘 다 망설였을 것이다.

성 혁명과 민권 운동과 베트남 전쟁으로 세상이 소란스러울 때 아버지는 성경에 몰입했고, 단테와 호메로스를 연구했으며, 화학 박사학위를 마쳐 벨몬트 애비 대학에서 교편을 잡음으로써 미리 정해진 학습의 의식을 행했다. 그러나 그의 죄책감은 교활한 새 활로를 찾아 공격에 나섰다. 세상이 정의로운 방향으로 나아갈 때 자신이 일종의 현실 도피를 하고 있다고 느꼈다. 신에 마음을 바치는 것은 다른 모든 것보다 큰 도덕적 실책이었다. 아버지는 1969년 5월에 가톨릭교회를 떠났고 테네시에서 속도위반으로 단속을 받았다. 나는 1970년 5월에 태어났다. 아버지는 내 가운데이름을 마틴이라고 지었다. 마틴 루서 킹 주니어에서 가져온 이름으로 자신이 놓친 것을 나타내는 상징이었다.

𝄢

어머니의 회고록은 적나라하지만 유쾌한 가족의 분열을 묘사한다. 〈프레리 홈 컴패니언〉[컨트리, 포크, 가스펠 등의 전통 음악을 소개하여 미국인들의 큰 사랑을 받은 라디오 쇼-옮긴이]에 어울리는 진중한 부류가 있는가 하면, 거친 검보[미국 남부 지방을 대표하는 스튜 요리-옮긴이] 같은 방탕아 부류도 있었다. 어머니의 모계는 스웨덴의 루터교 집안이었고, 아버지 오빌은 뉴올리언스 출신이었다. 오빌의 이모 젤다는 물건을 훔치다 들켜 백화점에서 해고되었다. 어머니는 젤다가 어쩔 수 없이 자기들과 함께 살게 된 순간을 이렇게 적었다.

젤다가 실직하여 집에 왔는데 비만한 몸에 고혈압이 있었고, 다이아몬드 반지, 모피 코트와 화려한 옷, 파티와 술과 기름진 뉴올리언스 음식을 좋아하는 취향, 그리고 반짝이는 검은색 그랜드피아노도 있었다.

퇴폐적이고 불필요하고 위험한 물품 목록 맨 마지막에 피아노를 슬쩍 끼워넣은 것에 주목하라.

외할아버지 오빌은 자동차 업계에서 괜찮은 일자리를 얻었다. 덕분에 대공황 시대에도 남부럽지 않게 살았고 사람들에게 나눠줄 것이 있었다.

남자들과 여자들이 꾸준하게 우리 집 뒷문 벨을 눌러 남는 음식이 없는지 물었다. 밀리나 어머니가 나가면서 나를 문 뒤로 밀쳤다. 사람들이 뒷문 계단에 앉아 있으면 샌드위치, 커피, 물, 전날 먹고 남은 음식을 조금씩 내주었다. 그들을 집 안으로 들인 적은 결코 없었다.

"그들을 집 안으로 들인 적은 결코 없었다." 전형적인 어머니 문장이다. 너그러움에 이런 한도를 두는 것을 어머니도 찬성했는지는 모르겠지만 그 점은 확실히 알리고 싶어 했던 모양이다.

이런 가족의 삶은 의사의 경고를 무시하고 시가를 피웠던 오빌이 심장발작으로 쓰러지면서 끝났다. 가족은 물려받은 자산이 아무것도 없었는데, 세계사적 사건에 희생된 것이 아니라 개인의 실책으로 무너진 것이 어머니에게는 더 힘겨운 상황이었을 것이다. 운명에 대한 어머니의 반응은 모든 움직임을 우려하여 모든 것을 그 자리에 그냥 두는 것이었다. 이런 전략은 너무도 잘 통했다. 이로 인해 어머니는 점점 거동이 어려워졌고 결국에는 3인치 높이의 정문 계단을 오르는 것도 힘겨워했다. 나는 어머니의 불안을 대수롭지 않은 듯 무시하려고 애쓰지만, 가끔 수천 명의 청중 앞에 선 무대 위에서 이런 무기력함이 슬금슬금 내게 덮치는 것을 느낀다.

외할아버지가 돌아가시고 몇 년을 방황하고 난 뒤에 어머니는 프랜이라는 경찰관과 결혼했다. 회고록에는 프랜에 대한 인물 묘사가 나오지 않는다. 실용적인 사실들, 그러니까 두 사람이 자동차를 손에 넣었고 욕실을 수리했고 세 명의 자녀를 두었다는 정도만 설명하고 있다. 어머니의 문체는 프랜이 부엌 식탁에 남겨둔 쪽지에 그가 떠나기로 했고 다시는 돌아오지 않을 거라고 적혀 있었을 때에도 변함이 없다(오히려 더 객관적이 된다). 어머니는 두 번의 이별을 했다.

심장발작으로 아버지를 떠나보냈고, 똑같은 심장의 실책이지만 종류가 다른 실책으로 남편과 헤어졌다. 음악에서 주제가 돌아오는 대목은 위안이나 기쁨을 안겨줄 때가 많지만, 실제 삶에서는 전혀 그렇지 않다.

$$\}$$

나는 이런 이야기 줄기가 한 점에서 만난 것이 나라는 생각을 한다. 세 아이를 떠맡고 어찌할 바를 몰랐던 어머니, 수도원에 있으면서 혼란스러워했고 (짐작일 뿐이지만) 성적으로 몹시 흥분해 있던 아버지. 두 사람은 시카고에서 자라면서 서로 알고 지냈고 서로에게 편지를 쓴 사이였다. 그들은 사랑했을까? 회고록에는 그런 이야기가 없다.

데이트 같은 것은 할 시간이 없었다. 둘 다 무일푼이었고 사십대였다. 그들은 시카고에서 결혼했고 1969년 가을에는 탐탁지 않아 하는 가족들을 피해 노스캐롤라이나에 정착했다. 당시 아버지는 머리카락이 수북하고 지적인 눈을 가진 마르고 야무진 인상이었다. 어머니는 머리숱이 옅어지긴 했지만 아직 백발은 아니었다. 커다랗고 우스꽝스러운 안경을 썼으며 소녀 같은 인상을 주는 차림새를 했다. 아버지는 노터데임 대학에 있을 때 컴퓨터를 익힌 덕분에 노스캐롤라이나 교육컴퓨터서비스 회사에 취직했다. 영혼의 양치기가 되려고 했던 사람이 흥미롭게도 영혼 없는 기계들의 관리자가 된 것이다.

부모님이 새 출발을 한 노스캐롤라이나 시절에 대해서는 희미한 기억밖에 없다. 내 동생 조시가 1972년 5월에 태어났고, 어머니가 이전 결혼에서 낳은 자식들이 달아나기 시작했다. 캐시와 크리스는 대학에 가고 결혼을 했다. 지미는 아직 고등학생이었는데 그가 웃통을 벗은 채로 마당을 돌아다닌 것만 기억난다. 텔레비전과 관련한 기억들은 강하게 남아 있다. 아침마다 우리가 〈올 마이 칠드런〉과 〈프라이스 이즈 라이트〉를 보고 있을 때 어머니는 정체를 알 수 없는 갈색 음료를 마셨다(커피는 아니다). 내가 처음으로 한 말은 "나쁜 에리카"였다. 드라마 역사를 통틀어 가장 유명한 캐릭터이자 『TV 가이드』가 선정한 가장 못된 악당 60인에도 꼽힌 바 있는 에리카 케인을 가리킨 것이다.

부모님은 나와 조시를 듀크 대학에 부설된 실험적인 유치원에 보냈다. 내가 정교하게 그린 닥터 수스풍의 로봇 그림이 한 교육 잡지 표지에 실렸다. 어느 날 학교에서 우리의 점심을 초록색으로 물들이고 우리가 먹는지 알아보는 실험을 했다. 조시는 실험실의 쥐가 되기를 거부했다. 주먹을 쥐고 쟁반을 내리쳐서 푸릇푸릇한 감자 요리가 모두의 얼굴에 튀게 만들었다. 한 교사가 내게 바이올린을 시켜보라며 아버지에게 스즈키 학교를 추천했다. 그래서 우리는 차로 한 시간을 달렸다. 어떤 방으로 안내되었는데 아이들이 일렬로 앉아 "반짝 반짝 작은 별"을 연주하고 있었다. 너무도 생생하게 기억난다. 다들 거울로 된 벽을 보고 일제히 활을 당겼다 밀었다 하는 모습이 마치 똑같이 생긴 악마와 마주보고 앉아 이중주를 하는 듯했다. 나는 성질을 부렸다. 조시가 감자로 소란을 피운 것만큼이나 격렬하게 난리를 쳤다. 한동안 바이올린 레슨 이야기는 쏙 들어갔다.

노스캐롤라이나 시절에 중요한 사건이 두 개 더 있다. 하나는 아버지가 오디오를 마련한 것이다. 그는 〈100곡의 고전음악 명곡〉이라는 음반을 구입했다. 곡마다 귀여운 그림이 그려진 음반으로 내가 좋아한 곡은 "할렐루야 합창"이었다. 식료품점에서 그 노래를 불러 점원을 감동시켰다(아니, 기겁했던가?). 다른 중요한 사건은 어머니가 얼음에 미끄러져서 다리에 골절상을 입은 것이다. 어머니는 핀 두 개를 박고서야 걸을 수 있었는데, 혼자서 설 수 있다는 감각은 다시는 돌아오지 않았다.

우리 가족은 아버지가 뉴저지에서 대학 컴퓨터 네트워크를 총괄 관리하는 큰 일자리를 제안받으면서 1975년에 노스캐롤라이나를 떠났다. 우리는 잉글리시타운으로 이사를 갔다. 맨해튼에서 그렇게 멀지 않은, 그렇다고 가깝지도 않은 베드타운 동네였다. 어머니는 친하게 어울리던 사람들과 헤어졌고 대학 수업을 듣는 것도 접어야 했다. 아버지는 중책을 맡은 만큼 전력을 다했다. 차도 많고 집도 많았지만 같은 동네에 산다는 소속감은 없었다.

　그곳에서 지낸 기억은 선명하다. 편하게 쉬는 거실에 소파가 텔레비전을 마주보고 있었고 커다란 포마이카 식탁과 낡은 업라이트 피아노가 있었다. 피아노는 처음에는 집안의 먼지 쌓인 가보에 불과했다. 집 반대쪽 끝에 공식적인 응접실이 있었다. 높다란 책장 두 개가 있는 이곳이 내게는 성지였다. 책들 양쪽으로 상징적인 물품들이 놓여 있었다. 옥석으로 만든 웅크린 왕들, 할머니 사진, 공룡 알, 십자가상. 책장에 꽂힌 책으로는 역사를 다룬 서사시, 고전 몇 권, 성경, 영어대사전, 독실한 종교와 뉴에이지 히피 사상에 걸쳐 있는 1970년대 철학의 보고 『갈매기의 꿈』과 『선과 모터사이클 관리술』이 있었다.

내가 최고로 행복했던 시간은 응접실 바닥에 잠옷 바람으로 편하게 앉아 책장 맨 아래 칸에 꽂힌 음반들을 살필 때였다. 나는 〈100곡의 고전음악 명곡〉 전집을 하나씩 꺼내보았다. 〈G선상의 아리아〉 〈발퀴레의 기행〉 〈페르 귄트〉에 맞춰 공중에 팔을 휘저으며 지휘했다. 과감하게 위쪽 서가도 살펴 프로이트와 연관되는 관현악곡 두 곡을 발견했다. 아버지가 특별히 좋아한 생상스의 〈오르간〉 교향곡과 말러의 〈거인〉 교향곡 음반이었다.

하루는 이례적이게도 바닥에 앉아 있는 나를 아버지가 손짓으로 불렀다. 소파에 함께 앉아 생상스를 듣자고 하셨다. 나는 쿠션을 바싹 끌어안았다. 묵직한 저음의 음들이 치고 올라가려다가 포기하며 제자리를 돌았다. 주제가 모호했다. 음악이 활력을 잃고 출구를 찾았다. 아버지가 말했다. "계속 들어봐." 우리는 사냥꾼처럼 잠자코 기다렸다. 어둡고 불길한 침묵에 이어 거대한 C메이저화음이 스피커에서 울려대 집이 승리감으로 들썩였다.

"끝내주는군." 아버지가 말했다. 그것이 나의 첫 번째 음악 레슨이었다. 아버지는 너무도 행복해 보였다. 평소의 언짢은 표정은 전혀 찾아볼 수 없었다.

오르간 화음은 아버지에게 쾌감을 선사하고 도파민이 치솟게 했지만, 더 깊은 만족감을 준 것은 말러였다. 아버지는 일요일 오후에 거실 식탁에서 장부를 정리하면서 〈거인〉 마지막에 관악기들이 힘차게 노래하는 대목을 들릴 듯 말 듯 혼자 흥얼거리곤 했다.

　　어머니는 말러를, 특히 마지막 대목을 좋아하지 않았다. 호들갑 스럽고 어리석다고 생각했다. 아버지가 (여전히!) 초월을 갈망했다 면 어머니는 살아 있는 것에 만족했다. 어머니는 더 가볍거나 애절한 음악을 선호했다. 영웅주의라면 질색이었다. 당시 조시가 무엇을 원 했는지는 그저 짐작만 할 뿐이다. 아마도 따뜻한 보살핌의 관계가 아 니었을까. 하지만 그는 가족을 잘못 골랐다.

　　나는 어느 쪽인가 하면 어머니 편이었는데 이런 경우는 흔치 않 았다. 여섯 살밖에 되지 않았지만 말러의 승리의 엔딩이 과하다고 생 각했다. 내가 좋아한 것은 시작 부분이었다. 내가 비닐판에 바늘을 내려놓는 것을 아버지가 도와주어 마치 어른이 된 기분으로 개시부 를 틀고 또 틀었다. 바늘을 내려놓을 때 손을 떨지 않으려고 애썼다. 1~2초 소리 없이 바늘이 미끄러지고, 탁탁 소리가 나면, 마침내 보상 이 주어졌다. 하나의 음을 연주하는 현이 들렸다. 아직은 오케스트라 처럼 느껴지지 않았다. 심지어 음악 같지도 않았다. 그냥 소리였다.

그 소리 위로 더 어두운 소리가 포개졌다. 그러더니 처음의 멍한 느낌으로 돌아갔는데, 이제 부재不在가 포함되어 한층 스산하게 여겨졌다. 잃어버린 것의 잔상이 남은 것이다. 내 마음은 서두의 그 음에, 아무것도 나타내지 않는 존재에 자주 끌렸다. 나를 겁주었지만 그럼에도 나는 질리지 않았다.

이제 초등학생이 되었다. 휴식 시간에 누군가가 내 점심 사먹을 돈을 훔쳐갔다. 점심시간이 되자 나는 구내식당으로 달려가 강의대 앞에 서서 전교생에게 울먹이는 목소리로 복수심 가득한 독백을 했다. 그들에게 양심을 돌아보고 돈을 돌려달라고 호소했다. 교장이 와서 나를 구슬려 마이크에서 물러나게 했다. 이 일은 교사가 내 부모님과 상담하면서 털어놓은 여러 사건 가운데 하나에 불과했다. 나는 항상 책을 끼고 살았고 아이들과 어울리지 않았다. (그럴 만도 한 것이 책은 아이들처럼 때리지 않았고, 독서는 도피처이자 부모가 잔소리 하지 않는 행위였다.) 교사는 나 같은 아이가 정신적으로 어려움을 겪는 것을 보았다고 말했다. 그러니 뭔가 몰두할 거리를 찾아야 했다.

바로 그때 (부모님 말에 따르면) 내가 피아노 레슨을 받게 해달라고 졸랐다. 바이올린을 열렬히 거부했던 전력이 있어서 부모님은 놀랐지만, 나는 건반만 보이면 쪼르르 달려가 두드려댔다. 때마침 피아노 교사가 같은 동네에 살았다. 이름은 모나 슈나이더만. (이보다 완벽한 피아노 교사 이름이 또 있을까?) 그렇게 해서 약 처방이나 치료 대신에 매주 레슨을 받기 시작했다. 어머니는 운전을 하지 않아도 된다는 사실에 안도했다. 모나 선생의 얼굴은 기억이 가물가물하다. 대체로 친절한 인상이었고, 밝은 갈색 머리카락에 안경을 썼다. 업라이트피아노는 주방 바로 옆의 식당에 있었다.

모나 선생은 『어린이를 위한 아주 쉬운 피아노곡집』이라는 악보집을 내게 주었다. 표지에 내가 꾸불꾸불한 글씨체로 "피아노 좋아"라고 적었다. 1976년 3월 10일(다섯 살 하고 9개월에) 내게 처음으로 주어진 곡은 "멋진 세상"이었다. 노랫말은 이러했다.

행복해, 행복해,

세상에는 신나는 일이 많지,

새들과 꽃들, 화창한 날도,

내 마음에서 절로 노래가 나와!

선생은 부드러운 말을 써가며 내게 몸 쓰는 법칙을 알려주기 시작했다. 손은 수평으로 두고, 손가락은 둥글게 구부리고, 손목은 낮게 가만히 두도록 했다. 내가 피아노 앞에 앉아 한 번에 하나의 손가락 마디를 들어 올리고, 등을 똑바로 펴고, 발로 음향판을 찼던 기억이 난다.

부모님에게는 쇼핑몰의 중식당 옆에 있는 악기점을 소개했다. 그곳에서 우리는 『음악이론은 재밌어』라는 책을 구입했다. 높은음자리표의 오선지에 해당하는 음이름(EGBDF)을 가지고 문장을 만드는 과제가 있었다. 예컨대 "착하게 군 애들은 재밌게 놀아도 돼Every Good Boy Deserves Fun" 하는 식으로 말이다. 나는 "잘 익은 베리는 프레디가 좋아하지Eating Good Berries Delights Freddie"라는 문장을 만들었다. 악보 읽기 학습은 신나는 플래시카드 놀이, 일종의 암호 해독 놀이였다. 나는 이런 놀이를 무작정 좋아했다. 나는 새로운 언어를 게걸스럽게 삼키고 뱉어냈다.

선생이 내준 다음 과제는 리듬에 질서를 부여하는 것이었다. 선생은 한 곡을 골라 악보 맨 위에 **하나, 둘, 셋, 넷**이라고 표시하여 각각의 음이 정확히 얼마나 오랫동안 이어져야 하는지 보여주었다. 그런 다음 나보고 다음 곡 악보에 박을 표시해보라고 했는데 혼란이 벌어졌다.

나는 여섯 살의 나에게 전적으로 공감할 수 있다. 나는 내가 이해하는 대로 박을 표시했다. 긴 음은 느리고 지루하여 관심도가 떨어졌다. 마지막에 3과 4를 욱여넣은 것이 마음에 든다. 이런 박은 다른 데로 치워버려야 한다는 유감의 뜻이 담겨 있다. 나는 집 안을 청소할 때면 지금도 이런 태도를 취한다.

20년 뒤에 말버러 대학 기숙사 라운지에서 레슨을 받을 때 모나 선생이 생각났다. 보이지 않는 시간의 격자를 강조했던 그녀의 가르침과 상반되는 레슨이었다. 미국 작곡가 리언 커슈너가 한 명씩 맡아 교습을 했는데, 이유는 달랐지만 그 또한 나의 리듬에 실망하긴 마찬가지였다. 내 연주에 결여된 것을 나타내기 위해 그는 무의미한 음절을 사용해 '티 티 타아아아아 타아 타 티' 하고 노래하며 리듬을 제스처처럼 다루었다. 별것 없는 우중충한 천장이 마치 대성당 첨탑이라도 되는 것처럼 손으로 가리키며 말이다. 그의 노래에는 4분음표나 8분음표를 나타내는 것은 하나도 없었다. 박자 셈하기는 과거에나 통했던 것, 동물적 지식 같은 것, 언급할 가치도 없는 것이었다. 그가 말하기를 악구의 음 하나하나는 핀볼머신의 범퍼 같은 것으로 에너지를 옆으로 전하는 역할을 했다. 길이가 긴 음이 나오면 중력을 통해, 또는 외부에서 가하거나 내부에 내재된 힘을 통해 타당함을 입증해야 했다. 기다림에서 깊이가 느껴졌다. 더 짧은 음들은 충동, 변덕, 물수제비를 그리는 돌의 깡충거림과 비슷했다. 그에게 리듬은 의미였으며 격자는 사라지기 위해 존재하는 것이었다.

≀

피아노 레슨으로 내 안에 잠재된 너드의 본성이 본격적으로 깨어났다. 일례로 아버지가 체스의 수를 가르쳐주자 나는 체스에 집착했다. 거실 모퉁이에 손으로 칠한 체스판을 마련했다. 아버지는 나와 체스를 둘 때마다 무자비하게 나를 제압했다. 나는 아버지의 논리적인 수 앞에서 눈물을 글썽이며 격한 감정을 보였다. 그러던 어느 날 아버지가 퇴근하면서 거대한 물건을 들고 왔다. "대체 이게 뭐야, 조?" 어머니가 물었다. 아버지는 식탁 위에 털썩 내려놓으며 "컴퓨터"라고 말했다. 다들 주위로 모여들었다. 회색빛이 도는 파란색 물건으로 금전등록기와 비슷하게 생겼다. 스크린 대신에 종이를 둥글게 만 두루마리가 있었다. 아버지는 베이직 명령어를 시범으로 보여주었다. 내가 다음과 같이 입력하자—

```
10 PRINT "HELLO WORLD!"
20 GOTO 10
```

—컴퓨터가 찰칵 윙윙 소리를 내며 헬로를 인쇄했다. 어머니가 저녁 준비가 다 되었다고 소리칠 때까지 인쇄를 계속했다. 이런 과정이 좋았다. 나는 온갖 종류의 루핑, 말하기 프로그램, 게임을 만들었고 컴퓨터를 갖고 놀았다. 내가 만든 결과물을 어떻게 요리할지 정확히 알았으므로 즐거웠다.

프로그램 만들기가 시들해지면 책이 있었다. 『버드나무에 부는 바람』『나니아 연대기』를 다 읽었고, 특히 『마법사가 잃어버린 모자』[무민 가족이 등장하는 토베 얀손의 연작소설-옮긴이]는 나의 노르딕 유전자와 조숙한 노스탤지어에 잘 맞았다. 급기야 나는 아버지에게 책장에서 가장 두꺼운 책인 『원천』[유대인과 이스라엘을 다룬 제임스 A. 미치너의 역사소설-옮긴이]을 꺼내달라고 했다. 어머니에게는 "아직 873페이지 남았어요" 하고 말했다. 할 일을 끝냈는지 묻는 질문을 피할 속셈이었던 것이다. 줄거리가 어떻게 되는지 어머니가 물으면 나는 말하지 못했다.

이 무렵이면 내가 뭘 좋아하는지는 확실해졌지만 가족의 삶은 뭐가 뭔지 알 수 없었다. 아버지에게 미니 골프를 하러 가자고 하면 웃으실 때도 있었지만 화를 낼 때가 많았다. 어머니는 가끔 우리를 카벨에 데리고 가서 그녀의 즐거움 중 하나인 소프트 아이스크림을 먹었는데, 그곳에 가는 도중에 다른 운전자들에게 소리를 질렀다. 집에 돌아오면 어머니는 부엌 조리대에 기대어 담배를 피우며 창문 너머 뒤뜰을 바라보았다. 그럴 때면 어머니에게 말을 걸지 못했다. 어머니는 조시와 내가 지금도 뭔지 모르는 음료를 마셨다. 두 분 다 담배를 피웠다. 아버지가 하루에 두 갑으로 줄여서 뿌듯하다고 말했던 기억이 난다. 건강을 생각해서 줄인 것이 그 정도였다! 토요일 아침에 아버지가 우리를 태우고 식료품점에 갈 때면 차고 밖으로 나오는 순간 안도하던 아버지의 얼굴도 기억난다.

뉴저지 시절에 마냥 마음 편했던 순간이 딱 하나 있었다. 밤에 씻고 양치를 하고 나면 아버지가 우리 침실로 들어와 후줄근한 안락의자에 앉아 다음 이야기를 들려주었다. 슈퍼히어로(스니글퍼스 선장, 건방진 머벤푸프)가 바다에서 거센 파도를 헤치거나 남아메리카 정글에서 마체테를 휘두르는 모험담이었다. 늘 손에 땀을 쥐게 하는 상황에서 끝났다. 우리는 다음 편을 기약하며 잠자리에 들었다. 복도 조명, 방의 어둠, 아버지의 초조해하는 목소리, 나를 사로잡은 이야기 흐름이 생각난다.

＞

여섯 달 뒤에 모나 선생은 나를 지역에서 유명한 릴리언 리빙스턴이라는 선생에게 넘겼다. "모나 선생 말이 다루기 까다로운 아이래." 어머니가 친구들과 친척들에게 전화로 말하는 것을 들었다. 내게는 이렇게 말했다. "넌 재능이 있어. 그러니 이제부터 진지하게 임해야 한다." 나는 '재능'이라는 말을 좋아했고 '진지하다'는 말을 싫어했다. 음악에 소질이 있다는 말에 기분이 좋았지만 왠지 과장해서 하는 말 같았다. 학교에서 선생들은 내가 쓴 글을 칭찬했으며 수학에 놀라운 재능을 보인다고 내게 말했다. 능력에는 책임이 따르는 법이라고 부모님이 계속해서 말했다. 탁월함은 칭찬의 순간 조금과 끝도 없는 연습 시간을 가져왔다.

나를 맡게 된 릴리언 선생은 널찍한 스튜디오에 주눅이 들 만큼 제대로 된 시설을 갖추고 있었다. 본격적으로 수업을 하는 음악실에는 그랜드피아노가 두 대(!)나 있었고, 병원처럼 어두운 대기실도 있어서 앞선 레슨의 마지막 순간을 엿들을 수 있었다. 선생에게는 개도 있었다. 한참 뒤에 우리가 만났을 때 릴리언 선생은 내가 그 개를 무척 좋아했다고, 레슨이 끝나면 꼭 껴안고 있어서 떼어놓기 어려웠다고 말했다. 사실이다. 선생의 레슨이 끝나고 나면 늘 간신히 살아남은 기분이 들었으니까. 그래서 집으로 돌아가 부모님의 다른 요구로 시달리기 전에 나만의 시간과 공간이 필요했다.

릴리언 선생은 강인한 성격이었다. 본인이 생각하는 기준을 밝혔고 기준이 충족되지 않으면 어떻게 되는지 말해주었다. 친절하고 어머니 같은 모나 선생과는 딴판이었다. 언젠가 내가 이보다 좋은 음악은 없을 거라는 생각에 〈월광〉 소나타를 들고 갔을 때 선생은 잔소리를 늘어놓기 시작했다. 내가 사용하는 악보가 엉망이다, 아직 그런 음악을 연주할 때가 아니다, 진지하고 공손한 태도를 보여야 한다고 했다. 나는 얼마나 아름다운 곡인지 생각하며 눈물을 흘렸다.

내가 릴리언 선생과 집중적으로 익힌 곡은 소나티나였다. 아이도 도저히 망칠 수 없을 만큼 평범하기 그지없는 음악이라서 고른 게 아닐까. 소나티나는 공식이 있었다. 경쾌한 곡조로 시작한 다음 음계 연주가 나와서 대놓고 고전음악의 분위기를 잡는다. 후반부가 시작되면 살짝 놀라운 변화가 일어나 곡이 흥미롭게 이어지려나 싶은 기대를 품게 한다. 하지만 그저 미끼일 뿐, 금세 앞서와 같은 멍청한 곡조와 음계를 또다시 연주해야 한다. 소나티나는 행복하게 보임에도 불구하고, 행복하게 보이기 때문에 고문의 도구로 제격이라는 생각이다.

나는 클레멘티의 F장조 소나티나 op.36, no.4에 몇 달간 매달렸다. '콘 스피리토'(활발한 기운으로!)라고 적혀 있었다. 내 악보에는 매주 레슨이 끝날 때마다 표시가 늘었다. 악보에서 내가 해야 하는 것

들이 내가 해서는 안 되는 것들에 가려 점점 보이지 않게 되었다.

휘갈겨 쓴 메모가 난리법석을 피우는 가운데 '운지법을 기억할 것'이라고 적힌 글이 보인다. 릴리언 선생은 운지법에 집착했다. 어떤 손가락으로 어떤 음을 짚을지 정하고 그런 다음에는 꼭 지키라고 매주 내게 말했다. 좋게 봐줘야 까탈스러웠고 나쁘게 보자면 숨이 턱턱 막혔다. 손가락을 자유롭게 풀어주면 안 되는 걸까? 릴리언 선생이 피곤하게 강조한 또 하나는 쉼표였다. 쉼표에 여러 색의 잉크로 동그라미를 칠했다. 내 왼손은 악구를 연주하고 나면 방금 연주를 마친 그 음을 계속 짚고 있는 경향이 있었다. 오후에 음악회가 있으면 호텔에서 나가 시내를 잠깐 둘러봐야겠다고 생각은 하면서 그냥 침대에 누워 넷플릭스만 보는 것처럼 말이다.

가장 중요한 것은 릴리언 선생이 **프레이징**이라는 새로운 용어를 내게 가르친 것이다. '갑작스러운 셈여림 변화를 피할 것'이라고 클레멘티 악보에 적혀 있었다. 음들을 연결해서 연주해야 했다. 튜브에 든 치약을 제멋대로 덩어리가 지지 않도록 짜내는 것처럼 말이다. 릴리언 선생은 첫 악구 마지막에 내가 기본 원리를 직접 써넣도록 했다.

세게/여리게. 불협화음은 강하게, 해결화음은 그보다 약하게 연

주하라는 것이다. 고전음악의 전형적인 마무리 방식으로 한쪽 다리를 뒤로 빼고 무릎을 살짝 구부려 인사하는 것과도 비슷하다. '잘못된' 화음은 강조해서 연주하고 '진짜' 화음은 나중에 덧붙인 것처럼 조용하게 연주하는 것이니 실은 모순이다. 선생은 이런 뉘앙스를 모든 곳에 표시했다. 그녀는 시트콤 〈브래디 번치〉 〈해피 데이스〉 〈러브보트〉를 보고 자란 서른 명의 뉴저지 아이들에게 우아함의 중요성을 가르치는 것을 사명으로 여겼다.

⦃

　2학년이 끝나갈 즈음 삶의 중요한 결정이 내려졌다. 부모님이 나를 상급반에 보내기로 한 것이다. 열세 명만 듣는 수업이었다. 우리는 3년을 함께 보냈다. 교과과정에 얽매이지 않고 각자 자신의 속도로 학습할 수 있었다. 아버지는 나에게 너의 잠재력을 발견하기를 바라기 때문이라고 설명했다.

　이곳은 학교에 대한 나의 생각을 바꿔놓았다. 새로 맡게 된 선생들은 덜 재촉하고 더 주목했다. 내가 부모님에게 원했던, 참을성 있게 내 말을 들어주는 사람에 가까웠다. 내가 익숙하지 않은 것을 접하도록 이끌었고, 내가 사람들과 어울리려고 하면 조언도 해주었다. 여기서 진짜 친구들을 처음으로 사귀었다. 검은 머리카락에 갈색 눈을 가진 데이비드 솔로샤츠는 글씨가 반듯했고 조용하게 행동했다. 매사에 체계가 잡힌 그의 모습이 부러웠다. 가끔 그는 이국적인 야물커[유대인 남자들이 쓰는 납작하고 동그란 모자-옮긴이]를 쓰고 왔다. 콜린이라는 친구도 있었는데 성은 생각나지 않는다. 덥수룩한 갈색 머리에 얼굴에 주근깨가 많았다. 벌써부터 기타와 다른 몇 개 악기를 연주할 줄 알았고, 노래를 만들었으며, 말도 안 되게 조숙하게도 극본도 쓰고 도자기 공예도 배웠다. 학점은 들쑥날쑥했다. 아버지는 콜린을 좋아하지 않았다. "이것저것 손대는 건 많지만 잘하는 건 하나도 없어." 지레짐작으로 그렇게 말했다. 하지만 콜린은 아버지나 어머니, 나보다 훨씬 행복해 보였다.

릴리언 선생이 내게 그랜드피아노가 필요하니 장만해주라고 부모님에게 권했다. 늘상 살림이 빠듯했던 부모님은 머뭇거렸다. 그러자 선생이 피아노 기술자를 소개해줘서 수리한 베닝 피아노를 (1977년에) 1천 달러를 주고 구입했다. 피아노가 몇 가지 주의 사항과 함께 도착했다. 바퀴가 없었다. 그 대신 다리는 살짝 어두운 흰색으로 칠한 나무블록을 맞대어놓았다. 자리를 잡고 나자 움직이지 않았다. 검은 덮개에는 낙서('TK는 RF를 사랑해, 여자들이 좋아하지')가 있었고, 상아로 만든 88개 건반은 누렇고 삐죽삐죽한 것이 영국인의 이빨처럼 보였다. 알고 보니 애틀랜틱시티의 벌레스크 극장에 있었던 피아노였다. 벌레스크는 〈머펫 쇼〉[머펫 인형들이 펼치는 버라이어티 뮤지컬 형식의 TV 프로그램으로 아동들이 보기에는 수위가 살짝 높다-옮긴이]와 비슷한 거라고 아버지가 설명해주었다. 어머니는 키득키득 웃었다.

이제 피아노가 우리 집 거실에서 제일 좋은 자리를 차지하게 되었으니 매일 한 시간은 연습해야 한다고 릴리언 선생이 말했다. 나는 경악했다. 피아노가 이제 강제 노동이 된 것이다. 달리는 열차에서 뛰어내리기에는 너무 늦었을까? 내가 치는 곡은 기껏해야 몇 분밖에 되지 않았다. 그래서 한 번 치고 다시 연주했다. 세 번째로 똑같은 곡을 연주하자 매력이 확연히 떨어졌고 시작했을 때보다 어렵게 여겨졌다. 다행히도 악보집에는 머리를 식힐 대목이 많았다. 내가 좋아한 모차르트의 〈돈 조반니〉에 수록된 미뉴에트 옆에 나뭇가지 모양의 촛대가 놓인 연회 테이블 그림이 있었고, 모차르트와 그의 아버지 이야기, 오페라의 줄거리 요약(강간 이야기는 순화했다), 미뉴에트 설명이 실려 있었다. 나는 시간을 메우려고, 그리고 릴리언 선생이 잘못되었다고 말한 것들에 대해 우려하지 않으려고 이런 글을 수도 없이 읽고 또 읽었다.

아버지는 내가 연주하는 모차르트가 지나치게 나풀거린다며 못마땅해했다. 다른 악보집에 있는 바흐의 코랄을 좋아했다. 하지만 거기에는 설명문도 그림도 없었다. 그저 이상하고 병적인 제목만 있었다. "제러미, '오라, 달콤한 죽음이여' 연주해줄래."

"또 해요?"

"부탁할게. '오라, 달콤한 죽음이여' 연주해줘."

내가 충분히 느리게 연주하지 않으면 아버지는 다시 요청했다. "감정을 넣어서 연주해야지."

하루는 내가 거절했다. "아버지, 난 이제 진지한 피아니스트예요. 그렇게 말했잖아요."

"그렇지…"

"진지한 피아니스트라면 부탁한다고 꼭 연주하지 않아도 돼요."

아버지는 어머니를 향해 돌아섰다. 둘이 눈을 동그랗게 뜨고 감정을 담은 침묵을 주고받더니 "주제 파악을 못하는데" 하고 말했다. 나는 속으로 이렇게 생각했다. '당신들이 자처한 거라고요.'

한동안 나는 꼼수를 부려 채워야 하는 연습 시간을 부풀렸다. 오후에 학교에서 돌아와 피아노 앞에 앉아 선율을 즉흥적으로 연주했다. 그러고는 "벌써 연습을 다했어요!" 하고 말했다. 두 주가 지나자 들통이 났다. 부모님은 내가 즐기는 것 같으면 연습이라고 여기지 않았다. 하지만 부모님이 좋아하는 8분의 3박자의 경쾌한 곡조로 계속 돌아가자 내가 이제 작곡도 한다고 여겼다. 내가 쓴 곡은 C장조였지만—올림표와 내림표는 무척이나 성가셨다!—구슬프고 달콤씁쓸한 느낌이 났다.

여기에 "아일랜드 할머니에게 바치는 송가"라는 제목을 붙인 것은 아버지 생각이었다. 나로 말하자면 할머니를 본 적도 없었다. 아버지가 눈을 반짝이며 설명하기를 할머니는 농축우유를 컵에 따르지 않고 그냥 마셨던 분이라고 했다. 농축우유에 왜 그렇게 감정적으로 굴까? (그리고 농축우유가 뭘까?) 얼마 전에 다시 보니 송가의 곡조는 〈스타워즈〉의 주제곡을 절묘하게 베낀 것이었다.

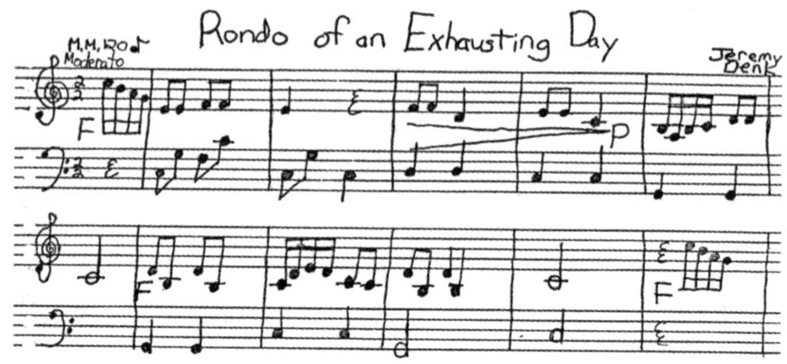

다른 걸작에는 내가 직접 제목("기진맥진한 하루의 론도")을 달았다.

중간에 높은 C까지 올라가는 팡파르를 집어넣어 마치 중요한 업무를 수행하고자 힘을 내는 느낌을 주었다. 그러고 나서 음악은 기진맥진하여 헝클어진 음계로 떨어져 앞서와 같은 음높이에 다시 이른다. 영리한 장면 묘사이거나 될 대로 되라는 식의 작곡이다. 여러분이 듣고 판단하시길.

어느 날 저녁에 부모님은 내가 만든 곡을 악보로 적어놓자고 말했다. 뉴스가 보도되는 시간이었고 피아노는 텔레비전이 있는 거실에 있었다. 어쩔 수 없이 계단을 올라 내 방으로 갔다. 음악을 기보하는 것은, 특히 피아노가 없는 상황에서 적는 것은 고역이었다. 음표 기둥을 위로 올리고 아래로 내리는 것과 관련하여 숨겨진 규칙들이 많았다. 4분쉼표를 그릴 때면 머리가 복잡해졌다. 평생 음악을 해왔으면서 지금도 이것을 제대로 그릴 줄 모른다. 계속 실수를 하고 선을 그어 지우고 새로 고쳤다. 악보를 갖고 아래층으로 내려와 어머니에게 보여주었는데 이렇게 말씀하셨다.

"안 돼. 실수 없이 깨끗하게 적어야지."

베토벤의 op.111 자필악보가 알아보기 어렵게 뭉개진 음들과 삭제한 자국들과 광적인 열의로 얼룩져 있다는 것을 그때 내가 알았더라면 얼마나 좋았을까! 그랬다면 어머니에게 베토벤의 악보를 내밀었을 텐데. 그러는 대신 내 방으로 올라가 최소한 열 번은 고쳐 썼다. 다섯 번째로 적을 때는 눈물이 났다(이례적인 일은 아니다). 도저히 불가능한 과제라고 생각했다(작곡가들은 대체 이런 일을 어떻게 하는 걸까?). 보다 못한 어머니가 수정펜을 사용해도 좋다고 허락했다. 나는 실수를 지우면서 그럭저럭 볼 만한 악보로 만들었지만, 내가 음악에서 좋아했던 것과는 너무도 동떨어진 과정이었으므로 더 이상 곡 쓰기를 거부했고, 대학에 들어갈 때까지 그 맹세를 지켰다. 즉흥연주도 더 이상 하지 않았다. 아버지는 나의 창조력을 망가뜨리고 작곡가로서 성장할 수 있는 기회를 망쳤다며 어머니를 나무랐다. 이후에도 가끔 아버지는 그 이야기를 꺼냈는데, 그게 최선이었는지는 모르겠다.

〉

릴리언 선생은 나를 집으로 초대하여 사람들과 함께 음악회를 하도록 주선했다. 피아노교사협회가 주최하는 오디션에 나가기 시작한 것도 그 무렵이었다. 오디션에서는 음악의 여러 요소들에 대해 복잡한 평가를 받았다. 음악 역시 다른 과목과 다를 바 없는 수업이 되고 있었다. 릴리언 선생은 압박감을 느끼며 연주하는 나를 돕고자 자신이 개발한 '기억의 정류장'이라는 쉽고 확실한 방법을 알려주었다.

　　선생은 나보고 음악의 여러 핵심 지점에 숫자를 매기도록 했다. 그러면 나는 거기서부터 외워서 연주하는 법을 터득해야 했다. 레슨 시간에 선생이 숫자를 부르면 나는 그 지점으로 넘어갔다. "다섯!" 하면 나는 페이지 절반 아래의 주제로 넘어갔다. "셋!" 하면 아까 연주했던 곳으로 돌아갔다. 나는 특정한 기분에 몰입할 수 없었다. 음악이 망가졌다. 하지만 부모님이 땀을 흘리고 청중석에서 기침 소리가 들리고 릴리언 선생이 나에게 기회를 준 순간을 후회하는 동안, 적어도 나는 무대에서 가슴 졸이며 이어질 대목을 생각하지 않을 것이다. 항상 마음 놓고 건너뛸 지점이 있었기 때문이다. 더듬거리다가 연주를 중단할 일은 없었다.

　　어머니는 기억의 정류장을 마음에 들어 했다. 나야 더 말해 뭐 하겠는가?

　　내가 가진 클레멘티의 F장조 소나티나 악보에서 기억의 정류장은 다양한 필체와 정신 사나운 대문자로 다섯 번 표시되었다. 마침내 내가 정리에 나서서 (어떤 위협적인 상황이 발생했는지는 여러분 상상에 맡기겠다) 알아보지 못하는 일이 없도록 갈색 매직펜으로 동그라미를 쳤다. 마지막 마디에 아주 재밌는 11번 숫자가 적혀 있다. 재앙이 닥치면 최후의 수단인 11번으로 건너뛰어 마무리 화음을 쾅쾅 연주하고 자리에서 일어나 이른 박수를 받는 것이었다. 타이타닉호의 선장이 "그래도 보트 몇 척은 건졌잖아" 하고 말하는 것과 살짝 비슷한 상황이다.

　　약 30년의 시간이 흘러 카네기 홀 데뷔 무대에서 기억 속에 영원히 각인된 실수가 있었다. 나는 필라델피아 오케스트라와 리스트의 피아노 협주곡 1번을 연주했고 샤를 뒤투아가 지휘봉을 잡았다. 느린 악장 서두에 아름답고 고요하게 아치를 그리는 독주 피아노 패시지가 나온다. 나는 무난하게 잘 해냈다. 그러고 나서 좀 더 자유로운 패시지인 레치타티보가 이어진다. 현이 가볍게 떨리고, 피아노가 건반의 위아래를 오가며 감정을 터뜨린다. 두 차례 화성을 살짝 달리하여 폭발하는데, 나는 어찌어찌하다가 둘을 뒤섞고 말았다. 머릿속이 하얘지면서 화성이 어떻게 되는지, 어디로 이어지는지 아무 생각이 나지 않았다. 카네기 홀 무대에서 말이다. 그동안 연습하고 이론을 익히고 준비했던 모든 세월이 헛수고가 되었다. 연주자가 아니라면 아마 이런 순간을 짐작도 못할 것이다. 그냥 뒤죽박죽이 된 것이 아니라 삶 전체가 무의미해진 것이다. 심장이 멎을 것만 같은 패닉에서 유일하게 달콤한 순간은 뒤투아 역시 패닉에 빠졌음을 본 것이다. 그의 손이 만화 속 주인공처럼 정신없이 떨리고 있었다. 그는 내가 어디쯤에 있는지, 혹은 무엇을 하게 될지 몰랐다. 아무튼 그의 혼란이 나를 구했다. 누군가는 가라앉는 배를 구하는 일에 나서야 했다. 나는 정신없이 대충 얼버무리며 익숙한 곳으로 나왔다.

릴리언 선생이 알려준 기억의 정류장은 오케스트라와 연주할 때는 무용지물이었다. 하긴 백 명의 단원들이 나와 같이 건너뛸 수는 없는 노릇이다. 지금 와서 돌아보면—시합에서 패배한 코치가 그러하듯 이런 실수를 분석하려면 많은 시간이 필요하다—나는 리스트 협주곡의 그 대목에 아무런 감정적 애착을 갖고 있지 않았다. 바로 앞에 있었던 패시지는 피아노를 위해 작곡된 가장 아름다운 음악 중 하나였지만, 이어진 문제의 레치타티보는 과장되고 진심 없이 분노의 발길질을 흉내 낸 음악 같았다. 내가 단 한 번도 사랑을 할 만큼 흥미롭다고 여기지 않았던 대목이다.

{

상급반을 운영하는 선생은 내가 수학에서 또래들을 앞서가도록 했다. 덕분에 나는 일반 교과과정보다 다섯 해 빨리 대수학을 배울 수 있었다. x의 값을 구하는 것은 피아노 문제보다 훨씬 쉬웠다. 이차방정식은 나의 전매특허가 되었다. 나는 방정식을 척척 풀어 사람들을 매료시키려고 했다. 하지만 콜린과 데이비드를 제외한 다른 아이들은 감탄하기보다 짜증을 내는 것 같았다.

부모님도 깨닫게 된 사실이지만 이런 수업 실험은 드라마와 참사가 예정되어 있었다. 시간문제에 불과했다. 많지 않은 학생들이 오랫동안 지내면서 좋아하고 으르렁대는 관계가 생겨났다. 하루는 선생이 색종이로 정육면체 만드는 법을 우리에게 가르쳤다. 나는 패턴과 섬세한 가위질을 좋아했고 T를 삼차원으로 만드는 스카치테이프의 기적에 매료되었다. 나는 아빠, 엄마, 사랑스러운 아기들로 구성된 가족을 만들어 책상 위에 올려놓았다. 이 가족에게는 해결해야 하는 현안이 없었다. 상호예의로 맺어진 순수한 정육면체일 뿐이었다. 여기서 나의 원수이자 '상급반' 아이들 중 세상물정에 가장 밝은 제니퍼가 등장한다. (그녀와는 악연이 있었다. 그녀가 내게 밸런타인데이 카드를 준 적이 있었는데 열어보았더니 갈색 얼룩이 묻어 있었고 '응가'라고 적혀 있었다.) 선생이 잠깐 자리를 비웠을 때 제니퍼가 느닷없이 달려와 모든 것을 망쳐버렸다. 나는 즉각 복수에 나섰지만 힘과 전술 모두에서 밀렸다. 나는 스티커가 붙은 색종이와 함께 바닥에 뒹굴고 말았다. 일단은 간호사에게 가서 어떤 치료를 받아야 할지 알아보았고, 이어 상담사를 찾아가—상급반에 전담 상담사가 있다는 이야기를 내가 했던가?—많은 것이 드러났다. 상상할 수 있는 모든 상황에서 내가 잘하기 위해 참아야 했던 모든 수준의 스트레스와 감정, 그리고 제니퍼가 어떻게 내 정육면체와 내 부모님에게 그런 일을 했는지도…

턱수염을 기른 정신과의사는 마음을 편안하게 했다. 그때까지 내가 만나본 어른들 중 가장 마음에 들었다. 그는 부모님이나 피아노 교사처럼 이렇다 저렇다 판단하지 않았다. 걱정된다는 표정을 보이지도 않았다. 그러나 아버지는 회고록에서 정신과의사를 회상하며 그런 치들은 재능 있는 아이들을 정신적 장애가 있느냐 없느냐 하는 범주로만 보았다고 설명했다.

{

1970년대 말이 되면서 집안 분위기가 나빠졌다. 아버지는 업무 스트레스에 시달렸고 어머니는 술에 빠졌다. 그 결과 나와 조시는 불가피하고 분별없는 분노에 휩싸였다. 자동조종장치라도 탑재된 양 늦은 오후만 되면 소리를 질렀다. 언젠가 휴가를 떠났을 때였다. 뮤지컬 〈갓스펠〉을 보고 수영을 하려고 저지 쇼어에 가고 있었는데 역효과만 났다. 어머니가 아버지를 무슨 일 때문에 성가시게 하자 아버지가 어머니를 의자에 세게 밀쳤다. 이 일로 모두가 며칠 동안 충격에 빠졌다. 아버지의 헌신, 지성, 수도원 생활, 문화 감각이 돌발적인 폭력과 나약함에 허물어진 것이다. 죄책감이 아버지를 계속 괴롭혔던 모양이다. 어머니는 전혀 달갑지 않은 공포를 갖게 되었다.

우리 가족 최고의 시간은 텔레비전 앞에 앉았을 때였다. 바보상자 덕분에 휴전을 했다. 우리는 〈머펫 쇼〉를 놓치느니 차라리 교회를 안 가는 편을 택했다. 진심을 담아 설교를 길게 늘어놓는 담임목사와 달리 진행자 커밋은 최소한 아이러니와 타이밍이 뭔지는 알았다. 시트콤의 반문화 정서와 균형을 맞추고자 부모님은 PBS도 자주 틀어놓았고 특히 〈라이브 프롬 링컨 센터〉를 좋아했다. 가족 모두가 앉아서 루치아노 파바로티와 조앤 서덜랜드의 공연을 보았던 기억이 난다. 동생은 구석에 뚱하게 앉아 곱슬머리를 만지작거렸다. 나는 처음엔 지루했지만 곧 빠져들었다. 아버지는 황홀해하며 광고가 나오는 시간에 전화로 음반을 주문했다.

대부분 베르디에 도니체티가 몇 곡 들어 있던 PBS 오페라 음반은 나의 새로운 사운드트랙이 되었다. 아버지가 좋아한 대편성 관현악곡보다 더 진실하고 더 화끈한 음악이라고 느꼈다. 가사를 기억하고 있는 대목이 많은데, 예를 들자면

파리지, 오 카라
노이 라셰레모

'파리지'(파리)는 멋스럽게 흔들리는 자장가 같은 리듬에 맞춰 노래한다. '카라'(사랑하는)도 같은 리듬으로 노래한다. 음악이 경쾌하게 이어진다. 하지만 세 번째 악구는 가수가 자유를 찾아 떠나자고

하면서 올라간다. 하나의 소절이 갑자기 다음 소절에 걸쳐진다. 파바로티가 C에서 F로 올라가는 이 대목에서 그의 목소리에 새로운 특징이 더해졌다. 마치 뭔가를 찾거나 열려고 하는 것처럼. 이 부분이 나를 사로잡았다. 파바로티와 다른 성악가들에 대해 알게 된 지금도 이 대목만 들으면 울컥한다. 목소리를 쥐어짤 수도 있는 대목에서 그는 허들을 가뿐하게 뛰어넘어 긴장을 아름다움으로 바꿔놓았다.

나는 파바로티 노래를 엉망인 이탈리아어로 따라 불렀다. 내가 좋아한 또 하나는 사람의 마음을 잡아끄는 매력이었다. 이탈리아 오페라에서는 다정함, 자포자기, 분노, 질투 등 어떤 상황이 벌어져도 결국에는 모든 것이 살랑거린다. 감정은 음악적 충동으로 바뀌며, 여러분이 마력에, 그러니까 이탈리아 선율과 이탈리아어 음절이 굴러가는 마력에 사로잡혀 굴복하면, 특별한 포장지에 싸인 선물처럼 감정이 여러분에게 다시 돌아온다. 마치 이런 감정은 모두가 느끼는 것이라고, 가장 깊은 슬픔도 한 자락에는 즐거움이 있다고 말하는 듯하다.

하지만 언제까지 응접실에서 베르디에 빠져 있을 수는 없었다. 거실로 돌아가서 피아노 연습을 해야 했다. 이제 매일 끝도 없이 한 시간 반이나 연습했다. 내가 잔소리 없이 몰두할 수 있는 여건도 아니었다. 부모님의 간섭이 점점 심해졌다. 내 재능은 저울의 균형을 맞출 수 있는, 그리하여 두 사람의 무너져가는 결혼생활을 되돌리는 수단이었을까? 어머니는 내가 무슨 곡을 연주하든 둘 중 하나로 평가했다. 춤을 추는 음악과 추지 않는 음악이 있을 뿐이었다. 내가 모차르트의 미뉴에트나 (어머니가 좋아하는) 쇼팽의 왈츠를 한창 연주하고 있으면 어머니는 부엌에서 이렇게 평가했다. "춤을 추지 않아. 다시 해봐." 그러면 나는 맞받아쳤다. "음악에 대해 아무것도 모르면서!" 어머니가 말했다. "소리가 좋고 나쁜 건 알아." 나도 잠자코 있지 않았다. "춤을 춘 적도 없잖아요." 사실이었고 매몰찬 말이었다. 어머니는 다리를 다친 이후로 춤은 고사하고 걸음걸이도 늘 삐딱했다.

어느 날 릴리언 선생이 학교 음악회에서 나보고 소나티나를 연주하게 했다. 교실에서 급우들이 보는 가운데 건반 몇 개가 잘 돌아가지도 않는 투박한 소형피아노로 말이다. 나는 마지막 악장에서 서둘렀다. 그때 어머니가 교실로 들어왔고, 연주가 끝나자 짧게 한마디 했다. "서두르더구나. 춤을 추지 않았어." 모두가 보는 앞에서 그렇게 말했다. 선생이 매주 평가를 내리는 것만도 버거웠는데 어머니까지 이렇게 맞장구치니 나의 예술에 회의가 들었다!

그날 음악회 이후로 피아노와 부모님을 무시했다. 소파에 앉아 좋아하지도 않는 〈앤디 그리피스〉를 보았다.

"연습할 시간이야." 어머니가 경고했다.

나는 꿈쩍도 하지 않았다.

"연습해야지." 방금 퇴근한 아버지가 말했다.

"좀 있다 할게요." 나는 퉁명스럽게 쏘아붙였다. "지금 바빠요."

그러다가 진짜 싸움이 시작되었다. "연습하기 싫으면 아예 그만두는 게 어때?" 아버지 말에 나는 두 사람을 쳐다보았다. 눈가가 촉촉해졌다.

"어떻게 생각해, 조? 릴리언 선생에게 지금 전화해서 레슨을 취소하자고 할까?"

"아무래도 그래야겠지, 재키."

지금이야 사랑하기에 한 말이라는 것을 알지만 그땐 속이 부글부글 끓었다. 어떻게 저리도 잔인할 수 있지? 레슨이 두렵긴 했지만 그만둘 생각은 한 번도 해보지 않았다. 거실에 블록으로 고정시켜놓은 베닝 피아노는 이제 나와는 떼려야 뗄 수 없는 것이 되었다. 어쩌다가 이렇게 되었을까? 내가 음악을 사랑한 것도 있지만, 사심이 전혀 없었다고 할 수 없다. 피아노는 내가 스스로를 표현하고자 찾은 유일한 방법이었고 피난처이자 페르소나였다. 어린 시절의 두려움은 대체로 부재, 상실과 연관된다. 예컨대 부모님이 헤어지겠다고 말한다거나 우주가 아무것도 아닌 꿈을 꾼다거나 하는 것이다. 피아노를 그만두라고 했을 때 내가 느꼈던 감정을 수치로 표현한다면 둘 사이 어딘가에 놓였다. 가족이 갈라서는 것보다 나빴지만, 우주 전체가 사라지는 것만큼 나쁘지는 않았다.

2장 화성: 첫 번째 수업

PLAYLIST

라벨: 왼손을 위한 피아노 협주곡
모차르트: 피아노 협주곡 F장조 K.459
모차르트: 피아노 소나타 C장조 K.545, 2악장
슈베르트: 즉흥곡 F단조 D.935, no.1
슈베르트: 피아노 소나타 B플랫장조 D.960, 2악장
베토벤: 피아노 소나타 C장조 op.53(〈발트슈타인〉), 3악장

오 헤어 공항의 칠리스 레스토랑에 앉아 베토벤 악보를 보고 있었다. 옆 테이블 사람들이 벽에 걸린 텔레비전을 보며 고함을 질러댔다. 웨이터가 다가왔다. 나는 그에게 남은 치킨 윙 조각을 가져가지 말도록 당부했다. 그는 내가 악보를 읽는 것을 보더니 말했다.

"음악하시는 분인가요?" 그의 표정이 조금 전보다 친절해졌다.

"네, 클래식 피아니스트예요." 내가 말했다.

"와우! 공연하러 가시는군요. 근사해요. 나도 레슨을 잠깐 받다가

접었죠.”

그는 한순간 슬픈 표정을 지었고, 음계 연습이 기억나기라도 하듯 오른손 손가락을 꼼지락거렸다. 그러고는 이렇게 덧붙였다. “짜증 나네요. 나도 계속했으면 좋았을 텐데.”

이런 말을 자주 듣는데 어떻게 대답해야 할지 아직도 모르겠다. 하지만 다음 질문이 무엇인지는 알았다. “어떻게 양손으로 다른 일을 동시에 하죠?” 그는 정말 모르겠다는 표정으로, 마치 여기서 답을 구할 수 있는 질문이라는 듯이 내게 물었다. 사람들이 피아노 연주를 그만두는 이유로 가장 흔하게 꼽는 것이 바로 이것이다. 두 가지 일을 동시에 하기가 벅차다는 것. 그러니까 양손을 놀려야 한다는 것이 피아노를 난공불락으로 만드는 원인이다.

⟆

나는 내 손을 꽤나 잘 안다. 이런 반쪽을 내 몸 전체보다 더 잘 안다. 내 오른손은 더 날렵하고 프레드 아스테어[탁월한 춤 솜씨로 일세를 풍미한 전설적인 할리우드 배우-옮긴이]처럼 유연하여 언제라도 빠른 음들의 질주에 돌입할 준비가 되어 있다. 지나치게 열심히 일하여 피곤에 쉬이 지치는 경향이 있다. 내 왼손은 음을 견고하게 짚는 데 능숙하다. 완충 작용, 무게감, 점진적 이행이 요구되는 일들을 잘한다. 오른손보다 더 세게, 더 매끈하게 연주할 수 있지만, 빠르게 움직이지 않는 편을 선호한다. 그리고 인내와 준비를 믿는다. 내 왼손이 오른손보다 연배가 더 높고, 더 현명하고, 훨씬 더 느긋하다고 말해도 좋다.

대개는 아무 문제가 없다. 이런 경향은 양손이 전형적으로 맡는 업무에 적합하기 때문이다. 하지만 그렇지 않을 때는 내 피아니스트 친구 에벌린 브랜카트가 가르쳐준 술책이 있다. 내 왼손이 발끝으로 빙그르 도는 재주를 부리지 못한다고 해보자. 그러면 바보 모자를 쓰고 구석에 서 있게 했던 아이처럼 왼손을 옆으로 치우고는 오른손을 불러와 똑같은 패시지를 연주하도록 한다. 완벽하게 우아하게 가볍게. 그런 다음 왼손을 건반에 올려놓고 똑같이 해본다. 안 될 것이다. 이 대목에서 나는 왼손에게 곧이곧대로 말한다. "너는 왜 못하니? 오른손은 이렇게 잘하는데." 에벌린은 이런 방법이 건전하지 못하다고 했지만, 나는 내 손에 못된 부모처럼 구는 게 좋다. 반대도 마찬가지다. 내 오른손은 건반에 잽을 날리는 것을 너무 빠르게 너무 열심히 할 것이다. 그러면 나는 몸을 오른쪽으로 옮겨 왼손을 들고 네 음을 멋진 레가토로 연이어 연주한다. 오른손은 옆에서 훨씬 더 아름다운 소리를 내는 것을 보고 기가 죽는다.

반쪽이 하지 못하는 일을 다른 반쪽이 할 수 있다니 기분이 묘하다. 막혀 있어서 탁월함을 옆에서 옆으로 전할 수 없다. 그래서 나는 양손 모두를 응시하고는 몸 중앙을 축으로 삼아 손의 움직임을 거울로 비추듯 해본다. 이 방법이 통하면 보상으로 다시 온전한 인간이 된다.

내셔널 심포니 오케스트라와 라벨의 〈왼손을 위한 피아노 협주곡〉을 연주하기로 했다. 이 곡은 손과 관련한 특별한 사례다. 사지부상 덕택으로 태어나게 된 걸작이기 때문이다. 파울 비트겐슈타인은 제1차 세계대전에 참전하여 오른쪽 팔을 잃었지만, 당대 최고 작곡가 가운데 한 명에게 곡을 의뢰할 정도로 명망이 있었다. 서로 협력하는 양손과 열 손가락 대신 다섯 손가락만 있으면 절반이 남아 있음에도 절반보다 훨씬 부족하게 느껴진다.

라벨은 주어진 한계를 고려하여 '진짜' 피아노 협주곡과 비슷하게 만들려고 최대한 노력하는 방식을 취하지 **않는다**. 자신이 다루는 한 손을 도저히 따라잡을 수 없는 동물 다루듯 한다. 그냥 가만히 서서 빤히 쳐다볼 뿐이다. 오케스트라는 왼손답다는 것이 이런 것임을 보여주려는 듯 묵직한 저음으로 시작한다. 피아노의 낮은 음역보다 낮아서 음높이를 분간할 수 없는 소음에 가깝다. 첼로와 더블베이스가 심해의 물결처럼 출렁이는 음들을 연주하고, 그 위로 콘트라바순 독주가 등장한다. 콘트라바순 소리는 독특하면서 희귀하고 구체적이면서 특이하다. 샘플링을 한 듯한 소리와 거친 자갈 같은 배음으로 못 알아볼 수가 없다. 이런 소리가 세상에 또 있을까 싶다.

이처럼 어둡게 시작한 라벨은 점차적으로 불가피하게 악기들을 하나씩 불러 모아 오케스트라의 힘을 늘려간다. 음높이를 더하고 음색을 더해 팔레트를 채운다. 어쩌면 여러분은 정상적으로 내는 음량의 반밖에 내지 못하고 음들을 반밖에 연주하지 못하는 가엾은 피아니스트를 작곡가가 애처롭게 여겨 가볍게 구성한 텍스처로 독주자를 맞아들이리라 생각할지도 모르겠다. 그런데 아니다. 오케스트라는 거의 짐작도 할 수 없는 크레셴도에 돌입한다. 웅장하고 화려하다. 그래서 어쩌자는 거지? 피아니스트는 그곳에 앉아서 자신이 연주할 차례를 기다린다. 도저히 연주할 수 없을 것 같다는 생각이 갈

수록 분명해지고 있다. 신경과민의 손과 여분의 손을 가진 피아니스트는 문명을 파괴한 끔찍한 전쟁에서 팔이 날아가버린 사람 행세를 한다. 그 왼쪽에는 서양의 오케스트라, 그러니까 영광의 정점에서 쇠퇴를 앞두고 있는 근사하고 호화로운 여분의 악기가, 문명 자체를 나타내는 믿음직한 상징이 위용을 과시하고 있다. 라벨은 계속해서 달콤한 악기를, 음색을, 층을 쌓아올린다. 이런 상황에서는 양손을 힘차게 놀릴 수 있는 피아니스트도 감당하기 어려울 것이다. 그는 소리의 바다에서 허우적댈 것이다. 팬터마임 배우처럼.

심술이 느껴진다. 천재성이 번뜩이는 피아노의 첫 번째 카덴차가 없었다면 말이다. 오케스트라가 요동치며 거대한 화음을 연주하고 멈춘다. 그 틈으로 피아노의 낮은 옥타브가 비집고 들어와 자유로운 배음을 풀어놓는다. 악기 전체가 진동한다. 페달의 도움으로 고막을 뒤흔드는 효과가 난다. 작곡가 라벨은 악기 자체가 잃어버린 손의 역할을 하도록 만든다.

카덴차가 이어지면서 왼손이 건반을 훑고 지나간다. 모든 곳을 동시에 차지하려는 반항의 목소리가 들린다. 자주 복종의 위치에 있었던 왼손이 이렇게 말하는 듯하다. **아냐, 건반의 모든 영토가 내 것이야.** 독재적인 오른손에서 영토를 탈환하여 베이스라인의 이름으로, 특히 아름다운 모든 선율을 지배하는 화성의 이름으로 마땅히 정복한다.

사람들은 선율이 뭔지 안다. 선율에는 뭐랄까, 물건 같은 측면이 있다. 혼자서 흥얼거리고 소유한다. 주머니 속에서 지갑을 느끼듯 마음속에서 선율을 느낀다. 그렇다면 음악가가 아닌 사람에게 화성을 언급하면 어떻게 될까? 나는 많은 사람들의 눈빛이 흐려지는 것을 보았다. 어쩌면 D마이너화음 같은 것을 들어보았겠지만 흥얼거릴 수는 없다. 그래서 내가 설명에 나선다. 순차적이 아니라 동시적으로 혹은 추상적으로 존재하기 때문에 그런 거라고. 그러고 나서 방금 내가 한 말이 틀렸음을 알아차리고 당황해한다. 한편 상대방은 잔소리를 한다고 느낀다. 그럴 만도 하다. 이게 음악을 즐기고 느끼는 것과 무슨 관계란 말인가?

많은 점에서 서양 고전음악 걸작의 핵심이라 할 음악의 이런 막강한 요소가 아는 사람만 아는 것으로 여겨진다는 사실은 꽤 흥미롭다. 내가 말버러 음악학교에 가서 내 또래의 가장 재능 있는 음악가들과 현명한 어른들과 리허설을 하면서 "딸림화음을 으뜸화음보다 세게 연주합시다" 하고 말한다면, 사람들은 나를 따분한 괴짜라며 놀릴 것이다. 화성을 연주하는 것은 사회적으로 용인되지만—그러지 않을 수 없으니까—거기에 이름을 붙이는 것은 그렇지 않다.

선율은 특정한 작품에 속하는 것이지만 화성은 양식 내에서, 문화 내에서 공유된다. 개인보다 시대에 속하는 것이다. 1770년에서 1820년 사이에 활동했던 모차르트, 하이든, 베토벤은 모두 동일한 기본 화음의 집합을 가지고 작업했다. 확장하기도 하고 일탈하기도 하고 경시하기도 했지만 기본적으로는 예전부터 있었던 핵심적인 셋, 즉 1도, 4도, 5도화음으로 작업했다. 화성은 운반체, 무대, 배경막이다. 세상에는 많고 많은 유명한 선율이 있지만("환희의 송가" "메리의 어린 양" "라이크 어 버진"), 너무도 독창적이어서 선율과 같은 유명세를 얻은 화성은 세계사에 손꼽을 만큼 드물다. 지금 생각나는 것으로 '트리스탄 화음'이 있는데, 화성의 붕괴라는 대재앙을 촉발한 화음이다. 어떤 화음들은 지역 이름을 달고 있어서 특별해 보인다. 나폴리6화음이 그런 예로, 나폴리에서 인기를 얻었다가 점차 퍼져서 널리 통용되는 화음이 되었다. 라구 볼로네세가 전 세계 모든 이탈리안 레스토랑에서 볼 수 있는 기본 소스가 되었듯이 말이다. 대체로 화음은 어떤 개인이 만들지 않는다. 우리 모두가 사용하는 공동의 자산이다.

이렇게 나뉜 선율과 화성은 피아니스트에게 상징적인 함의와 더불어 자기 몸의 일부가 된다. 왼손은 화성에 공헌하며 백업 밴드, 무리의 역할을 한다. 오른손은 좋은 곡조를 떠맡아 대부분의 명예를 차지한다. 피아니스트는 아주 어릴 때부터 자신을 이런 경향에 맞추고 마음을 두 가지 구역으로, 혹은 '방식'으로 조직한다. 그러니까 그저 두 가지 일을 동시에 행하는 것이 아니라 두 가지 다른 충동을 따르는 것이다. 절반은 독주를 맡은 개인이고, 절반은 반주를 맡은 세상이다. 절반은 독자적인 성취, 절반은 사려 깊은 공익公益이다.

⸱

모차르트의 피아노 협주곡 F장조 K.459에서 피아노가 등장하는 대목은 선율과 화성의 교과서처럼 들리지만 실은 농담에 가깝다. 모차르트가 **이보다 더 단순하게 곡을 시작할 수는 없다**고 말하면서 온갖 복잡한 묘책을 숨겨두었기 때문이다. 곡조는 대개 그렇듯이 오른손에 놓이고, 왼손은 정중하게 배경에 물러나 화음을 짚는다. 그러다가 1초 동안 선율이 허공에 멈춘다. 그 짧은 순간 왼손이 나서서 재치 있는 선율 자락을 연주하며 틈새를 메운다. 마술사가 손을 바꿔치기하는 솜씨를 부려 여러분은 선율이 지친 것을, 가수가 숨 고를 시간이 필요하다는 것을 알아차리지 못한다.

이런 기초적인 예에서조차 유희의 요소가 있다. 역할을 두고 경합하고 한발 앞서려고 눈치를 본다. 화성과 선율은 친구일까, 적일까? 나는 왼손이 만반의 준비를 하고 있는 극성맞은 대역 배우처럼 끼어들어 주도권을 쥘 적절한 때를 노리고 있다는 생각을 하지 않을 수 없다. 그저 반주자가 아니라 몹시 영특한 것이다.

이렇듯 피아노 연주의 상당 부분은 일을 어떻게 나눠서 맡을지 협상하는 것과 관계가 있다. 피아노는 많은 점에서 오케스트라만큼이나 완전하고 자체적으로 해결이 가능한 악기로 여겨지지만, 피아노를 위해 작곡하는 일은 꽤나 다르다. 오케스트라에서는 다른 섹션이 분주하거나 힘이 빠졌을 때 현이나 목관에 모든 화성을 맡겨도 된다. 하지만 피아니스트에게는 양손밖에 없다. 오른손과 왼손이 우리의 북반구와 남반구다. 안에 모든 것을 다 채워야 한다. 그렇지 않으면 선율은 적나라하게 홀로 드러나고, 악기로서 피아노가 가진 약점이 그대로 노출된다.

가장 편리한 방책은 왼손에 화음을 배치하고 오른손에 자유로운 별개의 선율을 두는 것이다. 쇼팽의 많은 야상곡들이 이런 포맷을 취한다. 왼손이 토대를 마련하고 피아노의 배음을 울리게 하면, 선율이 이런 배음의 망 속에서 떠다닌다. 완벽한 액자 속에 든 예술작품처럼 말이다. 모차르트 역시 이런 구성을 선호했다. 모든 아이가 연주하는 유명한 피아노 소나타 C장조(K.545)의 느린 악장이 그렇다. 왼손이 알베르티 베이스를 마련하여 화성(G메이저)을 음들의 강으로 퍼지게 하고, 선율이 그 위를 떠다닌다(화성의 강을 항해하는 보트라고 해도 좋다). 이 악장이 최면적 마력을 안겨주는 이유 하나는 텍스처가 결코 바뀌지 않는다는 것이다. 양손이 각자의 자리를 지키는 가운데 화성은 아장아장 걷기 시작한 유아의 순박함에서 노인의 복잡함으로 바뀌었다가 원래로 돌아온다.

물론 왼손과 오른손이 항상 이렇게 따로 놀면 빈곤한 음악이 된다. 작곡가들은 계속해서 방안을 만들어낸다. 내가 좋아하는 슈베르트의 즉흥곡 F단조 중간부에 보면 오른손은 건반의 중앙을 차지하며 강의 흐름을 만들고 왼손은 마디가 바뀔 때마다 저음과 고음을 넘나들며 몇 개의 음으로 된 선율을 연주한다. 사랑의 이중창과도 닮았다. 내가 파티에서 자주 연주하는 감상적인 멘델스존의 〈무언가〉와 비슷하다. 하지만 슈베르트의 선율은 흩뿌려져 있다. 고음이나 저음만으로는 완결되지 않는다. 서로에 의지하며 계속 질문을 던지는데 대답을 얻은 것 같지는 않다. 그리고 오른손은 도움의 손길을 결코 내밀지 않는다.

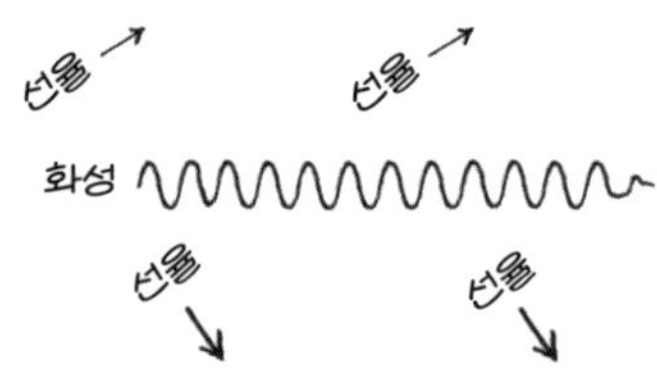

슈베르트의 마지막 소나타(D.960) 느린 악장은 정반대 전략을 취한다. 선율은 피아노 중앙에 놓이고 오른손이 맡는다.

이 곡을 연주할 때면 이 선율이 내가 집중하려고 애쓰는 과녁의 정중앙 같다는 생각을 한다. 왼손은 위아래로 넘나들며 텍스처를, 더 정확하게 말하면 오라나 후광을 선율 주위에 그린다. 소리의 망인 동시에 (으스스하고 영묘한) 장송 행진곡이다.

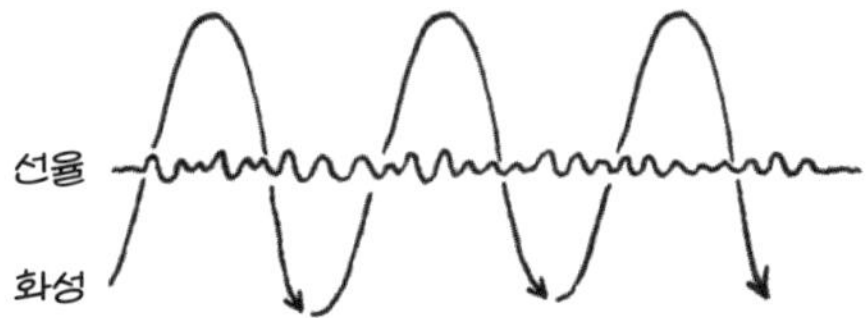

연주가 끝날 즈음이면 내 왼손은 탈진 상태다. 계속해서 위로 아래로 왔다 갔다 하며 거의 항상 조용하게 있어야 하기에 오라 역할이 쉬운 게 아니다. 그리고 이렇게 분투했음에도 오른손의 '문제'는 해결되지 않는다. 오른손은 계속 이어가기를 원한다. 손의 역할을 나누는 것은 그저 실행의 문제일 수도 있다. 어떤 손에 어떤 음들을 맡길지 정하는 것은 축구 훈련을 마친 아이를 부모 중 누가 차로 데려올지 정하는 것과 비슷하다. 하지만 이런 슈베르트의 예에서 보듯 가끔은 역할을 나눠 실행하는 것이 시詩가 된다.

내가 생각하기에 왼손과 오른손의 이런 춤을 가장 잘 보여주는 예는 베토벤의 〈발트슈타인〉 소나타 마지막 3악장에 나온다. 첫 악장은 박력이 넘치고 기교를 앞세워 밀어붙인다. 둘째 악장은 대체로 뒤로 물러나 대기하고 있다. 조용한 질문을 연이어 던질 뿐이다. 악곡으로 보나 감정으로 보나 근본적인 질문은 이것이다. 마지막 악장은 첫 악장의 놀라운 힘에 어떻게 대응할 것인가? 나는 여기서 또 하나의 질문을 듣는다. 삶에서 젊음의 열의보다 더 깊은 뭔가를 찾으려면 어떻게 해야 할까?

베토벤은 첫 악장의 폭발력에 직접적으로 맞서지 않을 것임을 명확히 한다. 그는 첫 악장의 세계와 최대한 거리를 두고 매혹적인 속삭임으로 시작한다. 고음의 왕 오른손이 중간 음역으로 내려와 더할 수 없이 조용하게 나풀거린다. 왼손은 주인공이 된다. 낮은음 하나를 연주하여 우리가 C메이저에 있음을 알린 다음, 나풀거리는 오른손을 뛰어넘어 아름다운 음의 집합을 펼쳐놓는다. 나를 부르는 소리('황야의 외침') 같다. 다시 한다. 다시, 이번에는 음을 낮춰 G메이저의 근음을 누르고 다시 도약하여 외친다. 선율이 높은음들로 시작하는 것처럼 연주하는 피아니스트가 많다. 그러나 베토벤의 속뜻은 훨씬 더 심오하다. 선율은 도약의 몸짓, 왼손에서 오른손으로 의미가 넘어가는 것, 우물에서 물을 긷듯 깊은 심연에서 자양분을 취하는 것을 나타낸다.

영롱한 선율, 그리고 손을 교차해가며 이런 선율을 연주하는 행위가 우리에게 말하는 것은 선율이 저음에서 비롯된다는 것이다. 선율은 (이렇게 말할 수 있다면) 신성한 영감을 아래에서, 화성의 깊은 왕래에서, 패턴에서 취한다. 이런 것이 사건을 일으키고, 의미를 만들고, 선율에 존재 이유를 부여한다. 듣지 못하는 베토벤은 우리에게 들으라고, 음악의 이런 근본적인 관계를 존중하라고, 화성이 근원임을 이해하라고 말하고 또 말한다. 하지만 대부분의 사람들은 선율을 사랑하지 화성은 안중에도 없다. 자신이 실은 화음을 즐기면서 선율을 즐긴다고 생각하려 한다. 이런 착각이 문제가 되진 않는다. 사람들은 파란색 알약을 삼키며 행복하다고 여기니까. 그리고 파란색 알약은 살면서 어쩔 수 없이 숱하게 마주치는 것이고 나름의 아름다움이 있다. 이렇듯 사람들이 이해한다고 생각하는 것은 이해하지 못하는 것에 지배된다.

3장 연습하는 소리가 들리지 않는구나!

PLAYLIST

모차르트: 빈 소나티나 1번 C장조 K.439b, 1악장
쇼팽: 왈츠 A단조 B.150 op.posth.
쇼팽: 전주곡 D플랫장조(〈빗방울〉)
드뷔시: 아라베스크 1번
모차르트: 피아노 협주곡 A장조 K.488, 1악장

후회 전문가인 아버지는 우리 가족이 뉴저지로 온 것이 실수였다고 판단했다. 어머니는 자멸의 길을 걸었고, 나의 학업은 삐걱거렸으며, 아버지의 업무는 문제 해결에서 해결책 없는 정치로 옮겨갔다. 그래서 아버지는 다른 일자리를 알아보았다. 예기치 못했던 곳에서 열렬한 응답이 왔다. 라스크루시스라고 하는 소도시에 있는 뉴멕시코 주립대학이었다. 우리는 뉴멕시코가 주라는 것을 알고는 놀랐다.

아버지는 첫 면접을 보러 갔고, 며칠 뒤에 도자기 그릇, 엔칠라다 소스 캔, 마을 광장 근처에 늘어선 흙벽돌집이 인쇄된 엽서를 손에

들고 돌아왔다. "방울뱀도 있고 회전초도 있어." 그러면서 쇼맨의 미소를 보였고, 어머니는 옆에서 담배만 피웠다. 훗날 내 피아노 교사처럼 분위기 있게 피운 것이 아니라 마치 삶이 거기에 달려 있기라도 하듯 필사적으로 피웠다. 어머니가 아버지의 이직에 대해 확고한 의견을 표명했는지는 기억에 없다. 뉴저지에 대한 증오심이 대단했기에 어디라도 상관없었을 것이다.

아버지는 장소와 그곳 사람들이 마음에 들어 뉴멕시코 주립대학의 컴퓨터 감독관 일을 맡기로 했다. 가족 모두가 발음 수업을 받았다. 나는 '라스크르르르우시스' 하면서 r 발음 굴리는 것을 좋아했다. 하지만 내 혀가 제대로 하기까지는 시간이 걸렸고, 그런 다음에는 멈추기가 어려웠다. 당시 배우기 시작한 피아노 트릴과 비슷했다. 모든 것이 착착 준비되었지만 골칫거리가 하나 있었다. 피아노 교사 문제였다. 부모님은 나를 문화에서, 그리고 내 미래에서 멀리 떨어진 곳으로 보낸다는 생각에 괴로워했다. 그래서 아버지는 정보를 수집했다. 말을 나눠본 모두가 말하기를 라스크루시스에는 선택지가 딱 하나라고 했다. 콩쿠르 수상 경력으로 볼 때 최고의 피아노 학생들은 모두 오드리 브라운이라는 여성에게서 배웠다는 것이다. 나는 그 말이 마음에 들지 않았다. 아버지도 마찬가지였다. 죄책감을 누그러뜨리려면 동네 최고의 실력자 이상이어야 했다. 아버지는 연줄을 동원해 대학에서 피아노 교수로 있는 윌리엄 릴런드를 소개받았다.

릴런드는 뉴저지에서 온 컴퓨터 전문가로부터 아들이 차세대 아르투르 루빈스타인이라는 말을 듣고 틀림없이 좋아했을 것이다. 그는 개인 교습은 받지 않으며 특히 열 살짜리 아이는 곤란하다고 아버지에게 말했다. 아이를 가르치는 일을 전혀 해본 적이 없다고 했다! 하지만 친절하게도 나의 연주를 들어보겠다고, 그리고 조언도 주겠다고 약속했다.

"그러니까 열심히 연습하자." 어머니는 늘 하던 말을 했다.

우리는 뉴멕시코에 비행기로 가지 않았다. 부모님이 볼라레 스테이션왜건과 헤어지는 것을 원치 않았기 때문이다. 『모터트렌드』 잡지에서 1976년 올해의 자동차로 선정하기도 했는데, 아버지는 마치 자신이 상을 받은 것처럼 뿌듯해했다. 그래서 섹시함과는 전혀 거리가 먼 이 차로 출발했고, 벌레스크 피아노와 다른 짐들은 이삿짐 트럭에 실어 뒤에 따라오도록 했다. 하루를 꼬박 달려 테네시주 화이트블러프에 사는 이부형 지미 집에 도착했다. 지미는 몇 년 전에 뉴저지를 떠났다. 공장 조립라인에서 트럭 만드는 일을 했고 북유럽의 유산은 신나게 벗어던졌다. 알아듣기 어려운 남부 억양을 익혔고 갈색 머리를 어깨까지 길게 길렀지만, 셔츠는 여전히 벗고 다녔다.

부모님이 지미의 말을 알아들으려고 애쓰는 동안 우리 아이들은 잔디밭에서 놀았다. 조시가 감자 샐러드를 먹고 탈이 났다. 하지만 우리는 성질 급한 개척자였으므로 서쪽으로 계속 나아갔다. 우리는 스터키스[미국 중서부와 남부에 주로 있는 편의점 체인-옮긴이] 숫자를 셌고 자동차 번호판 놀이를 했다. 조시는 기적적인 회복을 보여 도로변의 식당에서 메추라기 요리를 주문했다. 부모님은 고개를 절레절레 흔들었지만 그는 접시를 깨끗하게 비웠음을 이 자리에서 말해둔다.

텍사캐나에서 사나운 뇌우를 만났다. 우리가 묵었던 싸구려 호텔의 방문 아래로 물이 들이쳐서 욕실에서 수건을 가져와 막았다. 이미 세상은 거칠게 날뛰었고 우리의 통제를 점점 벗어나는 것 같았다. 또 하루를 열심히 달렸다. 평원을 가로지른 볼라레는 수상의 영예가 무색하게 애빌린의 도로변에서 열기에 허덕였다. 출발하고 나흘째, 어머니가 내기에서 이기는 숫자에 거의 육박하는 마흔여섯 개의 스 터키스를 지나고서야 마침내 우리는 라스크루시스의 베스트 웨스턴 미션 인 호텔에 도착했다.

마을 뒤로 산들이 쫙 펼쳐져 있었는데 무대 세트처럼 여겨질 만 큼 누가 일부러 갖다 놓은 듯했다. 특이하게 생긴 바위군이 눈에 들 어왔다. 수직으로 돌출된 바위들이 이어진 모습이 초창기 스페인 탐 험가들 눈에는 오르간 파이프처럼 보였을 것이다.

뉴저지에 그렇게 있었어도 시각적으로 눈길을 끌 만한 것은 거 의 보지 못했는데, 이곳에는 사방이 볼거리였다. 오르간처럼 생긴 바 위 반대편 먼 곳에 길게 뻗은 메사[꼭대기가 평평하고 가장자리가 급경사를 이루고 있는 언덕-옮긴이] 가 있어서 장소와 규모를 짐작하게 했다. 톱니 모양의 지형이 누군가의 얼굴에 난 자국처럼 보였고, 해 질 무렵이면 메사 위의 하늘이 오렌지색과 노란색의 장관을 연출하는 가운데 지 층이 노출된 바위는 더 검고 날카로워졌다. 산들이 지평선 양쪽 모퉁 이에 모여 앉아 이렇게 말했다. **여기 와봐, 네가 생각도 못했던 멋진 세상 이 바로 이곳에 있어.** 그러나 굳이 먼 걸음을 하지 않아도 마법을 볼 수 있었다. 호텔 건너편에 노는 공간이 있었는데, 모래와 자갈이 강렬한 햇빛에 반짝거려 사막의 분위기를 연출했고, 가늘고 긴 초록색 크레 오소트 관목이 대량 서식하여 골칫거리였다. 그래도 비가 오고 난 다 음에는 냄새가 좋았다. 그리고 회전초가 다양한 먼지와 엉겨 붙어 소형 토네이도가 되어 도로를 휘젓고 다녔다. 아버지는 피해 다녀야 했다. 걱정이 끊이지 않는 어머니가 자동차 엔진에 좋지 않다고 했던 것이다. 운전하다가 어머니가 "조!" 하고 소리치면 아버지는 웃으며 일부러 그쪽으로 방향을 트는 척했고, 우리는 뒷자리에서 이런 모습을 보며 좋아했다.

우리는 아버지가 일하러 간 동안 호텔에서 1~2주를 지냈다. 세 명이서 자그마한 방(작은 부엌이 딸린)에 틀어박혀 커피 끓이는 냄새와 어머니의 담배 냄새의 이중창을 견뎌냈다. 가끔 수영장에 나가 덱 체어에 누워 유명인이 된 것처럼 굴었고, 그럴 때면 건초나 피칸이나 비료를 잔뜩 싣고 달리는 트럭은 못 본 척했다. 아버지는 곧 그리 멀지 않은 곳에 임대주택을 구했다. 리오그란데강이 옆에 흐르는 오래된 동네였다. 녹슨 금속으로 된 포치가 딸린 집으로 지붕이 이해할 수 없게 살짝 튀어나와 있었고, 모퉁이와 구석마다 검은독거미가 있었다. 만화에 나오는 가짜가 아니라 실질적인 사막의 위험이었다. 이삿짐 트럭이 도착하여 소파, 텔레비전과 함께 피아노를 거실 중앙에 내려놓았다. 주간 텔레비전과 나의 예술적 천재성 사이에 갈등이 벌어졌다. 바흐냐 〈원 라이프 투 리브〉냐. 나는 미래를 위해 다시 맹렬하게 연습을 시작해야 했다.

⸘

두 주 뒤에 (머지않아 '빌'이라고 불리게 될) 릴런드 교수 앞에서 오디션을 치렀다. 차를 타고 그의 집에 갔던 기억이 난다. 대학 근처에 있는 작은 주택단지였고 고속도로를 나와 2분 걸렸다. 평범하게 보이는 거리에 벽토로 칠한 단층 전원주택들이 쭉 이어져 있어서 매번 그의 집을 찾는 것이 어려웠다. 차고는 그저 판지로 지붕만 얹어놓았지만, 집 안으로 들어서자 그것이 보였다. 거대하고 반짝거리는 뵈젠도르퍼 그랜드피아노가.

아버지와 빌 교수는 다정하게 대화를 나누었다.

"와우, 정말 멋지네요…" 아버지는 피아노를 칭찬하며 우리 집 거실에 있는 낙서로 뒤덮인 괴물과 비교했다. 베닝과 마찬가지로 독일어 이름이 금장 고딕체로 박혀 있어서 성경책이 생각났다.

"그렇죠. 내가 빈에 있었을 때 이걸 눈여겨보기 시작했습니다." 그러면서 교수는 뵈젠도르퍼가 스타인웨이보다 어떤 면에서 좋은지 설명하기 시작했다. 음역이 다르다고 했다. 그가 주문하고 배달받는 과정에 대해 설명하자 부모님은 매료된 기색이었다. 건반을 살펴보았는데 맨 아래에 못 보던 건반들이 매끈하고 불길한 검은색으로 칠해져 있었다. 이것만으로도 모든 면에서 다른 피아노라는 생각이 들게 했다. 당시에는 이 피아노를 사려면 교수 몇 년 치 봉급이 필요한지 몰랐다.

방 안에는 음악 관련 물품들이 보이지 않았다. 말장난을 걸어놓은 것도, 베토벤이나 모차르트 흉상도, 빌이 무대에서 연주하는 모습을 찍은 액자 사진이나 프로그램북도 없었다. 피아노를 제외하면 의자 하나와 작은 악보 캐비닛, 메트로놈이 전부였다. 빌이 잠깐 기다리라고 하더니 부모님을 위해 다른 방에서 의자를 가져왔다. 아버지가 나중에 말하기를 수도원이 생각났다고 했다. 음악이 전부까지는 아니더라도 중심인 곳이었다. 나는 빌이 제대로 차려입은 모습을 거의 보지 못했다. 평소에 그는 언제라도 집을 수리할 준비가 되어 있는 사람처럼 보였다. 그가 식사하는 모습을 본 기억도, 음식이나 다른 감각적 즐거움에 대해 이야기하는 것을 들은 기억도 없다. 항공기 조종사 자격증이 있다는 것은 나중에 알았다. 그렇긴 해도 그는 일상적인 세계 위로 날아오르는 것을 상상하기를 좋아했다.

나는 쇼팽의 A단조 왈츠를 준비해갔다. 우울한 소품으로 오디션에 어울리는 곡은 아니었다. 그리고 소나티나와 내가 좋아하는 피아노곡집 『바흐의 기쁨』에서 손가락이 빠르게 돌아가는 곡도 하나 골랐다. 자리에 앉아 연주하기 시작했다. 부모님은 진실이 드러나는 이 순간을 조마조마한 마음으로 지켜보며 대륙을 건너 모험을 한 발걸음이 헛되지 않았기를 바랐을 것이다.

빌은 감동을 받았다. 특히 쇼팽 연주를 좋아했다. 하지만 나의 초견 솜씨를 알고 싶어 했다. 그래서 우리는 아름다운 악기 앞에, 내가 연주해본 최고의 피아노 앞에 앉아 네 손으로 함께 연주했다. 초견은 나의 비장의 무기였다. 초견 연주라면 누구에게도 뒤지지 않았다. 아버지는 연주가 끝나자 빌이 "이 녀석을 갖고 싶군요"라고 말했다고 기억했다. 흥미로운 표현이다. 마치 물건을 취득하기라도 한 것처럼 말이다. 빌은 나를 첫 번째이자 유일한 교습생으로 받아들이기로 했다. 부모님은 파티에 가면 항상 "제러미는 그의 **유일한** 교습생이랍니다" 하고 말했다. 그냥 자랑 삼아 한 말은 아니었다. 그들은 나의 재능에 계속해서 확신을 가져야 했다. 그래야 내가 음악가가 된다는 것에 불안을 덜 느낄 테니까.

첫 레슨은 빌의 집이 아니라 캠퍼스에 있는 사다리꼴 모양의 스튜디오에서 했다. 전에 강의실로 쓰던 곳으로 동굴처럼 소리가 울렸고 퀴퀴한 냄새가 났다. 사선으로 된 벽에 파이프와 스톱을 갖춘 오르간이 있었는데 나는 손도 대지 못하게 했다. 다른 벽에는 악보가 그려져 있고 대학생들에게 이론 수업을 한 흔적이 있는 칠판이 있었다.

빌은 당시 사십대 중반으로 굵은 사각 테 안경을 썼다. 지난 시대 교육 분야에서 일했던, 예컨대 1950년대 교육용 영화에서 화학물질 연소나 핵에너지의 기적에 관한 해설을 했을 법한 사람처럼 보였다. (핵은 뉴멕시코에서 자주 거론되는 이슈였다.) 키가 제법 컸고 조깅을 해서 건강한 편이었지만, 얼굴 살이 늘어진 것이 보였고 머리카락이 살짝 희끗했다. 그는 1969년에 뉴멕시코 주립대학 교수가 되었으니 내가 그를 만났을 때 11년째 그곳에서 가르치고 있었다. 그는 피아니스트로 그곳에서 살아가는 것이 얼마나 고된지, 일자리를 갖게 되어 얼마나 다행인지 계속해서 말했다. 일자리라는 개념이 당시 내게 얼마나 현실감 없는 것인지 그는 알지 못했다.

"정말로 피아니스트가 되기를 원해?" 첫 레슨에서 그가 물었다. 마침내 우리 둘만 있는 시간이었다. 내가 뭐라고 말해야 했을까? '원한다'는 말이 내 계획에서 중요한 자리를 차지했는지 모르겠다. 그때까지 내 삶의 철학은 원치 않는 것을 피하는 쪽에 훨씬 가까웠다.

빌은 내게 레슨에서 배운 것을 적을 연습노트를 준비하도록 했다. 기록은 실질적이고 체계적인 학습에 꼭 필요한 주춧돌이었다. 두 번째 과제는 새로운 악보를 구입하라는 것이었다. 그래서 모차르트의 〈여섯 곡의 빈 소나티나〉, 버르토크의 〈미크로코스모스〉, 낭만주의 레퍼토리가 수록된 악보집을 마련했다.

라스크루시스에 뮤직박스라고 하는 악기점이 있었다(지금도 있다!). 우리 가족의 모든 남자들에게 즐거운 장소였다. 조시는 트럼펫을 선망의 눈빛으로 바라보았고 드럼을 신나게 두드려댔다. 동생은 나와 다른 것이라면, 그리고 부모님을 짜증나게 하는 것이라면 뭐든 좋아했다. 나는 들어보지도 못한 음악 악보를 훑어보며 꿈을 꾸는 듯했다. 아버지는 계산대에서 일하는 미소가 일품인 호른 연주자 조이와 시시덕거렸다. 아버지는 수도원 시절에 잃어버린 세월을 보상받으려 했고, 어머니는 별 관심이 없어 보였다.

새로 구입한 〈여섯 곡의 빈 소나티나〉 악보집은 표지가 빨간색이었다. 이 보물이 지금 어디 있는지 보이지 않으니 슬플 따름이다. 새로운 소리였고 새로운 생명처럼 느껴졌다. 첫 번째 소나티나는 C메이저의 팡파르로 위풍당당하게 시작하지만 예고 없이 반대되는 수줍은 불협화음 무리가 이어진다. 두 음이 머리를 맞대는 것이 사랑스러웠다. 임대주택의 거실에서 운지법을 악보에 적고 불협화음이 메아리치는 대목을 계속 연주했던 것이 기억난다. C와 D의 충돌이 참으로 쿨하다고, 클레멘티처럼 투박하지 않고 투명하다고 생각했다. 내가 연습하는 동안 어머니는 옆의 소파에 누워 낮잠을 청했다. 내게 끝없이 연습하라고 다그쳤지만 본인은 이따금씩 돌발적으로 평화와 안식이 필요했던 것이다. 어머니가 "제발 그만하자" 하고 말하면 나는 부당함에 화가 나서 입을 삐죽 내밀었다.

"언제는 나보고 연습하라면서요!"

뉴저지에서라면 이런 실랑이가 점점 커졌겠지만 우리는 그쯤에서 그만했다. 뉴멕시코에 온 뒤로 아버지는 더 나은 사람이 되어 해야 할 일들을 열심히 기록했다. 어머니는 우리와 함께 집에 틀어박혀 더 좋기도 하고 더 나쁘기도 한 모습을 보였다. 정력적으로 소리 지르는 일은 사라졌지만 대신 무기력한 모습을 보였다. 어머니는 무기력과 원인을 알 수 없는 복통을 더위 탓으로 돌렸다.

뉴저지에서도 그런 조짐은 있었지만 뉴멕시코로 이사 온 초창기에 나는 어머니를 적으로 생각하기 시작했다. 어쩌면 내 나이(10.25세) 또래의 남자아이가 갖는 전형적인 반항심 때문이었을 수도 있고, 우리가 공통으로 가진 깊고 어두운 뭔가에 대한 반응이었을 수도 있다. 음주는 그 무렵에 어머니가 매일 반복하고 헌신해야 하는 훈련이 되었다. 내 피아노 연주처럼 말이다. 우리 둘 다 갈수록 진지하게 파고들었다. 나는 내가 무엇을 하고 있는지 생각하지 않고 한없이 연습하고 연습했다. 그러면 빌이 나를 제자리에 돌려놓았다. 어머니에게는 당연하게도 나처럼 과도함을 제지해줄 교사가 없었다.

솔직히 너무 늦기 전에 그 문제를 두고 우리 가족이 대화를 나눴는지도 기억나지 않는다. 조시와 나는 술이 뭔지, 사람들이 왜 좋아하는지 여전히 이해하지 못했다. 아버지는 어쩌면 뉴멕시코의 영적 분위기와 따사로운 햇빛이 문제를 해결해줄 수 있으리라 기대했는지도 모르지만, 더 느긋해진 삶으로 어머니는 더 많은 시간을 술에 탐닉했다. 모든 것을 솔직히 털어놓은 적이 딱 한 번 있었다. 어느 날 아버지가 관개수로를 따라 학교까지 차로 태워주다가 난데없이 이렇게 물었다. "엄마와 내가 이혼하는 것에 대해 어떻게 생각하니?"

조시와 나는 말문이 막혔다. 이와 같은 어른의 질문에 어떻게 대답할 수 있겠는가? 우리는 엄마가 왜 이 대화에서 배제되었는지 궁금했다. 워낙 당황스러운 반응을 보이자 아버지는 계획을 철회했고, 다시는 그 이야기를 꺼내지 않았다.

빌과 나는 뮤직박스에서 구입한 악보들을 익히기 시작했다. 모차르트, 쇼팽, 그리고 버르토크 몇 곡을 연습했다. 처음부터 빌은 내가 음악을 즐기는 것을 망가뜨리지 않는 데 중점을 두겠다고 부모님에게 밝혔다. 내게 불쾌한 새 과제를 내주기 직전에도 되새기는 뜻에서 항상 그 말을 했다. 나는 릴리언 선생을 떠나면서 음계 연습에서 해방되었다고 생각했는데, 연습노트 첫 페이지에 음계 이야기가 나왔다.

F단조에서 엄지손가락 위치에 주의!(왼손 엄지를 G에 두지 말 것!)

빌은 나의 음계가 둔탁하다고 느꼈고 내 엄지손가락에 신경을 곤두세웠다. 그래서 양손의 엄지를 다른 손가락들 아래에서 게처럼 움직여 멀리 떨어진 음들을 짚는 대칭적이고 동시적인 연습을 시켰다.

다섯 번째 항목(지루해하거나 우울함을 느끼는지 살필 것)은 전형적인 빌이다. 그는 아이러니가 내 마음을 여는 열쇠임을 이미 알아차렸다. 내가 제대로 못한 것을 웃어넘길 수 있다면 그것을 해낼 수도 있으리라 믿은 것이다.

> Thumb exercises - next week - FIRST - I will hear
> all 12 major scales in "back-+-forth thumb sections"
> both hands separately, two places in each key. I will
> look for:
> 1) Careful accuracy
> 2) no arm movement
> 3) quiet hand - only thumb moves.
> 4) moderate tempo,
> 5) signs of boredom + depression

음계와 엄지손가락 다음으로 빌이 관심을 둔 것은 템포였다. 그는 기준점을 좋아했다. 그가 가장 먼저 지시한 사항은 "레퍼토리를 처음부터 끝까지 쭉 쳐보고 각각의 곡의 **연주 시간**이 어떻게 되는지 알아보라"는 것이었다. 마치 내가 기록 경쟁에 나서는 단거리 육상 선수라도 되듯 말이다. 두 주 만에 나는 그가 필사적임을 알아차렸다. 서두르는 것이 나의 성격으로 자리 잡았고, 그는 잡초를 뽑듯 나의 연주에서 서두름을 뽑아내려고 애썼다. 빌은 노트에 이렇게 적었다. "정 빠른 곡을 연주해야겠다면 **다른** 곡을 연주해." 그러고는 진지하게 한마디 했다. "일주일 내내 메트로놈 없이는 이 곡을 연주하지 마라." 메트로놈은 내가 모든 것을 빠르게 해치우지 못하게 하려는 빌의 간교한 방책에서 핵심이었다. 하지만 그런 전략조차 난관에 부딪혔다.

모차르트 말인데… 메트로놈을 확인해보는 게 좋겠다… 원하면 나한테 가져와도 좋고.

그래서 어떻게 되었냐 하면, 나는 내 메트로놈이 고장난 줄도 모르고 쳤다고 둘러댔다. 거짓말을 하여 책임을 순진한 기계에게 돌린 것은 부끄러운 행동이지만, 메트로놈은 감정을 못 느끼니 희생자 없는 범죄랄까. 그리고 그만하면 나도 충분히 꾸짖음을 당했다.

부모님은 뉴멕시코에 정착하려는 생각에 집을 구입하기로 결심했다. 동생과 나는 살짝 거칠고 스페인어를 쓰는 아이들이 절반인 시내의 센트럴 초등학교에 다녔는데 부모님은 우리를 더 좋은 학교로 전학시키고 싶어 했다. 그리고 대학에서 더 가까운 곳에 살고 싶어 했다. 하지만 그들이 시급하게 처리해야 한다며 내내 이야기했던 것은 피아노를 먼 한쪽 방으로 치우는 것이었다. 내가 피아노 연습하는 소리를 듣지 않으려고 말이다. 공정하지 못하다는 생각이었다. 내가 고통받아야 한다면 부모님도 마땅히 같이 괴로워해야 했다.

부모님이 구한 집은 특별할 게 없었다. 흰색 벽돌로 지은 정사각형 모양의 집으로 붉은색 스페인 기와지붕을 올렸고 바닥이 낮았다. 하지만 위치가 독특했다. 사막 지대에 새롭게 실험적으로 건설한 동네에 있었고 언덕 위였다. 이파리가 뾰족한 유카가 사방에 있었고, 로드러너[긴 다리로 빠르게 달리는 뻐꾸기과의 새-옮긴이] 가 뛰어다녔으며, 아로요[사막에 큰비가 내리고 나면 일시적으로 형성되는 강-옮긴이] 가 굽이굽이 돌았다. 끝없는 지형의 놀이터였다. 우리는 모래 위를 달리고 선인장을 뛰어넘으며 놀았고, 어머니는 우리 몸과 옷에 들러붙은 가시와 꺼끌꺼끌한 씨앗을 떼어내느라 고생했다. 타란툴라 거미가 방충

망을 친 문에 자주 나타났는데, 그러면 아버지는 삽으로 쫓아냈다. 이렇게 온통 생소함으로 가득했지만 그럼에도 편안하게 느껴졌고 집이라는 기분이 들었다. 노스캐롤라이나를 떠난 이후로 한 번도 느껴보지 못했던 감정이었다.

부모님은 피아노를 부엌과 거실에서 가장 먼 앞쪽 침실에 두었다. 거대한 아치형 창문이 있어서 그 너머로 토끼들이 뛰어다니는 모습이 보였고, 학교에 갔다 와서는 노을을 감상했다. 내가 처음으로 갖게 된 개인용 피아노 연습실이었다. 낡은 베닝을 넣으니 방의 3분의 2를 차지했다. 지금도 그 방에 대해서는 애정이 있고 두려움도 있다. 가끔은 복도를 따라 한참을 걸어 내 침실에서 연습실까지 갔던 것만 같다. 실은 3미터밖에 안 되는 거리였는데 말이다. 생각만큼 개인적인 공간도 아니었다. 종종 어머니가 노크도 없이 문을 열고 들어와 이렇게 말했다. "연습하는 소리가 들리지 않는구나."

⟨

세상의 모든 피아노 교사들이 별모양 스티커를 붙인다면, 빌은 내 연습노트에 손으로 직접 별을 그려서 칭찬의 뉘앙스를 전했다. 어떨 때는 별에 후광이나 왕관을 씌워 자랑스러운 마음을 한껏 드러냈다. 가끔은 별이 곁눈질하는 모습으로 성에 차지 않음을 나타냈고, 목발을 짚고 절뚝거리는 별의 모습을 그리기도 했다. 실망감을 금할 수 없을 때는 민달팽이, 애벌레, 독이 있는 지네를 그렸다.

가장 화려한 별이 등장한 것은 우리의 첫 번째 이정표가 된 사건인 1981년 피아노교사협회 오디션 때였다. 빌은 내가 베를린 필하모

닉과 데뷔하기라도 하듯 들떠 있었다. 별도의 시간을 내서 나에게 대학에 있는 근사한 피아노들을 쳐보게 해주었다. 빌의 부인 앞에서 연주하기도 했는데, 멜바는 직업적으로 아이들을 가르치느라 감수성이 메말라 있었다. 팀을 독려하는 코치처럼 빌은 노트에 격려와 분발의 말을 쏟아냈다. 나는 카발렙스키의 소나티나(어머니는 이런 '현대음악'이라면 질색을 했다)를 연주했고, 그는 이렇게 적었다. "훌륭해. 조금만 힘을 내자! 이 곡은 더 말끔하게, 디테일을 살려야 해." 모차르트 연주에 대해서는 이런 말을 했다. "디테일이 좋아. 내가 요구하는 모든 것을 제대로 했어." 말끔함을 살렸고 디테일이 나아졌다는 것이다. 하지만 전체적인 그림은 어떻게 되는 거지?

아무튼 덕분에 나는 오디션을 무사히 치렀다.

협회는 피아노 연주의 기술을 서른다섯 개 요소로 세분했다(아울러 디테일에 치중했다). 나는 서른두 개 부문에서 A를 받았고 나머

지 세 부문은 C였다. 정규 학교 수업에서 이런 성적을 받았다면 기겁했겠지만, 피아노에서 이것은 승리나 다름없었다.

이런 성공을 거두고 나자 빌은 내가 카발렙스키를 잊고 모차르트의 G장조 소나타로 새 출발을 하게 해주었다. 일주일 동안 하늘을 나는 기분이었다. 그리고 이런 행복은 전염성이 있었다. 빌은 연습노트의 다음 항목에서 평소 그답지 않게 열광적인 찬사를 적었다.

모차르트: 훌륭한 연주야! 브라보! 관건은 페달을 덜 쓰는 것. 페달 표기가 있을 때만 밟아.

"브라보!" 나는 피아노 연습실에서 혼자 이 대목을 읽으며 가상의 박수에 미소 짓고 인사를 했다. 하지만 빌은 나를 칭찬하는 와중에도 내가 모차르트의 페달 문제를 귀로 들으며 해결하지 못한다는 것을 알아차렸다. 그래서 그는 불확실함을 모두 없애기로 결심했다.

모차르트에서

1) 쉼표가 있을 때

2) 선율이 연이어 나올 때

3) 화음이 바뀔 때

4) 프레이징이 바뀔 때

5) 터치가 바뀔 때

페달을 사용하지 말 것

'페달 활용 오계명'이 내려진 바로 그날, 빌은 내게 헝가리 작곡가 에른스트 폰 도흐나니가 쓴 『필수 손가락 연습』이라는 책을 구입하라고 했다.

도흐나니의 책은 특별 주문을 해야 했다. 책이 도착하자 빌은 피아노 옆에 서서 '친구 이제 내 말 들어' 하는 표정으로 나를 쳐다보았다. 그는 나를 친구나 자네라고 했지 제러미라고는 결코 부르지 않았다. 그는 책을 펴고 한 문단에 빨간색 펜으로 동그라미를 쳤다. 그런 다음 나를 쳐다보며 내가 주목하는지 살폈다. 내가 주목하지 않자 그는 동그라미 옆에 화살 몇 개를 추가하고 '니힐 옵스타트NIHIL OBSTAT'라고 적었다. "이게 무슨 뜻인지 아니?" 나는 침을 삼키며 모른다고 했다. "아버지에게 물어보렴." 그러고는 나보고 아래의 문단을 큰 소리로 읽도록 했다.

순수하게 기술적인 훈련에 시간을 덜 쏟을수록 완전히 집중하면서 연습하는 것이 더 중요하다. 생각 없이 기계적인 방식으로, 특히 악보에 시선을 고정한 채로 연습하는 것은 절대적으로 쓸데없는 일이다. 가장 간단한 손가락 연습을 하더라도 손가락의 운용에 모든 생각을 쏟아야 한다. 그러니까 음 하나하나를 의식적으로 연주해야 한다. 그저 손가락만으로 연습하는 것이 아니라 손가락을 통해 뇌로 연습해야 한다는 말이다.

도흐나니는 지루함의 새 지평을 열었다. 빛바랜 파란색 표지가 꼭 연습장 같았고, 무슨 소린지 모를 헝가리어가 계속 나왔다. 그리고 모든 연습이 똑같은 구성으로 되어 있었다. 네 화음을 연이어 연주하고, 전체를 반음 높여 연주하고, 처음의 패턴으로 다시 돌아가는 식이었다. 야구장에서 흥을 돋우려고 오르간 음을 점점 높여서 연주하는 것과 비슷했다. 다만 기대할 홈런 따위는 없었다. 그저 반복할 따름이었다.

몇 주 뒤에 나는 손가락을 쳐다보고, 움직임과 가만히 있는 손과 비음악적인 신체 활동에 대해 생각하면서 모차르트 소나타를 연습하고 있었다. 16분음표 패시지를 칠 때 걸림돌이 어느덧 사라졌음을 깨달았다. 손가락이 음을 짚고 나서 힘을 빼고 다음 음으로 넘어갔다. 마치 손가락이 스스로 연주하는 듯했다. 전이가 일어난 것이다. 악보의 음들은 내가 읽기도 전에 소리를 내는 것 같았다. 음들이 빠르게, 내가 통제할 수 있는 것보다 더 빠르게 느껴졌고, 그런 사실이 아주 만족스러웠다. 나의 의식적인 마음이 옆으로 물러나 이 광경을 보며 흐뭇해했다. 진짜 피아니스트가 된 기분이었다. 나는 방 안을 돌아다니며 기쁨을 만끽했다.

새로 전학 간 학교는 사방이 피칸나무 숲과 목화 농장으로 둘러싸인 메실라 파크 초등학교였다. 첫날 늦게 가는 바람에 텅 빈 교실에 앉아서 다른 아이들이 휴식을 마치고 돌아오기를 기다렸다. 교실로 돌아온 아이들은 책상 위에 수그려 책을 읽고 있는 나의 금발머리만 보고 내가 여자아이라고 생각했다. 선생이 남자아이라고 설명했지만 상처를 받았다. '제러미'라는 이름도 문제였다. 라스크루시스에서는 흔치 않았던 것이다. 성경에 나오는 예언자 예레미야에서 따온 이름이라고 내가 설명했다. 재능 있는 열두 명의 아이들과 지낸 뉴저지 시절에 나는 어떤 말을 해서는 안 되는지 배우지 못했다. 아버지는 회고록에 적기를 내가 "1년간 입을 다물었다"고 했다. 주로 기억나는 것은 전반적인 적의였다. 급우 한 명이 버스 정류장에서 내가 교사의 애완견이라며(그게 안 좋은 건가?) 나를 때렸다. 내가 격하게 맞서자 예측하지 못한 방향으로 일이 흘러갔다. 다른 아이들이 일제히 웃음을 터뜨렸다. 나는 어처구니가 없어서 싸울 생각도 나지 않았다.

부모님이 이래서는 안 되겠다 싶어 교장과 상의했고, 이어 교육감과 문제를 논의했다. 메실라 파크 초등학교에는, 아니 라스크루시스에는 대안 프로그램이 없었다. '상급' 아이들은 무엇을 해야 한단 말인가? 마침내 부모님은 J. 폴 테일러라고 하는 감독관과 연락이 닿았다. 지역에서 전설적인 인물로 나중에 주 하원의원까지 올랐다. 조시와 나는 그의 앞에서 면접을 보게 되었다. 폴은 품위 있고 매력적인 사람이었다. 넥타이를 맸고 잘생겼으며 빈정거리며 말하지 않았다. 메실라 광장 바로 옆, 방들이 이리저리 뻗어 있는 집에서 살았다. 그곳은 『이상한 나라의 앨리스』를 샌타페이식으로 재현한 집 같았다. 부드러운 곡선의 벽난로가 계속 보였고, 방을 나가면 또 다른 방이 나왔고, 타일과 창문은 체계나 대칭을 무시했다.

부모님과 상의하고 나서 폴은 나를 보더니 좋아하는 것을 말해보라고 했다. 그래서 이렇게 말하고 말았다. "x는 2a분의 마이너스 b 플러스마이너스 루트 b 제곱 마이너스 4ac." 그가 물었다. "그게 뭐지?" "이차방정식이요." 나는 그가 살짝 바보라고 생각했다. 주 하원의원이 될 사람이 어떻게 이차방정식도 모를 수가 있지?

　　인내심이 성자에 버금갔던 폴은 캐시 이스털링이라는 여자를 만나보도록 했다. 그녀는 뭔가 재미있는 일이 있어 보였고 카페인 중독자 같았다. 내가 세상에서 가장 흥미로운 사람이라도 되듯 내 말에 주목했다. 고개를 끄덕이며 격려의 질문을 던지는 그녀의 모습을 보자 뉴저지의 상담사가 떠올랐다. 나는 어디를 가든 사회복지사가 있어야 한다는 생각을 하지 않을 수 없었다. 부모님은 캐시가 보는 앞에서 나의 교육과 관련하여 말다툼을 벌였다. 아버지는 지루함을 피하는 것이 내게 가장 중요하다고 생각했다. 어머니는 정상적인 사회생활에 가치를 두었다. 아버지는 너무 늦었다고 생각했다. 내가 정상이 아니며 정상인 척해봐야 소용없다고 여겼다. 그저 시간을 잘 활용하여 대학에 가서나 행복을 찾으라고 했다.

　　캐시는 내가 들어가야 하는 학년에 점차 가까워지도록 타협안을 제시했다. 요컨대 6학년을 통째로 건너뛰고 중학교 과정을 시작하라고 했다. 아버지는 말다툼에서 승자가 되었나 싶었지만 다시 생각하더니 곧바로 이렇게 재를 뿌렸다. "중학생은 최악이야." 어머니도 맞장구쳤다.

♩

　　빌은 1981년 여름 내내 도흐나니 연습을 시켰다. 양손을 따로 놀리기, 인내심, 반복하기. 그리고 한 주 건너 진짜 음악을 잠깐 연주하게 했다. 내가 목표를 되새기고 흥미를 잃지 않도록 하기 위함이었다. 하지만 힘들었다. 욕실의 줄눈을 문질러 청소하고 있는 사람에게 곰팡이를 말끔히 다 제거하면 게티즈버그 연설을 하게 해준다는 말이나 다름없었다.

테크닉 연습은 두더지 잡기를 하는 기분이었다. 빌은 손가락에 집중하라고 요구했다. 그래서 내가 일주일을 연습하고 나면 너무 열심히 집중한 나머지 어깨가 구부려졌다. 그렇다고 어깨에서 힘을 빼면 손목이 뻣뻣해졌다. 그러는 와중에 반복되는 골칫거리와도 싸워야 했다. 나는 "숲의 속삭임"이라는 제목의 칙칙한 소품을 연주했다. 릴런드가 노트에 이렇게 적었다. "숲의 속삭임이야. 숲의 불이 아니라고!" 그리고 한두 줄 뒤에 대문자로 적었다.

엄지손가락을 매끄럽게 연결하는 기술은 네가 습득할 수 있는 가장 중요한 솜씨야!

내 엄지는 영 틀려먹은 걸까? 대답은 '결코 그렇지 않다'였다. 엄지는 음계, 펼침화음, 온갖 종류의 패시지를 원활하게 돌아가도록 돕는 환승역이다. 닻이면서 동시에 발판이다. 자신이 손가락임을 자주 잊는 손가락이다.

진전이 있었던 모양이다. 여름이 끝나갈 무렵 빌이 내게 모차르트의 A장조 협주곡 K.488 악보를 구입하라고 한 걸 보면 말이다. 우리는 셔머 출판사에서 나온, 월계수 잎으로 장식된 노란색 표지의 악보를 뮤직박스에서 구입했다. 내가 처음 접한 걸작이었다. 첫 마디에 임시표인 제자리표가 있어서 음악에 다른 느낌, 살짝 어두운 느낌을 부여한다. 마치 음악이 펼쳐지는 것이 아니라 접히는 기분, 행하기에 앞서 돌아보는 기분이다. 이렇게 접히고 난 뒤에 음악은 갑자기 위로 방향을 틀어 장난기 어린 기쁨의 음계를 연주한다. 조금 뒤에, 빌이 '제2주제'라고 가르쳐준 대목에서 몇몇 화음들이 내가 앞서 연주했던 다른 화음들 사이에 끼어들어 있는 듯했다. 불협화음이 워낙 많이 섞여 있어서 다른 불협화음으로 해결될 뿐이다.

　한동안 어머니는 내게 연습하라고 닦달할 필요가 없었다. 나는 발견에 들떠 첫 악장에 열심히 매달렸다. 빌은 평소처럼 뼈가 담긴 의견을 적었다.

　16분음표 패시지를 천천히 열심히 연습할 것. 프레이징에 신경 쓸 것. 조용한 패시지에서도 **옹골찬 음**을 내도록. 결코 허약하게 들려서는 안 됨. **모든** 음을 들을 것.

모든 음을 들으라는 게 무슨 의미였을까? 알 수 없었다. 도움이 된 것 같지 않았다. 일주일 뒤에 빌은 '카덴차로 넘어가라'고 했다. 나는 모차르트에 매달린 두 주가 끝날 무렵에 몰랐던 사실을 깨닫게 되었다. 앞서 익혔던 것과 똑같은 음악을 조성만 다르게 해서 배우고 있었던 것이다. **뭐야, 짜증나게.** 그러다가 이것이 편의적인 방편이라는 생각이 들었다. 수십 곡의 소나티나와 소나타를 배우면서도 나는 소나타 형식의 핵심에 있는 대칭을 이해하지 못했다. 모든 것을 알아야 한다는 생각에 사로잡힌 나머지 명백한 것을 보지 못했던 것이다.

　"이거 아주 재밌어요." 나는 아버지에게 즉석에서 음악이론 수업을 해주자고 생각했다. "봐요, 똑같아요!" 아버지는 내 피아노 연습실

뒤쪽 구석에 작은 컴퓨터 책상을 두고는 본인의 연구와 프로젝트를 한다는 명목으로 나의 공간에 침입하기 시작했다. 어쩌면 나를 염탐하려는지도 몰랐다. 아울러 말해두자면 이곳은 집에서 어머니와 지리적으로 가장 멀리 떨어진 지점이기도 했다.

아버지는 투덜거렸다. "잡담 그만하고 연습이나 해."

❟

교과과정에 속도를 높이기 시작했다. 나는 7학년과 8학년 수업을 섞어서 들었고 9학년 대수학 수업도 들었다. 캐시는 어머니가 나의 사회성을 우려하는 것이 타당하다고 생각해서 내게 감정을 일기에 적도록 했다. 나는 감정 일기를 자주 제출해야 했다. 캐시는 그것으로 모자랐는지 이런 일기를 바탕으로 문학잡지를 만들었다. 나뿐만 아니라 자신의 성장 프로그램에 포섭한 다른 '특별한' 아이들의 일기도 넣었다. 첫 호에 내가 쓴 시가 잡지 뒷면에 실렸다.

죽음

죽음이란 무엇일까? 다른 세상으로 넘어가는 통로일 뿐일까, 아니면 영원한 끝일까, 아니면

　　망각으로 떠나는 여행—

내 시에는 줄표(—)가 난무했는데, 내가 에밀리 디킨슨을 존경해서가 아니라 마침표는 지나치게 몰입한다는 느낌을 주었기 때문이다.

내 감정을 일기에 솔직하게 털어놓는 것은 (짐작하겠지만) 위험

했다. 나는 삶의 사소하고 파삭한 세부 사항을 감당하지 못했고 질척한 큰 주제들만 기록했다. 지금까지 그렇게나 많이 읽었으니 이제 나 자신을 표현할 준비가 되었다고 느꼈다. 수학에는 시들해졌다. 영문학이 내가 가장 좋아하는 수업이 되었다. 금발의 드레스프 부인이 가르쳤는데 얼마 전에 이혼을 해서인지 피부가 충격적일 만큼 창백했다. 아버지는 드레스프 부인의 짙은 빨간색 립스틱과 결혼에 대한 경멸을 존중했다. 그녀의 지도로 나는 마리화나의 해악과 중년의 권태를 다룬 "인간 야망의 황혼"이라는 짧은 이야기를 지었다. 이렇게 시작했다.

의식의 파도가 그의 마음에 일어 서늘한 감각의 잔물결이 그를 덮쳤다. 서른 살의 나이에 좌절하고 불만에 시달리는 그는 자신의 삶이 이제…

드레스프 부인이 우리에게 초월주의 사상에 대해 가르쳤고, 나는 여기서 영감을 받아 예술과 시간 관리라는 두 개의 기둥이 떠받치고 있는 유토피아 사회 '가마크 12'를 지지하는 선언문을 썼다.

모든 시민은 재능 있는 인재로 판명되면 매일 일정 시간을 할애하여 예술 활동, 정부 활동, 즐거운 활동을 행해야 한다. 기본적인 체계는 이러하다.

4시간 - 예술 활동

4시간 - 정부 활동

4시간 - 즐거움

나머지 시간 - 수면

(모든 가치는 개인의 재능이나 강점이 어떻게 되느냐에 따라 달라질 수 있다.)

알리는 말

1. 예술 활동은 1시간을 밑돌거나 7시간을 초과하지 않는다.

2. 정부 활동은 2시간을 밑돌거나 6시간을 초과하지 않는다.

3. 즐거운 활동은 시간을 바꾸지 않는다.

'예술 활동'과 '즐거움'을 구별하고 있음에 유의하라.

빌과 나는 A장조 협주곡을 계속했다. 비극적이고 머뭇거리는 2악장은 연습노트에 별다른 말이 적혀 있지 않았다. 우리는 생동감 넘치는 기쁨의 3악장으로 넘어갔다. 이 대목에서 빌은 뜻밖의 말을 했다.

모차르트 3악장. 우리가 함께 했던 대로 연습할 것. 터치와 프레이징(아울러 셈여림도!)의 '변화무쌍한' 변화를 귀담아듣도록.

'변화무쌍한'이라는 문구에 꾸불꾸불한 밑줄을 쳐서 특별하게 강조했다. 노트에 처음 나오는 진정으로 표현적인 말이다. 빌은 체계와 목록과 규칙을 말하면서도 결국에는 예기치 못한 것을 원했을까? 이 수업이 어땠는지 기억나지 않지만, 적힌 내용을 읽으니 마음이 훈훈해진다. 우리가 그의 스튜디오에서 아이와 어른, 금발과 백발이 나란히 앉아 똑같은 모차르트를 다른 삶의 각도로 바라보며 연주하는 모습이 그려진다. 거의 40년이 지난 지금, 내가 가장 마음 깊이 담아두고 가르치는 생각 가운데 하나가 이것이다. 모차르트 음악은 하나의 목소리가 아니라 시시각각 바뀌는 여러 목소리들의 집합이라는 것. 다음 순간 어떤 성격이 드러날지, 진지할지 가벼울지, 높을지 낮을지 그 중간 어디일지 결코 알 수 없다는 것. '변화무쌍함'은 내가 볼 때 모차르트가 우리에게 주는 선물의 핵심에 닿아 있는 말이자 사람들이 요즘 내 연주를 설명하면서 가장 흔하게 갖다 붙이는 말이기도 하다. 가르치는 사람의 의견이 연주자의 핵심이 되기도 한다. 설령 본인은 잊고 있어도, 어느 교사였는지 기억이 가물가물해도 말이다.

바로 그때, 우리가 올림포스산을 올라 정말로 근사한 것이 눈앞에 펼쳐지려는 찰나에 빌이 제동을 걸었다. 그는 내게 당분간은 협주곡에서 손을 떼라고 했다. 진전, 지루함, 나쁜 습관이라는 패턴이 반복되는 것을 알아차린 것이다. 나의 패시지가 허약해진 것을 보고 그는 코누스 연습책을 꺼내들었는데 이것은 도흐나니보다 훨씬 더 지루했다. 그는 어째서 내게 이런 것을 시킬까? 도흐나니가 힘에 관한 것이라면 코누스는 손가락의 독립성을 키우기 위함이라고 그가 말했다. 이렇게 해서 한 달가량 코누스 책을 연습했고, 노트에는 나의 뇌가 조금씩 채워지는 그림이 그려졌다.

학교에서는 내가 지나치게 똑똑하다고, 뇌에 휴식을 주라고 모두가 불평했지만, 빌은 항상 **더 많은** 똑똑함을 요구했다. 헷갈렸다.

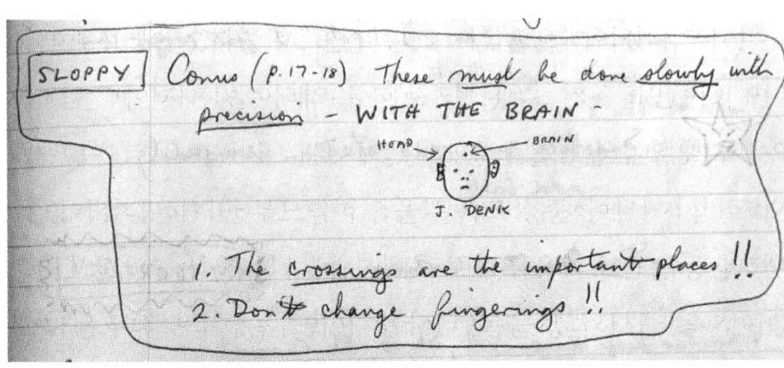

SLOPPY
Conus (p. 17-18) These must be done slowly with precision - WITH THE BRAIN -
HEAD
BRAIN
J. DENK
1. The crossings are the important places !!
2. Don't change fingerings !!

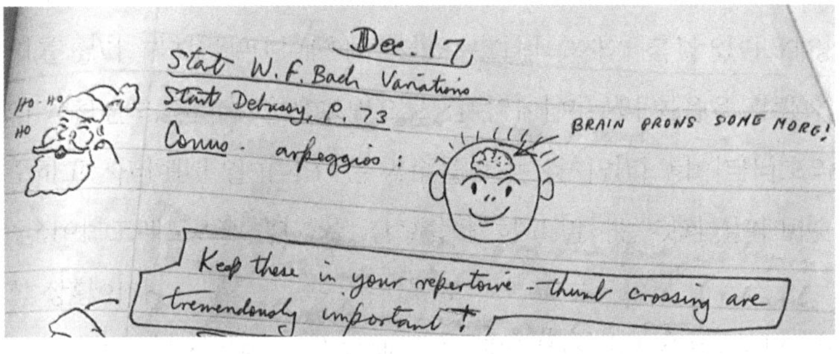

Dec. 10
Conus :
BRAIN : HAS GROWN A LITTLE!
(p. 17, 18)
Much better. Do arpeggios one more week, hands together - no faster than you can make good crossing
Scale (p. 19) - only D-flat major this week, hands together.

Dec. 17
Start W. F. Bach Variations
Start Debussy, p. 73
Conus. arpeggios :
HO-HO HO
BRAIN GROWS SOME MORE!
Keep these in your repertoire - these crossing are tremendously important !

중학교에 가는 통학버스에서 많은 음악을 들었다. 초등학교 때보다 훨씬 많이 들었고 모든 음악이 혐오스러웠다. **사람들은 어떻게 이런 쓰레기를 들을 수 있지? 다른 선택지가 있음을 안다면, 누군가가 그들에게 더 나은 것을 알려준다면 얼마나 좋을까?** 나는 계획을 세웠다. 부모님이 한참 못마땅한 표정을 짓더니 결국 휴대용 카세트플레이어를 사주셨다. 나는 낭만주의 분위기가 물씬 나는 슈트라우스의 교향시 테이프를 챙겨 플레이어를 배낭에 넣었다. 여느 날과 마찬가지로 버스에 혼자 앉은 나는 잠깐 기다렸다가 플레이 버튼을 눌렀다. 반응은 내가 기대했던 것과 사뭇 달랐다. 처음에는 역겨운 냄새를 맡기라도 한 것처럼 다들 당혹스러워하더니 곧 대화의 어조가 바뀌었다. 누군가가 "대체 #$!가 어디서 나는 거야?" 하며 소리를 질렀고 나는 태연한 표정을 유지하려고 애썼다. 마침내 몇몇 아이들이 내 배낭을 잡아채고 강제로 뜯어 테이프를 빼냈다. 내가 아직도 목숨을 부지하고 있는 것이 용하다.

이런 자기파괴의 행동들이 있었지만 나에게도 친구가 생겼다. 우리 가족이 다 그랬다. 아버지의 판단이 옳았다. 뉴멕시코에서는 사람들을 만나기가 훨씬 더 쉬웠다. 대부분의 인연은 교회에서 이루어졌다. 우리는 번바움 가족과 친하게 지냈고, 그들의 아이인 데이비드와 에바는 '재능반' 프로그램의 일원이었다. 분위기가 상당히 다른 윌럼 가족과도 어울렸다. 레이 윌럼은 조용한 목소리의 이상주의자 엔지니어였고 아버지는 그와 과학에 대해 이야기했다. 레이의 부인 아델리나는 도미니카공화국 출신으로 말할 수 없이 온화한 성품에 공감력이 뛰어나서 어머니의 든든한 친구가 되었다. 레이와 아델리나에게는 성격이 판이하게 다른 아름다운 두 딸이 있었다. 여리고 얌전한 딸과 선머슴 같은 괄괄한 딸. 어느 순간 나는 둘 모두와 사랑에 빠졌다. 빼놓을 수 없는 또 한 명은 브루스 스트리트라는 사람이다. 아버지는 그를 만나면 항상 가톨릭 학교에 대한 불만을 토로했다. 브루스는 뉴멕시코 주립대학의 개발부장이었다. 옥스퍼드에서 공부했고 그 이야기를 자주 했다. 덩치가 크고 성격이 활달한 아내 메리, 그리고 매력적인 네 아이를 두었다. 건강하고 부유한 대가족이었다. 브루스는 가톨릭 교육에 의심의 여지를 두는 것이 옳다는 아버지의 입장에 동의했다.

브루스와 아버지는 대담하고 이단적인 해결책을 생각해냈다. 우리만의 가톨릭 교육 공동체를 만드는 것이었다. 일요일 예배가 끝나고 네 가족이 모여 아델리나가 만든 환상적인 요리를 먹었고, 자리에 앉아 한 시간 동안 기독교 교리 이야기와 문학, 윤리, 정치 이야기를 했다. 브루스는 뉴멕시코에서 옥스퍼드를 재현하려고 했다. 그와 아버지는 논쟁을 통해 배우는 것을 좋아했다. 아니 그냥 논쟁을 좋아했던가, 모르겠다. 브루스는 진지한 딜레마를 화두로 던졌다. 아버지는 신학자와 회의론자를 차례로 인용하며 비꼬는 투로 대답했다. 레이는 진심에서 우러나오는 관점을 제시했다. 아델리나는 항상 이렇게 물었다. "이게 다 무슨 소용이죠? 누가 관심이나 갖는대요?" 그 와중에 데이비드와 나는 어른들 눈에 들려고 애를 썼다.

공동체는 내 미래에 결정적으로 중요한 일을 하나 했다. 브루스가 나를 마음에 들어 했다. 자주 나를 불러서 점심을 사주었다. 어머니는 내게 잘 차려입고 나가라고 했다. 내가 흉하지 않은 모습을 할 때까지 옥신각신 다툼을 벌였다. 어머니가 브루스의 사무실까지 태워주었고, 브루스는 사업자들이 드나드는, 지역에서 가장 화려하고 고급스러운 레스토랑에 나를 데려갔다. 더블 이글은 매음굴 같기도 했고 거물급 악당이 사는 궁전을 닮기도 했다. 나는 자세를 최대한 바르게 하고 앉아 목소리가 저음이고 지역에 연줄이 많은 인기 있는 우두머리 브루스와 대화를 나누었다. 우리가 세 번째인가 네 번째로 만났을 때 그가 생각해둔 계획을 털어놓았다. 나를 본인도 했던 로즈 장학생으로 추천하고 싶어 했다. 내가 완벽한 후보라고 했다. 나는 학업 성적이 좋고 음악 재능이 있었다. 운동 실력도 있어야 했지만, 그는 나를 짓궂게 이리저리 보더니 "그 문제는 대충 속일 수 있겠어" 하고 말했다.

}

1982년 가을에 나는 열두 살 반의 고등학생이었다. 앞서 배웠던 수학보다 살짝 더 어려운 기하학을 공부했고, 통학버스에서 고전음악을 튼 소동이 있고 나서 매일 오후만 되면 버스에서 우리 집까지 따라와 죽이겠다고 위협하는 플로그 형제를 피해 다녔다. 빌은 더 연습하라고 나를 몰아붙이기 시작했다. "한 시간 반은 아무것도 아니야." 빌이 비웃었다. "몸을 풀다 보면 끝나지." 그는 세 시간 연습을 요구했다. 대체 어디서 시간을 내란 말인가? 그는 내가 데뷔 독주회에서 연주할 수 있으려면 그래야 한다고 말했다.

얼마 전부터 독주회를 생각하고 있었던 모양이다. 빌은 지난 몇 달 동안 도흐나니를 살짝 줄이는 대신 나에게 새로운 곡을 여러 개 익히게 했다. 드뷔시의 아라베스크도 그중 하나였다. 처음에 드뷔시를 연주하면서 사소한 위기가 있었다. 한 손은 셋잇단음표를, 다른 손은 8분음표를 연주해야 했다. 이걸 어떻게 연주하지? 하지만 빌은 두 번째 8분음표가 셋잇단음표 사이에 완벽하게 슬쩍 들어가는 것을 시범으로 보여주었다. 이렇게 해서 난감한 허들을 또 하나 넘었다. 빌은 내가 이 음악을 자연스럽게 받아들이고, 가볍고 춤추기 좋고 표현적으로 연주하는 것을 보고 놀란 눈치였다. 어쩌면 어머니가 춤을 추어야 한다고 잔소리한 것이 도움이 되었을 것이다. 아니면 부모님에게 선물로 받은 머리 퍼라이아의 모차르트 협주곡 새 음반 덕분이었을 수도 있다.

드뷔시 말고 바흐와 쇼팽의 새로운 곡도 배웠다. 이 정도면 저녁 프로그램으로 충분했다. 빌은 세 차례—"내 집에서 공연한 다음, 굿 서매러튼 양로원에서, 마지막으로 대학에서"—무대에 서는 저예산 순회공연을 생각했지만, 이 계획은 무산되었다. 얼마 뒤 같은 가을에 그는 마침내 내가 준비가 되었다고 판단했다. 대학을 예약하지 못하자 시내에 있는 브래니건 문화센터로 정했다. 사람들 발길이 거의 끊어진 쇼핑몰에 있는 박물관으로, 옆에는 지역 주민을 위한 극장과 재개봉 영화관(스물한 살 생일에 이곳에서 〈나 홀로 집에〉를 보았다)이 있었다.

긴장했지만 행복한 기억이다. 높은 무대, 낡고 삐걱거리는 흰색 방, 손으로 대충 다듬어 천장에 얹은 나무 들보, 벽에 걸린 지역 주민들의 그림. 프로그램의 마지막 곡은 나의 최고 성취인 모차르트의

A장조 협주곡 K.488 첫 악장이었다. 빌이 다른 피아노로 오케스트라 파트를 연주했다. 그에 앞서 가볍고 우아한 소품인 드뷔시의 아라베스크, 베토벤의 〈뻐꾸기〉 소나타(op.79), 모차르트의 론도를 연주했다. 청중은 부모님의 친구들이었는데 아마도 괜히 왔다 싶었을 것이다. 연주가 끝나고 간단한 음식들이 준비된 리셉션이 있었고, 그 자리에서 나는 축하 인사를 많이 받았다. 그리고 다른 날과 마찬가지로 부모님 차를 타고 집으로 돌아왔다. 하루의 마지막은 우울했는데 자주 있는 일이다. 좋은 말들, 실수한 음들의 기억을 안고 내 방에 혼자 남아 흥분을 가라앉혔다.

이렇게 데뷔 무대를 치른 나는 또 하나의 중요한 기회를 맞았다. 엘패소 교향악단 협회에서 젊은 예술가들을 위한 콩쿠르를 열었다. 빌은 내게 경쟁하는 법을 배워두는 것이 좋다고 말했다. 그래서 연습에 돌입했다. 특히 모차르트의 K.488을.

엘패소는 한 시간 거리에 있었다. 거대하고 위압적인 모습이었다. 도시가 점차 가까워지자 고속도로 차선이 네 개로 넓어졌고, 어머니는 뉴저지에서 통근할 때처럼 속이 타는지 아버지에게 짜증을 냈다. 홀은 멕시코 국경 근처에 있었는데 흙벽돌로 지은 우주선처럼 생겼다. 동생이 심드렁하게 몇 마디 했다. 무대 뒤에서 협회 사람들이 모여 거들먹거렸고 아이들이 몸을 풀었다. 무대로 걸어가니 피아노가 멀리 있었다. 마치 팽팽한 밧줄 중간에 있기라도 하듯 광활한 곳에 혼자 버려진 기분이 들었다. 빈 좌석이 어둑해 보였고, 심사위원들이 보일 듯 말 듯 곳곳에 흩어져 있었으며, 무대 조명이 거슬렸다. 나는 경쾌한 모차르트와 오싹한 바흐의 〈전주곡과 푸가〉, 그리고 우울한 쇼팽의 〈빗방울〉 전주곡을 연주했다.

그래서 어떻게 되었을까? 나보다 나이 많은 아이들을 제치고 내가 우승을 차지했다. 빌은 흥분했지만 우승으로 세상에서 가장 힘들고 보상은 적은 직업에 발을 들이게 되었다며 유감스러워했다. 심사위원들은 내가 연주한 모차르트가 훌륭했다고 했고, 쇼팽은 실망스럽다고 했다. 빌도 첫 오디션에서 똑같은 말을 했다. 요즘도 나는 전통과 기대에 짓눌려 쇼팽 연주를 꺼리는 편이다. 하지만 당시에는 그냥 아이의 마음으로 연주했다. 나는 〈빗방울〉 전주곡의 중간 섹션에서 반복되는 음들을 연주하기를 좋아했다. 실은 연주라기보다는 건반을 쿵쾅 눌러대며 세상을 물에 잠기게 하는 것에 가까웠지만 말이다. 모든 심사위원이 말하기를 내가 음악적이라고 했다. 어리둥절했다. 빌과 프레이징에 대해 논의하긴 했지만, 대부분은 그냥 내가 미친 과학자처럼 실험한 것이었다. 어떤 음을 살짝 크게, 작게, 부드럽게, 뜻밖의 요소를 넣어 연주하면 음악은 시간을 빚어내거나 시간으로부터 도망친다. 내가 직접 알아낸 것이다. 이것이 음악성이었을까? 이런 은밀한 활동이 내게 성공을 가져다준 계기였다고 생각하면 기분이 묘하다.

⸓

엘패소 콩쿠르의 부상으로 내가 원하는 여름 음악 페스티벌에 장학금을 받고 참가하게 되었다. 나는 노스캐롤라이나 그린즈버러에서 열리는 이스턴 음악 페스티벌을 골랐다. 사실은 부모님의 선택이라고 하는 것이 옳다. 그곳에 살던 시절의 친구들이 있어서 나를 돌봐주며 첩자 노릇을 해줄 수 있었으니 말이다.

처음으로 혼자서 비행기 여행을 하게 되었다. 댈러스에서 비행기를 갈아탔고, 도착하자 부모님 친구들이 마중 나와 벽돌과 덩굴이 뒤엉킨 길퍼드 대학 캠퍼스에 나를 내려주며 언제라도 전화하라고 했다. 나는 딱 한 번 전화했다. 자유의 여름! 그 당시 자유는 내가 원할 때마다 슬러시를 먹을 수 있다는 뜻이었다. 그리고 샤워를 하지 않아도 된다는 뜻도 포함되었다. 7월에 그린즈버러에서조차. 많은 시간을 다른 젊은 음악가들과 한심한 대화를 하며 보냈다. 그들 중 한 명인 팀 러브레이스를 오랜 세월이 흘러 라비니아 페스티벌에서 마주쳤다. 그는 그해 여름에 잔인하게 굴었다며 사과했지만, 무슨 뜻에서 한 말인지 모르겠다. 내가 기억하기로 그는 가장 좋은 친구였다. 팀은 기꺼이 나와 대화를 나누었다. 비록 내가 한 일이라고는 브람스의 B플랫장조 협주곡이 라흐마니노프의 3번보다 뛰어나다며 도발한 것이 전부였지만. 모차르트를 계기로 피아노 협주곡이라는 세계에 매력을 느껴 탐구하기 시작했던 나는 도덕적 판단을 내렸다. 어떤 협주곡은 그저 보여주기 식이어서 과시적 기교와 허세가 전부였다. 의미와 진실과 아름다움을 담은 협주곡도 있었다. 나는 브람스의 B플랫장조가 순정품이라면 라흐마니노프는 싸구려라고 모두에게 말했다. 그것도 모자라 아버지가 자주 쓰시던 모욕을 표절했다. 라흐마니노프의 급류처럼 쏟아지는 펼침화음이 "변기통에 물이 채워지는 것"을 생각나게 한다고 했다. 팀은 가끔 웃었지만 다른 아이들은 얼굴을 찌푸렸다. 세상에 라흐마니노프를 좋아하지 않는 사람이 있다고?

　　부모님은 음악과 관련하여 내가 어떤 흥미로운 것을 배웠는지 알고 싶어서 여름 내내 편지를 계속 썼다. 나는 딱 한 통 답장을 보냈다. 〈죠스 3〉을 보았는데 기가 막힌 영화였고, 팀이 농담을 한 게 너무 웃겨서 딸기 맛 소다수를 그의 흰색 침대보에 뿜고 말았다고 적었다.

　　연습과 관련하여 말하자면 소득이랄 게 거의 없었다. 페스티벌이 시작할 때 오디션 테이프를 바탕으로 교사를 배정받는다. 안내문에 적힌 내용을 보고 내가 기대했던 교사들이 있었는데 연결되지 못했다. 예컨대 여러 곳에서 연주하고 유명한 음악학교인 뉴잉글랜드 음악원에서 가르친 빅터 로젠바움 같은 사람 말이다. 그 대신 나를 맡은 교사는 버니스 매스킨이라는 여성이었다. 나의 죄를 속죄하고자 그녀 이름을 구글에서 검색해봤다. 훌륭하고 유능한 교사로 보였고, 유소년 오케스트라와 체임버 오케스트라를 창설하고 실내악 연주 시리즈를 기획하는 등 음악계에 기여한 바가 컸다. 그녀는 플로리다 게인즈빌의 사람들이 고전음악을 사랑하고 공부할 수 있도록 했다. 그녀의 아들은 나중에 노벨 경제학상을 수상했다.

　　하지만 내게 그녀는 개구리처럼 개골개골 울어대는 악몽이었다. '매스킨'이라는 말을 들으면 지금도 파블로프 조건반사로 몸이 움츠러든다. 그녀로 인해 모든 즐거움이 으스러졌는데 연습할 기분이 나겠는가? 그녀는 키가 작고 목소리가 걸걸했고, 팔에 불쾌한 반점들이 있었다. 사무적인 사람이었다. 나는 빌이 사무적이라고 생각했지만, 그녀에 비하면 빌은 감정이 끓어넘치는 낭만주의 시인이었다. 팀에게 이런 불만을 이야기했더니 그는 버니스가 아이들을 다루는 일에 전문이라고 말했다. 나는 처음으로 참가한 어른의 페스티벌에 아이로 온 것이 아니었다. 내가 여가 시간에 셰익스피어 전집을 읽었다는 것을 그녀는 알기나 할까?

매스킨은 내게 베토벤의 피아노 협주곡 1번을 연습시키려고 했다. 나는 아이처럼 유치한 곡이라고 생각했다. 게다가 협주곡 곳곳이 기다림인 것도 불만이었다. 피아노가 멈추고 오케스트라가 연주를 시작할 때면 당혹감을 느꼈다. 텔레비전을 보고 있는데 한창 재미있으려는 순간에 어머니가 스위치를 끌 때처럼 속이 상했다. 그래서 나는 오케스트라 파트도 연주했다. 무슨 일이 벌어지는지 듣고 싶었고 음악적으로도 타당하다고 생각했다. 그러면 잔인한 버니스는 "총주總奏를 연습하느라 시간을 낭비"하지 말라고 했다. 그녀가 무지몽매하다는 것을 보여주는 또 하나의 징표였다. 우리는 베토벤 협주곡이 좋은 곡인지를 두고 언쟁을 벌였다. 브람스의 B플랫장조 협주곡에는 확실히 못 미친다고 내가 말하자 그녀가 말했다. "이 곡으로, 특히 마지막 악장으로 콩쿠르에서 성공을 거둔 학생들이 있단다." '성공'이라는 단어의 소리가 마음에 든다고 생각했던 것이 기억난다. '콩쿠르'라는 말만 없었다면 정말 좋았을 것이다.

두 주 뒤에 동료 학생이자 재능 있는 피아니스트 로즈 슐리암이 나를 도서관의 감상실로 데려가더니 중요하게 할 말이 있다고 했다. 나는 기다렸다. **넌 내가 들어본 피아니스트 가운데 최고야**, 하는 말이라도 할까 싶었다. "냄새나." 그녀는 살짝 뜸을 들이고 나서 말했다. 러시아 억양이 희미하게 남아 있었다. "잔인하게 굴고 싶진 않지만 너 지금 당장 샤워해야겠어." 나는 너무나도 창피해 기숙사로 달려가 한참 동안 샤워를 했다. 뜨거운 물에 몸을 맡기느라 피아노 레슨이 있다는 것도 잊었다. 옷을 주섬주섬 챙겨 입고 서둘러 음악과 건물로 갔다. "매스킨 부인, 죄송합니다. 샤워하느라 레슨이 있는 것도 잊었어요." 그녀는 가망 없는 아이라도 보듯 나를 바라보며 슬쩍 웃었는데 마치 '괜찮아, 어차피 넌 피아니스트는 꿈도 못 꿀 테니까' 하는 표정이었다.

이런 일들에도 불구하고 그해 여름에 은밀한 소득이 있었다. 나는 대학 도서관에 비치된 수많은 음반에 매료되었다. 부모님의 컬렉션과는 비교도 안 될 만큼 방대했다. 나는 음반에 몰입했다. 그곳에서는 아무도 나를 방해하지 않았다. 어쩌면 로즈가 설명한 바로 그 이유 때문이었을 수도 있다. 나는 베를리오즈의 〈환상 교향곡〉을 발견했다. 거기에 얽힌 이야기를 읽었고, 관악기들이 우리를 교수대로 데려가는 장면에서 교수대가 뭔지도 모르면서 좁은 방 안을 행진했다. 버르토크의 〈관현악 협주곡〉은 다채로운 음색으로 기쁨을 안겨주었는데 모차르트의 기쁨과는 완전히 달랐다. 그러던 어느 날 기숙사 로비에 있을 때 팀이 〈봄의 제전〉에 대해 뭐라고 말했다. "무슨 권리[영어 단어 '제전rite'과 '권리right'는 발음이 똑같다―옮긴이] 라고?" 내가 그렇게 묻자 그가 따라오라고 했다. 나는 팀의 침대에 앉아 〈봄의 제전〉을 들었다. 무슨 음악이 이렇지? 개시부는 받아들이기 어려웠지만, 두 번째 곡이 시작되자 리듬이 날것 그대로 수시로 후려치는 것이 모든 것에서, 교사와 메트로놈과 지루함에서 해방된 것처럼 느껴졌다. 그리고 화성은 모래알처럼 거칠고 환상적이고 '펑크족'처럼 불량했다. 며칠이 지나 같은 로비에서 다른 아이와 마주쳤을 때 우리는 서로를 향해 이렇게 소리를 질렀다.

짠 짠 짠 짠 짠 **짠** 짠 **짠** 짠 짠 짠 짠

덩굴로 뒤덮인 기숙사 계단을 내려가며 우리는 스트라빈스키를 함께 노래했다. 드디어 나는 무엇이 중요한지 알았다. 브람스와는 다른, 어쩌면 훨씬 더 나은 진실이었다. 20년 뒤에 서글픈 실상을 깨달았다. 이 대목의 악보를 보았는데 당김음이 들어간 4분의 2박자 마디일 뿐이었다. 이토록 따분하다니. 음악 캠프에서 다른 아이와 불렀을 때는 말 그대로 혁명이었는데 말이다. 이로써 악보와 관련하여 중요한 깨우침을 얻었다. 악보라는 것은 장점이 아무리 많다 해도 보이기를 원치 않는다는 깨우침이다. 악보는 작품'이지만' 악보의 가장 중요한 과업은 사라지는 것이다.

내가 버니스 매스킨과 불편한 관계임을 피아노학과에서 알았다. 나는 아직 기교파 피아니스트는 아니어도 어엿한 기교파 불평가였다. 그들은 내가 다른 모든 학생이 지켜보는 앞에서 원하는 교사인 빅터 로젠바움의 수업을 받도록 배려해주었다. 무슨 곡을 연주할지 매스킨에게 물어봐야 했을까? 하지만 어떻게 부탁한단 말인가? 그녀는 음악이든 삶이든 나랑은 통하지 않았다. 그저 걸림돌일 뿐이었다. 빌에게 연락해야 한다는 생각도 들지 않았다. 어쨌든 집에서 떠나 자유로운 몸이었으니까. 빌은 여기 오기 직전에 경쾌한 라벨의 소

나티네를 내게 과제로 내준 바 있었다. 하지만 세상에, 엄청 까다로운 곡이었다. 세밀한 표기에 피아노와 피아니시모가 아주 많았다.

그래서 로젠바움이 무슨 곡을 연주하고 싶은지 물었을 때 나는 〈전람회의 그림〉이라고 대답했다. 로젠바움은 노골적으로 웃었다. 다른 아이들도 마찬가지였다. 나는 손가락으로 옥타브를 겨우 짚을 수 있었으니 "키예프의 대문"을 연주했다가는 병원에 실려갔을 것이다. 초견으로 앞부분을 조금 연주했다. 모두가 내가 음악적이라고 했으니 영감이 나를 도와주리라 희망하면서. 그는 한숨을 내쉬었다. "대곡을 이런 식으로 연주하려거든 소리의 개념부터 시작하는 게 좋겠다." 오케스트라의 트럼펫 소리를 말하는 것이었다. 하지만 나는 그럴 테크닉이 아직 마련되지 않았다. 레슨은 몇 분 만에 아무 소득 없이 끝났다.

피아노학과는 내가 공개 마스터클래스에서 연주할 기회도 주었다. 나는 모차르트의 A장조 협주곡 1악장을 골랐다. 엘패소 콩쿠르 이후로 나는 그 작품을 최고로 잘한다고 여겨 굳이 연습하지도 않았다. 결국 두 차례 길을 잃고 헤맸고 당황한 나머지 서두르고 말았다. 랜들 호지킨슨 선생이 나의 실체를 간파했다. "너의 문제는, 네가 평생 안고 가야 할 문제이기도 한데, 모든 것을 초견으로 해치울 수 있으면 다음 단계로 나아가기 위해 열심히 노력할 필요를 느끼지 않는다는 거야. 부끄러운 일이다. 이런 수준의 연주를 해서는 안 돼."

온통 부정적인 말만 들었고 도움이 되는 말은 없었다. 그가 말을 끝내자 몇 명이 동정의 박수를 보냈다. 나는 홀에서 빠져나와 내 방으로 도망쳤다. 로즈가 나를 뒤쫓아오며 "예레미, 예레미!" 하고 불렀다. 좋은 것도 있었다며 내가 연주한 악구가 아름다웠다고 했다. 하지만 솔직히 말하면 연습을 했어야 했다. 로즈가 슬라브적인 친절함을 발휘하여 나의 발걸음이 늦춰지는 동안 다른 피아니스트들도 왔고 그중에는 내가 싫어한 룸메이트도 있었다. 플로리다에서 온 구릿빛 피부의 열네 살 남자아이였다. 이 친구에 대해서는 말 못할 감정이 있었다. 그와 방에서 벌칙으로 옷을 벗는 포커를 하여 흥미로운 일이 벌어지기도 했다. 그가 모차르트를 연주하다가 헤맸다며 나를 놀렸다. 아울러 그건 애들이나 하는 짓이라고 했다. 나는 그를 보고 얼간이라고 말했다. 그가 나에게 달려들었다. 우리는 싸웠다. 바닥에 넘어져 음악회 의상이 흙투성이가 되었다. 나는 그대로 달아났고, 캠프에 온 이래 처음으로 진짜 연습에 돌입했다. 이틀 동안 맹렬하게 열심히 연습하여 산만한 꿈에 젖어 있던 여름을 만회하려고 했다. 캠퍼스의 외진 곳에 있는 어둡고 답답한 연습실에서, 몇 주 동안 내가 들락날락했었어야 하는 연습실에서 온갖 새로운 음들을 내 손가락에 쑤셔넣으며 피아노 연주가 외롭다는 것을, 너무도 외롭다는 것을 실감했다. 어느덧 집에 돌아갈 시간이 되었다.

4장 화성: 두 번째 수업

PLAYLIST

구노: "아베마리아"(바브라 스트라이샌드 노래)
바흐: 전주곡 C장조(〈평균율 클라비어곡집 1권〉 중)
니나 시몬: "저스트 인 타임"(〈The Tomato Collection〉)

나는 뛰어난 피아니스트이자 교사인 친구와 전화 통화를 하면서 화성에 관한 지난 장이 미진하여 또 하나의 장을 써야 한다고 불평했다. 그는 평소처럼 우스갯소리—"더 넓은 주제를 고르지 그랬어?"—를 하더니 내가 생각해둔 것이 무엇인지 물었다.

"문제가 뭐냐면," 내가 말했다. "섹스에 대해 이야기하지 않고서는 화성을 논의할 수 없을 것 같다는 거야."

그는 웃었다. "그건 안 될 말이지."

아무래도 안 되겠지, 나도 동의했다. 순진한 어린 음악가들이 책을 읽을 수도 있으니까. 잠시 침묵이 이어졌다. 그는 하루 종일 크로스컨트리 스키를 하고 나서 산 위에서 쉬고 있었다. 나는 시내에 있는 내 아파트에서 하루 종일 문장을 다듬느라 고생한 터였다.

"네 말이 맞아." 그가 말했다.

"뭐라고?"

"화성은 일종의 섹스 같은 거야." 그의 말에 용기를 얻어 비올라를 연주하는 다른 친구에게 문자를 보냈다. 그는 곧바로 이렇게 답장했다. "화성과 섹스가 똑같은 거라고? 별난 피아니스트로군."

'화성'이라는 단어에는 (최소한) 두 가지 의미가 있다. 하나는 명사고 다른 하나는 문장을 만드는 기술이다. 화성은 C메이저나 C마이너 같은 3화음(세 개 음을 쌓아올린)이나 7화음(네 개 음을 쌓아올린) 등의 화음을 가리킬 수 있다. 그러니까 세 개 이상의 음들이 동시에 소리가 나면 화성이라는 말을 붙일 수 있다. 이것은 타당한—하지만 제한적인—단어의 용례다.

흥미로운 것은 기술이다. 이런 화음들을 취해서 연속적으로 배열하여 의미가 있고, 출렁임과 복잡한 움직임의 감각을 만들고, 능수능란한 긴장과 해소를 일으키는 문장으로 조합하는 기술 말이다. 나는 무대 위에서 시범을 보일 때 화음 하나를 치고 이것은 'C마이너'라고 말한다. 여기에는 진실이 없지 않지만 더 큰 거짓말이기도 하다. **진정한** 화성이 되려면 움직여야 한다. 박제된 다람쥐는 다람쥐가 아니다.

화음을 배열하는 절묘한 기술에 대해 이야기하자면 서양 고전음악 양식에만 국한시키더라도 끝이 없으며(뒤에 가서 만나게 될 죄르지 셰복은 "무한 속에 더 크고 작은 무한"이 존재한다고 말했다) 그런 책들은 시중에 많이 나와 있다. 미리 경고하자면 전문 용어들이 있다. 그 대신 베토벤, 모차르트, 슈만, 쇼팽 등 여러 작곡가들이 느꼈듯이 나 또한 바흐의 〈평균율 클라비어곡집〉을 찾아보라고 권하고 싶다. 1722년에 출판된 이 작품은 여러분이 알아야 하는 모든 화음을 다룰 뿐만 아니라 그것으로 무엇을 할 수 있는지도 보여준다.

모든 가능성을 다 살펴볼 시간이 없다면 명백한 것만이라도 기억하자. 화성의 기술의 핵심에는 욕망이 있다. 하나의 화음이 다른 화음으로 넘어가려는 욕망이다. 화음의 모든 문장에서는 이런 욕망이 작동한다. 어떨 때는 유희적으로, 때로는 시급하게. 가장 일반적인 화음의 움직임은 '딸림화음'에서 '으뜸화음'으로 가는 것이다. 무슨 말인지 이해하지 못하겠다면 "해피 버스데이" 노래를 부르다가 마지막 음 바로 앞('투'와 '유' 사이)에서 멈춰보자. 이와 관련하여 텔레비전 드라마 〈오피스〉에 멋진 장면이 나온다. 마이클 스콧이 생일 축하 파티 중간에 끼어들어 터무니없는 화음으로 노래의 마지막을 거든다. 그의 끔찍한 노래에도 불구하고, 혹은 그 때문에 욕망이 느껴진다. 마이클은 심지어 '투'에서 '유'로 미끄러지듯 넘어가 딸림에서 으뜸으로 가는 **필요성**을 강조한다. 워낙에 시급하다보니 살짝 지저분해지는 것은 개의치 않는다.

우리는 "해피 버스데이"를 부를 때 마지막에서 속도를 늦춰 강조하려는 경향이 있다. 화음의 해결을 듣고 느끼려고 마지막 두 음을 길게 늘이는 것이다. 그런데 해결되고 나면 노래는 끝난다. 이 시점에서 발자크의 가장 음악적인 단편이라고 할 수 있는 「사라진 Sarrasine」이 생각난다. 남자가 여자에게 이야기를 들려주는데 그러면

행여 그녀와 잘 수 있을까 하는 기대 때문이다. 하지만 이야기가 끝나고 나자 그녀는 더 이상 애욕을 느끼지 않는다. 프랑스 문학비평가 롤랑 바르트는 스토리텔링이 거래이기 때문이라는 말로 이를 설명한다. 우리가 알든 모르든 스토리텔링은 이야기하는 사람과 듣는 사람 모두로부터 대가를 요구하며, 때로는 값이 모든 것을 바꿔놓는다. 음악에서 해결—화음이 욕망하는 바로 그것—의 대가는 악구가 (혹은 곡이) 끝난다는 것이다. 그러면 다시 시작하는 수밖에 없다. 재능이 못한 모차르트 동년배 작곡가들이 화음을 한결같이 해결하는 것을 들으면 그렇게 서글플 수가 없다. 타고난 성향을 따르다 보면 시작했던 바로 그 화음으로 늘 돌아가는데, 마치 눈 속에서 빠져나오려고 자동차의 가속페달을 밟을수록 점점 깊게 파묻히는 것과 비슷하다.

음악의 게임은 이런 두 가지 원칙 사이에서 돌아간다. 첫째, 화음의 필요를, 특히 해결해야 할 필요를 진지하게 받아들여야 한다. 둘째, 해결을 지나치게 서둘러서는 안 된다. (왜 그런지는 굳이 설명하지 않아도 알아들을 것이다.) 다르게 표현하자면, 우리는 모두 결국에는 죽는다는 것을 알지만 살아 있는 동안 가급적 많은 즐거움을 누리려고 하는 것과 같다.

♪

바흐의 〈평균율 클라비어곡집〉 맨 앞에 나오는 유명한 전주곡에서 우리는 바흐가 도전장을 던지고 있다는 느낌을 받는다. 나는 샤를 구노가 편곡한 것("아베마리아")을 바브라 스트라이샌드가 현란하고 배짱 두둑하게 노래한 버전으로 이 곡을 알게 되었다. 원본에는 선율이 없다. 리듬도 바뀌지 않는다. 음들의 연속적인 흐름만 있을 뿐이다. 그래서 주목할 것이라고는 화성뿐이다. 어머니가 내 접시에서 브로콜리만 남겨두고 모든 것을 덜어갔을 때를 생각나게 한다. 바흐는 이렇게 말하는 것 같다. **너는 좋든 싫든 빌어먹을 화성만 듣게 될 거야.**

　화성 이야기에 나오는 출연진은 기본적으로 3화음과 7화음, 이렇게 두 부류로 나뉜다. 3화음은 앞서 말했듯이 아주 간단하다. 세 개의 음을 샌드위치처럼 포개놓은 것이다. 예컨대 G에 B를 더하고 다시 D를 더하면

　이렇게 얻어진 화음(G메이저)은 대단히 만족스럽게 C메이저화음으로 해결될 것이다. 듣는 사람도 흡족하다. 모든 것이 마땅히 제자리에 있다는 기분이 들기 때문이다. 샌드위치에 하나의 음을 더 얹으면 7화음이 된다.

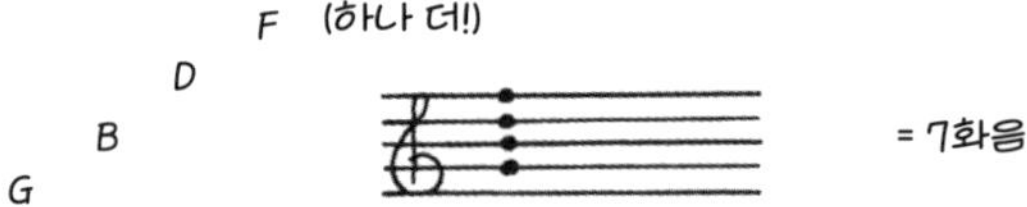

　이 화음 역시 C메이저화음으로 가기를 원한다. 다만 한층 더 간절하다. 가외의 음이 욕망과 강도를 끌어올리는 것이다.

단순해 보이는 이 음악에서 바흐는 7화음의 세계 내에도 다른 세계가 있다고 우리에게 말한다. 내가 방금 설명한 것 같은 7화음은 '딸림7화음'이라고 하는데 방향성이 최고로 직설적이다. 가외의 음을 살짝 다르게 포개면, 예컨대 내림표를 붙여 마이너로 만들면, 해결의 시급함이 살짝 누그러진다. 즉 해결되지 않은 상태에 만족감을 더 느끼고 그대로 있으려고 한다. 비유하자면 소파에 누워 있으면서 아이스크림이 먹고 싶은데 냉장고로 바로 가서 꺼내 먹는 것이 아니라 몇 분 동안 뭉그적거리며 아이스크림의 맛이 어떨지 상상하는 것이다.

아니다, 바흐 음악을 이런 식으로 서술하다니 이럴 수는 없다.

첫 두 마디는 단순한 몸짓이다. 아코디언을 오므렸다 펼치는 동작과 같다. 순수한 C메이저화음으로 시작한다. 여기에 충동이나 해결되지 않은 음은 없다. 우리는 집에 있다. 그러고 나서 마이너7화음(소파에 누워 아이스크림을 상상하는)이 되고 딸림7화음을 거쳐 처음으로 돌아온다. 화음이 네 개다. 첫 번째와 마지막 화음은 똑같고, 중간의 화음들은 아름다운 골칫거리다. 나는 이것을 근육의 수축과 이완으로, 혹은 들숨과 날숨으로 생각하기를 좋아한다. 더 큰 무엇을 하려고 준비할 때 하는 것이다. 이런 진행은 우리가 자그마한 이 여행에서 어디에 있는지 말해주고 다음 목적지가 어디가 될지 귀띔해준다.

이제 바흐는 가능성의 영역을 넓힌다. 처음으로 우리는 마이너3화음(우울함을 알리는)을 듣고 다른 7화음을 연이어 듣는다. 음계를 순차적으로 내려오며 어떻게 음들의 연속으로 화성을 만드는지 탐구한다. 여기서 우리가 배우는 것은 받침대를 무너뜨리지 않으면서 음들을 아름답게 쌓아올려 만화경처럼 변화무쌍한 색채를 만드는 방

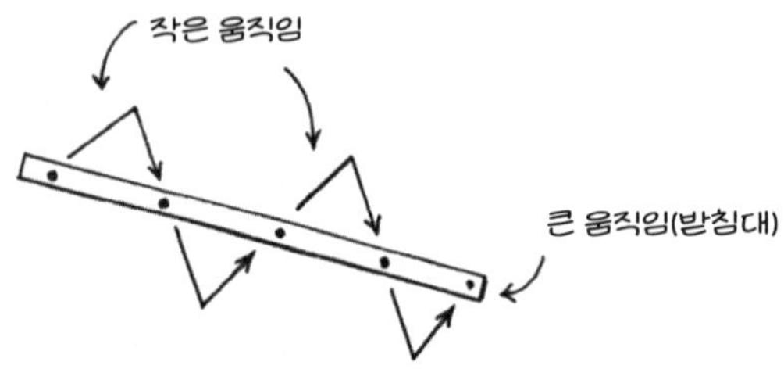

법이다.

조금 더 가면 바흐는 올림표를 사용하여 화성 만드는 것을 중단하고 내림표를 꺼내들기 시작한다. 처음에 더 밝아졌던 화음이 이제 어두워진다. 외향적인 것이 내향적인 것으로, 낮이 밤으로 바뀐다. 바흐는 외줄 타기만 하는 것이 아니라 묘기를 부리면서 의상도 갈아입을 수 있다. 이 과정에서 우리는 사소한 딸림화음이 으뜸화음으로 바뀌며 해결되는 것을 계속 듣는다. 살면서 마주치는 문제가 해결된 듯한 느낌을 받지만, 우리는 진짜 문제가 아니라는 것을 안다. 여러 화음을 이리저리 만지고 다듬는 탐구의 과정으로 일종의 (다시 한 번, 용서하시길) 전희다.

음계의 맨 아래에서 우리는 진짜 목적지를, 욕망을 발견한다. 저음이 비틀거리며 G를 향해 나아간다. 이것은 G메이저화음의 근음이며 G메이저는 C메이저로 가기를 원한다. 하지만 화성의 기술은 어떤 화음을 선택하느냐가 아니라 화음을 얼마나 길게 연장하느냐가 관건일 때가 많다. 아래에 놓이는 G는 한자리에 가만히 머문다. 우리는 이것을 '페달음'이라고 부른다. 오르간 페달에서 유래한 것으로, 발로 페달을 눌러 저음이 모든 것을 지배하게 한다고 해서 페달음이다. 바흐가 그 자리에 머무는 동안 우리는 하나의 목적을 떠올린다.

사소한 목적들, 이리저리 바뀌는 화음은 더 이상 개의치 않는다.

아래 음이 G로 국한되는 동안에도 여러 멋진 화성들이 펼쳐진다. 이 곡은 우리에게 인생의 교훈을 전하려는 것 같다. **하나의 목적 내에도 수많은 가능성이 존재한다**고 말이다. 어렵지만 내가 가장 좋아하는 마디를 하나만 꼽자면 29번째 마디다. 화음이 해결에, 거의 승리에 이른 듯이 보이지만, 실은 다른 화음과 마찬가지로 여전히 해결되지 않은 채로 남아 있다. 이 화음은 충족되지 않은 것이 얼마나 큰 충족감을 주는지 느끼게 해준다. 스트라이샌드도 이 대목을 좋아해서 여기서 힘차게 노래한다. 나는 내가 게이였음을 전혀 눈치채지 못하고 그녀의 노래를 수백 번 들었는데[바브라 스트라이샌드가 동성애자들에게 유난히 인기가 많은 가수임을 빗댄 말이다-옮긴이] 어떻게 그랬는지 모르겠다.

이 대목이 그토록 인상적인 하나의 이유는 바흐가 모든 화음을 두 번씩 듣게 한다는 것이다. 화음이 해결되고자 하는 마음은 절박하지만 우리는 기다려야 한다는 것을 **안다**. 앞부분에서도 모든 것이 두 번 반복되기는 마찬가지였지만 문제로 인식되지 않았었다. 어차피 우리는 탐구하고 둘러보기만 할 뿐이었다. 그러니 아름다운 화음을 한 번 더 듣고 음미하는 것은 좋은 일이었다. 그러나 지금은 절박한 욕망과 우주적인 인내심이 충돌할 판이다. 그렇기에 G메이저가 C메이저로 마침내 넘어가는 순간, 나는 이보다 더 뿌듯한 해결이 있을까 싶을 만큼 벅찬 감동을 느낀다. 최고로 억눌렸던 것이 해방되는 느낌이다. 2분 남짓한 곡이지만 한평생을 산 듯한 기분이 든다.

이 곡이 에로틱하다고 주장하지는 않으련다(바흐가 스무 명의 자식을 남겼으니 객관적으로 정력이 넘쳤음은 사실이지만 말이다). 하지만 그런 힘은 거기에, 뒤편에 존재한다. 곡의 형식과 과정을, 원하는 결과가 얻어질 때까지 특정 지점에서 꾸물대는 방식을 들여다보면 눈치챌 수 있다. 섹스는 우리가 고전음악 하면 떠올리는 것이 아니다. 대중문화에서 보자면 고전음악은 부자들이 모여 축하하는 자리에서 고루한 반주로 등장하거나 〈양들의 침묵〉 〈지옥의 묵시록〉 같은 영화에서 보듯 살인이라는 끔찍한 행위 옆에 배치하여 과한 문명의 표식으로 미화하기 위함일 때가 대부분이다. 일반적으로 대중문화는 고전음악을 악마화하면서 자신은 거기에 책임이 없는 것처럼 군다. 그도 그럴 것이 대부분의 사람들은 고전음악이 지나치게 자만하므로 괴롭힘을 당해 마땅하다고 여긴다.

나는 여기서 가벼운, 어쩌면 지독할 수도 있는 일반화를 하려고 한다. 우리가 고전음악이라고 부르는 음악의 성적 매력이 화성에 집중되어 있다고 말이다. 물론 선율에도 있을 수 있다. 특히 오페라와 가곡에서 그러하며, 그보다 드물지만 라벨의 〈볼레로〉처럼 리듬에도 있을 수 있다. 하지만 대체로 더 깊고 어두운 충동은 화음에 거처를 둔다. 반면 재즈 연주를 들을 때는 음악을 구성하는 모든 요소에서 섹스를 곧바로 느낀다. 목소리의 음색, 선율의 음을 구부리는 것, 관능적인 백비트, 심지어 즉흥적으로 더듬거리는 과정에서도 말이다. 많은 팝 음악에서도 성적 매력이 넘쳐난다. 쿵쾅거리는 비트 위로 흐르는 목소리, 선정적인 가사, 뒤로 빠져서 다른 부분들에게 자리를 넘겨주는 화성. 다른 음악 양식에 익숙한 사람들이 고전음악을 들으러 와서 이런 직감적인 즐거움을 찾는 것을 자주 본다. 하지만 여기에는 그런 것들이 없다. 나 역시도 다른 음악 양식을 들을 때 내가 요점을 놓치고 있음을 자주 상기하곤 한다. 내가 즐거움을 찾아서는 안 되는 지점에서 두리번거리는 것이다.

⅊

15년의 세월이 흘러 뉴욕에서 지낼 때 내가 사랑했던 남자가 또다시 내게 전혀 관심이 없다는 것을 깨닫고 밤에 영화를 보러 갔다. 마음을 치유하는 데 도움이 될 거라 생각해서 에단 호크와 줄리 델피가 나오는 〈비포 선셋〉을 골랐다. 대용량 콜라를 사들고 뒷좌석에 자리를 잡은 나는 아름다운 두 사람을 바라보며 나의 낭만적인 불행을 되짚어보았다.

에단과 줄리는 10년 전에 빈에서 거닐었던 그날 밤 이야기를 다시 꺼낸다. 전편 〈비포 선라이즈〉에 나오는 내용이다. 영화가 진행되는 동안 그들은 마음을 정하지 못했고, 어째서 서로를 따라가지 못했는지 생각한다. 마지막에 역사가 반복되려는 듯 두 사람은 적나라한(말 그대로) 기회를 또다시 수다나 떨며 날려버릴 것 같았다. 그 순간 줄리가 에단을 자신의 집으로 데려가고 음반을 튼다. 니나 시몬의 "저스트 인 타임"이라는 곡이 흐른다. 전편 역시 음악으로 끝났다. 첼리스트 요요 마와 뛰어난 하프시코드 연주자 케네스 쿠퍼가 바흐의 느린 악장을 매혹적으로 해석한 음악으로, 두 사람은 마지막에 기보된 음들 위로 즉흥연주를 더해 시간의 경과를, 다시 만날 순간을 표현했다. 음악이 워낙 좋았기에 〈비포 선라이즈〉에서 가식적인 부분들이 모두 용서되었다. 바흐에 대해 한 수 가르쳐준 영화였다.

이번에는 영화를 만만하게 용서하지 않을 참이었다. 하지만 역시나 상관없었다. 니나 시몬의 노래와 연주가 나를 사로잡아 끈적거리는 좌석에서 거의 꼼짝도 하지 못했으니까. 내가 무엇을 놓쳤을까 두려워 감히 움직일 수 없었다. 그녀는 거의 무심하게 노래를 시작한다. 악구와 악구 사이에 거리를 두어 읊조리는 기분이 든다. … 노래의 몸짓을 계속 이어가다가 "found my way"라는 악구에 이르는데 이 대목은 화성의 종착지이기도 하다(영리한 작곡가다!). 그녀는 일단 아무 일도 아니라는 듯이 넘어간다. 바흐가 C장조 전주곡 서두에서 '워밍업'을 한 것처럼 말이다. 청중 가운데 누군가가 사진을 찍으려고 하자 시몬은 노래를 멈추고 "찰칵 찰칵 찰칵 찰칵 찰칵" 하며 꾸짖는다. 모두가 웃고 그 와중에도 밴드는 연주를 계속 이어간다.

이제 시몬은 (자신의 다른 목소리인) 피아노를 연주하기 시작한다. 이후에 벌어진, 그러니까 1968년 당시 2분 남짓한 시간 동안 벌어진 일은 믿기지 않는 확장을 보여준다. 진정한 음악가의 음악가인 시몬은 곡조 너머에 있는 구조를, 그 목적과 의미를 듣는다. 그녀는 노래의 명백한 한 측면에 예리하게 집중하며 그 과정에서 작곡가가 미처 내다보지 못했던, 혹은 내다볼 수 없었던 강렬함을 드러낸다. (어떻게 보면 작곡가에게 작곡가 본인이 만든 작품에 대해 한 수 가르쳐준다.) 선율이 "Just in time, I found you just in time"을 지나는 동안 대부분의 음들이 똑같다('just' 'time' 'found' 'just' 'time'의 음높이가 같다). 그러나 그 아래 화성은 계속 바뀌어 똑같은 음이 다른 방향성을 가지며 결코 해결에 이르지 않는다. 다른 버전에서는 이런 작곡 아이디어가 매력적이고 장식적인 발놀림으로 활용되지만(4년 앞서 발표된 토니 베넷의 노래와 비교해보라), 시몬에게는 모순이, 하나의 선율 음과 계속 바뀌는 화음이 빚어내는 긴장이 곡을 이끌어가는 힘이다. 그녀가 독주를 펼치는 과정에서 특정 음들을 강조하기 시작한다. 건반에서 G와 F를 두들기는데 두 음은 바흐의 7화음을 연상시키는 7도의 불협화음을 만든다. 음악적 긴장의 원천이자 단위로 귀에 계속 맴돈다. 이제 그녀가 노래를 다시 시작하면서 G를 트레몰로로 빠르게 반복하는 것을 듣고 여러분은 아직도 해결에 이르지 않았음을 생각한다. 떨리는 리듬에서 미해결이 손에 만져질 듯 생생하다. 한참 동안 한두 음들만 노래하던 시몬은 마침내 선율에서 올라가기 시작한다. 그녀는 자주 멈추며 자신의 표현을 끊는다. 그러면 0.5초 뒤에 여러분은 목소리 뒤로 화성이 파도처럼 밀려와 부딪히는 것을 듣는다. 화성과 선율이 대결 양상을 벌이며 서로 마무리하지 못하고 남긴 것을 채워주려고 한다.

잘 알려졌다시피 니나 시몬은 클래식 피아니스트가 되는 것이 꿈이었지만 명망 있는 커티스 음악원에 들어가지 못했고, 바흐를 사랑했다. 여러 대목에서 바흐를 참조한 흔적을 생생하게 들을 수 있는데, "러브 미 오어 리브 미"라는 곡의 중간에 나오는 푸가가 그런 예다. 하지만 나는 그런 식의 참조가 피상적인 오마주라고 생각한다. "저스트 인 타임"은 더 깊은 연관 관계를 보여준다. "Change me! Change me!" 하고 노래하는 클라이맥스에서 나는 바흐의 C장조 전주곡 마지막에 나오는 길고 장엄하고 만족과 좌절을 안겨주는 페달음을 생각하지 않을 수 없다. 아이러니하게도 그녀는 똑같은 음들을 반복하면서 변화에 대해 노래하고 타오르는 욕망으로 이런 음들 사이를 미끄러지며, 그러는 동안 화성은 여전히 E플랫메이저로 해결되기를 기다린다.

이 말만은 해야겠다. 나는 시몬과 그녀를 면전에서 만났다면 무시했을 수백 년 전의 백인 남자를 생각하면 마음이 몹시 뭉클하다. 나는 두 사람이 역사적으로 서로 멀리 떨어진 각자의 방에서 추상적으로 보이는 화음을 갖고 어떻게 하면 인간의 마음을 움직일 수 있을까 골몰하는 모습을 본다. 시몬은 '고전음악'의 화성적 이상, 그러니까 규칙 같기도 하고 계율이나 한계처럼 보이기도 하는 화음의 성적 필요성을 받아들여 자신의 뜻에 맞게 바꾸었다. 해결의 욕망을, 그와 정반대로 보이는 탈주의 욕망으로 승화시켰다.

5장 피아노로 정하다

PLAYLIST

스트라빈스키: 〈봄의 제전〉, 도입부
모차르트: 피아노 협주곡 A장조 K.488, 3악장
베토벤: 피아노 소나타 C단조 op.13(〈비창〉), 1악장
베토벤: 피아노 소나타 C장조 op.53(〈발트슈타인〉), 1악장
모차르트: 피아노 소나타 A단조 K.310, 1악장
슈만: 피아노 협주곡 A단조, 1악장

나는 정복자 영웅과는 거리가 먼 모습으로 첫 번째 여름 음악 캠프에서 돌아왔다. 부모님이 공항에서 나를 맞이하며 이런저런 질문을 퍼부었다. 나는 대답하고 고개를 돌렸다. 어떻게 돌아왔는지 모르겠지만 어느덧 우리 집 정문으로 들어서고 있었고, 서글픈 곰팡내와 유황 냄새가 나를 반겼다. 집은 너무도 조용해 보였다. 나는 가만히 앉아 있을 수가 없었다. 물론 캠프에서 온갖 부류의 새로운 사람들을 만나기도 했지만, 가장 큰 성과라면 음악사의 어두운 구석에 관심이 일었다는 것이었다. 모리스 센닥의 그림책에 나오는

벽장 속 괴물들처럼 내가 뭔지도 모르면서 두려워하고 혐오했던 작품들이 흥미롭게 다가왔다. 이런 것을 부모님에게 설명하려고 했지만, 흥분하여 두서없이 말하는 바람에 제대로 전달되지 않았다. 비록 연습을 하거나 수상하지는 못했지만 나는 여름 캠프가 시간 낭비가 아니었음을 부모님이 알아주기를 원했다.

내가 열세 살 생일 선물로 받은 20달러짜리 음반 가게 상품권이 옷장 서랍에 들어 있었다. 이 숨겨진 보물을 들고 어머니를 졸라 며칠 뒤에 쇼핑몰에 갔다. 음반 가게(오래전에 없어진)는 방대한 클래식 코너(더 오래전에 없어진)를 자랑했다. 나는 그곳을 열심히 뒤져 부모님을 계도할 완벽한 물건을 찾았다. 〈봄의 제전〉 테이프였다. 앨범 재킷이 우표처럼 생겨서 마치 역사가 우리에게 시급하고 중차대한 편지를 보내고 있는 느낌이었다. 다음 날 거실 오디오에 테이프를 넣고 스위치를 누르고 볼륨을 올렸다. 그래, 내가 기억한 대로 환상적인 음악이군, 하며 안도했다. 잔뜩 긴장한 바순 독주에 다른 목관 악기들이 하나씩 합세하여 온갖 방식으로 조합되고 변형된 리듬을 연주했다. 느슨하게 풀어놓고 증폭시킨 변종의 합. 내 몸이 멋지게 삐걱대는 음들에 맞춰 콧노래를 불렀다.

부엌에서 어머니가 소리쳤다. "시끄러운 소리 꺼라!"

"그 쓰레기는 뭐냐? 그러다 오디오 망가지겠어." 아버지가 한소리 했다.

상황이 이렇다 보니 부모님이 자신들의 무지를 두둔하는 것을 내가 어쩌지 못했다. 페스티벌에서는 사실상 내가 혼자서 이야기할 때가 많았다 해도 어쨌든 음악과 관련하여 주고받는 논의가 계속 있었다. 하지만 이제 나는 가족과 식사하는 자리에서 클레멘티 음악과 같은 대화를 참아야 했다. 아버지는 캐서롤을 접시에 덜며 일 이야기를 했고, 어머니는 늘 그렇듯 충분하지 않거나 지나친 방식으로 대답해서 아버지의 코웃음이나 호통이나 한숨을 자아냈다. 맞은편에 앉은 조시는 대체로 말이 없었다. 자신의 여름을 챙겨주지 못한 부모에 대한 당연한 원망을 품으며 그냥 듣고만 있었다. 그는 집안의 규칙이 내게 맞춰져 있음을 알았다. 피아노에서 피난처를 찾지 않았고—그건 내 것이었으니까—자신에게서 위안을 찾았으며 자신이 내가 아니라는 것을 알고 안심했던 것 같다. 여름 캠프는 내게 한층 견디기 어려운 시련을 안겨주었다.

두 주 뒤에 엘패소 콩쿠르에서 우승을 차지한 두 번째 부상이 주어졌다. 엘패소 교향악단과 모차르트의 협주곡 마지막 악장을 아이들을 위한 음악회에서 사흘에 걸쳐 여섯 차례 연주하게 되었다. 아버지는 이것을 아주 뿌듯해했다.

생애 첫 오케스트라 리허설은 저녁 8시였다. 평소라면 잠자리에 들 준비를 할 때였다. 빌이 어스름이 깔리는 시간에 나를 그곳에 데려다줬다. 지휘자는 에이브러햄 차베즈로 지역에서 전설적인 인물이었고 원주민의 아들이었다. 친절했고 짙은 갈색 피부와 슬픈 눈을 가졌지만, 솔직히 그를 쳐다볼 시간이 없었다. 연주에 들어가기 전에 마디의 숫자를 세느라 바빴고, 빌이 옆에서 서두르지 말라고 재촉하는 것도 신경이 쓰였다. 집으로 돌아가는 차에 타자마자 곯아떨어졌다.

다음 날 아침 일찍 아트센터에 가서 업라이트피아노로 몸을 풀었다. 빌은 수업이 있었고 아버지는 일하러 가서 나 혼자였다. 첫 대기실의 기억이 생생하다. 휘황찬란하게 밝은 조명만 빼면 왠지 묘소처럼 음침했으며, 초조한 에너지가 기다림이라는 페달음 위로 연주되었다. 그날을 시작으로 나는 한결같이 불편한 이런 공간을 수도 없이 겪게 되었다. 까다로운 대목을 연습하면서 가끔 회색 타일이 깔린 좁은 공간을 돌아다녔다. 모니터에서는 내 순서 앞의 곡이 울려 나왔다. 브리튼의 〈청소년을 위한 관현악 입문〉이었다. 마음 풀 곳을 찾던 나는 참으로 멋진 곡이라고 생각했다. 그 곡에는 해설자가 있었다. 내가 연주하는 곡에도 해설자가 있으면 좋겠다고 생각했다.

엘패소 교향악단의 수석 바순 주자는 루빈 스미스라는 매력남으로 라스크루시스의 시장이기도 했다. 부모님은 사흘 내내 왕복 두 시간을 운전하는 것이 내키지 않아서 루빈에게 나를 맡겼다. 솔직히 나는 시장이 무슨 일을 하는 사람인지도 몰랐다. 그가 싫진 않았지만 그는 지나치게 애를 썼다. 저급한 농담을 끝도 없이 늘어놓았다. 대부분은 한 귀로 흘렸는데 매일 책을 가지고 가서 차 안에서 계속 읽었기 때문이다. 딱히 시장에게 유감이 있었던 것은 아니었다. 대통령과 같은 차를 탔어도 나는 똑같이 했을 것이다.

둘째 날 아침에 루빈이 짐짓 찌푸린 표정을 하고 나를 쳐다보았다.

"마에스트로 덴크," 그가 말했다. "책을 내려놓게. 내가 제의를 하나 하지." 그러고는 지갑에서 5달러짜리 지폐를 꺼냈다. "모차르트를 연주할 때 살짝 느리게 한다고 약속하면 이 돈을 주겠네." 론도 악장에 8분음표로 내달리는 까다로운 바순 독주가 있었다. 나는 그러겠다고 했고, 루빈은 돈을 건넸다.

하지만 느리게 연주하지 않았다. 나는 긴장하면 손가락이 자기 의지대로 돌아갔다. 루빈은 기죽지 않았다. 다음 날 또다시 지폐를 꺼내들고 제의했고, 나는 태연하게 돈을 받았다. 쏠쏠한 수입이었다. 빌도 내게 돈을 주고 자신이 원하는 대로 시킬 수 있었을 텐데 왜 그러지 않았을까 궁금했다.

셋째 날 아침 연주를 몇 분 앞두고 나는 모차르트 악보에서 이것도 되고 저것도 되는 패시지를 발견했다. 올림표를 연주하느냐 제자리표를 연주하느냐에 따라 첫 섹션 마지막으로 갈 수도, 마지막 섹션 마지막이 될 수도 있었다. 솔직히 말해 모차르트의 심사가 참으로 불친절하고 비뚤어졌구나 생각했다. 이런 일을 하다 보면 예기치 못한 함정들이 많다! 나는 살짝 정신이 나간 채로 악보를 이리저리 넘겼다. 어째서 전에 이것을 알아채지 못했을까? 운명의 노크였다. 나는 성급하게 마음을 정하고 무대로 나갔다.

2천 명의 아이들이 어설프게 박수를 보냈다. 나는 오케스트라를 둘러보고 루빈을 찾아 그에게 미소를 보내며 우리의 합의를 이행하겠다는 뜻을 전했다. 그도 고개를 끄덕였다. 그러고 나서 쏜살같이 첫 주제에 돌입했다. 두 번째로 진입했을 때 속도를 살짝 늦추려고 했지만 너무 늦었다. 내 템포에 놀란 루빈이 이미 중요한 솔로를 망치고 난 뒤였다. 그 와중에도 그의 연주가 살짝 나아졌다는 것은 알아차렸다. 잠시 후에 내가 무대 뒤에서 결정한 차례가 돌아왔다. 하지만 내가 잘못 선택했음을 몇 초 뒤에 깨달았다. 돌아갈 수 없었다. 나와 오케스트라는 서로 다른 조성으로 내달리고 있었다. 몇 년 뒤에 내가 펜실베이니아 시골에 연주를 하러 가던 중에 이와 비슷한 감정을 느꼈다. 폭풍이 몰아칠 때 커브를 돌다가 다른 차선으로 넘어가서 어쩔 도리 없이 미니밴 측면을 들이받고 말았다. (다행히도 다친 사람은 아무도 없었다.) 두 사고를 수습하는 절차는 똑같았다. 모두가 멈췄고, 나는 어색한 대화에 나섰다.

오케스트라가 급정거를 했다. 에이브러햄 차베즈가 지휘봉을 내려놓았다. 그가 용서의 미소를 보낸 덕분에 내가 지휘대로 걸어가는 당혹스러운 시련의 부담을 덜었다. 우리는 악보를 보며 소곤소곤 대화를 나눴다. 천장의 조명이 어둑했다. 우리 가족이 저녁 식사를 하는 식탁을 비추는 희미한 램프가 생각났다. 15초 동안 회담을 주고받고 나서 나는 준비가 되지도 않았으면서 준비되었다고 차베즈에게 말했다. 각오를 다진 나는 언제든 또 실수를 할 수 있다고 생각하고 내가 연주한 모든 것을 돌아보며 마지막까지 분투했다.

집으로 돌아와서 아버지에게 이 이야기를 하는 실수를 저지르고 말았다. 아버지는 눈빛이 어두워지더니 고개를 절레절레 저었다. 나보다 더 굴욕을 느꼈다. 그를 위로하고자 이상한 일이지만 악보에 이것도 되고 저것도 되는 지점이 있었다고 설명했지만, 아버지는 듣지도 않고 내가 연습을 더 했어야 한다고, 그리고 모든 게 이런 일이 일어나리라는 것을 알지 못한 자신의 잘못이라고 목소리를 높였다. 어머니는 내가 피곤해서 그랬을 수도 있다고 (합리적으로) 추정했다.

두 분 다 틀렸다. 이런 재앙은 연습한다고 막을 수 있는 게 아니었다. 언제라도 일어날 일이었다. 내가 가진 아이의 본능이 어른의 지식으로 넘어가는 일 말이다. 이제까지 나는 즐겁게 순진무구하게 모차르트의 영감이 이끄는 대로 곡을 따라갔지만, 다섯 번째 연주에서 밧줄을 타다 말고 아래를 내려다보았다.

{

그해 가을에 어머니의 간肝이 음주를 배겨내지 못하는 일이 벌어졌다. 아침 식사 때 있었던 일이다. 평소처럼 시리얼을 먹고 있는데 아버지가 들어오더니 어머니를 보고 "얼굴이 안 좋아 보여" 하고 말했다. 어머니는 점차 낯빛이, 특히 눈이 누렇게 변해가고 있었다. 마치 외계인이 몸을 침탈하거나 파충류로 변신이라도 할 태세였다. 게다가 체액 부종으로 체중이 20킬로그램 이상 늘었다.

어머니는 병원에 갔고 의사가 응급실로 보냈다. 처음에는 너무 허약해서 아이들은 면회가 허락되지 않았다. 한두 주는 아버지만 들어갔고, 평소와 다른 근심 어린 표정으로 나오더니 아주 심각하다고, "어느 쪽"으로도 진행될 수 있다고 했다. 모차르트 협주곡 마지막 악장처럼 말이다. 아버지가 무슨 심정으로 그런 말을 했는지 이제 짐작이 된다. 알코올 중독자 아내를 더 이상 두지 않아도 된다는 생각에서 오는 홀가분함이거나 좀 더 일찍 개입하지 않은 것에 대한 죄책감일 것이다.

모든 바닥이 꺼지는 느낌이었다. 어머니가 나의 적이고 고통을 안겨주었다 해도 말이다. **어느 쪽이든** 연습이나 하자고 생각하며 피아노 연습실로 갔다. 얼마 전에 빌이 〈비창〉 소나타를 과제로 내주었다. 진정한 나의 첫 번째 베토벤이었다. 곡은 만족스럽고 밀집된 C마이너화음을 내리치는 것으로 시작했다. 마음을 후련하게 해주는 효과가 있어서 한동안 곡을 연주해가다가 지나치게 어려운 대목에 이르렀고, 어리석은 운지법에 대해 생각해야 했다. 그래서 나는 C단조를 바탕으로 어두운 화성을 즉흥적으로 연주하기 시작했다. 오싹한 순간이 기억난다. 나의 감정은 진짜였다. 확실하게 말할 수 있다. 하지만 피아노에 그런 감정을 내려놓는 것은 가짜처럼 느껴졌다. 나는 연주해서는 안 되는 것을 연주하고 있었다. 연주하기 전보다 더 슬프고 공허했다. 이런 순간에 나를 구원하지 못한다면 음악이 대체 무슨 소용이란 말인가? 이런 생각을 하고 있을 때 아버지가 문을 벌컥 열고 그만하라고 했다. "집중하지 않을 거면 연주하지 마라." 그가 말했다. "그리고 와서 저녁 먹어라." 아버지는 내가 즉흥연주를 하는 것을 한 번도 좋아하지 않았다. 나의 피아노 인생이 조금이라도 느슨해지는 것을 원치 않았던 것이다.

한동안 기억이 가물가물하다. 우리의 일과가 어땠는지 다시 생각해봤다. 피아노 레슨은 무기한 취소되었다. 우리는 일주일 동안 학교에 가지 않았고, 아버지도 우리와 같이 집에 있다가 일하러 가야 했다. 우리를 보살펴줄 사람이 있어야 했다. 그래서 아버지는 준이라는 보모를 고용했다. 마흔 살가량 되어 보였고 안경을 썼고 긴 갈색 머리를 했다. 준은 청소하고 요리하고 조시의 침실에서 지냈다. 조시는 거실에서 자고 텔레비전을 봤다. 운도 좋지.

준이 집에 오면서 흥미가 더해졌다. 그녀는 한가할 때면 방에서 뜨개질을 했고 스페인어 TV 프로그램을 보았다. 스페인어가 녹슬어 고향의 유산을 잃고 싶지 않다고 했다. 영어 문장에 스페인 억양이 묻어 있는 뉴멕시코 말투로 말했는데, 모음을 밝게, 자음을 부드럽게 발음했다. 내가 아는 가장 아름답고 음악적인 혼종이었다. 이렇듯 말투는 사랑스러웠지만 내용에는 뼈가 담겨 있었고 가끔 잔혹하게 말했다. 처음에는 괜찮았다. 하지만 준은 우리를 위해 요리하면서 우리가 치우지 않는다는 것을 알아차렸다. "너네, 접시 좀 치워줄래?" 식사가 끝나고 그녀가 말했다. 우리는 그녀를 쳐다보았다. "그거 당신 일 아닌가요?" 텔레비전에 보면 가정부가 모든 일을 했다. 그리고 어머니 일로 힘들었던 우리는 시시콜콜한 일에서 손을 놓아도 된다고 생각했다. 시간이 흐르면서 우리는 어머니와 싸울 때보다 더 심하게 준과 싸웠다. 그녀는 우리가 얼마나 혜택받은 삶을 살고 있는지 모른다며 고마워하라고 했다. 그녀는 우리를 "버릇없는 자식"이라고 했다. 옳은 말이었지만 나는 받아들일 준비가 되어 있지 않았다. 이런 긴장은 결국 폭발했다. 언젠가 준이 청소하고 있을 때 내가 "마리아치[밴드 편성의 멕시코 전통 음악-옮긴이] 같은 쓰레기나 듣는 주제에" 하며 비열한 모욕을 퍼부었다. 준은 진공청소기가 계속 돌아가는 가운데 허공을 잠시 바라보더니 청소기 스위치를 끄고는 서부극에 나오는 카우보이처럼 나를 노려보았다. 나의 본능적인 인종차별을 생각하면, 힘든 시기에 우리를 도와준 여자에게 상처를 주려 했던 것을 생각하면 마음이 아프다.

여섯 주가 지나고 어머니가 돌아왔다. 준은 좀 더 머물며 어머니가 침대에서 기력을 차리는 동안 집안일을 거들었다. 어머니의 회복과 관련하여 하나의 대화만 기억난다. 아버지는 의사가 어머니를 진찰하더니 당장 술을 끊어야 하고 한 방울도 마셔서는 안 된다고, 안 그러면 죽는다고 했다고 전했다. 아버지가 설명하는 동안 어머니는 듣기만 했다. 많은 알코올 중독자들이 이런 의학적 조언을 듣고도 죽는 편을 택했지만, 어머니는 생존 본능이 강하고 징글징글했다. 어머니는 찻잎을 물에 담가 햇볕이 내리쬐는 보도에 내놓아 오후에 마실 것을 만들기 시작했다.

12월에 피아노 레슨 연습노트에 새 글이 올라왔다. 빌은 이렇게 썼다. "이제 유명하고 존경받는 제러미 덴크 씨는 진정한 어른의 레퍼토리를 시작하게 될 거네." 폭풍처럼 몰아치는 〈비창〉 소나타 외에 브람스의 후기 곡인 카프리치오, A장조 간주곡, G단조 발라드가 과제로 주어졌고, 지나치게 시무룩해지지 않도록 멘델스존의 〈론도 카프리치오소〉도 넣었다. 모차르트 말고 가벼운 낭만주의 협주곡도 하나 추가했는데 생상스의 G단조 협주곡이었다.

30년의 세월이 흘러 노트를 넘겨보던 나는 특별한 변화를 알아채고 서글퍼졌다. 빌은 곡 옆에 재미있는 별 그리기를 그만두었다. 크리스마스에 형식적으로 '호호호' 하고 적고 산타클로스를 그렸고, 베토벤의 그림으로 투덜대는 내게 한소리 했다("**한숨**. 사람이 만족할 줄 알아야지man muss zufrieden sein!"). 그 이후로는 일 얘기밖에 없었다. 의견은 갈수록 뜸해졌다. 한 페이지에 이렇게만 적었다.

이번 주 하루 연습하는 날에는 **오로지** 왼손만 쓰게(힘이 넘치는 테크닉뿐만 아니라 디테일도: 의식적으로 결정해서). **이런 결정을 악보에 써넣게.**

그게 전부였다. 한 시간 레슨, 일주일 연습으로 말이다. 더 이상 별 그림도, 장황한 말로 구슬리는 것도 없었다. 그는 이렇게 말하고 있었다. **자네는 이제 어른이야, 철들 때가 되었어.** 이런 전략은 엇갈린 성공을 거두었다. 빌과 나는 성숙한 태도로 생상스의 협주곡의 스케르초 악장을 연습했다. 아이처럼 순진무구한 활력을 갈망하는 곡을 이렇게 연주하니 영 이상했다. 몇 주 지나고 나자 기지와 매력이 사라졌다.

이 시기에 가장 분명하게 기억나는 레슨은 〈비창〉 소나타의 느린 악장을 연습할 때였다. 내가 조금 연주하자 빌이 한숨을 내쉬었다. 그는 악보를 가져가서 자신의 의자에 앉아 뭔가를 쓰기 시작했다. 그는 펜(!)을 사용했다. 그러니 한참 생각한 비판이었지만 즉석에서 써낸 느낌도 났다. 그는 방 안을 둘러보았다. 익숙하고 과묵한 하얀색 털 뭉치가 가르랑거렸다. 빌은 흡족하게 씨익 웃고 다시 글쓰기로 돌아갔다. 심사숙고한 판단을 적는 동안 학생을 초조하게 기다리도록 하는 것은 상투적인 술수이자 권력을 과시하는 행동이다. 하지만 요즘 가르치는 일을 하는 나 역시 가끔 이런 행동을 즐긴다는 것을 인정해야겠다.

드디어—"여기 있네, 친구"—빌이 악보를 피아노 앞에 도로 갖다 놓았다. 악보의 음들 위에 리본 모양으로 글이 적혀 있었다. 나의 베토벤을 위한 가사였다.

나는 플러피를 보네.

다른 고양이가 옆에 있으면 좋겠어.

참으로 근사할 거야.

그러니 네가 가서 부탁해보렴.

플러피 정도야 내가 참아냈다. 우리 집에 새로 온 개는 훨씬 더했으니까. 소크라테시아(일명 소크)*는 내가 E플랫장조를 연주하면 신이 나면서 괴롭다는 듯이 짖어댔다. 빌을 쳐다보니 흐뭇함과 당혹스러움이 섞인 표정이었다. "이제 진지하게 이음줄에 대해 이야기하지." 빌은 "이제 진지하게…"라는 말로 시작할 때가 무수히 많았다. 가사의 요점은 단어를 노래하면서 숨을 쉬듯 악보에 적힌 이음줄을 지켜가며 연주하라는 것이었다. 내가 애를 쓰며 연주하는 도중에 빌이 노래를, 플러피의 외로움을 담은 세레나데를 따라 부르라고 했다. 그가 소리쳤다. "아니지, '플러피를 보네' 다음에 숨을 쉬어. '근사할 거야' 다음에 숨을 쉬어!" 내가 악보에 적힌 그대로 모든 이음줄을 연주할 수 있을 때까지 연습이 이어졌다. 음악이 왠지 까다롭고 얌전 빼는 느낌이 들었다. 고양이처럼 말이다.

여러 해 뒤에 내가 줄리아드에서 박사과정을 할 때 객원교수가 너무도 유명한 바로 이 선율에 대해 한바탕 강의를 늘어놓은 적이 있었다. 그는 베토벤이 아직 성숙한 기보로 나아가는 단계였다면서 이런 이음줄은 대충 적어놓은 것이라고 했다. 그러니까 이음줄은 무의미했다. 그가 말하기를 베토벤이 **진정으로** 의미한 것은 거대하게 이어지는 하나의 레가토였다. 이것이 베토벤의 혁명적인 록스타 페르

---

* 독자들은 눈치챘겠지만 원래는 소크라테스로 이름 붙일 생각이었다. 그런데 보호시설에서 집으로 개를 데려온 후에 암컷인 것을 알게 되었다. 그러자 어머니가 남자들끼리 합의한 사항을 뒤집고 이렇게 이름을 고쳐야 한다고 주장했다.

소나의 핵심이었다. 거대한 스윕, 거대한 라인, 낭만주의로 들어가는 출입구. 강의실에서 이 말을 들으며 이제 세상에 없는 가엾은 플러피와 괜한 이음줄을 연습하느라 허비했던 몇 주를 생각했다.

레슨이라는 것은 헛짓이면서 동시에 꼭 필요한 것일 수 있다. 이 것이야말로 레슨이 주는 핵심적인 가르침이다. 이를 깨우치는 데 몇 년이 걸렸지만, 결국 나는 빌의 이음줄 설교를 마음속에 새겼다. 요즘 들어 이음줄이 음보다 더 아름답다는 생각을 한다. 음악이 박과 겨루는, 보이는 것이 보이지 않는 것과 겨루는 대결을 볼 수 있다. 이 글을 쓰는 지금 수많은 예들 가운데 하나가 머릿속에 떠오른다. 모차르트의 G단조 피아노 사중주의 마지막 악장이다. 짓궂게도 제2주제에서 이음줄로 인해 모든 약박이 다음 박과 연결되면서 당김음 연주가 된다. 그 결과 앞으로 돌진하는 움직임이 만들어진다. 음이 다음 음을 찾아 서로를 뛰어넘는 것처럼 들린다. 이음줄이 없었다면 징검다리 음들이 불필요하게 느껴져서 주제는 따분했을 것이다. 하지만 이음줄로 인해 주제가 넘실넘실 춤을 춘다.

이음줄은 원호와 닮았으며, 여행의 느낌을 준다.

원호의 시작은 덤벼드는 것이고 마지막은 풀려나는 것이다. 중간은 연결이다. 단순한 표기지만 많은 뜻을 담고 있다. 언제 시작할지, 얼마나 오래 이어질지, 언제 놓아줄지 말해준다. 살면서 우리는 얼마나 자주 이런 정보들을 알고자 애쓸까? 연속성이 중요하다. 어쩌면 이음줄의 정수가 이것이다. 풀려남은 온갖 종류의 다른 동사들—웃다, 건너뛰다, 뛰어넘다, 발로 차다—을 끌어내는데, 달아나는 행동이며 주된 목적은 존재한다는 것의 순수한 기쁨을 표현하는 것이다.

어머니가 죽음의 문턱에서 돌아와 회복하고 있는 동안 나는 부담이 덜한 또 하나의 음악적 배출구를 찾았다. 뉴저지 생활이 마무리에 접어들 무렵부터 비올라를 연주해왔다. 내게서 연습하지 않겠다는 다짐을 받고서야 부모님이 허락한 악기다. 지금까지 이를 언급하지 않은 것은 삶의 부수적 존재였기 때문이다. 내가 뛰어나게 잘하지 않아도 되는 것이 있다는 게 행복했다. 나는 중학교 오케스트라에서 어설프게 편곡한 〈스타워즈〉 주제곡을 연주하며 최소한의 기본기만 열심히 다졌다.

상황이 바뀐 것은 고등학교 오후반 수업을 시작하면서였다. 매일 나는 '재능반' 미니밴을 타고 점심 때 도착하여 피자와 감자튀김과 기름을 닦아낼 냅킨을 받아들고 파리가 윙윙 날리는 쓰레기통 옆의 콘크리트 보도에 자리를 잡고 앉아 교내 오케스트라의 리허설을 들었다. 에어컨이 제대로 돌지 않아 문을 항상 열어두었고, 연습실 안쪽은 호르몬과 냄새가 뒤범벅이었다. 어느 날 그들이 파벨헬의 캐논을 연습하기 시작했다. 신기하게도 인연이 아니었는지 내가 들어보지 못한 곡이었다. 그 화성, 그 달콤한 현의 소리라니! 나는 천국을 엿듣고 있었다. 이 앙상블에서 연주하는 것이 나의 꿈이 되었다. 음악 캠프를 마친 그해, 나는 나이도 어리고 능력도 모자랐지만 단원으로 받아들여졌다. 그들이 현악기 연주자를 구하느라 필사적이었다는 걸 나는 몰랐다. 눈치 빠른 정상적인 아이라면 밴드에서 연주하거나 축구를 하러 갔다. 그래야 여자랑 잘 수 있었다.

라스크루시스 고등학교의 오케스트라 지도교사 도나 헤런을 구글에서 찾아봤는데 「뉴멕시코 음악가」라는 자료집에 모호하게 몇 차례 언급된 것이 전부였다. 하지만 그녀는 책이 쓰여야 할 정도의 위인이다. 도나는 (내가 교내 오케스트라에서 연주하고 30여 년이 지나서) 라스크루시스에서 열린 내 아버지 장례식에 왔다. 멀쩡한 그녀의 모습을 보니 반가웠다. 그녀는 리허설이 끝나거나 리허설 중에 목소리를 높일 때면 항상 죽을 것처럼 보였다. 새된 목소리로 비명을 내지르지는 않았지만, '새된 목소리'는 우리가 부주의하게 연주하거나 전날 했던 것과 똑같이 멍청하게 박자를 놓칠 때 그녀가 했던 것을 나타내는 가장 근접한 말이다. 화를 낼 때면 어떤 새들이 울음소리 마지막에 내지르듯 딸깍거리는 소리를 냈고, 그러고 나서 우리에게 다시 해보라고 요청할 때는 목소리와 몸이 움츠러들었다. 이런 두 가지 전략은 위력적이었다. 그녀는 분노로 우리가 그녀의 뜻을 따르게 했고, 절망으로 우리가 그녀를 응원하도록 했다.

도나는 또한 우리가 감당하기 어려운 진짜 음악을 접하게 해주었다. 멘델스존의 〈현악 교향곡〉을 연습했을 때를 결코 잊을 수 없다. 우리는 이 음악이 훌륭하다는 것을 알았다. 실시간으로 난도질하면서 음악의 뛰어남을 경험했다. 기쁨은 난도질과 떼어놓고 생각할 수 없었다. 복잡하고 빠르고 주의력 결핍 장애 대화 같은, 젊은이를 위한 음악이었다. 모든 현악 주자가 가담했다. (자주 그렇듯) 바이올린과 비올라가 엉망으로 독주를 펼치는 가운데 더블베이스와 첼로가 지루해져서 어설픈 농담이나 하는 상황이 아니었다. 우리가 멘델스존의 두 곡을 휩쓸고 나자 도나는 바흐의 〈브란덴부르크 협주곡 3번〉을 내주었다. 현명치 못한 선곡이었다. 그녀가 지휘봉을 들어 시작을 알렸는데 그 모습이 꼭 뭉툭한 물체로 내리치는 것을 팔로 막는 느낌이었다. 우리는 바흐의 곡이 마치 은퇴한 스모 선수들의 퍼레이드를 위한 곡이라도 되듯 게으른 리듬으로 쿵쿵 짓밟았다.

3악장이 되자 상황이 나아졌다. 특히 우리 비올라 주자들의 연주가 좋아졌다. 꼬리에 꼬리를 무는 대위법이 펼쳐졌다. 음계가 오르락내리락했다. 음계는 사실 그렇게 좋은 소리는 아니었지만 말이다. 바흐가 대체 어떻게 한 걸까? 순수한 움직임, 운동에너지의 매력이었다. 대단했다. 빌은 어째서 내게 이것을 가르쳐주지 않았을까? 나는 내성부 연주가 즐겁다는 것을 곧바로 알아챘다('우발적으로' 터득한 중요한 교훈이다). 악상을 알토 성부에 넘겨주며 제2바이올린이 우리의 기세를 넘겨받으리라 기대했고, 그들이 늦게 들어오자 노려보았다. 제2바이올린 뒷줄이 졸린 눈을 하고 소처럼 굼뜬 표정으로 자주 나를 노려본 기억이 난다. 점심 때 먹은 감자튀김의 여파도 있었겠지만 내가 열성적으로 구는 것에 당황한 것이다. 생각해보니 지금도 제2바이올린이 나를 자주 그렇게 본다.

나와 같은 악보를 쓰는 파트너는 레지 오일러라고 하는 사내였다. 나는 그가 못마땅했다. 자루걸레를 엎어놓은 듯한 검은색 머리에 녹색 눈, 그리고 아주 창백한 피부를 가진 친구였다. 우리가 바흐의 패시지를 막 마쳤을 때였다. 더 정확히 말하면 도나가 우리의 연주를 갑자기 중단시키고는 어느 파트가 최악의 소리를 내는지 알아보려 했다. 마치 파티 손님이 모두 떠나고 나서 부엌을 둘러보며 조리대 어느 쪽부터 시작할지 알아보듯 말이다. 레지가 나를 보더니 말했다. "헤이, 운궁법이 개판이군." 수석 첼리스트로 나와 친해지고 있던 래리 스톰버그가 그 말을 엿듣고는 그럴 줄 알았다는 듯 나를 쳐다보았다. 레지는 '무엇은 어떻다' 하는 식의 문장을 좋아했다. 대부분의 말이 이런 식이었고 멋지다거나 끝내준다는 표현이 많았다. 래리와 나는 이런 그를 끊임없이 놀려댔다. 하지만 지금 브란덴부르크 협주곡을 연주하는 그를 보자, 그러니까 음계를 짚으며 진심을 다해 몰입하고 비올라를 왼쪽으로 살짝 기울여 방향감을 나타내는 그를 보자 심술궂은 여자애처럼 놀려댄 것이 부끄러워졌다. 레지가 부러웠다. 나는 끔찍한 학교 악기를 빌려서 연주했는데 그는 자신의 비올라가 있었다. 게다가 그는 연습하고 레슨도 받아 제법 괜찮은 비브라토를 냈다.

　내가 이런 점을 슬퍼한다는 것을 도나 선생이 알았다. 내 심정에 공감했던 모양이다. 어떤 학생 못지않게 음악을 좋아하는 학생이 있는데 하루에 5분 이상 악기를 연습하거나 레슨을 받을 형편은 아니었다. 그녀는 수업 전과 후에 시간을 내서 자신의 사무실에서 잠깐 레슨을 해주었다. 악기 조율하는 법과 활에 송진을 바르는 법을 내게 가르쳤다. 그녀의 사무실은 방 한쪽 끝에 벽장으로 쓰던 곳으로 콘크리트블록으로 만들었고 달갑지 않게 창문이 없었다. 사실 있긴 했지만 리허설 방 쪽으로 트여 있어서 **도망칠 곳은 없어**, 하고 말하는 듯했다. 그녀는 그곳에서 자주 담배를 피워 어머니가 생각났다. 그 좁은 방에서 온갖 종류의 고해성사가 벌어졌다. 나는 어머니의 병에 대해 털어놓았다. 도나는 내가 주써를 대표하는 정예 오케스트라에 들지 못했고 레지는 들었다고 했다. 그녀는 충격을 덜어주고자 학교가 재정 지원을 축소하려 한다고, 오케스트라는 항상 뒷전이고 더 쓸모 있는 밴드에만 신경을 쓴다고, 음악 출판사와 맺은 계약 때문에 몇몇 끔찍한 곡들을 연주해야 한다고 말했다. "하지만 현재로서는 연주는 계속할 것 같아." 그녀는 담배를 한 모금 빨고 종이 울리기 전에 마지막 순간을 즐기며 마치 공모하듯 나를 쳐다보았다. "좋아, 시간이 되었군." **이번 리허설을 어떻게 버티지?** 하는 뜻이 담긴 말이었다. 내가 어른이라도 되듯, 같은 길을 가는 동료이듯 말이다. 빌처럼 그녀도 내가 음악하는 사람의 고충을 알아주기를 바랐다.

　리허설 방으로 돌아온 나는 래리와 농담을 나누었다. 도나는 지휘대에 올라 현재의 불만을 시시콜콜 털어놓고 나서 팔을 휘젓기 시작했다. 우리는 가끔 고개를 들어 그녀의 지휘봉과 곱슬곱슬한 금발이 치아 펫[동물의 털과 비슷하게 자라는 치아씨드를 활용한 테라코타 인형-옮긴이]처럼 온갖 방향으로 뻗어가는 것을 보았다. 드물게 우리의 연주가 그녀를 미소 짓게 했다. 하지만 미소는 그녀의 기질에 맞지 않아서 얼굴 살이 긴장하면서 미묘한 주름이 졌고, 그 결과 훨씬 늙어 보였다. 미소를 짓고 나면 그녀는 지휘대에서 잠시 내려왔다. 우리를 신경 쓰게 했다는 사실에 충격을 받은 것이다. 즐거움은 예기치 않은 부담이었다. 달리 뭐라 설명하기 어려운 억울함을 확고하게 풍기는 내 스페인어 교사 루한 씨를 제외하면, 도나 헤런은 최고로 슬픈 교사였다. 하지만 그녀의 수업은 최고로 행복했다.

꽃

아버지도 이런 정신적 충격의 시기에 마음을 둘 만한 배출구를 찾았다. 대학에서 운영하는 연극 프로그램이 있었는데 나이 든 캐릭터를 맡을 사람이 필요했다. 그래서 아버지가 두 작품에 발탁되었다. 아버지는 "기가 빨리는" 느낌이라고 불평했다. 시간 낭비였고 다시는 하지 않겠다며 저녁 식사 자리에서 가짜 짜증을 늘어놓았다. 우리는 〈지붕 위의 바이올린〉에서 음탕한 라자 울프 역을, 〈크리스마스 캐럴〉에서 고약한 런던 하층민 역을 맡은 아버지를 보러 갔다. "나는 투덜거리는 노인네 전문이야. 배역에 맞는 캐스팅이지." 그가 말했다.

"그러네, 조." 어머니가 아슬아슬하게 한마디 했다.

나는 아버지가 연기를 즐겼다고 확신한다. 그는 임시로 맡은 상황에서 매력을 발휘했고 강렬한 무대 페르소나를 뽐냈다. (라스크루시스의 라이벌 단체인) 지역사회 극단에서 아버지의 재능을 알아차리고 더 중요한 배역들을 제안하기 시작했다. 오래된 꿈이 되살아났다. 아버지는 마침내 예술가가 될 기회를 잡았다. 사람들과 어울리는 기회도 되었다. 그는 리허설을 하러 저녁마다 나갔고, 우리가 결코 만나지 못했을 이웃을 통해 동네 곳곳의 뒷길을 익히기 시작했다. 외식을 하러 나가면 사람들이 손을 흔들며 "헤이, 조! 〈바이올린〉에서 멋있었어요!" 하고 말했다. 그는 지역에서 유명인사가 되었다. 나는 학교에서 악명만 높아졌는데 말이다.

어머니는 무엇보다 아버지가 우리들을 방치하고 있다고 불평했다. 그러나 아버지가 창조력을 분출할 기회가 자신에게 더 많이 찾아오지 않으리라는 것을 깨달았듯이 어머니는 아버지가 그만두지 않으리라는 것을 깨달았다. 무기력하여 아무것도 할 수 없었다. 아버지가 불평하지 않으면 본인 옷도 사지 않았다. 어머니는 독자적인 삶을 만들어가기 시작했다. 회계 수업, 컴퓨터 수업, 작문 수업을 들었다. 일기를 쓰기 시작했다. 기억, 잃어버린 것들, 이웃집이 공사하느라 자신이 사랑했던 올빼미 둥지가 파괴되었다는 이야기를 적었다. (아버지는 유망 작가가 되려는 어머니를 가리켜 말하기를 "그런 것이 있다면 이문이 남는 직업"일 것이라며 무자비하게 놀려댔다.) 그러고 나서 어머니는 대학의 일자리에 지원했다. 파트타임으로 근무하여 수업이 끝난 우리만 남겨두지 않고도 일을 할 수 있었다. 얼마 뒤에는 미술학과에 비서로 취직하여 본인이 가장 자랑스럽게 여긴 것을 손에 넣었다. 본인 명의의 은행 계좌였다.

한편, 동생의 피아노 공부는 서서히 퇴화하고 있었다. 대체 동생은 왜 피아노를 배우려 했을까? 나와 비교되는 것은 그에게 분명 참을 수 없는 일이었을 텐데 말이다. 부모님은 그에게 다른 악기를 시켰다. 그래서 그는 먼저 오보에를 잡았고, 1년을 삐걱대고 나서 더블베이스에 정착했다. 완벽하게 어울렸다. 나는 그가 색다른 매력에 끌렸을 거라고 확신한다. 부모님이 스테이션왜건에 싣느라 불편을 겪는 것도 그렇고, 퉁명스럽고 거친 음이 피아노의 양손 아래 또 하나의 음역대를 더해 우리 둘이 세 방향의 음으로 위협을 가하면 무시하기 어려웠고 듣기 괴로웠다. 아울러 야망과 무관한 친구 같은 악기이기도 했다. 몇 번 튕겨보고 나서 집에 가서 쉬면 그만이었다. 그는 음악적 재능이 있었다. 멋지게 스윙하며 베이스라인을 연주했다. 한편 그는 나의 세계로부터 최대한 멀리 떨어진 친구들과 어울렸다. 과묵한 사내들, 공부벌레와 거리가 먼 아이들로 부모님은 좋아하지 않았고, 그래서 그는 그들을 더 좋아했다. 그리고 결정적으로 멀어진 행보가 있었으니 그는 자신의 방에 틀어박혀 록 음악을 듣기 시작했다. 어찌나 요란했는지 나는 노크를 하지도 못했다. 내가 음계 연습을 할 때면 그가 틀어놓은 드럼비트가 중간중간에 내 목을 옥죄는 듯했다.

가족 한 명을 거의 잃을 뻔했으니 사이가 돈독해졌을 것이라고 생각할지도 모르겠다. 하지만 우리는 같은 집에 묶여 있으면서 각자 다른 방향으로 도망쳤다.

그해 봄이 끝나갈 무렵 빌은 나의 〈비창〉이 준비되었다고 생각하여 두 번째 피아노 콩쿠르에 나를 내보내기로 했다. 피아노교사협회에서 주관하는 대회로 뉴멕시코주 홉스에서 열렸다. 라스크루시스에서 거의 다섯 시간을 달려 정말 싫은 텍사스 인근까지 가야 했다. 그 말은 따분한 평원이 계속 이어지는 데다가 호텔에서 하룻밤을 묵어야 한다는 뜻이었다. 하지만 빌이 아버지에게 상기시키기를, 아마추어 항공기 조종사는 자격을 유지하려면 일정 시간을 운항해야 한다고 했다. 그는 우리를 태워줘서 오가는 시간을 줄여주겠다고 했다. 일석이조였다. 아버지는 흥분을 감추지 못했다. 나는 불안함을 표현할 기회조차 없었다.

며칠 뒤에 우리는 차를 타고 이착륙장으로 갔다. 몇 가지 행정적 절차를 밟고 나서 활주로를 걸어 비행기에 올랐다. 우리 자동차보다 그렇게 크지 않아 보였다. 불편한 정장을 입은 나는 뒷자리에서 버클을 잠갔다. 아버지와 빌은 앞에 앉았다. 좁은 공간은 땅속을 뚫고 들어가는 듯한 어마어마한 소음으로 가득했다. 공포가 어느 정도 가라앉고서야 나는 앞좌석으로 몸을 기울여 창문 밖을 내다보았다. 빌이 말했다. "멋지지 않니?" 여기저기 뻗은 산등성이와 사막에 가끔 외로이 솟은 언덕 사이로 이름 없는 검은색 길이 막막한 공간을 가르는 것이 보였다. 아스팔트 위에서 혼자 갈증으로 죽어가더라도 차라리 저곳이 더 안전해 보였다. 아버지는 저 아래 산등성이에 열기가 부딪히면 구름 한 점 없는 하늘에 난기류를 일으키는 그렘린[기계에 오작동을 일으킨다는 가상의 존재-옮긴이]이 나온다며 농담을 했다. "그것도 괜찮지!" 그렇게 말하면서 웃자 눈가에 주름이 잡혔다.

　우리는 착륙했다. 아버지와 빌이 미웠다. 우리는 냄새나는 택시를 타고 인근의 고등학교로 갔고, 몇 분 뒤에 내가 오디션을 보러 들어갔던 기억이 난다. 방은 회색이었다. 오프화이트 방음 타일, 째깍거리는 시계 소리, 그리고 낡은 스타인웨이가 있었다. 나는 생각했다. **도입부가 끝날 무렵에 나오는 첫 번째 반음계만 제대로 해내자.** 머릿속으로 손가락에 말을 걸며 **하나 둘 셋, 하나 둘 셋 넷**, 하고 숫자를 셌다. 부주의하게 엄지로 검은건반을 누르는 불상사를 막기 위함이었다. 곡의 나머지는 음악적 흥분과 비행기에서 했던 임사체험이 뒤섞여 폭풍처럼 흐릿했다. 심사위원들이 수고했다고 말했다. 나는 숨을 헐떡이며 일어서서 하지 않아도 되는 인사를 했다.

　어찌어찌하여 내가 우승을 차지했다. 두 번째 승리였다. 홉스와 엘패소를 겪고 나자 인구가 희박한 미국 남서부의 2사분면에서 내가 피아노 제왕처럼 느껴지기 시작했다. 원래는 남아서 시상식을 하고 저녁에 연주를 해야 했다. 하지만 빌이 비행기로 돌아가야 했다. 주최 측 여성이 화를 냈다. (콩쿠르 주최 측과 음악회 진행자는 화를 낼 때가 많다.) 그럼에도 우리는 떠났다. 집으로 돌아오는 길에 빌과 아버지는 여성이 미친 듯이 화를 냈다며 웃었다. 나는 갑자기 힘이 빠져서 옆에서 그냥 듣고만 있었다. 빌이 내게 선물을 주겠다고 했다. "비행기 한번 몰아볼래? 비행기는 알아서 운전해. 피아노와는 달라. 날고 싶어 하거든. 방해하지만 않으면 된단다." 그래서 나는 조종석으로 옮겨 앉았다. 그날 두 번째로 내 운명이 내 손에 쥐어졌다.

⅔

그해 여름에는 음악 캠프가 없었다. 어머니의 병원비로 모든 돈이 들어갔고, 빌은 내가 연습을 제대로 하지 않는다고 여전히 불만이었다. 그해 들어 그는 나의 테크닉을 '최종적으로' 정비한다는 목적으로 나를 자신의 통제하에 두고 학교 활동도 못하게 했다. 나는 레슨을 매주 한 번이 아니라 두 번 받았다. 테크닉에 집중하는 레슨과 레퍼토리를 익히는 레슨이었다. 괴로움과 즐거움이 서로를 망가뜨리는 일은 일어나지 않았다. 도흐나니 외에 빌은 내가 쇼팽의 연습곡도 몇 곡 연주하도록 했다. 대단한 진전이었지만, 오른손과 왼손이 고르게 힘을 쓰는 곡들만 허락했다. 그는 내 앞에서 자신의 손가락을 흔들어보였다. "나는 네가 '오른손 피아니스트'가 되는 것은 원치 않아."

그것이 나의 열네 번째 여름이었다. 타는 듯이 햇볕이 따가운 나날, 소원해진 가족, 고독한 연습 시간, 손가락이 꼬이는 까다로운 C샤프단조 연습곡의 운지법. 두 달 동안 빌의 손만 생각하며 연습에 몰입하고 나자 마침내 그는 내가 모든 연습곡을 연주하도록 했다. 사회적, 음악적 탈출구가 딱 하나 있었다. 라스크루시스 교향악단의 지휘자인 대단히 호전적인 이탈리아 여성 마리안나 가비가 대학에서 현악 아카데미를 열었다. 그녀는 나에게 실내악 연주를 제안했고, 나를 교내 오케스트라에 있는 내 친구 래리, 그리고 이름이 기억나지 않는 바이올리니스트와 연결해주었다.

우리는 브람스의 B장조 삼중주를 연주하고 싶었다. 마리안나가 말했다. "할 수 있겠다고 생각한다면 그렇게 해. 하지만 나라면 안 할 거야." 어째서 그녀가 멘델스존의 삼중주를 하라고 밀어붙이지 않았는지 모르겠다. 멘델스존이라면 우리가 덜 엉망으로 연주했을 텐데 말이다. 브람스 곡은 멋지게 굽이치는 선율로 시작하지만(우리가 그토록 연주하고 싶었던 이유다), 어떤 대목에 이르자 브람스는 자신의 악상들을 전개하기 시작한다. 지나치게 많이 생각한다는 느낌이다. 파고가 높아지고 높아지기를 계속하여 어느덧 지루하다는 생각이 든다. 투쟁이 벌어지는데 영문을 모르는 것이다. 우리 셋이 교실에 앉아 힘겨루기를 하던 모습이 눈에 선하다. 나는 칠판 옆의 모퉁이에 붙여놓은 쇳소리 나는 야마하 그랜드피아노에 앉았고, 현악 주자들은 책상 사이의 공간에 있었다. 그들은 늘 내가 지나치게 크게 연주한다고 생각했다. 내가 말했다. "살살 연주하겠다고 약속할게. 하지만 **부탁인데** 다들 세게 연주해보자." 이것이 나의 협상 방식이었다. 우리는 다투고 또 다투면서 마술적인 해결책이 없는지 찾았다. 교사가 나서서 누가 옳은지 말해줄 때까지 기다릴 수 없었다.

하지만 교습에서는 피아노와 현악기 사이에서 벌어지는 영원한 전쟁의 승자를 딱 부러지게 말하지 않았다. 마리안나는 텍사스주 미들랜드에서 탁월한 투브넬 현악 사중주단을 데려왔다. 그들은 버르토크의 현악 사중주 2번을 연주했다. 어머니와 아버지는 어찌할 바를 몰랐지만, 나는 피아니시모 프레스티시모 패시지에서 넋을 잃은 채로 들었다. 경이로웠다. 저렇게 빠르게 연주하면서 소리가 크지 않다니. 또다시 부모님에게 하나하나 설명해줬다. 이런 것까지 설명해야 하다니, 필요하지만 성가신 일이었다.

다음 날 오후, 우리는 투브넬의 제1바이올리니스트인 유진 퍼듀 앞에서 브람스를 연주했다. 우리가 낭만주의 감성을 살려서 연주한 것에 그가 흥미를 느꼈을까? 그렇다 해도 그는 미소를 지었을 뿐 티를 내지 않았다. 우리는 개시부 선율에서 헤맸고, 그가 '페이스 조절'에 대해 이야기했다. 비록 십대들에게 잘 알려진 기술은 아니지만 페이스 조절은 모든 것의 핵심인데, 우리가 그런 것도 모른다고 생각했던 모양이다. 이어 신비로운 제2주제가 이리저리 뒤척이는 대목으로 넘어갔다. 유진이 연주를 중단시켰다. 나는 내 소리가 너무 크다고 그가 지적하려는 모양이라고, 현악 주자들이 히죽거릴 것이라고 생각했다.

하지만 그는 이렇게 말했다. "악구가 끝날 때와 시작을 앞둘 때 속도를 늦추고 싶은 마음이 들겠지." 나는 또다시 메트로놈을 말하려나 보다 생각하고 마음을 다잡았다. "하지만 브람스에서 진정한 아름다움은 중간에 있을 때가 많아. 그러니 악절의 **중간 지점에서** 확장해야 해." 그는 유명한 그림에 나오는 브람스의 불룩한 배를 언급했다.

그리고 악보에 표기된 헤어핀을 언급했다.

　브람스는 말년에 자신의 편지에 서명하면서 이 기호를 썼다. 중간 부분이 불룩해지면서 뭔가를 찾고, 끝으로 가면서 줄어드는 형태다.

　이 정보가 머리에 입력되는 동안 유진을 뚫어지게 쳐다보았던 기억이 난다. 내가 충격을 받았음을 그가 알아보았을 것이다. 나는 시간을 더 포괄적인 악상인 '프레이징'의 장식적인 요소로만 생각했지, 작곡가마다 다른 방식으로 시간을 사용한다고는 생각해본 적이 없었다. 확실히 말하건대 삶에서든 음악에서든 뭔가가 확장할 필요가 있을 때 페이스를 살짝 늦추는 즐거움에 대해 알지 못했다. 유진은 나와 통했다는 사실에 흐뭇한 표정이었다. 믿기지 않게 마술과도 같이 새로운 것을 깨닫고 나서 첫 시도에서 나는 완벽하게 해냈다. 그가 말했다. "바로 그거야!" 그러면서 손을 내 어깨에 올려놓았다.

그것이 내가 기억하는 전부였다. 옆의 동료들에 대해서는 잊었고, 누가 옳은지는 더 이상 중요하지 않았다.

유진의 조언은 체계를 무시하는 것이었다. 즉 정확성에 반대하는, 메트로놈에 반대하는 것이었다. (빌에게는 미안한 말이지만) 악보에서 지켜야 하는 디테일이 아니라 악보에 써넣을 수 없는 아름다운 무엇이었다. 어디서든 꾸물대는 사랑과 가능성의 세계가 내게 열렸다. 쉼표나 마침표에서가 아니라, 플러피 뒤가 아니라, 기가 막히게 아름다운 음이 있으면 걸음을 멈추거나 늦춰야 할 것 같았다. 스카이라인이나 노을, 혹은 들판을 마주보고 있을 때처럼. 나는 유진의 복음을 마음속에 새기고 새로운 장난감을 손에 든 아이처럼 어디서든 느긋한 타이밍을 두기 시작했다. 마음껏 즐겼다. 그러면 빌은 어쩔 수 없이 나쁜 경찰이 되어 내가 손대는 모든 악절을 망치지 못하게 말렸다.

길었던 여름이 끝나갈 무렵에 아버지는 휴식이 필요하다고 느꼈다. 그에게는 이미 핑계가 있었다. 콜로라도주 스노매스에서 컴퓨터 학회가 예정되어 있었다. 덤으로 나는 근처에서 열리는 애스펀 음악 페스티벌에 나갈 수 있었다. 어머니는 고지대에 적응할 수 없었으므로 우리 남자들만 북쪽으로 열두 시간을 차로 달렸다. 우선 리오그란데강을 따라 샌타페이까지 간 다음 공영 라디오방송도 잡히지 않는 오지를 지났다. 아버지는 시간을 생산적으로 보내기로 했다. 그해 가을에 〈세일즈맨의 죽음〉에서 윌리 로먼 역을 연기할 예정이었다. 그때까지 맡은 역 중 가장 비중이 큰 배역이었다. 그는 나와 동생에게

역을 주고 자신이 대사 외우는 것을 도와달라고 했다.

샌타페이를 지나자 세이지와 관목이 있는 복잡한 지형의 구릉이 펼쳐졌고, 저 멀리 왼쪽과 오른쪽으로 산맥들이 걸려 있었다. 이런 모래언덕은 오래전에 풍화되거나 첫 번째 비바람이 몰아쳤을 때 씻겨나갔어야 할 것 같았지만, 웬일인지 항상 그 모습 그대로였다. 바로 이곳, 우리가 여행에서 가장 기묘한 지점에 이르렀을 때 드라마에서 가장 중요한 부분이 시작되었다.

"너무도 외롭군." 아버지가 유대인 윌리의 말투를 어색하게 흉내 내며 푸념했다.

뒷좌석에서 조시가 준 클리버[TV 시트콤 〈비버에게 맡겨〉에 나오는 현모양처 캐릭터-옮긴이]의 목소리를 제법 그럴듯하게 흉내 내며 말했다. "당신 때문에 내 삶이 망가졌어요, 윌리."

"말 한번 곱게 하는군." 아버지가 살짝 익숙하게 들리는 냉소적인 목소리로 말했다.

"아니에요, 아버지. '말 한번 곱게 **했네**'라고 해야죠." 조시는 정정하며 빈정거림이 깔린 낮고 느긋한 평소의 말투로 돌아갔다.

"젠장." 그러고 나서 아버지는 다시 시도했다. 나와 마찬가지로 연습하면서 반복하고 실수에 사로잡혔다. 하지만 소재가 음악적 음이 아니라 사람이다 보니 느낌이 사뭇 달랐다.

나는 비프 역을 맡았다. 닮은 점이라고는 눈 씻고 봐도 없었지만 말이다. 방금 방으로 뛰어들어온 것 같은 목소리를 내며 윌리에게, 극의 아버지이자 현실의 아버지에게 수학 시험에서 필요한 점수를 얻지 못했다고 설명했다. 졸업하지 못할 거라고, 나는 실패자라고 말했다. (내가 가장 두려워하는 실패였다!)

아버지와 나는 혀짤배기소리를 하며 함께 수학 교사를 놀려댔다. 그러고 나서 나는 그에게 다른 여자가 있다는 것을 알고 환멸을 느꼈다.

"나한테서 원하시는 게 정확히 뭔가요?" 그에게 비프로서, 동시에 비프가 아닌 존재로서 물었다.

여기서 아버지의 유명한 대사가 나왔다. "네가 기차를 타든, 산에 오르든, 계곡을 가든, 어디서도 이것만은 알아라. 넌 악의적으로 네 인생을 망치고 있어!" 조시가 "노!" 하고 소리쳤고, 나는 "펑!" 하고 외쳤다. 남은 건 무대 지시문을 읽는 것이었다. 아버지가 자신의 소망에 따라 사고로 죽는 내용이었다. 우리는 주 경계에서 원뿔 모양의 산을 지났다. 내가 좋아하는 안토니토산이 죽음에 대해 다정한 한마디를 해줄 것 같았다. 우리는 거대하고 넓은 샌루이스 밸리에 들어섰다. 멀리서 뇌우가 몰아쳤다.

몇 시간 뒤에 애스펀에 도착했다. 조시는 숙소를 돌아다니고, 아버지와 하이킹을 하고, 뜨거운 욕조에 몸을 담그는 등 일상적인 휴가의 일들을 즐겼다. 나는 음악 페스티벌에 가서 모든 행사에 얼굴을 내밀었다. 수십 개의 음악회를 들으며 우쭐함과 열의를 느꼈고, 그러고 나서는 다 잊었다. 그러던 어느 아침, 이디스 오펜스가 하는 마스터클래스를 보러 갔다. 학생 둘이 그녀가 인색하기로 유명하다고 말하는 것을 들었다. 다른 사람이 호된 꾸짖음을 당하는 것을 보면 좋은 약이 되고 어쩌면 재미도 있을 것 같았다.

젊은 여성이 베토벤의 op.7 소나타를 연주했다. 내가 한 번도 못

들어본 곡이었다. 패시지가 많아 보였다. 여성이 연주를 마치자 이디스 오펜스는 자신의 자리로 돌아가 말했다. "내 진심으로 말하는데, 이런 초기 소나타들은 보다 진지하게 대해야 하네." 학생은 눈을 깜빡거렸다. 그러자 이디스는 마디 하나하나를 물고 늘어지며 이렇게 쉽게 해치우는 음악이어서는 안 된다는 것을 보여주었다. 마침내 가장 까다로운 대목에 접어들었다. 오른손이 몹시 빠른 음들을 연속적으로 헤집고 다니는 동안 왼손은 거의 하는 일 없이 긴 B플랫 음들을 건반 위와 아래를 오가며 짚을 뿐이었다.

이 패시지는 근사했다. 두 사람이 작업하는 것을 들을수록 더욱 근사하게 여겨졌다. 이디스가 힘든 부분, 그러니까 오른손을 집중적으로 파고들었으리라 생각하겠지만, 그녀는 B플랫 음과 관련하여 10분간 열변을 토해 학생이 권위와 의미를 가지고 연주하도록 했다. (어쩌면 권위가 의미였을 수도 있다.) 마지막으로 이디스는 제왕처럼 거들먹거리며 작곡가와 교신했다. "베토벤이 여기서 무엇을 말하고 있는지 알겠어? 그는 이렇게 말해. **여기는 내 영역이야, 내가 여기 있어, 날 무시하지 마, 이 공간은**"—그녀는 '공간'이라는 말에서 잠시 멈추었다—"**모두 내 것이라고.**" 그녀는 고개를 들고 졸린 피아니스트들로 가득한 방을 잠시 둘러보았다. 다들 새벽부터 연습실을 차지하려고 실랑이를 벌여왔다. 옥타브처럼 보편적인 뭔가를, 공간이라는 개념을 소유한다는 것이 무슨 말일까?

몇 주 동안 그 대목이 머릿속을 떠나지 않았다. 내 삶에 반향을 불러일으켰다. 한 손은 최대로 광적으로 굴며 가급적 많은, 어쩌면 가능한 것 이상으로 많은 음을 받아들이려고 애쓰고, 다른 손은 하나의 음을 떠나려 하지 않는 강박적인 외곬수의 면을 보인다. 이디스는 하나에 집착하는 손이 다른 손을 통제해야 한다고 말하는 것 같았다.

{

　새 학년은 결정과 함께 시작했다. 나는 상급 학년으로 건너뛰며 공부했다. 미친 듯이 열심히 해서 한 번만 더 월반을 한다면 열다섯 살에 고등학교를 졸업할 수 있었다. 혹은 자기계발을 위해 학과 외 수업을 몇 개 듣고 원숙한 열여섯 살 때까지 대학 입학을 미룰 수도 있었다. 아버지는 전력질주를 원했고, 불안이 어떤 결과로 이어지는 지 알았던 어머니는 느긋하게 기다리는 편을 선호했다. 어머니가 꾀를 부려 승자가 되었다. 수업시간표 양식을 우편으로 받아 기입하고는 아버지에게 말하지도 않고 보낸 것이다. 어머니는 "널 위해서"라고 말하며 더 느린 진로를 밟도록 했다. 이것으로 한바탕 싸움이 벌어졌다.

　더 느린 진로라고는 했지만 학교생활은 특이했다. 나는 열네 살에 고등학교 2학년과 3학년 수업을 들었다. 나는 교사들과 친밀하고 필사적인 관계를 구축하여 적대적인 급우들로부터 스스로를 보호했다. 영어 교사(우드워드 부인이었던가?)는 한동안 내 가장 친한 친구였다. 그녀는 내게 졸업 논문에 대해 가르쳤다. 문장에는 말하고자 하는 요점과 정확하게 선별한 동사가 있어야 한다는 것이 그녀의 주장이었다. 나의 세계를 뒤흔든 가르침이었다. 화학 교사 바드웰 씨도 훈훈하게 기억되는 인물이다. 그가 내게 농담을 건넨 덕분에 실험실에서 내가 제대로 하지 못한 것을 잊을 수 있었다. 수학에 일가견이 있었고 암기를 좋아했으니 어떻게 보면 나는 화학에 이상적인 학생이었다. 어느 날 바드웰은 상체를 살짝 젖히고 소맷부리를 만지는 동작을 취했다. 계집처럼 구는 남자 생활지도 교사가 방금 방에서 나간 뒤였다. "나는 샌프란시스코에서 왔고 에이즈 환자야." 그는 반 전체에 들리도록 가성假聲으로 말했다. 그러고는 싱긋 웃고 돌아서서 자신의 사무실로 갔다.

어머니는 우리가 치열한 학업에서 벗어나 쉬며 기력을 찾도록 새로운 의식을 마련했다. 버스에서 내려 집에 돌아오면 어머니는 부엌에 앉아 차분하게 크래커에 땅콩버터를 바르고 있었다. 아버지가 돌아와 이것저것 요구하고 정신없이 굴기 전에 다들 긴장을 풀고 휴식을 취하자고 했다. 그렇게 우리는 부엌에 앉아 우적우적 씹는 삼총사가 되었다. 어머니 말이 맞았다. 30분의 간식이 저녁 시간보다 훨씬 더 편안하고 화목했다. 어머니는 술을 마신 이래로 이렇게 친절했던 적이 없었다. 고함을 지르고 비난하는 대신 보통 사람들처럼 자신의 삶에 대해 이야기하기 시작했다. 우리 셋은 이런 인간적인 연결이 필요했다. 다만 익숙하지 않았을 뿐이다. 기분이 좋으면서도 이상했다. 어머니가 우리와 친하게 지내려는 것이 살짝 늦은 듯했다. 가장 이상한 것은 크래커를 먹고 나서 어머니가 우리를 내버려두었다는 것이다. 내가 거실에 가서 음악을 듣는 동안 조시가 비디오게임을 하는데도 잔소리를 하지 않았다.

이런 오후에 나는 새로 좋아하게 된 브람스의 B플랫장조 협주곡을 듣고 있었다. 격정적인 제2주제에 접어들어 정신없이 지휘를 하고 있는데 초인종 소리가 들렸다. 어머니는 아직 부엌에 있었다. 나는 바늘을 내려놓고 밖으로 나갔지만 아무도 없었다. 문간에 상자가 하나 있었고, 자동차 출발하는 소리, 그리고 웃음소리가 들렸다. 상자를 열어보니 포르노 잡지와 벌거벗은 여자 그림이 있는 롤리팝 사탕이 들어 있었다. 급우들은 내가 이제 막 호르몬 전쟁을 치르기 시작했다는 것이 재밌었던 모양이다. 가슴이 마구 뛰고 모멸감이 들어 사막으로 달려가 맨손으로 상자를 묻으려고 했다. 선인장 조각에 손을 다쳐 어쩔 수 없이 집으로 돌아와 차고 모퉁이에 숨겼다. 아버지가 결국에는 발견했겠지만 아무 말도 듣지 못했다.

꿍

그해 빌은 내가 〈비창〉을 졸업하고 〈발트슈타인〉 소나타로 넘어가도록 했다. 초기 베토벤에서 중기로 넘어간 것이다. 빌은 연습노트를 통틀어 가장 인상적인 문장을 이 곡과 관련하여 적었다.

… 이제 테크닉보다는 음악성에 대해 더 생각하게. 처음에는 신비로운 분위기를 확립해. 아주 조용한 배경 위로 선율이 떠다니고, 최면을 일으키는 듯한 성격이 끊어져서는 안 되네. 중간중간 오른손이 아주 살짝 올라갈 뿐. 그러다가 트릴에서 제대로 폭발하지. 첫 번째 에피소드는 흥분을 더 넣어. sf에서 방향감과 도착감이 느껴지도록. 드라마가 많지. 두 번째 에피소드는 폭풍처럼 격렬하게 연주해. 그렇더라도 셋잇단음표는 확실히 통제해가며 연주하도록. 세 번째 에피소드는 '셈프레 피아니시모'를 아주 엄격하게 유지해. 아울러 여기서부터 p와 pp, f와 ff를 좀 더 구별해가며 연주해. 396페이지와 397

페이지(셋잇단음표)에서 긴 크레셴도를 다루는 방법을 실험하게. 한 손만 크레셴도로. 페달은 나중을 위해 아끼고, 베이스에 강세를 주게. 셈여림 변화와 관련하여 계획을 세우게.

신비로움과 성격으로 시작했다가 그의 장기인 체계, 계획, 통제로 되돌아가는 것이 흥미롭다.

〈발트슈타인〉 연습과 관련하여 기억나는 것은 내가 한계에 봉착했고 이를 뛰어넘으려고 안간힘을 썼다는 사실이다. 에너지와 추진력이 넘치는 시작 부분은 문제가 아니었다. 충분히 여리게 연주하는 것이 어려웠지만 어쨌든 해냈다. 하지만 첫 번째 늘임표가 나오고 나서 같은 악절의 트레몰로 버전이, 그러니까 두 배 빠른 음들이 펼쳐졌다. 어떻게 속도를 따라잡을 수 있을까? 오른손은 그럭저럭 해냈지만 왼손이 말을 듣지 않았다. 대충 얼버무렸던 기억이 난다. 내가 얼버무리고 있다는 것을 알고도 빌은 개의치 않았다. "괜찮게 들리는데" 하고 말했다. 이례적인 일이었다. 빌이 이것을 위기로 인식하지 않았다는 것이 신경이 쓰였다.

중간 섹션에서 또 한 번 위기가 찾아왔다. 펼침화음이 끝도 없이 이어졌다. 나는 하나의 거대한 몸짓으로 이어서 연주하고 싶었다. 점점 크게 강도를 높이고 싶었다. 하지만 이것은 해결책이 되지 못했다. 힘만 많이 들고 효과는 크지 않았다. 어머니는 평소 자신이 앉는 자리에서 내가 힘겨워하는 것을 듣더니 〈발트슈타인〉은 끔찍한 곡이라고, 무겁다고, 확실히 춤을 추지 않는다고, 내가 베토벤에 문제가 있다고 판단했다. 어머니의 의구심은 내 마음속에 깊게 박혔다.

오랫동안, 그러니까 오벌린에서 레슨을 받고 인디애나에서 다시 레슨을 받을 때까지, 나는 베토벤이 나의 치명적인 약점, 피할 수 없는 크립토나이트라고, 어쩌면 굳이 애써서 연주할 가치가 없을지도 모른다고 생각했다.

〈발트슈타인〉에 어려움을 겪으면서 전반적으로 기대감이 떨어졌다. 대학에 갈 때가 다가오자 학교 선생들이 나의 미래에 관심을 보였다. 바드웰은 내가 과학자가 되어야 한다면서 화학 올림피아드에 나가보라고 했다. 수학 교사는 내가 천부적인 수학자라고 했다. 영어 교사는 창작 워크숍에 나를 보내려고 했다. 물론 체육 교사처럼 나를 다시는 보지 않으려는 교사도 있었다.

그때 빌이 단호한 목소리를 냈다. 그는 내가 다음 해에 오디션을 앞두고 있으므로 피아노에 집중할 때라고, 지금이 아니면 기회가 없다고 부모님에게 재차 알렸다. 그는 제러미에 투자한 사람들을 소집하여 긴박한 회의를 열었다. 부모님과 학교 상담사도 참석한 이 자리에서 그는 내가 매일 족히 세 시간은 연습할 방안을 찾아야 한다고 주장했다. 그렇게 해서 내가 아주아주 일찍 일어나 버스가 오기 전 두 시간 동안, 그러니까 아침에 5시 반부터 7시 반까지 연습하기로 계획이 세워졌다. 그 시간이면 학교 수업으로 마모되기 전이어서 훨씬 상쾌한 기분일 거라고 했다.

그래서 내가 이 집에서 가장 먼저 일어나는 이상한 시기가 시작되었다. 알람이 울려 곤히 자던 나를 깨우면, 혼미한 상태로 부엌에 가다가 식탁 모서리에 걸려 넘어지고, 캄캄한 창문에 야간 조명이 비치는 것을 보고, 밉살맞은 천장 조명을 켜 환한 불빛을 받으며 시리얼을 급하게 삼키고, 뒷방으로 조용히 들어가 연습을 했다. 준비 과정만 기억날 뿐 연주는 전혀 생각나지 않는다. 조시는 잠결에 나의 음계 연습을 들으며 자신도 나의 앞날에서 결코 빠져나가지 못하리라는 것을 깨달았을 것이다. 아버지는 살짝 나중에 일어나 조깅을 나가기 전에 먼저 체조로 몸을 풀었다. 우리는 서로에게 불평을 했다.

이런 생산성의 시기는 두 주간 이어졌다. 나는 곧 독감에 걸려 한동안 학교에 못 가고 연습도 하지 못했다. 의사 말이 탈진했다고 했다. 내가 아침형 인간이 아님이 밝혀졌으니 다른 해결책을 찾아야 했다. 모든 선택이 열려 있어야 하는 삶의 시기였지만 어려운 선택을 내려야 했다.

그 일이 있고 한 달쯤 지나서 아직 회복 단계일 때 멘델스존의 〈엄격 변주곡〉을 배웠던 기억이 난다. 지독한 레슨이었다. 빌은 다른 아티큘레이션으로 되어 있는 세 성부 모두를 내가 제대로 연주할 때까지 집에 보내지 않겠다고 했다. 테너 성부는 레가토로 진행되었다. 그리고 그 아래에 잡아 뜯듯이 연주하는 베이스가 있었다. 그 말은 왼손이 정신분열증 환자가 되어 한쪽은 길게, 한쪽은 짧게 연주해야 한다는 뜻이었다. 세 번째이자 마지막 층은 빠르고 까다롭게 오락가락하는 오른손의 스타카토 패시지였다. 내가 한번 연주해보았다.

"그 음을 지나치게 길게 끌고 있어." 빌은 잡아 뜯는 베이스를 가리키며 말했다.

나는 다시 했다.

"페달로 얼버무리려고 하지 마!" 그가 말했다. "모든 게 망가지니까!"

레슨은 15분가량 이어졌다. 오래전 릴리언 선생 앞에서 〈월광〉 소나타를 쳤을 때와 같은 심정이었다. 그러니까 애초에 즐거움을 고갈시키는 것이 목표인 피아노 교습이었다. 가끔 내 양손은 내가 집중하지 않고도 각자의 일을 해냈다. 하지만 가끔은 정신착란을 일으킬 정도의 노력이 필요했다. 뇌가 세 성부를 동시에 노래하도록 만든다는 것이 터무니없고 불가능하게 여겨졌다. 실은 손가락 하나를 올리면서 하나를 내리는 단순한 실기일 뿐인데 말이다.

레슨이 끝나고 아버지가 나를 태워주면서 괜찮은지 물었다. 나는 별말 하지 않았다. 집에 돌아오자 어머니와 조시가 평소처럼 부엌 식탁에 앉아 쉬고 있었다. 나도 합석했다. 아버지는 방에 들어가 옷을 갈아입고 뒷문으로 나갔다. 차고가 열리고 닫히는 소리가 들리더니 새로 산 그의 혼다 어코드가 출발했다. 어머니는 주위를 둘러보고 잠깐 기다리더니 우리에게 할 말이 있다고 했다.

"너희들도 이제 알아야 할 것 같아서…" 어머니는 말끝을 흐렸고 잠시 뜸을 들였다. "아버지가 요즘 밖에 나가 있는 날이 많지." 그러고는 사실을 털어놓았다. 아버지가 바람을 피운다고 했다. 그래서 밖으로 돌아다니는 것이라고 했다. 연극 리허설 때문만이 아니라. 어머니는 여자 이름도 말했다.

나는 고개를 끄덕이며 좋은 청자, 텔레비전에서 보는 이해심 많은 청자인 척했고, 그러면서 머릿속으로는 멘델스존의 실수를 계속 되짚어보았다. 나의 감정적 반응은 죄다 연속극 대본이나 줄거리였다. 어머니의 명예를 지켜야 한다는 생각에 기사도 정신이 들었고, 아버지의 행동에 분노했다. 섹스에 대해 아무것도 모르면서 말이다. 공부에 방해되는 충동이 가끔 일었을 뿐이다. 아버지가 섹스를 했다는 뜻일까? 그 사실도 모호하게만 보였다. 아무도 생명 탄생과 관련하여 내게 말해주지 않았다. 여름 캠프의 룸메이트를 마주친 것은 덮어두었다. 그러는 동안 어머니의 불평은 계속 이어졌다. 이제 신체적으로 자신의 몸을 혼자 챙기지 못했고, 재정적인 이유로도 아버지가 필요했기에 그에게 의존할 수밖에 없었으며, 이 모든 상황이 참으로 부당하다고 했다.

조시와 나는 가만히 들었다. 어머니는 말꼬리를 흐렸다. 그렇게 우리의 오후 의식이 평소와 달리 차분하지 않게 끝났다. 우리는 각자의 방으로 흩어졌다. 내가 조시에게 말했다. "아버지는 왜 그런대?" 동생이 말했다. "그러게." 우리 형제간의 우애는 그 정도였다. 방에 돌아와 찬찬히 생각해보았다. 평소에 아버지는 훨씬 재밌고, 훨씬 아이 같고, 훨씬 모험을 즐기는 사람이었다. 하지만 시간이 지나면서 빈정거림이 늘었다. 어쩌면 내가 예민하게 반응했는지도 모른다. 어머니는 속앓이를 끔찍하게 했지만 적어도 남을 조롱하진 않았다. 몸이 허약했고 다리마저 절뚝거려 이제 지팡이에 의지했다. 그런 어머니에게 어떻게 안쓰러운 마음이 들지 않겠는가? 그래서 이제부터 아버지는 나의 적이었다.

❧

그해 말에 세 번째 피아노 콩쿠르가 앨버커키에서 있었다. 나는 고등학생 조에 편성되었다. 더 이상 아이들과 겨루지 않았다. 첫 라운드가 아침나절에 있었고 최소한 세 시간을 가야 하는 거리였기에 우리는 새벽 5시에 일어나 차에 올랐다. 마지막으로 문이 닫히면서 무미건조한 평온함을 날려버릴 때 어머니가 아버지에게 커피포트를 끄고 왔는지 확인차 물었다. 아버지는 평소처럼 "재키!"라고만 말했다.

우리는 라스크루시스에서 북쪽으로 두 시간을 달려 호르나다 델무에르토(죽은 자의 길)에 이르렀다. 스페인 탐험가들이 샌타페이로 가는 도중에 떼죽음을 당했던 곳이다. 황량하기 그지없는 사막 한가운데에 검문소가 있었다. 출입국 관리들이 창문 너머로 나와 동생을 보더니 손을 흔들어 가라고 했다.

나는 〈발트슈타인〉 소나타의 첫 악장을 연주해야 했다. 첫 라운드를 통과했는데 기쁨도 잠깐, 다음 라운드에서 그 곡을 다시 연주해야 한다는 것을 알고 나니 시큰둥해졌다. 한 시간 동안 대기실에 있었다. 또 한 번 아드레날린이 일었다. 무대로 걸어 나가 나의 곡을 연주했다. 두 번째 라운드 결과는 저녁 8시 음악회가 끝나고서야 발표된다고 했다. 그러니까 거기서 곡을 다시 연주해야 한다는 뜻이었다. 놀아나고 있다는 생각이 들기 시작했다. 내가 꼭두각시야, 춤추는 곰이야? 우리는 만찬장으로 갔다. 소고기 덩어리, 으깬 감자, 내키지 않는 완두콩이 나왔다. 나는 뉴멕시코의 피아노 교사들과 '대화를 나누었고', 부모님은 그들의 질문에 전혀 웃음을 보이지 않은 채 오로지 하나에만, 그러니까 나의 우승에만 골몰했다.

결선 진출자의 음악회는 진짜 콘서트홀에서 청중을 앉혀두고 열린 진짜 행사였다. 하지만 나는 순위가 이미 정해졌으니 무의미하다고 여겼다. 내 기준으로도 끔찍하게 연주했다. 박수를 받고 자리로 돌아와 다른 이들의 연주를 들으며 세 라운드의 긴장을 털어냈다. 마침내 후원자와 도움을 준 사람들이 소개되고 나서 결과가 발표되었다. 나는 우승하지 못했다. 열외로 이름이 언급되는 동안 무대에서 웃어야 했다.

동생은 이 결과에 기뻐했다. 내가 우승을 많이 했으니 그 정도면 충분하다고 보았다. 호텔로 돌아가는 동안 차 안에서 우쭐해하며 잠자코 있었다. 반면 아버지는 말이 끊이지 않았다. 내가 우승자만큼 소리가 크지 않았다고 했다. 빌이 내가 배워야 하는 것을 가르치지 않았다고 했다. 어머니는 동의하지 않았다. 우승자는 거슈윈의 〈랩소디 인 블루〉를 연주했다. 청중을 즐겁게 하는 곡이었다. 그러니 나도 까다로운 베토벤 말고 그런 곡을 연주했어야 하지 않았을까? 부모님은 서로의 의심을 부채질하며 일을 키웠다. 보아하니 내가 소리를 크게 내지 않았던 모양이다. 그것이 핵심 사안인 것 같았다. 부모님은 나의 과거를 하나하나 뜯어서 살피고 있었는데, 어쩌면 애초에 나를 아이들을 위한 진정한 피아노 교사인 오드리 브라운에게 맡겼어야 했는지도 모른다.

이런 와중에 우리는 호텔 옆의 빅 보이 식당에서 늦은 '축하'연을 갖기로 했다. 나는 진열 상자에 있는 푹신해 보이는 바나나 크림 파이를 특식으로 주문했다. 우리는 칸막이 자리에 모여 앉았다. 내가 파이를 두 입 베어 물고 주차장을 바라보면서 토할 것 같다는 생각을 했던 기억이 난다. 생각을 억누르려고 했지만, 내 몸의 기어가 움켜

잡고 놓아주지 않았다. 몇 분 뒤에 내 입에서 뭔가가 발사될 수도 있음을 부모님이 알아차렸다.

아버지가 나를 호텔로 데려갔고, 욕실에서 휴지통을 가져와 침대 옆에 두었다. 그리고 옆에 앉아 그날 자신의 처신에 대해, 그리고 보다 전반적으로 자신의 아버지 역할에 대해 비판하기 시작했다. 나를 그토록 취약하고 연약하게 내버려둔 스스로를 질책했다. 그는 지나치게 나를 밀어붙이거나 충분히 밀어붙이지 않았다. 혹은 둘 다였다. 나는 침대에 등을 대고 누워 아버지의 말을 한 귀로 흘렸고, 토하지 않으려고 집중했다. 종종 피아노를 연주할 때 음을 하나도 놓치지 않으려고 집중하는 것처럼 말이다. 그런 불쾌한 연옥을 헤매다가 어떤 믿음이 생겨났고 천천히 안팎으로 호흡을 시작했다. 여러 해 뒤에 있었던 내 위대한 헝가리 피아노 교사 죄르지 셰복의 잊을 수 없는 레슨이 떠오른다. 온갖 다른 종류의 호흡에 관한, 다른 작곡가들의 호흡에 관한, 우리가 그들을 느끼는 방법에 관한, 특히 그들을 잊는 위험에 관한 레슨이었다.

{

앨버커키에서 처음으로 콩쿠르 실패를 맛보자 내가 피아니스트로 사는 것에 대한 부모님의 신념이 흔들렸다. 전에는 나보고 '집중'하라고 다그쳤다. 그런데 이제 '선택'을 들먹이기 시작했다. 연로한 이웃이 우리를 초대하여 차와 쿠키를 대접하며 말하기를 음악은 진짜로 하는 게 아니라고, 직업이 될 수 없다고 했다. 그때부터 나는 그녀를 미워했다. 시한이 다가왔다. 중차대한 삶의 결정을 내려야 했다. 식료품점이나 케이마트에서 숱하게 목격한 바이지만 부모님은 자신들이 원하는 것을 선택하는 일을, 그게 뭔지 알면서도 어려워했다. 그럴 법도 한 것이 그들의 갈망에는 굳건한 믿음이 없었다. 마지막 학년을 앞둔 여름에 아버지는 빌이 연습 시간을 경고하는 것을 무시하기로 했다. 그는 내가 이수해야 하는 고등학교 과목 말고도 대학 과목 셋—미국사, 미적분, 수영, 총 10학점—을 더 듣도록 했다. 내가 겁쟁이와 폐인이 되지 않도록 하기 위함이었다.

빌과 나는 대학 오디션을 위한 레퍼토리를 준비하며 여름을 보냈다. 역학 관계가 달라졌다. 전에는 부모님이 대체로 빌의 편을 들었다면, 이제 피아노 교사와 내가 공모하여 부모님에 반기를 드는 입장이 되었다. 우리 둘은 부모님의 의구심을 극복할 방법을 찾아야 했다. 빌은 나의 레퍼토리를 선정하느라 많은 시간을 보냈다. 나를 확장하는 곡을 찾지 않았다. 내가 어떤 사람인지 보여주는 곡을 찾으려고 했다.

그렇게 해서 빌이 제안한 곡이 슈만의 협주곡 A단조였다. 나는 생상스의 협주곡보다, 기만적인 베토벤의 〈황제〉보다 그 곡을 훨씬 좋아했다. 나의 좌절을, 〈발트슈타인〉으로 힘들었던 것을, 아직 키스도 못해본 짜증을 거기에 쏟아부었다. 〈발트슈타인〉과 달리 슈만의 곡은 나의 불확실함에 보답을 해주었다. 아울러 예전에 쳤던 곡도 다시 꺼내들었다. 내 열두 번째 생일 다음 날인 1982년 5월 17일에 시작했던 모차르트의 피아노 소나타 A단조였다. 모차르트의 어머니가 파리에서 갑작스럽게 죽고 나서 작곡된 곡이다. (내 어머니는 거의 죽을 뻔했다.) 이 곡은 내 마음을 온통 휘저어놓았다. 가장자리와 경계에 대해, 체계를 뒤흔드는 충격에 대해, 그리고 그로 인한 깨달음에 대해 뭔가를 말해주었다.

가을까지 레퍼토리가 단단하게 다져졌다. 나는 우리가 어떤 도박을 하고 있는지 알았고 느꼈다. 빌은 나의 오디션 테이프를 몇 주에 걸쳐 녹음했다. 사랑의 행위였다. 그런 게 있다면 말이다. 그는 나의 미래를 자신의 직업에서 찾아주려 했다. 우리는 그의 스튜디오에 마이크를 설치했다. 몇 차례 녹음하고 들어보고 다시 녹음했다. 어떻게 보면 빌이 꿈꾸던 시나리오였다. 이로써 그는 나와 환경을 통제할 수 있었다. 그는 내 어깨에 놓인 이성의 한결같은 목소리, 훈육의 천사가 될 수 있었다.

우리가 함께 슈만을 연주한 것을 지금도 갖고 있다. 카덴차는 아마 내가 연주한 것을 통틀어 최고로 멋질 것이다. 화음의 연속이 거대한 클라이맥스로 이어진다. 호른 소리를 연상케 하는 화음들이 화성의 영역을 어슬렁거린다. 빌은 이런 화음이 얼마나 파삭거릴 수 있는지에 집착했다. 이를 위해 특별히 연습 방법을 고안하기도 했다 (왜 아니겠는가!). 마지막 결정적인 때에 내가 집중하도록 하기 위한 마지막 체계였다. 녹음을 들어보면 그 방법이 통했다. 그리고 다른 선택을 하기에는 너무 늦었다는 것이 명백하다. 나는 마음속 깊이 음악으로 진로를 정한 터였다.

❧

나의 이력서: 전과목 A, 수석 졸업 예정, 열다섯 살, 이미 1년 치 대학 과목 수강, 행여 누군가를 임신시켜 이 모든 것을 망칠 가능성

없음. 나는 화학 올림피아드에 나갔어도 최고로 정확한 적정滴定[표준 용액을 사용하여 시료의 농도를 측정하는 일-옮긴이]으로 우승을 차지했을 것이다. 영어 교사와 미적분 교수가 호의적인 추천서를 써주었다. 브루스 스트리트는 내가 지역에 사는 아이비리그 졸업생을 만나도록 자리를 마련해주었다. 그는 내가 피아노에 집중해야 하므로 옥스퍼드에 진학하거나 로즈 장학생이 되지 않기로 한 것을 이해했고, 그럼에도 여전히 나를 도와주려고 했다.

이제 이런 성과를 가지고 부모님과 협상을 벌이기 시작했다. 그들은 대안을 고집했고 나는 계속해서 피아노를 말했다. 우리는 저녁 식사 내내 머리를 따르느냐 가슴을 따르느냐를 두고 다투었다. 타협안이 나왔다. 두 개의 학위를 취득하는 것이다. 나는 여전히 다 하고 싶었다. 비록 지난 2년간 노력하여 얻은 성과가 평온하고 쉽게 들어온 것은 아니었지만 말이다. 나는 이중 학위를 염두에 두고 집에서 가까운 괜찮은 음악학교들과 동부의 명문들인 하버드, 예일, 오벌린에 지원서를 보냈다. 방 안에 틀어박혀 막대한 감정적 에너지를 들여가며 에세이를 타이핑하고 수정펜으로 고치고 복사했던 기억이 난다.

초조하게 몇 주 기다리고 나서 마침내 교사들의 총애와 나의 정신없는 과잉 성과가 보상을 받았다. 모든 곳에서 합격 통지를 보내왔다. 나는 오벌린을 고르고 싶었다. 학업 과정이 동등하게 나뉘어 있어서 제대로 된 이중 학위를 밟을 수 있었다. 하지만 학비가 싸지 않았다.

아버지는 "작은 연못의 큰 물고기"가 되라며 캔자스 대학을 추천했다. 혹은 텍사스주 샌안토니오에 위치한 트리니티 대학도 좋다고 했다. "그들이 나한테 말하기를 너의 모차르트가 멋지다더군." 아첨은 듣기 좋았지만, 샌안토니오로 가서는 안 된다고 느꼈다. 아버지는 내가 샌안토니오나 로렌스에서 가르침을 받는 것이 정말로 더 낫다고 생각하는 걸까? 나는 아버지의 결정에 돈이 얼마나 큰 요인으로 작용했는지 알아차렸다. 어머니의 폭로 이후에 아버지에 대한 불신이 점점 쌓였다. 게다가 내가 어릴 때부터 부모님이 이렇게 말했다. **전 과목 A를 받아야 대학에 들어갈 돈이 생겨**. 나는 이것을 약속으로 받아들였다. 내가 최대한 열심히 한다면 대학에 들어갈 돈이 나온다고 말이다.

하지만 모든 서류를 제출했음에도 돈은 나오지 않았다. 우리는 목소리를 높였다. 나는 부모님이 내게 거짓말을 했다고 말했다. 10년 동안 개처럼 열심히 하고 재미도 못 보고 여자와 키스도 못해봤는데, 이제 와서 돈이 없다니. 어째서 제대로 된 계획을 세우지 못했을까?

며칠이 지났을 때 아버지가 할아버지와 이야기해보라고 내게 말했다. 이제까지 그의 이름이 나오지 않았다는 것을 여러분도 알아차렸을 것이다. 그럴 이유가 있었다. 아버지가 그를 한 번도 언급하지 않았기 때문이다. 내가 부엌의 전자레인지 옆에 걸터앉아 전자레인지 문에 자꾸 걸리는 전화선을 붙들고 있었던 기억이 난다. 이곳은 크리스마스에 의무적으로 가족에게 안부 전화를 하며 어색한 대화를 나누는 공간이었다. 아버지가 헬로라고 말하고 자신의 아버지와 1~2분 이야기를 나누었다. 그야말로 최소한의 말만 나누고 나에게 전화기를 넘겼다. 나는 몸을 꼼지락거렸다. 인터뷰는 영 내키지 않았다. 나는 예일, 하버드, 오벌린에 합격했고, 오벌린에 가고 싶다고 했다. 할아버지는 그다지 기뻐하지 않았다.

"하버드에는 왜 가고 싶지 않은 거냐?" 할아버지가 물었다. 나는 음악과 이중 학위에 대해 설명했다. 그는 회의적으로 내 말을 들었다. 아버지가 다시 받았다. 전화를 끊고 나서 말하기를 우리가 할아버지를 보러 가야 한다고 했다. 그가 마침내 나를 만나고 싶어 한다는 것이었다.

그래서 가족 전체가 비행기를 타고 시카고로 가게 되었다. 할아버지의 집 데크에 앉아 마치 사업차 만난 자리인 것처럼 헬로 인사를 하고 악수를 했던 기억이 난다. 이윽고 주제는 정치로, 제시 잭슨으로 흘렀고, 할아버지는 그를 깜둥이라고 했다. 생각 없이 뱉은 말이었다. 부모님은 눈길을 돌렸다. 이미 겪어본 일이었다. 부모님은 우리에게 이런 일을 겪지 않도록 하려고 애썼다. 하지만 지금은 선택의 여지가 없었다. 할아버지에게는 상당한 돈이 있었는데 한참 어린 여자와 결혼했다. 노쇠한 그를 돌봐주고 있었고 그녀가 재산을 물려받게 될 터였다. 부모님에게는 지금이 나의 미래를 위해, 그리고 2년 뒤에 조시의 미래를 위해 자금을 마련할 마지막 기회였다.

돌아오는 비행기에서 부모님이 성공이라고, 4년간 매해 5천 달러를 주시기로 할아버지가 약속했다고 말했다. 하지만 여전히 부족한 액수였다. 그래서 라스크루시스로 돌아와 아버지는 브루스 스트리트에게 사정을 털어놓았다. 힘들고 어쩌면 굴욕적이었을 것이다. 브루스는 성인聖人이었다. 그는 라스크루시스에서 나를 지원하기 위한 사업가 협의체를 조직했다. 귀금속 상점을 운영하는 글렌 커터, 자동차 판매업을 하는 시스배로 등이 여기에 포함되었고, 다들 조금씩 내서 매해 5천 달러를 다시 마련했다. 인종차별주의자 할아버지가 3분의 1, 지역의 재능 있는 아이에게 기회를 주려는 이런 너그러운 사업가들이 3분의 1, 우리 가족이 3분의 1을 마련한 덕분에, 마침내 나는 오벌린에서 내가 하려는 것을 할 수 있었다. 대단한 계약이었다. 부모님은 나를 믿어준 이런 사람들의 기대에 부응하며 살아야 한다고 말했다. 결정을 내리고 나서 고통스러운 세세한 상황이 이제 확정되었다.

"트리니티로 갔어야 했어. 그랬다면 대단한 주목을 받았을 거야." 합격 통지서를 받고 나서 아버지가 말했다. 나는 그가 오랜 세월 나에게 했던 말들 가운데 이것이 가장 용서하기 어렵다. 그렇게 밀어붙이고, 기준을 들이대고, 빈정거렸으면서 나의 음악적 미래에 그토록 야심이 없었다니.

빌과 마지막 레슨을 하러 갔다. 그는 우리가 거둔 성과에 흐뭇해했고, 내가 다음 단계로 나아간다는 사실에 감격했다. 하지만 아쉬운 점도 있다고 했다.

"50년 전에 태어났어야 했어."

내가 어떻게 할 수 없는 일이었다.

"그때는 피아니스트들이 별로 없었어. 너 같은 사람은 틀림없이 이름을 떨쳤을 거야. 지금이야 음을 칠 줄 아는 피아니스트가 백만 명이고, 생계를 꾸려가기란 거의 불가능하지. 며칠 전에 클라이번 콩쿠르 우승자에게서 편지가 왔더구나. 일자리를 알아봐줄 수 있느냐면서."

젠장, 당신마저 이러기에요? 나는 생각했다. 하지만 이제 떠날 때였다.

6장 화성: 세 번째 수업

PLAYLIST

바흐: 푸가 B단조(〈평균율 클라비어곡집 1권〉 중)
슈베르트: "시냇물에서"(〈겨울 나그네〉 중)
조플린/쇼뱅: "헬리오트로프 부케"
쇼팽: 발라드 4번 F단조 op.52

상황을 설명하자면 이렇다. 우리는 모든 조성을 드나드는 백과사전과도 같은 바흐의 대작 〈평균율 클라비어곡집〉 전곡을 연주하는 중이다. C장조에서 평온하게 화성을 살펴보는 것으로 시작했고, 두 시간이 지난 지금 우리는 상상할 수 있는 온갖 종류의 기쁨과 슬픔과 춤과 기지와 결단과 숙고를 거쳐 반대편 끝인 B단조에 이르렀다. 우리가 대서양에서 여행을 시작했다면 지금 태평양을 마주보고 있다. 끝내주게 아름다운 노을과 당혹스러운 안개가 서린 더 차가운 바다가 눈앞에 있다.

우리를 맞이하는 것은 음악적 악상이라기보다는 퍼즐에 가깝다. 바흐는 따로 연주되는 세 음으로 시작한다. F샤프, D, B다. 이런 특정 음들보다 세 음을 쌓아올리면 화음이, 그것도 올바른 'B마이너화음'이 만들어진다는 사실이 더 중요하다. 이런 세 음은 장소를 명확하게 알려준다. **이것이 우리가 와 있는 조성이야**, 하고 말이다. 주제가 끝날 무렵 따로 울리는 세 음이 다시 등장한다. C샤프, A, F샤프인데, 이것들을 쌓아올리면 'F샤프마이너화음'이 된다. 이것 역시 올바른 장소, 올바른 목적지다. **이것이 우리가 가려는 곳이야.** B마이너에서 F샤프마이너로 나아가는 것은 바흐의 푸가 주제에서 핵심이고 필수적이고 예상되는 화음 진행이다.

하지만 이런 두 사건 사이에서 흥미로운 일들이 연이어 벌어진다. 양쪽의 사건과는 아무 상관이 없어 보이고 반항하거나 (이렇게 말할 수 있다면) 조롱한다. 바흐는 음을 둘씩 짝지어놓는다. 이런 음들은 항상 건반에서 바로 옆에 붙어 있다. 무슨 말인지 모르겠다면, 건반 앞으로 가서 아무 음이나 누른 다음 바로 왼쪽의 음을 살짝 더 조용하고 짧게 누르고 손을 떼어보라. 바로 그것이다! 여러분은 이제 바로크 양식의 거장이다! (이런 농담을 초기 음악이나 음악가들을 깎아내리는 것으로 해석하지 마시길.) 이렇게 음을 짝짓는 것은 역사가 오래되었다. 태곳적부터 있었던 음악적 몸짓으로 모방되어 왔고, 탄식의 역할을 하고 탄식처럼 들린다.

이런 탄식이 퍼즐인 것은 짝을 이루는 음들 중 어느 쪽이 '올바른' 음인지 우리가 모르기 때문이다. 바흐가 마련한 규칙에 따라 건반에서 인접한 두 음은 결코 동일한 협화음의 일부일 수가 없다(기우뚱하는 느낌을 받게 된다). 항상 하나는 문제가 된다. 그러나 이런 옳고 그름에 패턴이 없다. 게다가 곡이 시작하는 순간에는 아래에서 우리에게 말해주는 화성도 존재하지 않으므로 알 도리가 없다. 경찰이 엇갈리는 두 증인을 대하는데 감시카메라 영상이 없는 상황을 떠올려보라.

이것으로 모자랐는지, 바흐는 이런 두 음을, 이런 탄식을 가져다가 이상한 패턴으로 건너뛰게 만든다.

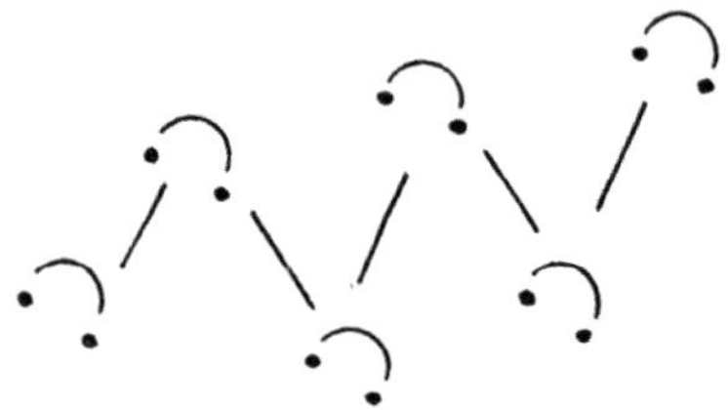

나는 여기서 바흐가 패턴을 마구잡이처럼 보이는 요소와 결합하고 있다고 말하고 싶다. 의도적으로 에둘러 가는 것이다. 짝과 짝 사이에서 다양한 틈들을 본다. 음계에서 두 음과 두 음 사이의 거리가 제각각이다. 우리의 마음은 이런 거리를 해석하려고, '다리를 이으려고' 애쓰지만 결코 쉬운 일이 아니다. 그리고 우리가 헷갈리는 하나의 사건을 막 이해했다고 느끼기가 무섭게 다음 사건이 들이닥친다.

여러분이 나에게 이 주제를 그림으로 표현해보라고 한다면, 교실에서 하듯 해답을 찾는 것이 아니라 내가 느끼는 심정 그대로를 반영해, 이렇게 그리고 싶다.

그러니까 알려진 것에서 알려진 것으로 가는 여행인데 중간에 전혀 알 길 없는 미스터리를 거친다. 바흐는 우리가 스스로에게 묻는, 특히 나이가 들면서 자주 묻는 질문을 음악적으로 이렇게 풀어냈다. 그 질문은 이것이다. **어쩌다가 내가 여기에 오게 되었지?**

⸘

부모님은 자동차 여행을 그리 좋아하지 않았다. 여러 날을 거쳐 뉴저지에서 뉴멕시코로 이사 오고 난 뒤로 1년에 한 차례 내키지 않게 남서부를 돌아다니는 것이 고작이었다. 음악 페스티벌을 위해 애스펀에 갔고, 그랜드캐니언을 여행했고, 오페라를 보러 샌타페이에 갔다. 이런 자동차 여행은 어머니가 아버지를 죽어라 몰아붙이는 기회가 되었고, 어머니의 걱정이 완전히 정당한 것으로 밝혀지기도 했다. 어느 지점에서 아버지는 한적해 보이는 길에 접어들었다. 점차 인적이 드물어졌고, 그러다가 우리는 방치된 주유소 앞에, 혹은 도저히 살아나올 수 없을 것 같은 황무지로 이어지는 구불구불한 흙길로 접어드는 갈림길에 차를 세웠다. 엔진 돌아가는 소리 외에 우리 네 사람 사이에 침묵만 있었다. 마침내 아버지가 긴장을 깼다. "저어 재키, 아무래도 이거 신시내티로 가는 길 같아."

이 말에 어머니는 웃음을 터뜨렸다. "내가 그렇다고 했잖아"라는 말이 목구멍까지 차올랐음에도 불구하고 말이다. 이것은 우리가 농담처럼 계속 언급하는 사건이다. 아버지는 자신이 그토록 자주 길을 잃는 이유에 대해 마음 깊은 곳에 자신을 가차 없이 신시내티로 끌고 가는 귀소본능이나 심오한 영적 필요성이 있다고 주장했다. 왜 하필

신시내티였을까? 클리블랜드일 수도 있었는데. 거기에는 유명한 오케스트라도 있고 말이다. 아버지는 무작위로, 그리고 매력이 없어서 그곳을 골랐다. 중간에 있으면서 결코 중심이 아닌 곳이다.

아버지가 신시내티를 들먹였다면 패배를 인정한 셈이니 지도를 들여다봐야 했다. 조수석 사물함에 처박혀 있는 지도는 오랜 세월 접었다 폈다 하면서 잘못 접힌 상태로 보관되어 지도를 꺼내 펼칠 때마다 주름이 바스락거리는 소리가 났고 거기에 짜증내는 소리가 더해졌다. 나는 텔레비전에서 "시공간 연속체에 찢어짐"이 일어났다는 알쏭달쏭한 말을 들을 때면 항상 이 소리가 생각난다. 마침내, 뉴멕시코가 우리 앞에 펼쳐졌다. 길이라고는 몇 개 있지도 않은 주에서 우리가 길을 잃었다는 사실이 우스꽝스럽게 여겨졌다. 우리의 차는 수많은 광활하고 텅 빈 공간 하나의 끄트머리에 있었다. 그러니 점선으로 표시된 임시도로를 되짚어 올라가 고속도로로 돌아가야 했다.

고전음악에는 신시내티와 점선으로 표시된 도로, 파타고니아(비현실적으로 멀어 내가 항상 가고 싶어 하는 장소)와 남극 대륙(터무니없이 멀고 정말 달갑지 않지만 그럼에도 너무도 황량하고 너무도 추운 것을 그냥 경험하고 싶어서, 그런 곳에서 살아남을 수 있는지 알고 싶어서 매혹적인 곳)이 많다. 그리고 화성은 잘 접혀 있고 워낙 많이 사용했고 계속해서 바스락거리는 지도, 우리가 어디 있는지, 우리가 가려는 곳을 어떻게 가는지 알려주는 지도다.

다들 인정하는 음악이론서에서 예를 가져오고 싶지는 않지만, 좋은 예가 있다. 슈베르트의 연가곡집 〈겨울 나그네〉에 수록된 "시냇물에서"가 그것이다. C단조로 시작하며 연가곡의 분위기에 어울리게 가수는 자기 앞의 물줄기를 보고 이렇게 말을 건넨다.

세차게 흐르던, 거침없이 빛나던 강물아.

음악은 민요의 곡조로 되어 있고, 반주는 베이스와 화음이 번갈아 나오는 가장 초보적인 형태다. 그런 다음 가수는 묻는다.

왜 그렇게 잠잠해졌지.

강물이 얼음으로 덮인 광경을 상상할 때 베이스가 자리를 옮겨 반음 내려가면서 B단조가 된다. 이런 식으로 바뀌는 것은 음악업계의 사람들이 '조바꿈modulation'이라고 부르는 것이 아니다. 조바꿈은 화음을 바꿔가며, 장소를 바꿔가며 돌아다니는 것이다. 조바꿈에는 선의의 의도가 관여한다. 우리가 하나의 구역에서 다른 구역으로 가는 것을 '쟁취'했다는, 차근차근 목표를 이루었다는 인식과 연관된다. 그런데 여기서는 아니다. 이것은 미끄러짐, 혹은 (그렇게 말하고 싶다면) 찢어짐이다. 눈을 깜빡거리고 나니 남극 대륙에 와 있는 것이다. 이런 엄청난 효과는 화성적 기대와 관습을 모조리 무시함으로써 얻어진다. 슈베르트의 가장 생생한 많은 순간들이 그렇듯 이 대목도 한 발만 더 내딛거나 잘못 내딛거나 잘못 돌아서면 엄청난 재앙이 기다리고 있음을 말해준다.

화성적 규범을 내던져야 이런 기묘한 여행을 할 수 있는 것은 아니다. 조플린/쇼뱅의 래그타임 곡 "헬리오트로프 부케"에서 도발적이지 않은 도입부에 이은 첫 소절 또한 일종의 퍼즐이다. 내가 이 곡을 연주하지 않을 수 없는 이유다. 복잡한 그리움의 화음으로 시작하여 보다 평범한 화음으로 이어지고, 다시 훨씬 더 평범한 화음으로 넘어가 우리를 가고 싶어 하는 곳에 내려놓는다. G메이저다. 이 과정을 정리하면 다음과 같이 된다.

?→ 오, 잠깐 → 이제 완전히 이해했어 → 도착(G메이저)

하지만 우리는 G에 잠깐 머물 뿐 재차 길에 나서—다섯 시간을 달려 샌타페이에 와서는 (자존심이 있는 뉴멕시코 주민으로서 나라면 절대로 하지 않을) 그린 칠리 스튜를 먹거나 마사지를 받지도 않고 그냥 가는 것처럼—복잡한 그리움의 화음으로 돌아가고, 또다시 '오, 잠깐, 이해했어'를 거쳐 다시금 G에 도착한다. 그러고 나서 (이것이 정말로 놀라온 대목인데) **한 번 더** 길에 나선다. 여러분이 운전 중에 원형교차로를 돌다가 빠져나갈 차선을 놓치는 것은 완벽하게 정상이며, 원형교차로를 싫어하는 미국에서는 사회적으로 호감을 사는 일이기도 하다. 하지만 두 번째로 돌 때 또 놓친다면, 진짜 무능함을, 혹은 산만한 마음을 보여주는 징후다. 생각이 자체적인 여행을 하느라 딴 데 가 있는 것이다.

슈베르트의 미스터리 화음이 (얼음 이미지가 어울리는) 남극이라면, 조플린/쇼팽의 물음표 화음은 마찬가지로 먼 곳이지만 그렇게까지 험하지는 않으며 관능적 아름다움이 상당하므로 부에노스아이레스나 리우데자네이루라고 할 수 있다.

흥미진진한 지리 게임을 하는 김에 세 번째 목적지를 소개해보자. 쇼팽의 발라드 4번에 유명한 곳이 나온다. 이렇게 아름다운 화음이 또 있을까 싶은 곳에서 걸음을 멈추게 된다. 피아니스트라면 내가 말하는 대목이 어디인지 알 것이다. 나는 이 순간을 햇살이 비치는 그리스 섬이라고 이름 붙이고 싶다. 결핵을 앓던 쇼팽이 틀림없이 자주 꿈꾸었을 곳이다. 우울과 격정을 오가며 진행되던 앞서의 F단조에서는 도저히 상상할 수 없는 곳이다. 피아니스트는 이 A메이저화음을 바탕으로 즉흥 펼침화음을 연주한다. 긴박함이라고는 전혀 없는, 절대적으로 차분한 푸르른 지중해에서 햇살을 한껏 받아들이려는 듯이.

하지만 그러고 나서 놀라운 일이 벌어진다. 앞서 나온 우울한 선율의 단편들을 연주하기 시작하는 것이다. 하지만 지금 있는 그곳에서, 지중해 화성에서 출발한다. 쇼팽이 사물함을 뒤져 지도를 펼쳐들고는 화성의 땅에서 화음 하나를 찾고 선율 한 토막을 찾으며 조금씩 상황을 파악하는 광경이 상상된다. 그는 그리스 낙원이 자신의 장소가 아님을, 비가 내리는 파리로 돌아가야 한다는 것을 받아들인다. 그렇게 그가 화음을 바꾸면서 앞서 나온 슬픈 왈츠의 흔들거리는 리듬이 어느새 곡을 장악한다. 우리는 돌아왔다. 위대한 이 패시지에는 진실이 담겨 있다. 우리는 어디로 갈지 결정하지도 않고 이미 그곳으로 가고 있는 것이다. 실제 삶에서 우리는 어디로 갈지 마음을 정하는 동안 이미 여행을 하고 있는 중이다.

{

"시냇물에서"에서 화성의 변화는 주요 조성인 C단조에서 반음
—피아노에서 검은건반이든 흰건반이든 하나 왼쪽—만큼 내려가
서 B단조로 바뀌는 것이다. 눈치 빠른 독자라면 **오호라, 바흐의 푸가와
연관성이 있군**, 하고 생각할 것이다. 실제로 그렇다.

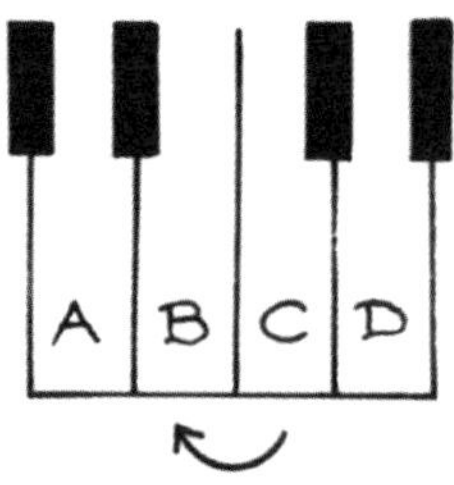

C장조 음계를 연주하면서 C에서 하나씩 올라가면(도-레-미) 마
침내 일곱 번째이자 마지막인 B에 이르게 된다(그다음의 C에서는 음
계가 다시 시작된다). B는 다시 C를 연주하려는 성향이 워낙 강해서
'이끔음leading tone'이라고 불린다. 억누를 수 없는 자체적인 충동이 있
다. 비탈 맨 위에 올려두거나 절벽 가장자리에 놓인 바위와 비슷하여
저 아래 C로 곧장 떨어질 기세다. 가고 있는 방향으로 가려는 성향이
두드러지다보니 어떤 점에서는 거의 가려는 곳에 가 있다고 해도 무

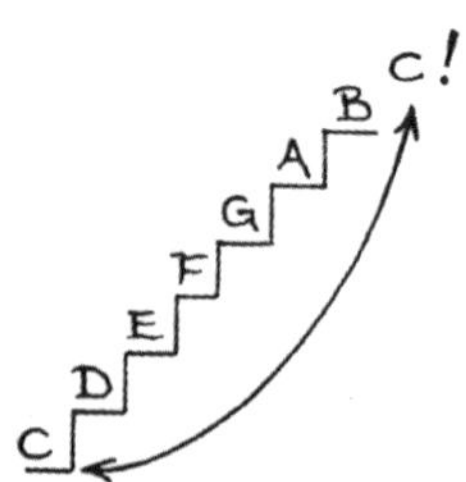

방하다.

하지만 B의 위로 화음을 쌓아올리면 사정이 달라진다. 고전음악 화성의 땅에서 이 화음은 아주 멀리 떨어져 있다(화성은 더 자유롭게 오가는 선율의 땅과 소통하면서도 자체적인 규칙과 방식으로 돌아간다). 여러분은 하나의 음인 C를 연주하고, 이어 하나의 음인 B를 연주할 수 있다. 무척이나 쉽다. 하지만 C마이너화음에서 B마이너화음으로 바로 넘어갈 수 없다. 슈베르트처럼 그랬다가는 뭔가를 위반했다는 느낌(슈베르트가 원했던 바로 그것)이 든다. 거쳐야 할 많은, 아주 많은 단계들이 있다.

바흐는 과연 바흐여서 〈평균율 클라비어곡집〉에서 B단조로 멋진 곡을 쓰는 것에 만족하지 않는다. 여행의 마지막에 이른 지금, 그는 더 큰 진술을 원한다. 그는 B단조에 '관한' 곡을 쓴다. 이끔음의 본질에 관한 곡, 하나의 음이 사는 두 개의 삶, 그러니까 선율에 있을 때의 삶과 화성에 위치할 때의 삶에 관한 곡, 친밀하게 가까운 것과 말도 안 되게 먼 것이 교차하는 것에 관한 곡이다.

그래서 푸가 주제가 '평범한' 두 화음 사이에 정신 사나운 반음들이 끼어 있는 흥미로운 모습을 하고 있는 것이다. 이렇게 복잡하므로 주제가 진술되는 것을 듣는다기보다 여행한다는 느낌을 받는다. 두 번째 성부가 들어오면 여정이 더 명확해지지 않을까 기대하겠지만 더 나아지기에 앞서 더 악화된다(너무 피곤해서 여행이 끝나면 휴식이 다시 필요한 상황이다). 바흐는 두 번째 성부의 등장을 훨씬 고통스럽게 들리게 하려고 일부러 거북하고 거슬리는 불협화음들을 더한다. 마치 건반을 연주하다가 길을 잃은 것처럼, 혹은 신성한 뮤즈가 입을 닫은 것처럼.

세 번째 성부가 들어오면 여정은 덜 이상하게 보인다. 확실하게 정상은 아니다. 하지만 실수들이 이제 계획의 일부로서 이해되고, 우리가 알고 사랑하는 화성의 장식음들이 들린다. 세 번째 성부는 분수령이다. 세 음이 동시에 울리면서 3화음이 만들어지고, 그 결과 화성이 생긴다. 화음은 선율의 미스터리를 설명할 수 있는 한도까지 설명한다. 그리고 우리는 이 푸가가 화성의 위안을 설명하는 것이라고 말할 수 있다. 모든 것이 삶에 꼭 필요한 편의들인 장소의 감각, 지도의 존재에 얽매여 있다고 말이다.

네 번째이자 마지막 성부가 들어오고 나서 바흐는 〈평균율 클라비어곡집〉의 다른 모든 성취들을 가볍게 뛰어넘는 놀라운 일을 벌인다. 푸가 주제가 사라진다. 우리는 '에피소드'라고 하는 대목에 접어든다. 일반적으로, 에피소드는 몇몇 음들을 가져다가 서로 이어 붙이고 단계적으로 올라가거나 내려가는 식으로 진행한다. 이런 움직임을 가리켜 '시퀀스'라고 부른다. 핵심 질문은 이것이다. 여행은 언제 멈출까?

B단조 푸가의 첫 에피소드에는 주제의 복잡함이 전혀 없다. 매끄럽고 편안하게, 아무 어려움 없이 나아간다. 마치 이렇게 말하는 것 같다. **삶이 그렇게 어려울 필요는 없어.** 잠깐 눈을 붙여도 된다. 몇 시간 뒤에 일어나도 같은 시퀀스가 이어질 것이다. 똑같이 되풀이하는 것, 하나의 화음에서 다른 화음으로 넘어가는 아름다움을 듣는 것 말고

는 달리 할 일이 없다.

그러다가 중간 성부가 등장한다. 표류하는 아름다운 진행에 딱 한마디를 더한다. 따로 연주되는 세 음, F샤프, D, B다. 푸가를 (그리고 이 장을) 시작하게 했던 B마이너 3화음. 이런 세 음은 소리를 내고는 사라진다. 시퀀스가 다시 시작한다. 우리는 자장가 같은 달콤하게 이어지는 화성으로 돌아간다. 하지만 단순한 3화음, 원래의 선율에서 떨어져 나온 세 음이 머릿속에 계속 남는다. 나는 이런 세 음에서 바흐의 목소리를 듣는다. 그가 만든 화성의 바다를 건너려는 병 속의 메시지 같다. 무슨 메시지일까? 그것은 **우리가 어디에 있다**고 말하지 않는다(아직 여행 중이므로 그럴 수는 없다). 대신 장소에 있었던 감각을 기억한다. 화음(시간, 삶)이 계속해서 바뀌는 가운데 고향이 있었음을 기억한다.

선율

7장 정말 그렇다고 생각해?

PLAYLIST

베토벤: 피아노 소나타 F단조 op.57(〈열정〉)
베토벤: 교향곡 7번 A장조 op.92, 1악장
쇼팽: 자장가 op.57
슈만: 토카타 C장조 op.7

1986년 8월 오벌린에 도착했을 때, 나는 열여섯 살 하고 도 석 달이었다. 비행기로 대륙을 건너면서 한바탕 말다툼을 벌였던 부모님은 기숙사에 나를 내려놓고 냉장고를 채우고 떠났다. 마침내 나는 자유가 되었다. 내 룸메이트는 사샤라고 하는 남자였다. 텁수룩한 수염에 말끔하게 빗어 넘긴 검은색 머리를 하고 있어서 내가 다가가기엔 너무 어른 같아 보였다.

내가 지낸 기숙사는 다스컴(일명 '스컴')이었다. 기숙사 대표가 한 동안 부모 대리인이 되어 기본적인 삶의 기술에 도움을 주었다. 하지만 지나치게 성심성의껏 대하는 것이 내 마음에 들지 않았다. 그보다는 도움이 안 되는 타락자들에게 끌렸다. 같은 방을 쓰는 키가 큰 휴고와 피트는 하루 종일 비디오게임을 했고, 방을 클럽하우스로 만들었다. 복도 맞은편에 사는 데이브는 헝클어진 머리에 목소리가 거칠었다. 그들은 향 또는 체취로 짐작되는 신비로운 식물 냄새를 풍기고 다녔으며, 아무것도 아닌 일에 잘 웃었다. 오랫동안 내게 필요했던 것이었다.

환영회 소풍이 생각난다. 차분하고 포괄적인 말들이 잔디밭에서 오갔다. 화창한 늦은 오후에 미리 만들어둔 정찬 햄버거가 제공되었다. 식사가 끝나고 나서 내가 특별히 가깝게 지내는 사람이 없다는 것을 알아챈 기숙사 사감이 개인적으로 나를 부르더니 몇 마디 했다. 내 나이에 대학에 다니는 어려움을 이해한다며 도움이 필요하면 언제든 연락하라고 했다. 친절한 사람이었지만, 나는 고등학교에서 이런 상황을 겪은 적이 있었다. 분리하기, 아주 조심스럽게 대하기, 공식적으로 공감 표하기. 이런 식의 보호는 더 이상 유용하거나 적절해 보이지 않았다.

스컴에 나 말고 열여섯 살이 또 있었다. 폴리라는 친구로 여학생 기숙사 맨 끝에 살았다. 그녀의 방에 가려면 열려 있는 여학생 방문 서른 개를 지나야 했다. 여학생 침대는 내가 모르는 위협적인 세계였다. 곱슬기 전혀 없는 폴리의 검은색 머리는 잘 손질된 비대칭을 이루었다. 앞머리가 눈을 덮지 않도록 수시로 쓸어 넘겼기 때문인데, 불편하지 않은 의식을 행하는 듯한 손놀림이었다. 외계인 같았다. 껴안고 싶은 E. T.나 탐욕스러운 괴물이 아니라 시트콤에 나오는 별난 괴짜 외계인 말이다. 나는 괴짜라면 사족을 못 썼다. 그래서 애초에 오벌린으로 오게 된 것도 있다. 교사의 애완견으로서 쿨함을 증명하고 싶었다.

폴리와 나는 그녀 방에서 갈수록 깊은 대화를 나누었다. 그녀는 침대에, 나는 무슨 일이 생기지 않도록 바닥에 앉아서 말이다. 그녀는 내가 새로운 교육을 받을 필요가 있다고 여겼다. 나를 아이 대하듯 조심조심 대하지 않았다. 그녀의 논지는 내가 음악에 대해 아무것도 모른다는 것이었는데 삶을 의미한 것이었다. 오해를 바로잡으려고 내가 브람스의 몇 곡을 들려주자 그녀가 물었다. "말 없는 음악이 무슨 소용이야?" 나는 말문이 막혔다. 급기야 나는 그녀가 노랫말만 이야기할 뿐 음악적인 음에 대해서는 한 번도 언급하지 않았다며 따졌다. 그녀는 벽에 걸린 엘비스 코스텔로[지적인 노랫말로 유명한 영국 록 가수-옮긴이]의 커다란 포스터를 몸짓으로 가리켰다. 마치 이 논쟁에서, 그리고 거의 모든 논쟁에서도 최종적인 답안이 그것이라는 듯이.

그녀의 방은 아무렇게나 벗어둔 옷들로 정신 사나워 은신처에 가까웠다. 나도 부모님과 싸우면서 반항했지만 나와는 비교할 수 없이 야심만만한 이런 너저분함은 반항의 진수를 보는 듯했다. 그녀의 냄새가 진동했다. 가끔 그녀는 우연을 가장하여 내 몸에 슬쩍 부딪히면서도 매서운 눈망울로 나를 노려보고는 내가 항상 싫어했던 음악에 대해 설교를 했다. 나는 적의 진영에 와 있었는데 싫지 않았다.

❧

나는 두 개의 학위를 취득해야 했으므로 대부분의 오벌린 학생보다 결정을 서둘러야 했다. 그러지 않으면 학년이 추가되어 등록금을 더 내야 하는 상황이 벌어질 수도 있었다. 할아버지는 그런 일이 있어서는 안 된다고 했다. 화학은 고등학교 때 내가 강세를 보인 과목이었고, 아버지도 불만족스러운 사회 초년생 때 화학자였다. 그래서 화학을 나의 다른 전공으로 택했다. 아버지처럼 되고 싶은 생각이야 물론 없었고 말이다. 현명하게 불행에 미리 대비하자는 생각이었는데, 그게 아니더라도 부모님에게 설명하기가 더 쉬웠다.

내 삶은 곧 두 세계에 존재하는 두 건물로 양분되었다. 화학은 가운데뜰을 사각형으로 둘러싸고 있는 낮은 남색 벽돌 건물에 살았다. 캠퍼스의 다른 건물들과 전혀 어울리지 않는 모습이었다. 콘크리트 복도로 들어서면 끔찍한 메아리가 울렸고, 의자나 소파는 보이지 않았다. 왔다는 느낌도, 환영의 표식도 없었다. 용매 냄새가 났다. 모일 수 있는 장소라고는 교실이나 도서관이 전부였다.

캠퍼스 반대편 끝에 있는 음악원은 창문이 있는 널찍한 라운지가 중심이었다. 사람 키만 한 수조가 있었고 일렬로 늘어선 자동판매기, 벤치, 테이블, 낡은 쿠션이 보였다. 내가 이곳에 처음 도착했을 때 여러 학생들이 상상할 수 있는 온갖 불건전한 자세로 늘어져 잡담을 나누고 있었다. 마치 그곳에 평생 있었던 사람처럼 보였다. 일본식 정원이 바깥에서 명상을 즐길 사람을 기다리고 있었다. 연못도 하나 있었지만 혹한의 오벌린 날씨에 텅 비어 있어 음침하게 보일 때가 많았다. 복도는 연습실, 학습실, 리허설 방 등 다양한 공간으로 이어져서 마치 건물이 유기체나 소우주라는 느낌을 주었다. 모든 일이 일어나고 아무 일도 일어나지 않는 누에고치 속에 들어앉은 기분이었다.

나는 터질 듯한 배낭을 메고 양쪽 세계를 오갔다. 고등학교 생활의 연장이라며 폴리가 끊임없이 놀려댔지만 나는 굴하지 않았다.

﹛

　화학과는 내 학점과 미리 수강한 대학 과목 점수를 그대로 받아 들였다. 하지만 음악원에서는 내 수준이 어떻게 되는지 평가받아야 했다. 이것은 내가 항상 원했던 바이기도 했다. 나는 음악계의 현실에서 나 자신이 어디쯤에 놓이는지 알고 싶었다.

　첫 시험은 시창이었다. 2층 복도에서 대기하고 있을 때 다른 신입생 피아니스트를 만났다. 나와 같은 부류는 처음 만나는 것이었다. 우리는 서로를 가늠하는 묘한 인사를 나누었다.

　"어느 선생 밑에서 배워?" 그가 물었다. 이 정도면 악의 없는 질문이었다.

　"조지프 슈워츠." 내가 대답했다. 나는 대학편람 소개 글에 적힌 것 말고는 선생에 대해 아는 것이 없었다. 나움버그 피아노 콩쿠르에서 우승을 차지했다고 했는데 내가 들어본 적이 있는 대회여서 명망 있는 사람이라고 생각했다. 내가 위험한 도박을 벌였다는 생각이 문득 들었다. **부모님은 어째서 내가 이렇게 하도록 허락했을까?**

　"내 선생은 워커 부인이야." 내 동료 피아니스트는 잘 안다는 투로 말했다. 그는 자신의 선생이 어떤 식으로 가르칠지 알았다. 그러고 나서 이야기를 늘어놓기 시작했는데 내가 항상 싫어했던 내부자 특유의 음악적인 말투였다. "워커 부인 말이 누군가가 슈만의 〈사육제〉를 연주하는 걸 들었대. 혹시 네가 연주했어?" 그는 신경이 쓰인다는 투로 말했다.

　"아니." 나는 〈사육제〉가 어떤 곡인지 알았고 악보도 잠깐 본 적이 있었지만 보고 나서 이렇게 생각했다. **내가 이 곡을 연주할 일은 영영 없**

겠어.

"오 그렇군." 그가 말했다. "워커 부인이"—그녀의 이름을 신나게 반복해서 말했다—"말하기를 믿기지 않게도 시작 부분에서 화음을 다 펼쳐서 연주했다는군! 손이 충분히 크지 않은 학생이 그 곡에 도전하다니. 그래서는 안 되었어."

내 손도 충분히 크지 않았으니 그 곡에 도전해서는 안 되었다.

이 친구는 내가 의심의 표정을 짓고 시험이 벌어지고 있는 문 너머를 불안하게 쳐다보는데도 개의치 않고 계속했다. "또 하나 워커 부인이 말하기를," 그는 살짝 광신도처럼 웃음을 지었다. 마치 그녀의 의견이 명판에 새겨 기억할 가치가 있기라도 하듯 말이다. "피아노 연주의 핵심 원칙은 움직임을 허비하지 않는 거라고 했어. 정말이지 옳은 말이야."

나는 고개를 끄덕였다. 머릿속이 요동쳤다. 움직임을 허비하지 않으면서 피아노를 연주하려 한다는 것은 불가능하고 어리석은 일로 보였기 때문이다. 모든 움직임은 어떻게 보면 다 허비되는 것이다. 하지만 이런 무한함과 불가능함에 대해 생각하고 있을 시간이 없었다. 문이 열렸다. "제러미 딩크?" 그들이 불렀다. 유명한 음악학교에서 내 이름이 호명되고 있었다. 시창 시험을 보러 들어갔다. 친절한 인상에 평생 공부만 하고 살았을 것 같은 심사위원들이 긴 테이블에 앉아 있었다. 그들은 온갖 종류의 음악을 제시했고, 나는 척척 해냈다. 점점 조성의 감각이 희미한 음악들이 나왔다. 내가 "덤 덤 덤 디 덤 디 덤" 하고 노래하며 음들을 사방에 날리자 그들이 웃었다. 좋아, 합격,이라고 말하고는 (계속 웃으면서) '라'로 하면 안 되겠느냐고 했다. 다음 날 있었던 음악이론 배치 시험은 잘하지 못해서 보충 수업으로 시작해야 했다. 수석 졸업생에게 이런 굴욕이라니.

$$\}$$

조지프 슈워츠와 첫 레슨을 할 때가 되었다. 앞서 말했듯이 소개글을 보고 그를 골랐다. 나는 캠퍼스를 와보지도 않았고—돈이 많이 들어서—시험 삼아 레슨을 받지도 않았다. 이것은 누군지도 모르는 사람을 4년간 교제할 상대로 고른 것이었다. 음악 전공자들은 매년 나그네쥐처럼 일제히 이렇게 한다. 고향에서 교사들과 그들의 교습 방식이라는 보호막을 떠나 기껏 한 시간 만나본 사람에게 이름과 명성을 믿고 자신을 맡기는 것이다. 음악가가 되려면 믿음과 무모함의 경계에 살아야 할 때가 자주 있다.

슈워츠의 스튜디오는 꼭대기 층에 있었다. 그곳까지 올라가면서 들었던 불편한 감정을 잊을 수 없다. 내가 결코 알지 못하는 기준에 의해 평가를 받게 되고(고등학생일 때 카프카를 너무 많이 읽었다) 어쩌면 처음부터 다시 시작해야 할지도 모른다고 생각했다. 나는 고무로 된 매트리스와 폴리의 사교적 요구(사람들과 어울리라는 요구를 받아본 것은 내 평생 처음이었다)가 벌써부터 지겨워졌다. 운명의 노크를 했다. 조는 문 앞까지 나와 나를 맞이했고, 동시에 레슨을 마친 학생을 밖으로 내보냈다. 그 학생은 겁을 먹은 듯 보였지만 무사한 것 같았다. 조는 당시 오십대 중반이었다. 곱슬한 백발에 굵은 둥근 테 안경을 썼으며 이마에 주름이 많았다. 에너지가 느껴지는 사람은 아니었다.

창문으로 가서 배낭을 내려놓은 나는 여기가 오벌린에서 전망이 최고로 좋은 곳임을 알아보았다. 타판 광장을 가로질러 헤링본 패턴의 벽돌 보도를 따라 나무들을 지나면 페어차일드 교회의 웅장한 석조 입구에 이르게 되는데 그 모습이 한눈에 들어왔다. 길에 쌓인 눈을 옆으로 치워 미로 퍼즐처럼 보이는 겨울이면 특히 더 아름다웠다. 하지만 이런 마술과도 같은 전망은 조의 스튜디오에 스며들지 못한 듯했다. 스튜디오는 늘 어두웠고, 연주를 할 때조차 조용했다. 장식이라고 할 게 거의 없었다. 3층의 문안으로 들어서면 나의 일부가 사라지는 것 같았다. 거의 도망치듯 라운지로, 현실로 다시 나오고 나서야, 요컨대 내가 무엇을 망쳤는지, 조가 무슨 말을 했는지 다른 학생들과 농담을 하고서야 온전한 나로 돌아온 기분이 들 때가 많았다.

첫 두 주 동안 조는 이리저리 나를 가늠했다. 내가 조금 연주하면 그는 좋았다면서 나중에 더 얘기하자고 했다. 그는 내가 무슨 곡을 좋아하는지 수업은 어땠는지 물었다. 처음에 나는 다른 교사들 앞에서 연기하듯 똑같이 연기했다. 그를 기쁘게 하려고 애쓰면서 나의 성취에 대해 자랑을 늘어놓았다. 그는 내가 화학을 전공한다는 말에, 열여섯 살이라는 말에, 수학도 잘하고 문학을 사랑한다는 말에 눈썹을 치켜세웠다. 감명을 받았지만 우려도 했다. "자네는 이상적인 오벌린 학생이군." 그의 말이 칭찬처럼 들리지 않았다. 슈베르트의 여러 악절처럼 조가 언어를 사용하는 방식은 위안을 주면서 동시에 불안하게 했다. 평소에 그는 엷은 미소를 지었는데, 모나리자의 미소가 아니라 어정쩡한 미소였다.

조는 자신이 파악한 정보와 나의 오디션 테이프를 바탕으로 기교가 두드러지는 두 곡을 제안했다. 베토벤의 〈열정〉 소나타 op.57과 슈만의 〈토카타〉 C장조 op.7이었다. 그는 〈열정〉이 나에게 손가락들을 따로 놀리는 훈련이 될 거라고 생각한 모양이다. 그게 내가 원하는, 혹은 내게 필요한 것이라고 말이다. 나는 스스로를 힘 쓰기 좋아하는 피아니스트라고 생각해본 적이 한 번도 없었지만, 다른 학생들이 말하기를 내가 연습실에서 미친 듯이 빠르고 시끄럽게 연주하기로 이미 유명하다고 했다. 어쩌면 당시 나는 테크닉을 위한 테크닉에 빠져 있었는지도 모른다. 그러나 베토벤은 어려움의 값어치를 몸소 깨우치게 만든다. 그냥 날뛰기만 해서는 안 된다. 격하게 쏟아내는 불꽃놀이는 항상 의미라는 뼈대와 대치하며 날을 세운다.

피아니스트라면 누구든 〈열정〉에서 처음으로 폭발하는 대목을 알고 두려워한다. 강박적으로 '두드리는' 세 음의 모티브는 여기서 골치 아픈 펼침화음이 된다. 먼저 올라가고 모퉁이를 돌고 그런 다음 건반 아래로 돌진한다. 이런 가공할 분출은 난데없이 일어난 것처럼 군다. 하지만 동시에 개시부에서 일어난 긴장의 논리적인 결과이기도 하다. 댐이 터지듯 막혔던 것이 폭발하는 것이다. 펼침화음은 흰 건반과 검은건반이 어색하게 조합되어 엄지손가락에 무리를 주고, '악마의 음정'으로 유명한 3온음을 포함한 음정의 배열로 뇌를 괴롭힌다. 힘과 민첩함, 용기, 집중력이 요구되는 대목인데, 내가 갖고 있는지 확실치 않은 덕목들이다.

나는 연습에 돌입했지만, 매일같이 음들을 빠뜨리는 새롭고 창조적인 방식을 찾아냈다. 이런 식의 창조성을 바란 것은 아니었다. 셋째 주에 슈워츠 앞에서 연주했다. 유명한 패시지는 연습실에서 했을 때보다 20퍼센트 내지 30퍼센트 더 못했다. 바나나 껍질에 미끄러지는 토네이도처럼 들렸다.

"손을 건반에 가깝게 붙여." 조가 말했다.

나는 그렇게 했지만 여전히 음을 놓쳤다.

"괜찮아, 엄지손가락에 정신을 집중해." 조가 말했다.

어떻게 된 일인지 모르겠지만 나는 뇌가 하나의 손가락에 중심을 맞춰 그 존재와 자리를 더 잘 의식하게 만들었다. 그 방법이 통했다. 나는 패시지를 해냈다. 쾌거였다! 조를 쳐다보며 뿌듯함을 느꼈다. 그러고 나서 마술이 진짜인지 확인하려고 다시 해보았는데, 처음보다 더 끔찍하게 음을 놓쳤다.

조는 이런 과정과 한계에 익숙했다. 하지만 나는 대학에 가면 좀더 확실할 거라고, 어린 시절처럼 좌절을 겪고 또 겪지는 않을 거라고 생각했다. 조가 세 번째 해결책—"손목을 더 낮추지 그래?"—을 제시하고 나자 나는 믿음이 흔들렸다. 사실 내가 원했던 것은 그의 칭찬이었다. 내가 제대로 하고 있다고, 적절한 선택을 했다고 말해주기를 원했다. 그러나 칭찬은 조의 강점이 아니었다. 그러니 내가 바랄 수 있는 최선은 그저 일시적인 만족이었다.

"걱정할 것 없다." 그는 미소 섞인 한숨을 쉬었다. "계속 정진해. 모두에게 힘든 패시지야." 이 말은 책임을 회피하는 것처럼 들렸다. 조의 공감은 내가 힘들어하는 많고 많은 피아니스트들 가운데 한 명처럼 여겨지게 만들었다. 나는 다수에 끼고 싶지 않았다. 일인자가 되고 싶었다.

{

　　조와 나는 반복되는 음들이 잇달아 등장하는 독특한 이행부에 이르렀다. 이런 음들은 바로 뒤에 가서 아름다운 주제로 이어지는 것이 분명했지만, 베토벤은 이 대목이 불확실하고 불안정하고 뇌리를 떠나지 않는다고, 심지어 막다른 골목이라고 우리가 믿기를 원한다. 음들이 불안하게 고동친다. 불협화음과 당김음이 위와 아래를 오가며 춤을 춘다. 이런 패시지에 대비하여 빌은 나에게 음을 반복하는 특별 연습을 시켰다. 도흐나니 책에서 내가 가장 싫어했던 페이지였다. 그러나 이런 연습은 등줄기가 찌릿해지는 베토벤에 어떻게 다가가야 할지에 대해 아무것도 말해주지 않았다. 여자와 키스하는 방법을 물었는데 입술 해부도를 보여주는 것과 다를 바 없었다.

　　나는 리듬을 유지하면서 불안함을 더해야 했고, 아울러 들썩거림 없이 조용함을 이어가야 했다. 작곡가들은 참으로 성가신 존재가 아닐 수 없다. 반복되는 음 가운데 일부는 소리가 나지도 않는다. 손에 힘이 들어갔고 그러다가 피곤해졌다. 나는 건반을 누르고 나서 손가락 높이를 어느 정도로 둬야 이상적인지 아직 이해하지 못했다. 내게 필요한 것은 섬세한 통제, 타격과 타격 사이에 정확하게 계측한 움직임이다. 어떻게 보면 패시지 자체를 반영하는 움직임이다.

　　하지만 조는 기술적인 문제에 발을 들이기를 좋아하지 않았다. 그는 나의 타고난 능력에 끼어들려고 하지 않았다. 내 악보에 이렇게 썼다.

　　왼손이 지나치게 큼.

그래, 문제야, 내가 너무도 잘 알지. 그가 이렇게 덧붙였다.

템포를 유지해.

어째서 내 손가락은 내가 원하는 것보다 빠르게 돌아갈까? 마지막으로 그가 덧붙였다.

서두르지 마!

이 말은 이제 무시하기로 했다. 워낙 자주 덧붙이는 후렴이었다. 조는 진단을 내리는 '무엇'에 강했고, 처방을 내리는 '어떻게'에는 인색했으며, 생기를 불어넣는 '왜'는 거의 피했다. 그는 나에게 '왜'라는 질문이 많이 필요하지 않다고 보았다. 하지만 나는 '왜'를 갈구했다. 그리고 '어떻게'도 어마어마하게 많이 필요했다.

반복되는 음들을 힘들게 익히고 나자 폭풍이 또 한 차례 다가왔다. 양손으로 빠른 음들을 몰아치는 대목이다. 갑자기 나는 홀린 듯이 연주했다. 양손을 따로 연주하지 않아도 되자 훨씬 자신감이 넘쳤다. 조는 편하게 지켜보더니 웃었다. "그래, 아주 놀라워, 제러미. 난 자네가 어떻게 했는지도 모르겠어."

희망이 한 자락 보였다.

조가 이렇게 덧붙였다. "그럼 방금 한 것을 곡의 나머지에 어떻게 이식할지 고민해보지." 우연히 얻은 기술을 전반적이고 의도적인 강점으로 어떻게 전환할까? 훌륭한 질문이다.

⚡

캠퍼스 반대편으로 넘어가자면, 나는 1학년 과정의 일반화학을 건너뛰고 니 교수가 가르치는 유기화학 수업을 들었다. 유기화학은 상상력이 필요치 않았다. 오로지 암기였다. 나는 분자들의 패턴, 조합, 치환을 마음속에 새겼다. 깊은 욕구가 채워졌다. 음악과 달리 이 수업은 자신을 거기에 맡기기만 하면 되었으니 말이다. 나는 과학 도서관에 틀어박혀 몇 시간을 보냈다. 폴리는 나를 찾고 싶으면 먼저 그곳에 와서 소란을 떨었다. 다들 손가락을 입에 대고 조용하라는 신호를 보냈는데, 그러면 그녀는 박수라도 받은 것처럼 좋아했다. 그녀를 만나면 기뻤지만 나는 일단 모른 척했고, 비음악적인 침묵을 즐기는 것으로 돌아가 생명을 이루는 기본 요소들을 암기했다…

실험실은 사정이 달랐다. 다른 사람들은 유리 용기를 몇 분이면 닦았지만 나는 30분을 허비했다. 나의 비커는 항상 지저분했고 수건은 축축한 상태였다. 마침내 실험을 시작할 준비를 마치면 허둥대기 일쑤였다. 그러면 교수가 와서 한 번에 하나의 단계만 생각하게 했다. 니 교수는 자신이 보모 역할을 하게 될 줄은 꿈에도 몰랐을 것이다. 나는 마음이 실제적이고 물리적인 것으로 넘어가야 할 때를 좋아하지 않았다. 그런데 생각해보면 피아노 연주가 바로 그런 것이다.

첫 학기에 내가 집중적인 관심을 보인 다른 수업은 '객원 작가'였다. 한 명의 생존 작가를 전적으로 다루는 수업으로 에세이스트 애니 딜러드가 주인공이었다. 부모님은 이런 식으로 학비가 헛되이 쓰이는 것이 못마땅했지만 어쩔 수 없었다. 수업은 경사진 대형 강의실에서 열렸고 백 명의 학생이 들었다. 딜러드는 실망스럽게도 학기의 마지막 주가 되어서야 모습을 나타냈다. 그동안 교수는 그녀가 쓴 모든 글을 우리에게 읽도록 시켰다. 에머슨풍의 여러 글들, 자연에 관한 빛나는 생각들을 읽었다. 독수리가 발톱으로 먹잇감을 움켜쥐고 날아오르는 구절이 생각난다. 삶의 순간, 경험의 순간을 포착하는 것에 관한 은유, 우리가 시간에 매달려 있는 동안 상실과 폭력과 파괴가 불가피함을 보여주는 은유다.

교수는 이런 에세이들에 대해 강의하면서 김빠지는 논의가 벌어지도록 판을 깔아주었다. 항상 똑같은 목소리 큰 학생들이 무슨 말인지 알아듣지 못할 소리를 했다. 유일한 과제물은 우리가 읽은 것을 일지에 적고 학기 마지막에 독창적인 글을 써내는 것이었다. 딜러드의 산문은 복잡한 영향력을 미쳤다. 황홀한 글이었다. 나 또한 황홀한 뭔가를 찾기 위해 머릿속을 뒤졌다. 음악 말고 또 뭐가 있을까? 결국에는 내가 좋아하고 영원한 위안을 주는 주제에 기대기로 했다. 죽음이었다. 지난해에 내가 다니던 고등학교에서 여자애가 자살한 일이 있었다. 나는 그녀의 장례식에서 울었다. 그 사건을 되새길 참이었다.

수업은 워크숍으로 진행하기에는 규모가 너무 컸다. 그러니 나를 말리거나 내 선택에 이의를 제기할 사람이 없었다. 나는 여덟 쪽짜리 글을 쓰면서 대작을 쓰기라도 하듯 서두에 중요한 제사題詞 몇 개를 가져다 놓았고, 그러고는 온갖 상투적인 문구를 동원하여 죽음의 불가피함을 역설했다.

정상적인 고등학교 생활이 정체를 맞았다. 한때 고꾸라졌던 도덕적 장벽은 다시 눈부시게 대열을 정비했다. 한때 자유롭게 흐르던 소문은 말라버렸다. 우리가 개인적인 허물들을 쌓아놓은 관이 복도 중앙에 덮개가 열린 채로 놓여 있는 듯했다…

그러나 이것은 시작에 불과했다.

죽음은 그렇게 가까워 보이지 않았다. 지평선에 걸린 산처럼 저 멀리 있었다.

이토록 독창적인 직유라니! 대단한 마무리가 이어졌다.

가엾은 영어 선생이 쌍안경을 꺼내들고 "여기 봐" 하고 말했을 때 우리는 보지 않으려고 오이디푸스처럼 자신의 눈알을 도려냈다.

옆에다 교수가 이렇게 적었다. "… 살짝 과한데?" 그는 마지막에 친절한 몇 마디를 적고 A마이너스를 주었다. 나의 모든 감정을 글에 쏟아붓고 받은 게 고작 이거라니. 작가의 그릇은 아니었던 모양이다. 이 일로 내가 걸을 수도 있었던 하나의 길을 마음속에서 지웠으니 어찌 보면 잘된 일이다.

⚡

〈열정〉의 첫 악장을 몇 주에 걸쳐 호되게 익히고 나자 조가 2악장을 시작하라고 했다. 연습실에서 악보를 펼쳤다. 눈으로 보기에는 순진무구해 보였다. 찬가였고 기본적인 화성으로 진행했다. 나는 농락을 당한 기분이었다. 베토벤을 연주하다 보면 경계를 만날 때가 자주 있다. 불필요한 부분을 잘라내고 기본적인 것만 남겨두는데, 그가 선을 넘었다고 생각하겠지만 알고 보면 그렇지 않다. 당시에 나는 그 정도 단계까지 이르지 못했다. 무자비하게 칼질했다고 베토벤을 책망하고 싶었다.

레슨에 들어갔다. 내가 주제와 첫 번째 변주를 연주했을 때 조가 말했다. "뭐야? 어떻게 된 거야?"

나쁜 지적이었다. 어쩌면 최악의 평일지도 몰랐다. 나는 솔직하게 털어놓았다. 곡이 지루하고 살짝 가식적인 느낌마저 들었다고 말했다. 조는 내게 스튜디오 밖으로 나가라고 명령하거나 베토벤이 아이 같은 경이와 깊은 공경 사이에서 최고로 신성한 비전을 드러냈다고 강의를 늘어놓지 않았다. 그 대신에 조지 코스탄자[시트콤 〈사인펠드〉에 나오는 인물-옮긴이]가 도덕적으로 허황된 계획을 제안하자 제리 사인펠드가 내보였던 표정으로 나를 쳐다보았고, 이어 한숨을 쉬며 그 표정을 떨쳐냈다. 조는 문제에 실제적으로 접근하는 방법밖에 없겠다고 판단했다. 젠장, 비실제적인 것을 위해서라면 뭐든지 할 텐데… 한숨을 쉬며 소매를 걷어 올리는 일은 진절머리가 났다.

"좋아, 제러미, 템포부터 시작하지." 그가 말했다. "경박하게 들려."

그는 살짝 느리게 다시 해보라고 했다. 그러면 내가 화음을 듣고 거기 담긴 공경을 알아챌 거라고 생각한 모양이다. 그의 말대로 했지만, 속박당하는 느낌은 영 질색이었다. 템포가 느려지자 곡이 엉기면서 지루해졌다. 나를 저지하려는 조의 시도가 잘못되었음을 그에게 보여주려는 마음도 일부 작용했다.

"좋아, 이제 너무 느려." 조는 템포를 재면서 인내심이 흔들리기 시작했다. "방향감을 살짝 줘." **어느 쪽을 말하는 거지?** 내가 생각했다. 속도를 높이자 뭔가가, 악구일 수 있는 것이 멀리서 어렴풋이 보이기 시작했다. 그러나 조는 내가 자리를 잡으려는 바로 그때 연주를 중단시켰다. **제발 좀 그냥 연주하게 내버려둘 수 없을까?** 나는 피아노 레슨을 하는 의미를 망각한 채 그렇게 생각했다.

"베이스라인을 따라가." 그가 말했다. "그리고 부점 리듬을 정확하게 해." 나는 이런 비판에 익숙했다. 그나저나 어째서 이렇게 요상하고 덜컹대는 리듬이 이토록 단순한 화음 진행을 오염시키도록 곡을 썼을까? 심술궂게 여겨졌다. 어울리지 않았던 것이다. 이 곡은 행진곡일까, 찬가일까? 당시에는 잘 몰랐지만 나는 베토벤의 비밀에, 그러니까 평온함과 엄숙함을 유희와 결합한 악장의 흥미로운 천재성에 다가가고 있었다.

마침내 조가 말했다. "음반을 몇 개 찾아서 들어보는 게 좋겠어." 조는 좀처럼 시범을 보이지 않았다. 가끔 화음 한두 개, 악구 하나를 치는 것이 고작이었다. 돌이켜 생각해보면 이것은 퍼즐에서 빠진 한 조각처럼 보였다. 그는 훌륭한 피아니스트였다. 멋진 낭만주의 특유의 푹신한 소리를 냈다. 그런데 왜 건반을 건드리려고 하지 않았을까? 시범을 보이는 것이 책임 회피라고 생각했을 수도 있다. 아니면 두려움이었을 수도 있다. 하지만 내 생각에는 내가 결코 알지 못할 어두운 이유로 그 시점에 이르러 피아노 연주가 그에게 즐거움을 안겨주지 않았던 것 같다.

나는 오벌린에서 가장 좋아하는 장소 중 하나인 청취실로 달려 갔다. 조언을 해줄 권위자로 다니엘 바렌보임을 골랐다. 그라면 대단 히 진지한 베토벤의 느린 악장을 대단히 진지하게 연주하는 법을 알 고 있을 것 같았다. 귀로 들은 모든 셈여림의 뉘앙스, 모든 타이밍을 악보에 상세하게 적어넣었다. 나는 과학적 방법을 사용하면 느낌을 똑같이 낼 수 있으리라 생각했다.

다음 레슨에서 조가 지난주와 똑같은 질문을 했다. "어떻게 된 거 야?"

"바렌보임처럼 연주하고 있는데요!" 내가 대답했다.

그는 악보를 잡아채 내가 강박적으로 표기한 것을 보았고, 처음 보는 슬픈 눈으로 나를 쳐다보았다. 내가 한 것은 애쓰긴 했지만 부 질없는 행동이었다. 마치 단어의 의미를 하나도 모르면서 그냥 받아 쓰기를 한 것과 같았다. "당분간 이 곡은 접어두자." 그가 말했다.

첫 학기는 연이은 시험과 늦은 밤 기숙사에서 때운 간식으로 절 정을 맞았다. 그 결과 유기화학에서 최고점을 받았다. 피아노야 A를 놓친다는 것은 있을 수 없는 일이었다. 나는 살아남은 것이다. 부모 님을 잠깐 만나고 왔다. 몹시 짜증나는 일과 주야장천 내리쬐는 햇볕 을 맞았고, 댈러스-포트워스 공항에서 두 끼를 맥도널드로 해치웠으 며, 늦은 밤 울적한 셔틀버스를 타고 눈 내린 클리블랜드 교외를 지 나 기숙사로 돌아왔다. 다시 혼자가 되었다. 나는 하루가 다르게 바 뀌는 사람이 되었다.

두 번째 학기는 분위기가 달랐다. 이렇게 된 데는 영문학 선택 과목 "낭만주의와 현대시"가 크나큰 역할을 했다. 데이비드 워커라는 점잖은 교수가 가르쳤는데 열다섯 명만이 수업에 등록했다. 우리는 빙 둘러앉아 의견을 나누었다. 준비 없이 진행하는 것이 명백했다. 데이비드의 점잖음은 겉으로 드러나는 모습일 뿐, 그 너머에는 힘과 취향이 있었다. 삼십대 중반으로 적갈색 머리카락에 하얀 피부, 그리고 세련된 얇은 테 안경을 썼다. 주의를 끌거나 마이크를 빼앗으려고 목소리를 높이는 법이 결코 없어서 들릴 듯 말 듯 할 때가 많았다. 그의 질문은 아이디어가 괜찮은 뼈대를 하고 있는지 이리저리 살피는 엑스레이 촬영 같았다. 예컨대 그는 어떤 단어, 보통 순박해 보이는 단어에 대해 어떻게 생각하는지 물었다. 그런 다음 그것이 다음 단어와 어떻게 어우러지는지 (점잖게) 물었다. 갈등이 있었나? 아마 그랬을 것이다. 그가 가장 단순한 단어에서 모호함을 찾았다면, 복잡한 단어에서는 훨씬 더 그러지 않을까 하는 생각이 들기 시작했다.

데이비드는 격주 월요일마다 짧은 논문을 제출하도록 했다. 나는 이 과제에 몰입했다. 아이디어를 두고 씨름할 때는 세상과 피아노가 저만치 물러났다. 나는 고등학교 영어 교사가 썼던 세 갈래 처방을 사용하여 주제문을 작성했다. 공장에서 미리 만들어진 부품들을 조립하듯 내용을 세 문단으로 쪼개서 구성했다. 하지만 말할 거리가 없다면 어쩌지? 첫 논문은 이렇게 시작했다.

워즈워스의 작품은 대다수가 자연과의 관계에 관한 것이다. …

여백에 데이비드가 이렇게 적었다.

좋은 시작이야, 제러미! 이것은 아주 독창적이거나 도발적인 논의
라기보다는 시의 핵심 사상을 다시 적은 것에 가깝군…

그는 평가를 내릴 때 항상 말끔하고 긴 문단을 손글씨로 적었다.
학생이 이룬 성취에 대해 말하면서 아울러 진짜 세상에서는 거의 무
의미하다고, 자신도 이해한다는 투로 설명했다.

나는 워즈워스 논문으로 그저 그런 학점을 받았다. 내가 베토벤
의 찬가를 알아들은 것 이상으로 워즈워스를 이해했는지 모르겠다.
'자연은 아름답다'는 말을 되풀이한 것처럼 보였는데, 그 말이 정말
그 정도로 필요했을까? 나는 이 위기를 터놓고 이야기하려고 데이비
드의 사무실로 찾아갔다. 영문학과 건물 복도에는 생소한 침묵이 감
돌았다. 그의 사무실은 사방이 책장으로 발 디딜 곳이 없었고, 억지
로 밀어넣은 책상 하나와 자그마한 현창 하나가 있었다. 인문학은 이
렇게 부동산에 인색했다.

나는 논문 쓰는 것에 익숙하다고 그에게 말했다. 그리고 고등학
교 선생들이 항상 나의 글을 보고 칭찬했다고 말했다. 데이비드가 새
로운 규칙을 내게 말해주기를 바랐다. 그래서 그를 기쁘게 하고 싶었
다. 그는 내가 속상해한 것을 알아차리고 잠깐 생각하더니 이렇게 말
했다. "제러미, 나는 자네가 훨씬 더 창조적일 수 있다고 생각하네. 맨
먼저 든 생각에 안주하지 말게. 빤한 생각도 마찬가지고."

두 주 뒤에 19세기를 다루면서 에밀리 디킨슨에 이르렀다. 나는

시선집에 나오는 시들을 읽고 또 읽었는데 어느 것 하나 감동하지도 이해하지도 못했다. 마침내 상징으로 가득해 보이는 시를 하나 골라서 알레고리적인 해석을 만들었다. 나는 모든 의미가 말끔하게 정리되는 분석을 좋아했다. 이번에 데이비드가 내린 평가는 훨씬 더 나빴다. "넌 정말로 시의 느낌이 이렇다고 생각해? 그게 아니라면…" 그의 다음 말은 기억나지 않지만, '정말로'라는 단어가 내 마음속에 악의 없는 벼락처럼 내리꽂혔던 기억이 난다.

나는 의자에 앉아 '정말로'를 곰곰이 생각했다. 그가 옳았다. 나의 알레고리는 적절치 않았다. 그리고 논문은 학점을 따거나 데이비드의 칭찬을 받기 위한 게임일 필요가 없었다. 더 높은 목적이 있었다. 그것은 시적 현실을 찾는 것이었다. 그렇다면 시적 현실이란 무엇일까? 며칠 동안 차가운 오벌린을 돌아다니며 온통 그 질문에만 매달렸다. 퍼즐의 요소와 보다 자유로운 뭔가의 느낌이었다. 마치 혼자 틀어박혀 지내는 나의 학자적 세계와 더 넓고 더 정상적이고 감정이 풍부한 세계 사이로 난 통로 같았다. 예술작품과 관련하여 난생처음으로 솔직함이라는 개념과 마주친 순간이었다. 찾기 어려운 진실, 어렵사리 얻은 보상, 공부와 연습의 진짜 목표. 아직 몰랐지만 나는 영문학 수업에서 최고로 중요한 음악 레슨을 받았다.

다음 수업이 끝나고 데이비드를 찾아가 궁지에 몰았다.

"내가 완전히 다 알아들었다는 것을 말해주고 싶어요." 내가 말했다. "교수님의 그 평가가 제 삶을 바꿨어요. 제가 그토록 어리석었다니 믿을 수 없네요. 고맙습니다."

데이비드는 처음에는 기뻐하는 듯했지만 나의 전향적 태도에 당황했다. 교사의 눈에 들려고 아첨하는 학생의 느낌이 남아 있었던 모양이다. "제러미," 그가 말했다. "그렇게 나쁘지 않았어. 넌 글을 괜찮게 써. 그리고 똑똑한 젊은이지. 다만 특정한 단어들과 작가의 의도를 항상 다시 확인하는 습관을 들여." **물론이죠**, 내가 생각했다. 벌써부터 조바심이 났다. 데이비드가 내게 보여준 모든 것이, 그리고 그의 지혜가 나를 막강하게 만들었다는 것을 이제 알았기 때문이다.

봄 학기가 되자 나의 사교적 삶이 나아지고 있다는 징조가 보이기 시작했다. 2월 초에 휴게실에서 빈둥거리는데 키 크고 재밌는 피트(다섯 달 동안 세 명의 여자친구를 거친)가 나에게 돌아서서 말했다. "넌 처음에는 아주 귀찮은 존재였지만 지금은 꽤 괜찮아 보여." 방에 있던 나머지 사람들이 호응하며 맞장구를 쳤다. 과거에 내가 끔찍한 존재였구나 생각하니 부끄러웠지만, 한편으로는 마침내 참아줄 만한 존재가 되었다는 사실에 짜릿했다.

폴리와는 여전히 가까운 사이였다. 그녀도 내가 나아졌다고 생각했지만 아직 갈 길이 멀다고 했다. 화학에 집착하는 나를 보고 그녀는 혼란스러워했다. 내가 우선 사항을 정해야 한다고 말했다. 나는 진심으로 원해서 이렇게 살았을까? 그녀의 음악 강의는 가끔 믹스테이프를 건네는 형식으로 계속 이어졌다. 그러는 동안 나는 그녀의 다른 매력에 굴복하지 않으려고 애썼다.

우리는 공식적으로 데이트를 한 사이는 아니었다. 하지만 그녀가 없었다면 내가 그해를 버틸 수 있었을지 모르겠다. 우리는 화학 강의실에서 열린 대학 영화제에서 우디 앨런의 〈사랑과 죽음〉을 함께 보았다. 내가 웃다가 울자 그녀가 내 손을 잡았다. 다른 날에는 예배당에 가서 클리블랜드 오케스트라가 연주하는 베토벤의 교향곡 7번을 들었다. 음악원의 다른 모든 학생들과 함께 발코니석에 앉았다. 폴리는 학교의 대다수 학생들이 그렇듯 '코니스'라고 불리는 음대생들을 탐탁지 않게 여겼다. 대체로 멍청이거나 너드거나 아니면 둘 다라고 생각했는데, 이건 말도 안 되는 소리니 개의치 말자. 베토벤의 첫 소절부터 나는 무너지고 말았다. 폴리는 큰 감동을 느끼지 않았지만, 내 얼굴에 떠오른 표정은 좋아했다. 전설적인 클리블랜드 관악 섹션이 자랑하는 오보에 독주, 그리고 그 너머로 울리는 오케스트라 음색, 꽉 찬 소리, 윤기가 모퉁이까지 전해졌다. 어두운 공간에서 빛이 났다. 원천, 샘물 같다. 소리가 그토록 아름답고, 그래서 그 자체로 의미를 갖는 것이 어떻게 가능할까? 곡이 끝나자 코니스는 열렬하게 발을 굴러 낡은 피니 예배당에 환상적인 소음을 만들어냄으로써 집단의 사랑을 표현했다. 음악하는 친구들이 무대 뒤로 몰려가 직업적 우상들을 잠깐이라도 보려고 했고 흥분된 말투로 이야기를 나누었다. 폴리는 한쪽으로 밀려나 소외감을 느꼈다. 그런 그녀를 보자 마음이 아팠지만, 뭐라도 해줘야 할 만큼 딱한 상황은 아니었다.

조에게 난처하게도 우리는 아직 베토벤의 〈열정〉에 매달리고 있었다. 지나치게 산만하다고 그가 말했다. 여하튼 마침내 마지막 악장으로 넘어갔다. 나는 펼침화음을 연결하여 출렁이는 파도를 만들어내는 재주가 남달랐다. 큰 장애물이 하나 있었다. 중앙에서 양손이 복잡하게 뒤얽힌 대화를 나누는 대목이다.

조가 물었다. "뭐가 문제지?"

당신이 말해야죠, 당신이 교사잖아요. 나는 마술처럼 잘해내리라 생각하며 다시 했는데 마술은 웬걸, 여전히 똑같았다.

"제러미," 그가 안경 너머로 눈을 깜박이며 말했다. "그냥 양손을 동시에 연주하면 안 될까?"

나는 그토록 빤한 조언을 어떻게 적용해야 할지 몰랐다.

그가 설명했다. "오른손의 모든 음을 왼손의 음에 맞춰." 그렇게 서로 맞붙이기로 하자 문제가 풀렸다. 나의 뇌가 양손 사이에서 중개한 것이다. 어쩌면 조에게 묘수가 얻어걸린 건지도 모른다! 그는 무슨 뜻인지 알기 어려운 재밌는 표정을 지었다.

코다 역시 곤혹스러움을 안겨주었다. 나는 시동을 걸며 점차 흥분을 높여갔고 급기야 템포는 사라지고 연기 자욱한 폐허만 남았다. 방금 연주한 음들이 눈뭉치가 되어 굴러떨어지는 공포를 이겨내지 못한다면, 연주를 계속 이어가기가 불가능했다. 조는 소리 내어 웃으며 언젠가 하게 될 거라고 했다. 모든 게 괜찮아 보여서 나도 함께 웃었다. 그러다가 1분 뒤에 그가 언짢아하는 것을 눈치챘다. 내가 몰아붙이기를 억제하려는 노력조차 하지 않았다는 것이 못마땅했던 모양이다. "어리석게 굴지 마" 하고 말했는데 그의 목소리에 날이 서 있었다. 나는 조가 보다 확실하게 의견을 표명해주기를 바랄 때가 많았지만, 그러다가도 이번처럼 선을 넘곤 했다. 그러면 그는 알 수 없이 비열해졌다. 그의 좋은 면은 지속되지 않았고, 나는 언제 어둠이 닥칠지 몰라 두려움에 떨었다. 뭐 하나 제대로 되는 것이 없던 오래전 뉴저지 시절의 오후가 떠올랐다.

같이 진행한 프로젝트는 슈만의 〈토카타〉였다. 슈만 본인이 자신만만하게 "역사상 가장 어려운 곡"이라고 선언한 작품이다. 물론 나도 어렵다는 것은 알았지만, 빌과 함께 테크닉에 매달렸던 끔찍한 여름 덕분에 옥타브를 상당한 속도로 칠 수 있었으며, 곡의 나머지는 거의 알아서 이루어졌다. 조는 부러지지 않았으면 본인이 나서서 고치려고 하지 않는 사람이었다. 계속해서 "그래, 소리가 괜찮네"라고 말하며 세심하게 조정해나갔다. 베토벤 연습 때처럼 난감하게 발목을 잡는 상황은 벌어지지 않았다.

사실 그 곡의 연습과 관련하여 가장 생생한 기억은 이른 봄날 연습실에서 짜증을 내며 곡에 매달리던 때였다. 손이 다른 과제로 넘어가야 하는 대목을 어떻게 할까 고민하면서 창문 너머 주차장을 내다보았다. 그때 아버지가 내 등 뒤에 있는 문을 노크해서 깜짝 놀랐다. 나의 멍함을 보여주는 전형적인 예였다. 그가 방문할 계획이라는 것을 알았지만, 나는 우리가 언제 어디서 만난다거나 무엇을 하겠다는 구체적인 생각을 전혀 해두고 있지 않았다.

내가 나이 많은 친구들 사이에서 감정적으로 힘들 것을 염려하여 어머니가 아버지에게 가보라고 한 것이었다. 아버지는 들어오며 "헬로, 낯선 사람"이라고 말하며 웃었다. 나는 "오 왔군요" 하고 말했다. 그는 한참 동안 나를 지켜보고 있었다고 털어놓았다. 잠깐이지만 그의 표정이 다정하고 애틋하고 심지어 사랑으로 넘쳐 보였다. 나는 이런 식으로 세계가 충돌하는 것이 달갑지 않았다. 그의 사랑이 전보다 더 많이 느껴졌지만 더 이상 원치 않았다. 내가 이제 막 만들기 시작한 것을 그의 사랑이 위협했다. 그리고 여하튼 다정함의 거품은 증발했다. 아버지는 보다 익숙한 빈정거리는 말투로 돌아갔고, 내가 생각해도 형편없었던 나의 머리카락을 놀렸다.

❦

나는 고등학교 시절에 춘곤증을 느껴본 적이 없었다. 졸업을 앞둔 학생들은 항상 춘곤증 이야기를 했고 '시니어 열병senioritis'[졸업생을 뜻하는 senior에 병을 나타내는 접미사 itis를 붙인 조어로 대학 입학이 확정되어 학업에 열의를 잃는 증상을 말한다-옮긴이]에 대해서도 말했지만 말이다. 아마도 뉴멕시코에 겨울이 없어서가 아닐까 싶다. 하지만 오벌린으로 오면서 첫해에 심하게 앓았다. 나는 기숙사 공부방에서 브라이언이라고 하는 친구와 시험 준비를 하고 있었다. 브라이언은 남학생 사교 클럽 회원처럼 딱 붙는 티셔츠에 팔 근육이 도드라졌고 야구 모자를 쓰고 다녀 오벌린에서 색다른 존재였다. 하지만 살짝 비음이 섞인 억양으로 조용하게 말했으며, 어떤 논의든 여러 측면을 두루 알아보기를 좋아했다. 아울러 그는 내게 다정하게 대했고 내가 괴팍한 관심사를 설명하는 동안 인내심 있게 들어준 몇 안 되는 사람이었다.

브라이언은 공부에 여념이 없었다. 다른 사람이 보든 말든 책에 온통 빠져 있었는데 지금도 내가 좋아하는 모습이다. 하지만 활짝 열린 창문으로 많은 학생들이 신발을 벗어던진 채 잔디밭에 드러누워 있는 것이 보였다. 바람 소리와 향이 지금도 느껴진다. 바스락거리는 소리, 책장 넘기는 소리. 음악은 전혀 없었다. 유기화학 책이 내 앞에 놓여 있었고, 나는 늘 하던 대로 반응을 외우고 있었지만, 오벌린의 모든 곳에 흥분이, 두려움 섞인 가능성이, 성장의 기대감이 가득해 보였다. 내가 매달리고 있는 곡들은 이 중 어느 것에도 들어맞지 않았다. 〈열정〉의 거대한 분투는 나와는 하등 상관없는 일이었다. 슈만의 호르몬은 손가락을 놀리는 일 아래에 파묻혔다. 그리고 순진한 화학책으로 시선을 돌리자 그것 또한 지긋지긋하게 여겨졌다.

다음 날 음악 도서관의 청취실을 지나는데 내가 아는 플루티스트가 열린 문 너머로 손을 흔들고 인사했다. 그는 쇼팽의 〈자장가〉를 듣고 있었다. 헤드폰을 연결하여 나도 잠깐 들었다. 이리저리 흔들리는 움직임이 인상적이었다. 마음이 편안해졌다. D플랫이 베이스에서 풍부하게 반복되어 마디가 어떻게 되는지 힘주지 않고 알려주었다. 베이스가 서두름 없이 시간을 말해주는 동안 선율은 황홀한 나선을 그리며 날아올랐다. 베토벤이 항상 앞으로 나아가며 해결을 구했다면, 쇼팽은 햇빛에 누워 그 자체를 즐겼다. 그래, 이것이 피아노 연주에서 핵심적인 무엇이야, 하고 생각했다. 그 친밀함, 그 단순함, 어떤 것에도 뒤지지 않는 감각적인 소리. 동시에 오벌린에서 가장 행복했던 몇몇 순간들, 새로운 취약함이 드러난 순간들을 떠올렸다. 내가 시를 오해하고 있다고 데이비드가 설명했을 때, 폴리가 나의 한계를 시험했을 때, 내가 브라이언과 그 공부방에 앉아 있었을 때.

나는 조와 상의도 하지 않고 〈자장가〉를 익히기 시작했다. 환상적으로 진행되고 있다고 느꼈다. 연주하는 것이 워낙에 좋았기 때문이다. 연습하던 시간을 지금도 잊을 수 없다. 손이 나선형과 고리를 그리며 나아가는 기쁨, 운지법을 익히고 실수하고 처음으로 편안함을 맛본 과정. 이 곡을 레슨에 가져간다고 생각하니 그것만으로도 기분이 좋았다. 계단을 껑충껑충 뛰어 그의 스튜디오로 가면서 그가 생각했던 내가 아님을 보여주고 싶었다.

내가 연주를 마치자 그는 그저 웃었다. 그러고는 목소리를 바꾸며 "믿을 수 없이 끔찍하다"고 말했다. 그토록 많은 다른 것을 연주할 수 있었던 내가 자장가를 느끼는 데 실패했다는 것이 가능하기나 한 일이란 말인가? 나는 망연자실했다. 내 마음속에서는 너무도 아름다운 연주였다. 조는 고치려고 하지도 않았다. 그는 나에게 맞지 않는 곡이라면서 접는 게 좋겠다고 했다. 그 순간 우리가 같은 편이 아니라는 생각이 들기 시작했다.

나는 신입생 심사에서 슈만의 〈토카타〉를 연주했다. 운이 좋았다. 근육이 허둥거리지 않고 유려하게 움직여서 7분 동안 스스로를 능숙하게 통제했다. 그들이 나에게 〈열정〉을 연주해보라고 했다. 무난하게 해냈다고 생각하지만, 그 무렵에는 어떻게 되든 상관하지 않았다. 라운지에서 나머지 신입생들과 함께 교사들 평가를 기다렸다. 조가 비밀스러운 회의장에서 나오더니 내가 잘 연주했다고 말했다. 그는 웃고 자리를 떴다. 그러고 나서 다른 정보가 들렸다. 한 교수가 말하기를 심사위원들이 누구도 나만큼 슈만을 잘 연주하지 못하면서 내 연주를 듣고 평가하는 것이 우습다고 했다는 것이다.

(오랫동안 나를 참아줄 수 없게 밉살맞은 존재로 만든) 이런 정보를

음미하고 있을 때 공식적인 평가지가 나왔다. 프랜시스 워커—내가 오벌린에서 맨 처음 만난 동료 피아니스트의 선생—가 이렇게 적었다. "작곡가가 말하려고 하는 것에 좀 더 주목하는 것이 좋겠어." 나는 신 포도를 대하듯 대수롭지 않게 넘겼다. 내가 교수들보다 잘하는데, 감히 내가 작곡가에 주목하지 않았다고 생각한다고? 칭찬과 비판을 동시에 받아들이는 것은 불가능했다.

이런 일로 우쭐해지고 나서 나의 대학생활 첫해를 결산하는 중요한 두 사건이 있었다. 먼저 내게 〈자장가〉를 들려주었던 플루티스트와 있었던 일이다. 우리는 그의 심사를 위해 리허설을 하고 있었는데 그가 말했다. "제러미, 넌 놀라운 피아니스트야." 나에게 결정적인 확신을 심어준 말이었다. 그 순간 음악가로 살아도 되겠다는 생각을 마음속에서 굳혔다.

다른 하나는 폴리가 마지막 날 오후에 방에 들른 것이다. 그녀는 희망을 접지 않았다. "짐 싸는 거 도와줄게…" 하고 말했다. 나는 상자에 내 물건을 넣었고, 그녀는 여름에 하고 싶은 일들을 이야기했다. 그러다가 다수의 구와 다각형, 작은 연결핀이 들어 있는 유기화학 분자모형 세트를 보게 되었다.

그녀는 상자에서 원자 몇 개를 쥐더니 일종의 예술적인 분자를 조립하기 시작했다. 어떤 조합이든 다 가능한 것은 아니었다. 하지만 그녀는 그런 한계를 받아들이려고 하지 않았다. 그녀가 연결핀을 구부리더니 넣어서는 안 되는 구멍에 억지로 끼워넣으려고 하다가 **찰칵**, 핀이 부러졌다. 그녀는 실성한 듯이 웃기 시작했다. 하지만 세트가 망가졌다. 은유와 불안이 폭풍처럼 분출했다. 그녀가 나를 망가뜨렸다는 생각, 그녀가 나의 공부를 조롱했다는 생각, 내가 되어야 하는 사람이 되려면 이런 것들의 일부나 전부를 포기해야 한다고 그녀가 믿는다는 생각, 우리가 삶을, 서로의 삶을 가지고 장난치고 있다는 생각.

우리는 한바탕 다툼을 벌였다. 그녀는 그냥 일어나더니 나갔다. 나는 가을까지 그녀를 다시 볼 수 없겠다고 생각했다. 하지만 그날 나중에 그녀가 돌아왔다. 사과하려고 온 것은 아니었다. 나는 총체적인 관점에서 생각하기로 했다. 하긴 그건 화학 모형 세트일 뿐이었다. 우리는 이야기했고, 침대에 누워 가만히 있었다. 결합 하나가 빠진 분자였다. 누구라도 먼저 나서기를 바랐지만 아무도 나서지 않았다. 다음 날 여전히 기억하고 후회하고 놀라면서, 내가 너무도 빤한 기회들을 놓쳐버렸다는 것을 깨달으면서 나는 더 이상 집처럼 느껴지지 않는 곳으로 돌아갔다.

{

엘패소에 도착하자 부모님이 나를 공항 근처 고속도로 진입로에서 한 블록 떨어진 술집으로 데려가 나초를 사주었다. 유구하고 편리한 전통이었다. 심장발작을 일으킬 만큼 어마어마하게 많은 트랜스지방을 내가 행복하게 삼키고 있을 때 부모님이 가을 학기를 위한 돈이 확보되지 않았다고 슬쩍 털어놓았다. 어쩌면 나는 방금 떠나온 곳으로 돌아가지 못할 수도 있었다. 뉴멕시코는 나를 꽉 물고 놓아주지 않는 덫이었다.

모든 상황을 생각하고 있다고 부모님이 말했다. 그러는 동안 나는 책임감을 익혀야 했다. 그들이 여름에 내가 할 일을 마련했다고 했다. 나의 후원자 브루스 스트리트의 일이었다. 무엇을 하게 되죠? 내가 물었다. 자료 입력이라고 했다. 그게 뭔지 몰랐다. 나는 뉴멕시코 주립대학의 개발부서로 출근하여 브루스의 지시를 받아야 했다. 일단 출근을 며칠 미루고 느긋한 시간을 갖기로 했다.

라스크루시스의 여름은 정신이 녹아내릴 정도로 무더웠다. 햇빛이 쏟아지는 날이 거의 한결같이 이어졌고, 가끔 흰 구름이 여기저기 자리를 옮겨 다니다가 뭉쳐져서 산봉우리 주위에 한동안 머물며 점점 어두워졌다. 예기치 못한 위험도 있었다. 주차해둔 차로 돌아가면 반짝거리는 금속 벨트 버클에 화상을 입어 벌건 자국이 남을 수도 있었다. 빨리 배우는 사람이 아니었던 나는 그런 일을 종종 겪었고 그럴 때마다 "젠장!" 하고 소리쳤다.

아직은 그럭저럭 지낼 만한 아침 8시에 아버지와 함께 차를 타고 대학으로 출근했다. 미로 같은 칸막이들을 지나 어두운 계단을 거쳐 지하실로 내려갔다. 나의 책상은 벽장처럼 보이는 모퉁이에 임시로 갖다 놓은 것이었다. 내가 맡은 일은 간단하고 지루했다. 수십 년간 쌓인 기부금 내역을 데이터베이스에 입력하는 것이었다. 나는 타이핑이 꽤 빨랐다. 한 달 치 영수증을 빠르게 입력하고 나서 내 수치가 맞는지 회계사가 재차 확인하는 동안 기다렸다. 시간을 허투루 보내지 않는다는 것을 보여주고자 기다리는 동안 읽으려고 『전쟁과 평화』를 가져갔다. 탁월한 선택이라고 생각했다. 각설탕과 콜라를 간식으로 먹었다.

오후 3시, 일이 끝나면 음악과 건물로 가서 우주 시대를 연상시키는 외양의 연습실을 찾았다. 음악과 건물은 여름이면 아무도 찾지 않았다. 침묵이 지배했고 방음 시설로 인해 더 고립되고 서글픈 감정이 들었다. 연습하려고 앉으면 등이 유리문을 향하게 되는데, 몸이 문 쪽으로 다가갈 때마다 살짝 빨아들이는 소리가 났다. 누군가가 뒤에서 몰래 다가오는 공포영화의 장면이 계속 생각났다. 몹시 힘든 시간이었지만, 그래도 내가 하고 싶은 것을 할 수 있는 유일한 시간이 이때라며 스스로를 다그쳤다.

업라이트피아노로 미적지근하게 연습하고—비디오게임을 하고 나면 흥분과 성취감이 고갈되듯 자료 입력을 하느라 뇌가 새까맣게 타버렸으니—집으로 돌아가 부모님과 저녁을 먹었다. 설거지하고 텔레비전 보고 자고 씻는 일의 반복이었다. "내 집에서 지내는 동안에는" 집안일을 거들어야 했다. 어린 시절이 나를 붙들고 놓아주지 않았다. 프루스트와는 다른 식으로.

나는 허물어지기 시작했다. 식사하는 동안 이상하게 멈추는 일이 일어났다. 한 입 물려고 하는데 목구멍이 저절로 닫히는 기분이었다. 살짝 메스꺼웠고 간질거렸다. 이로 인해 삼키는 행위에 온통 신경이 쏠렸다. 생각해보면 삼키기를 제대로 배운 적이 없었던 것 같다. 이런 자그마한 호기심은 어마어마한 걱정으로 발전했다. 부모님으로부터 도망쳐서 대학에 갔는데 이러다 굶어죽게 되는 건 아닐까?

섭식 문제는 수면 문제로 비화했다. 새벽 3시까지 톨스토이를 읽었다. 거대한 알람시계로 시간을 확인하고 나서 부엌에 가서 아무도 없는 식탁에 앉아 상상의 부모님과 대화를 나누었다. 나의 관심사와 후회를 털어놓았고 그들은 내 말을 경청했다. 가끔 조깅을 하려고 일어나 몸을 풀며 숨을 헉헉거리는 진짜 아버지를 마주치기도 했다. 그러면 나는 침실로 돌아가서 두 시간 눈을 붙였고, 달리기를 마치고 돌아온 아버지가 나를 깨웠다. 이제 시리얼을 먹고 출근할 시간이었다.

7월 말이 되자 각설탕 말고는 거의 먹지 못했다. 과잉 감정에 빠졌고 누구와도 말을 하려 하지 않았다. 그 대신 마음속으로 운명과 협상을 벌였다. 오벌린으로 돌아가 폴리와 어울릴 수 있다면 무엇이든 세상에 다 내놓겠다고 다짐했다. 연습을 빠뜨리기 시작했다. 침묵이 너무도 깊었다. 내 삶이 끝나면 이게 다 무슨 소용일까 싶었다. 연습실 대신 도서관에 갔다. 그곳의 침묵은 사람들이 있어서 그나마 견딜 만했다.

어느 날 부모님과 저녁을 먹으려고 자리에 앉아 원치 않은 음식이 담긴 접시를 쳐다보는데, 불현듯 앨버커키 콩쿠르에서 우승을 놓치고 났을 때가 떠올랐다. 기억을 하자 해결책이 생각났다. 나는 천천히 숨을 들이마시고 내쉬었다. 한 번 더 했다. 놀랍게도 울렁거리는 속이 가라앉았다. 뭐야, 허무하게. 나도 모르게 웃음이 났고 부모님은 모른 척했다. 여름 내내 나도 모르게 숨을 참고 있었다. 불확실함과 고독에 맞서 버티느라고 말이다. 스스로에게 다시 호흡하도록 하자 내 몸이 기억을 되찾았다. 나는 푹 잤다. 배가 터지게 먹었다. 몸이 축 늘어졌고 긴장이 풀렸다. 일주일이 지나자 삶도 숨을 뱉어냈다. 돈이 마련되었다. 가을에 나는 오벌린으로 돌아가게 되었다.

8장 선율: 첫 번째 수업

PLAYLIST

브람스: 피아노 삼중주 B장조 op.8, 1악장
베토벤: 현악 사중주 C샤프단조 op.131, 1악장

선율에 관한 장을 써야겠다고 결심하자 의구심이 들었다. 빤해 보이지만 동시에 요리조리 빠져나가는 주제였다. 기름이 잔뜩 묻은 개를 잡으려다 손에서 미끄러졌는데 개는 도망가며 좋다고 짖어 대고 주위의 사람들은 웃음을 터뜨리는 상황이 생각났다. 선율에 관해 흥미로운 뭔가를 말하지 못한다면 굴욕이 아닐 수 없다. 선율이야말로 모두가 알고 사랑하고 (어쩌면 가장 중요한 점인데) 기억하는 음악의 측면이니 말이다.

나의 관심사를 가라앉히기는커녕 오히려 부채질하는 음악 친구들에게 의견을 구했다. 이런 답변이 돌아왔다.

선율은 아주 단순해. 그냥 흐르는 거야. 분석이야 가능하지만 그럴 필요가 있을까? 곡조를 흥얼거리는 건 누구나 하는 일이잖아. 그러나 리듬, 화성, 구조 같은 것들은 확실히 공부해야 하지. 내 생각은 그래!

슬기로운 조언 같았다. 선율은 가장 순수하고 순진한 음악의 선물이다. 이런 것을 어째서 생각으로 더럽힌단 말인가? 하지만 이런 타당한 이유 때문에 선율에 관한 중요한 점들이 말해지지 않는다는 생각이 들었다.

⸹

내가 가장 좋아하는 선율을 하나만 꼽으라고 하면 브람스의 첫 번째 피아노 삼중주 B장조 op.8의 개시부를 들겠다. 열네 살에 처음으로 듣고 연주했는데, 지금도 내 마음속에 살아 있고 열네 살 때 했던 생각이 떠오른다. 브람스는 이 선율을 피아노로 시작한다. 가장 풍부하고 초콜릿을 닮은 음역, 테너라고 일컫는 성부다. 낮은음이 서두를 떼면 음이 하나씩 올라간다. 앞의 몇 음은 장음계일 뿐 특별한 것이 없다. 그러고 나서 브람스는 음 하나를 건너뛰기로 한다. 이 행동은 중대하고 결정적이다. 이로 인해 선율이 정체성과 목적을 얻게 된다.

건너뛴 한 음. 별것 아닐 수 있다. 내가 흙더미를 보고 산이라고 호들갑 떤다고 말할지도 모르겠다. 적절하고 타당한 지적이다. 그런데 실상은 선율이 흙더미를 산으로 바꾸기 위해 개발된 최고의 장치라는 것이다. 디테일이 중차대한 것임을 예고하는 단계다. 브람스가 건너뛴 음으로 곧바로 다시 돌아오는 것을 보고 여러분은 이것이 중요한 음이라고 이해한다. 그가 만든 간극이 처리되어야 했던 것이다.

나는 분석적인 언어로 설명하려고 하니 음악학자들은 눈을 흘기지 않았으면 좋겠다(이런 생각을 하자니 마음이 울컥한다). 음을 건너뜀으로써 필요성이 생겨난다. 선이 끊겼다는 느낌이 들고, 그것을 채워 과거를 완결시키는 쾌감이 있다. 실제 삶의 많은 순간들, 패턴들과 꼭 닮았다.

브람스가 이렇게 음을 건너뛰었다가 돌아옴으로써 세 개의 음 집합이 만들어진다. 이것을 '삼각관계'의 음들이라고 부르자.

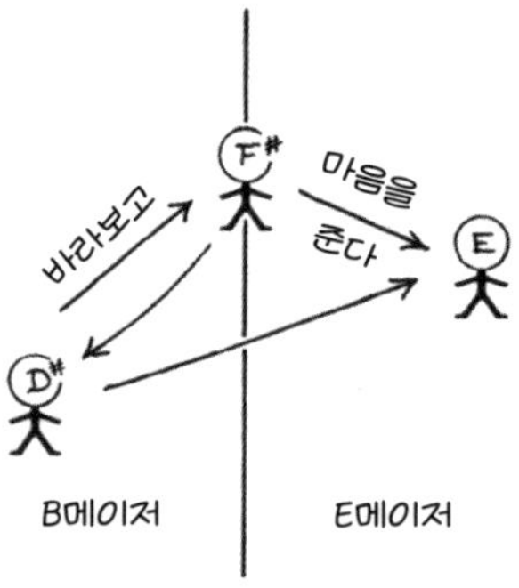

음악에서 이렇게 인연이 엇갈리는 세 음은 자주 발견된다. 첫 음이 속하는 화음이 있고, 마지막 음이 속하는 화음이 있다. 하지만 중간의 음은 어떻게 보면 어디에도 속하지 않는다. 에우리디케를 바라보는 오르페우스처럼 첫 화음을 돌아보지만 두 번째 화음으로 해결되기를 간절히 바란다. 양쪽 사이에서 찢긴다. 찢기는 것, 그것이 이 음의 목적이다. 이것은 브람스 선율의 중심, 선율을 끌고 가는 악상, 시적으로 표현하자면 선율의 영혼이다.

선율이 건너뛰거나 돌아오지 않도록 다시 쓰는 것은 어렵지 않

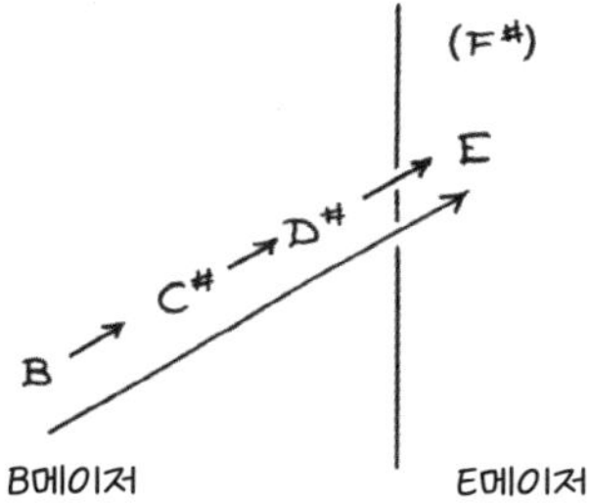

다. 곧장 E로 넘어가면 된다. 이 경우 황홀한 높은음(F샤프)은 결코 등장하지 않는다.

효율적이다. 선이 끊기지 않으면 돌아갈 필요도 없으니 말이다. 하지만 열망이 모두 사라지면 선율은 무의미해진다. 선율은 많은 덕목이 있지만 불필요한 것의 필요성을 확실하게 보여주는 것이 중요하다.

≀

브람스의 B장조 삼중주를 알게 된 그 무렵에 생생하게 기억나는 첫 만남이 또 하나 있었다. 나는 직사각형의 좁다란 침실 책상에 앉아 오후에 다 못한 공부를 하고 있었다. 라디오를 틀어놓았다. 산이 내다보여 그림엽서 같은 풍광을 연출하는 창문은 특색 없는 사막의 밤을 비출 뿐이었다. 기하학 증명에 한창 매달리고 있을 때 라디오 진행자가 말했다. "이제 베토벤 후기 걸작 사중주 C샤프단조 작품번호 131을 감상하시겠습니다. 서두의 유명한 푸가에 대해 엑토르 베를리오즈는 '모든 음악을 통틀어 가장 오싹한 시작'이라고 말한 바 있습니다." 나는 잽싸게 자리에서 일어나 공테이프를 카세트데크에 집어넣었다. 다행히 동작이 빨랐기에 개시부를 놓치지 않았다. 참으로 강렬한 개시부였다. 다음 날 녹음한 테이프를 첼리스트 친구 래리에게 빌려주었다. 곧 우리의 애청곡이 되었다. 그의 생일을 맞아 나는 스웨트셔츠를 주문제작하여 사회적으로 매장당하기 좋은 옷을 맞춰 입었다. 작품번호 131의 충격적인 개시부 악보를 앞쪽에 프린트한 셔츠였다. 내 평생 가장 엽기적인 행동이었고, 어쩌면 가장 사랑스러운 행동이기도 했다.

작품번호 131은 바이올린 독주로 시작한다. 하나의 음을 연주하고 나서 곧바로 한 음을 건너뛴다. (여정을 시작하는 이상한 방법이다. 맨 처음 하는 행동이 뭔가를 뒤에 두고 떠나는 것이니 말이다.) 여기서 바이올린은 하나의 음을 더 올라간다.

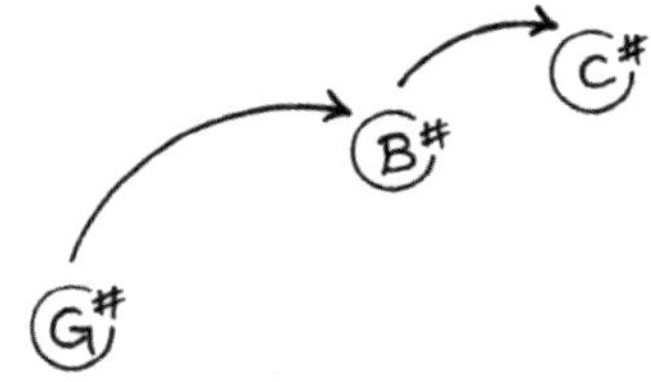

그런 다음 중요한 일—자각?—이 벌어진다. 바이올린은 앞서 건너뛴 음으로 돌아가 우리가 듣지 못한 음을 듣게 한다. (이 무렵이면

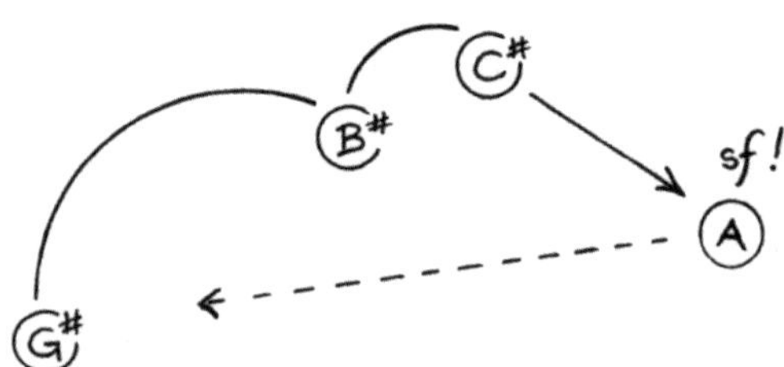

당연히 베토벤은 자신이 더는 듣지 못하는 것들을 주로 듣고 있다.)

베토벤은 발길을 돌린 이 음에 스포르찬도를 표기한다. 그가 가장 중요하게 사용한 강조 형식이다. 단순한 강세가 아니며 엄청난 범위를 포괄하는 의미가 담겨 있다. 브람스에서 우리는 건너뛴 음이 돌아올 때 일종의 해방감, 참았던 숨을 내쉬는 기분이 든다. 그러나 베토벤에서는 무게감이 짓누른다. 충격이 가미된 슬픔의 무게라고 해도 좋다. 이 음은 앞에 나왔던 주위의 음들을 다시 정렬시킨다. 마치 우리가 슬픔이나 상실에 맞닥뜨리면 일상의 일들을 다르게 보게 되는 것과 비슷하다. 열네 살에 나는 슬픔이나 상실을 그렇게 많이 겪지 않았지만, 그럼에도 이 음, 거의 격렬하다시피 세게 연주되는 이 A는 내게 종소리처럼 울렸다. 나의 일부(보다 일반화시키면 삶의 일부)가 텅 비어 있다는 느낌이 들었다. 텅 빈 순간들이 생각났다. 내가 방에 혼자 앉아 있었을 때, 학교에서 급우들과 유대감을 느끼지 못했을 때, 식탁 맞은편에 앉은 부모님을 쳐다보며 지나치게 많은 유대감과 지나치게 적은 유대감을 동시에 느꼈을 때. 게다가 베토벤이 일으킨 감각은 워낙 강렬하고 정제된 것이어서 근사하고 멋지고 상쾌해 보였다. 그 결과 나는 공허함을 더 잘 느꼈고, 더 많이 마주치고 싶다고 생각했다.

베토벤이 말년에 작곡한 푸가 주제가 우리에게 주는 메시지는 젊은 브람스의 삼중주와 이보다 더 다를 수 없다. 하지만 두 곡 모두 똑같은 원초적인 선율의 힘에 의지한다. 몇 개의 음들을 연결하고 하나의 음을 건너뛰는 것이다. 비어 있는 느낌이 만들어지고, 이를 채우고 싶은 욕구가 절실해진다.

얼마 전 재능 있는 음악 친구인 첼리스트 마이크, 바이올리니스트 스테펀과 함께 뉴욕의 리버사이드 파크로 소풍을 갔다. 스테펀은 브람스의 B장조 삼중주를 처음으로 연주하는 중이었다. "훌륭한 곡이야." 그가 말했다. '훌륭하다'는 말이 현재 음악학계에서 수상쩍은 말임을 모르거나 개의치 않는 듯했다.

나도 선율에 관한 에세이 비슷한 글을 쓰면서 같은 작품을 다루고 있다고 언급했다.

스테펀이 말했다. "오 그래? 무슨 내용인데?"

나는 에세이를 어떤 방향으로 쓸지 이미 아는 것처럼 말할 준비가 되어 있었지만, 다행히도 마이크가 끼어들며 이렇게 물었다. "피아노 선율에 관한 글이야, 아니면 첼로 선율?" (첼리스트라면 능히 던질 법한 질문이다.) 안도감에 내가 소리쳤다. "정확해, 바로 그거야!" 이 선율에서 가장 중요한 사건은 첼로가 피아노에 끼어드는 것이다. '가세한다'고 말할 수도 있겠지만, 여기서 첼로는 황홀하게 A샤프까지 높이 치솟아 이것이 과연 피아노 선율이었나 의심하게 만든다.

그러나 여기에 함정이 있다. 이 새로운 음은 새로운 것이 아니다. 사실 우리는 첼로 선율 전체를 이미 들었다. 그저 모를 뿐이다. 피아노가 곡조를 연주하는 동안 가운데 성부에 숨겨진 곡조가 있었다. 아래에서 상성부의 그림자가 되어 위로 아래로 따라가는 곡조다.

선율에는 이런 초능력이 있다. 기차선로처럼 서로 나란히 나아가는 능력 말이다. 작곡가는 하나의 선로에서 다른 선로로, 하나의 성부에서 다른 '동등한' 성부로 갈아탈 수 있다. 수학처럼 들리지만

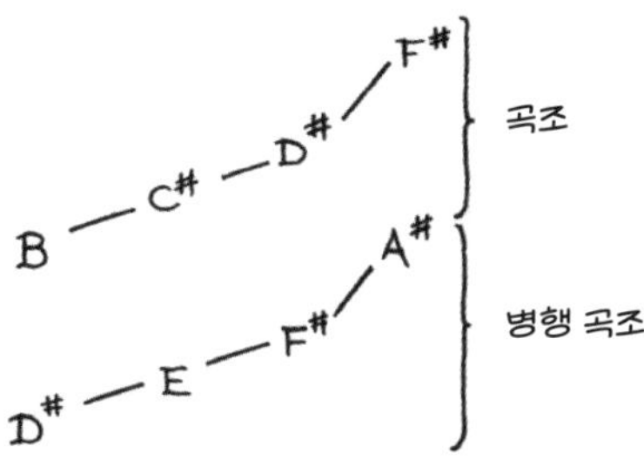

그 효과는 황홀하다. 브람스에서 우리는 첼로가 선율을 이어간다고
만 말할 수 없다. 그보다 훨씬 더한 일을 한다. 즉 안에 숨겨진 것을
드러낸다. 마술 지팡이를 흔들어 안에 있는 것을 밖으로 꺼내는 것이
다. 베토벤의 푸가가 상실을 파고들었다면, 브람스의 이 선율은 스스
로를 뒤집어 안에 든 아름다움을 내보인다.

　게다가 병행하는 이 두 선율은 그저 자기들끼리 대화를 나누고
있는 것만이 아니다. 여러분이 이미 들었던 수많은 곡들을 떠올리게
한다. 빈의 노래, 왈츠, 감상적인 사랑의 듀엣, 두 사람이 함께 부르는
사실상 모든 노래, 화음을 넣는 소리. 이 특정한 선율은 더 넓은 선율
의 세계에 기대어 악기처럼 연주한다. 미친 듯이 각주를 달면서도 독
창성을 용케 유지한다. 여기서 로베르트 슈만이 한 말이 생각난다.
"작곡하기 위해 여러분이 해야 할 일은 딱 하나, 아무도 생각하지 못
했던 곡조를 기억하는 것이다."

두 친구와 소풍을 다녀오고 난 뒤로 선율과 기억이 맞물려 있다
는 생각이 머릿속을 맴돌았다. 물론 우리는 선율을 기억하기 좋아한

다. 선율은 한 시간이 넘는 교향곡을 듣고 나서 우리가 간직하는 유일한 것일 때가 많다. 하지만 선율도 선율을 기억하는 것을 좋아한다. 예를 들어 브람스 곡의 첫 10초 동안 이미 여러 층위의 돌아봄이 일어났다.

　1) 첼로가 피아노의 내성부를 돌아본다.
　2) 두 악기가 온갖 다른 종류의 음악을 돌아본다.
　3) 선율이 두고 온 음을 계속해서 기억한다.

　소설가나 시나리오 작가가 사용하는 '플래시백'보다 훨씬 촘촘하다. 몇 년 전 로스앤젤레스에서 있었던 파티가 생각난다. 거대한 통유리창 너머로 수영장을 바라보며 청중들 반응에 못 미치는 음악회를 했다는 생각으로 자책하고 있을 때 구릿빛 피부의 한 작가가 옆에 와서 축하한다고 했다. 그가 음악에 대해 끝없이 질문하는 것을 멈추게 하려고 내가 물었다. "오늘 뭐 했어요?" 그는 피곤함이 묻은 잘생긴 얼굴로 대답했다. "오, 그냥 뒷손질을 하고 있었어요." 뭔지 모르겠다고 솔직히 털어놓자 그가 대본을 살펴보며 청중이 이미 알고 있어야 하는 정보를 집어넣는 일을 했다고 설명했다. 대본에서 이런 순간은 어색하고 애쓴 티도 나지 않는다. 서투른 구실을 만들어 배경이 되는 내용에 채우는 것이다. 하지만 음악에서 선율은 대개의 경우 이런 내러티브 문제를 너무도 쉽게 넘어간다. 뒷손질이 내부에 장착되어 있기 때문이다. 선율은 시간을 지체하지 않고 시계를 되감는다.

　브람스 삼중주에서 선율의 첫 소절은 아름답게 하행하는 한 쌍의 음으로 끝난다.

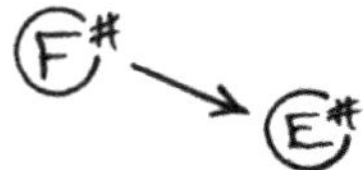

이어지는 소절 역시 하행하는 한 쌍으로 끝나지만, 이번에는 살짝 더 낮게, 넓게 떨어진다.

한 쌍의 쌍, 하행과 하행의 대화다. 두 번째 하행은 첫 번째를 돌아본다. 둘은 비슷하면서도 다르다. 선율에는 이와 같은 하이퍼링크의 주름이 져 있다. 연결의 연속, 비교와 대조의 연속으로 이루어져 있다. 멋진 첼리스트가 가세하고 나면 총 **네** 쌍의 하행하는 음이 된다.

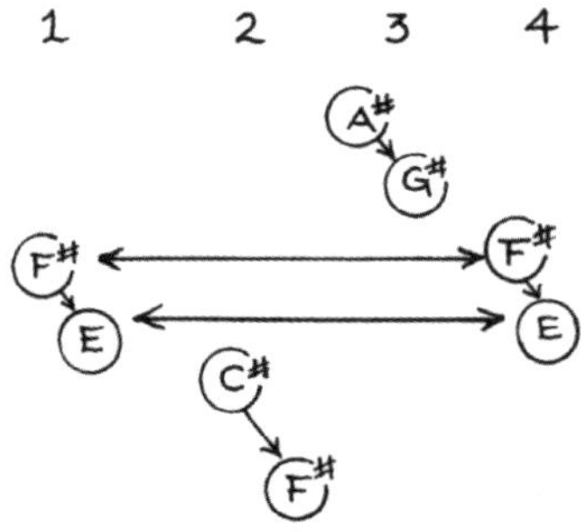

이 음악을 들을 때면 이런 네 쌍이 마음속에서 서로 부딪치며 춤을 춘다. 가족이나 친구들처럼 대화를 주고받는다. 각각의 쌍은 따로 음미할 수도 있지만, 그 의미는 서로 연결된 양상에 달려 있다.

'하이퍼링크'라는 용어를 썼지만, 나는 이런 음악 소절이 서로에게 행하는 것을 가리키는 말로 '운율'이라는 낡은 용어가 더 낫다고 본다. 음악적 운율은 시에서 자주 그러하듯 소리가 우연히 맞아떨어진 것이라기보다는 의미와 관계가 깊다. 살아가는 과정에서 서로 운율이 맞는 사건들과 우연한 일들이 그런 것처럼 말이다. 운율은 마지막으로 일어난 사건을 기억하게 만들면서 동시에 여기에 영향을 미친다. 내가 볼 때 선율의 (그리고 확장하여 음악의) 가장 중요한 덕목 중 하나는 이렇게 하나의 몸짓으로 기억과 행동을 통합하는 것이다.

앞의 그림을 다시 보자. 마지막 쌍이 첫 번째 쌍과 똑같다. 이것은 우연이 아니다. 선율은 앞서 나온 음들을 살피면서 안에 있는 음들에 대한 애정을 키운다. 그래서 선율을 들으면 사상, 장소, 사람에 애정이 생기듯이 이런 음들에 정이 든다. 그러면서 속박하려는 생각이 들지 않는다. 이런 음들은 순수한 애정, 특정 대상에 얽매이지 않은 사랑이다. 우리가 갈망하거나 되새겨야 하는 애정, 때가 되면 어떻게든 현실과 다시 맺어지기를 바라는 애정이다.

9장 꼭 피아노 선생이 아니어도

PLAYLIST

> 슈만: 교향적 연습곡 op.13
> 마이클 도허티: 스냅!
> 쇼스타코비치: 첼로 소나타 D단조 op.40
> 브람스: 첼로 소나타 F장조 op.99, 1악장

8월 말, 다시 돌아온 오벌린은 그 모습 그대로였지만, 나는 거의 죽을 뻔했다가 마음을 다잡고 살아났다. 절망적이었던 여름에 두 가지 큰 수확이 있었다. 슈만의 〈교향적 연습곡〉, 그리고 첫 키스를 해야겠다는 계획.

음악에는 화성이 반드시 해결되어야 하는 패시지가 많지만, 그 와중에도 삐딱한 작곡가는 필요한 음을 요리조리 피해가며 곡을 쓴다. 2학년의 삶에는 새로운 음들이 많았다. 기숙사에서 내가 어울리는 친구들은 다들 스컴에서 알아주는 마리화나 흡연자들이었다. 옆에 있는 사람으로서 기분 좋은 일은 아니었다. 무기화학은 (유기화학보다) 훨씬 더 까다롭고 정확했다. 음악사 101 강의를 수강해야 했는데 처음 열 몇 시간 동안 중세 음악을 듣고 1250년과 1350년의 차이를 파악하는 법을 배웠다. 수업을 같이 듣는 학생 중에 피터가 있었다. 한 시간인가 두 시간 마쇼를 들은 강의가 끝나고 그가 자기 방으로 가자고 했다. 중요하게 논의할 일이 있다고 했다. 그는 의자를 내 옆에 끌어다 놓고 말하기를 자신이 게이일지 모른다며 나와 실험을 하지 않겠느냐고 했다. 그는 친절했지만 다급해 보였다. 나는 겁에 질렸다. 내가 정중하게 달아나려고 하자 그가 말했다. "마음이 바뀌면 언제든 찾아와." 흥분을 가라앉히는 데 며칠이 걸렸다. 그러고 나서 레슨 시간에 슈만을 연주했는데 조가 "오, 와우" 하고 흥분했다. 죽음의 공포를 겪었고 별다르게 할 일이 없었던 상황이 내 피아노 연주에 좋게 작용했던 모양이다. 그는 흥미진진한 이 프로젝트에 뛰어들고 싶어 했다. 세심하게 다듬을 구석이 많았기 때문이다.

그래서 순결한 내 입술에 짝을 찾아주는 시급한 일은 내가 희망했던 것보다 훨씬 뒤로 미뤄졌다. 몇 주가 지나서야 폴리의 방에 찾아갔다. 그녀는 내가 1년을 꾸물거리다가 어째서 이렇게 열의를 보이는지 의아해했다. 우리의 감정이 어떤 '의미'인지, 우리가 원하는 게 뭔지 논의하자고 고집했다. 그래서 우리는 자신의 삶을 다시 늘어놓았다. 나는 아버지의 빈정거림을, 어머니의 알코올 중독을 설명했다. 이런 것들이 오벌린에서 벌인 구애의 자연스럽고 타당한 일부로 여겨졌기 때문이다. 마침내 그녀가 똑같은 말을 듣는 데 싫증이 나자 우리는 일을 벌였다. 내가 갈망했던 일은 생각했던 것보다 음울했다. 너무도 많은 방어막에 긁힌 자국이 났고, 내가 닫아두었으면 했던 많은 것들이 열렸다. 뉴멕시코에서 어렸을 때 시계를 쳐다보듯 그녀의 화장대에 걸린 시계를 보며 내가 해야 할 일을 생각했다. 나는 두 시간을 멍하니 누워 있다가 빠져나와 캠퍼스 반대편의 연기 자욱한 내 방으로 돌아갔다.

바로 다음 날, 청천벽력이 떨어졌다. 무기화학 시험에서 B를 받은 것이다.

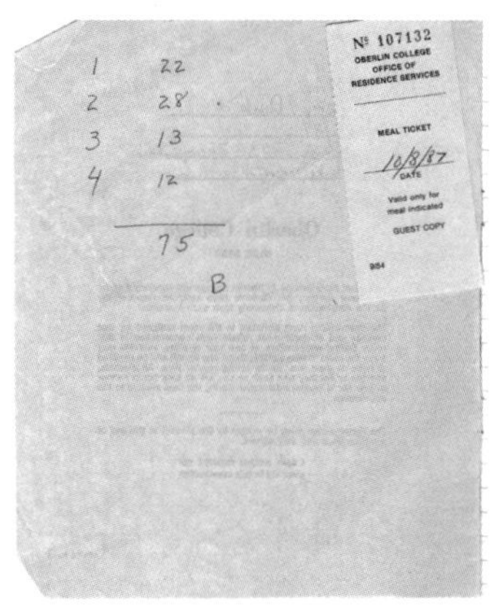

있을 수 없는 일이었다. 창작 에세이에서 A마이너스를 받은 것은 괜찮았다. 재미로 들은 수업이니까. 하지만 과학은 내가 강점을 보인 분야였고 대안으로 생각해둔 삶이었다. 초등학교 이후로 B학점은 받아본 적이 없었다. 나는 기대 이상으로 잘해낸다는 평판을 빠르게 잃어갔다. 그것도 내 뜻과 무관하게. 그날 오후, 아버지로부터 재치 있지만 책망이 담긴 편지가 도착했다.

1987년 10월 2일

제러미와 계집에게

지난달 나의 글쓰기 습관으로 봤을 때 내가 불평하는 사람이 되어서는 안 되겠지만, 그래도 너에게 계집이 생긴 게 틀림없다는 사실만은 지적해야겠다. 그게 아니라면 이렇게 오래 연락이 없을 수 없을 테니. 오하이오의 제니 린드[스웨덴의 전설적인 소프라노-옮긴이] 라는 리사 피어스를 말하는 게 아니다. 구내식당에 죽치고 앉아서 젊고 유망한 음악가들을 낚아채 살림 차리려고 하는 계집 말이다. 연습 열심히 해, 나의 엉덩이deriere. (프랑스어 철자를 확인하지 못했네, 용서하게scusa!)

아버지의 난폭한 성차별적 언사(어릴 때 내가 뭔지 모르고 수프처럼 들이마셨던)가 놀라웠지만, 내 생각에 그는 매력적으로 보이려고 애를 썼거나, 아니면 내가 게이가 아니라는 증거를 찾으려고 필사적이었다. 그나저나 나를 기겁하게 만든 건 타이밍이었다. 우편물 취급소에서 편지를 읽었는데, 내가 참지 못하고 저질렀던 바로 그날 아버지가 이미 알고 있었다는 사실이 꺼림칙했다. 그의 말이 옳았다. 나는 여자 때문에 인생을 망치려고 했다. 부모의 믿기지 않는 오싹한 직감에 두려움까지 더해졌다.

나는 어른답게 일에 파묻히겠다는 결정을 내렸다. 폴리가 방에 찾아온다면 거기에 있지 않고 화학 도서관에 있을 것이다. 그녀가 집요하게 쫓아오면 중앙 도서관의 구석진 곳으로 도망쳐서 영문학 논문 자료를 찾거나 식당으로 달아날 것이다. 그녀는 내가 뭔가에 겁을 먹었다는 것을 알았다. 어쩌면 그저 일반적인 남자의 감정적 위축일 수도 있었다. 그녀는 참을성이 있어서 쪽지와 편지, 재밌는 선물을 두고 갔지만, 나는 모조리 무시했다.

결국 폴리가 어느 날 밤에 피아노 두 대가 있는 연습실에서 나를 찾아냈다. 문으로 그녀 얼굴이 보였다. 그녀는 노크도 하지 않고 들어와 주먹으로 내 어깨를 세게 치더니 창문턱의 히터 송풍구 위에 걸터앉았다. 나는 피아노를 마주본 채로 의자에 앉아 있었다. 가끔 용기를 내어 그녀를 돌아보았다. 그녀의 머리 뒤 창문 너머로 다른 학생들이 연습하고 있는 것이 보였다. 활을 앞뒤로 왔다 갔다 하며 보이지 않는 소리를 내고 있었다. 마침내 나는 B를 받았다고 그녀에게 털어놓았다. 나는 겨우 그 정도 인간이었다. "맙소사, B라니." 그녀는 재밌어 했고 상처받았고 위축되었다. 그녀는 내가 불행하게 살 거라고 말했다. 내가 더 이상 관심을 두지 않는다는 것을 알아차린 그녀는 내가 슈만을 연습하게 두고 떠났다.

{

조는 내가 우등생 리사이틀 무대에서 〈교향적 연습곡〉을 연주하도록 했다. 나이 어린 음악원 학생에게는 영예로운 일이었다. 그는 이렇게 신임을 보여주는 행동을 하고 나서 몇 주 동안 나를 들볶았다. 조는 젊은이처럼 굴었고 나는 늙은이가 된 기분이었다. 우리는 악명 높은 화음 변주에 매달려 편안하고 이완되게 손목과 팔을 사용하는 법을 익혔다. 생존을 위한 기술이었다. 탈진하지 않으려면 동작의 우아함이 필요했다. 조는 우아한 동작의 대가였고, 그 당시 나는 그의 조언을 귀담아들을 인내심이 있었다.

곡의 주제는 클라라의 고결함과 침착함을 반영하여 엄숙하다.

하지만 첫 번째 변주에서 로베르트의 변덕스럽고 짓궂은 기질이 드러나며, 여기서 조는 "그래, 완벽해" 하며 격려했다. 거대한 피날레에 이르러 내가 슈만 특유의 정신없는 진행으로 감정을 쏟아내는 행진곡을 연주할 때 조는 리듬을 더 명확히 내도록 다그쳤다. 그래야 곡 전체의 구조가, 그리고 우리가 함께 작업한 것이 마지막 순간에 늘어지지 않는다고 했다.

피날레 직전에 가장 심란한 변주가 등장한다. 환상적인 비전을 모두 펼치고 나서 마침내 자신의 속마음을 우리에게 드러내는 '진짜 슈만'이 느껴진다. 선율은 마디가 네 박으로 진행하는 것에 대항해 다섯 음의 묶음이 계속 출몰하여 음들이 구속되는 것을 거부한다.

조는 "노래해!"를 계속 외쳤는데 어느 정도 도움이 되었지만 그게 다였다. 나는 강렬한 감정에 휩싸여 새끼손가락을 꾹 눌러댔다. 작은 마디가 부어오르고 손가락 끝의 감각이 사라질 지경이었다. 그러다가 난데없이 위험이 등장했다. 베이스 음 하나를 놓치자 유예했던 불신이 터졌고, 왼손은 경련하듯 움직이는 것만 가능했다. 한순간 꿈꾸는 시인이었던 나는 이제 버텨야겠다는 생각뿐이었다.

공연 날이 생각난다. 청중은 얼마 없었지만 분위기가 한껏 들떠 있었다. 나는 30분 동안 두려움을 이겨냈다. 대담함을 마지막 방울까지 짜내야 하는 난감한 변주들을 포함하여 내가 의도했던 대로 연주했다. 조가 무대 뒤에서 한동안 나와 이야기를 나누었다. 그는 자신이 할 수 있는 가장 기쁨에 넘친 표정으로 뿌듯한 아버지가 되어 우리의 시간이 헛되지 않았음을 나타냈다. 어쩌면 나는 기교파 연주자였는지도 모른다. 우리 둘 다 이런 관계가 계속 이어지기를 원했다. 그러나 나는 그토록 내게 만족한 그의 모습을 다시는 보지 못했다.

말하지 않은 것이 있는데 그해 초가을에 스트레스를 안겨준 일이 하나 더 있었다. 라운지에서 다른 학생들과 잡담을 나누고 있을 때 지휘자 래리 래츨레프가 내게 와서 말했다. "잠깐 걸으며 이야기를 나눌 수 있을까?" 친구들이 부러운 눈초리로 나를 쳐다보았다. 우리는 복도를 걸었고, 래리가 자신이 만들고 있는 현대음악앙상블이라는 단체에 들도록 나를 설득했다. "정예 조직을 꾸리는 중인데 자네가 여기 함께했으면 좋겠네." 조에게 물어봤다. 그는 싫어했다. 일이 지나치게 많아질 거라고 내게 경고했다. 그런 음악을 정말로 좋아해? 그가 물었다. 좋아하는지는 모르겠지만, 제의를 받아들였다.

래리가 내게 처음으로 맡긴 과제는 극악무도했다. 니컬러스 손이라고 하는 작곡가가 쓴 〈죽어가는 지구로부터〉라는 곡이었다. 악보는 빌려왔는데 신작임에도 닳고 구겨진 데가 많았다. 표시해놓은 메모가 뒤죽박죽인 걸로 봐서 여러 피아니스트들이 사용한 것 같았다. 해시마크, 직선, 삼각형, 지휘자를 보라는 지시가 마치 동굴벽화처럼, 혹은 도와달라는 외침처럼 보였다. 이런 낙서 아래의 악보에는 어질어질한 음표들이 측량 불가능한 리듬으로 적혀 있었다. 11:5의 비율이 적힌 대목, 17:13의 비율인 대목도 있었다. 한 손으로 열세 개 음을 연주하면서 다른 손으로는 열일곱 개 음을 연주한다고? 누구라도 그 차이를 알아보는 것은 불가능해 보였다. 혹은 아무도 상관하지 않을 것 같았다. 하지만 래리는 상관했다. 내가 그의 박을 따라가지 않으면 알았다. 초인超人이 따로 없었다.

그것을 제외하면 래리에게서 초인처럼 느껴지는 구석은 없었다. 자세는 구부정했고, 목소리는 거의 알랑거리는 투였으며, 이상한 빨간색 콧수염도 길렀다. 멀리서 보든 가까이서 보든 대지휘자의 카리스마가 없었다. 그러나 그는 악보에 적힌 것과 우리가 하는 것이 조금이라도 다르면 바로 알아차렸다. 가차 없는 음악 탐지기, 그것이 그의 능력이었다. 현대음악앙상블은 (알고 보니) 두려움을 기반으로 하는 클럽이었다. 리허설의 주요 목표는 혼나지 않고 75분을 버티는 것이었다. 래리는 감정을, 특히 좋은 감정을 배려하지 않았다. 그럴 시간이 없었다. 그는 계속해서 농담을 했는데, 기운을 차리라고 한 것이 아니라 집중력이 떨어지는 것을 막기 위함이었다. 게다가 그의 농담은 날이 서 있었다. 결혼식이나 휴가에 가서 하는 농담이라기보다 겨울이 다가올 때 소비에트 강제 수용소에서 할 법한 농담에 가까웠다.

그는 사람들에게 따로 연주하도록 했고, 모두가 보는 앞에서 그 사람을 비판하고 웃음거리로 만들었다. 그럼에도 우리는 그를 좋아했고 심지어 사랑했다. 음악원 학생들은 모든 젊은이들이 그렇듯 형편없는 생각과 판단에 휩쓸렸지만, 일반대학 학생들과 다른 근본적인 규범이 있었다. 우리는 좋은 소리를 내고 잘 연주하기를 원했다. 그러면 삶이 좋았고, 그러지 못하면 삶이 끔찍했다. 간단했다. 그리고 래리는 우리가 좋은 소리를 내도록 만드는 법을 알았다. 그는 우리 모두가 삶에서 가장 원하는 하나에 이르는 열쇠를 갖고 있었다.

일주일인가 이주일 뒤에 래리가 말했다. "제러미, 내 방에서 단둘이서만 부분 연습을 할까?" 그의 얼굴은 친절하고 무심해 보였지만 목소리에서 긴장이 느껴졌다. 나는 그의 사무실로 가며 '부분 연습'이 뭘까 궁금했다. 오래전 교장을 찾아갔던 오싹한 기억이 났다. 래리는 내가 현대음악을 많이 연주해봤는지 물었다. 그래서 선생이 연습시킨 곡들을 그에게 말했다. 어떤 곡도 〈봄의 제전〉만큼 좋지는 않았다. 내가 새로 익힌 피아노곡—카발렙스키, 히나스테라—은 하나같이 얼간이 같았다. 불협화음이 있지만 지나치게 많지는 않았다. 마치 힙스터의 말투를 몇 개 익혀 아무도 설득하지 못하는 말을 하는 사람을 보는 듯했다.

"좋아, 첫 번째 레슨으로," 래리가 말했다. "교차 리듬을 하지." 나는 드뷔시의 아라베스크를 통해 두 박/세 박을 연주하는 것을 이미 알았다. 그래서 세 박/네 박으로 시작했다. 래리가 높낮이 변화 없이 딱딱 끊어서 내게 말했다.

젠장-맞을 버터 좀 줘.

나는 살짝 낯 뜨거워하며 그의 말을 그대로 따라했다. 그가 아니라고 했다.

젠장-맞을 **버**터 좀 **줘**.

교사의 방에서 '젠장맞을'을 소리치자 즐거웠다. 어떤 식으로 강세를 줘도 리듬감이 살았다. 우리는 한동안 주고받기를 하다가 그다음 논리적 비율인 다섯 박/세 박으로 넘어갔다. 나는 리듬이 몸으로 하는 수학임을 깨달았다. 내 안의 괴짜 본능이 즐거움으로 소리를 지르기 시작했다.

45분간 연습을 하고 나자 래리는 이제 우리가 진짜 음악을 들여다볼 준비가 되었다고 판단했다. 그는 연필로 피아노를 두드리며 니컬러스 손의 리듬 몇 개를 쳤다. 나는 때리는 것이 싫었다. 가톨릭 학교에 다닌 적은 없지만, 수녀가 줄자를 꺼내 손목을 때리는 광경이 자꾸 생각났다. 나는 열의 없이 그의 리듬을 따라했다.

래리는 공감 능력이 뛰어났지만 이것을 우리가 더 잘 연주하도록 하는 데만 사용했다. 다른 면에서 우리에게 지나치게 신경 쓰는 것은 현명치 못하다고 생각했던 것이다. 그는 내가 연필을 싫어한다는 것을 알아차리고 의자에서 일어나더니 악보에 적힌 리듬을 노래로 부르기 시작했다. 거친 억양을 섞어가며 엘라 피츠제럴드의 스캣 창법처럼 노래했다. "스카 **바** 다 포 **자**!!"라고 하더니 잠깐 기다렸다가 다음 마디로 넘어가 "비 밥 어 **두** 파 **두**"라고 했다. 그처럼 피부가 하얗고 까다로운 사람이 이렇게 재즈 감성을 분출하는 모습을 보자 뭔가에 홀린 사람이나 방언하는 목회자처럼 보였다. 그런 그를 보며 나는 내뱉기를 주저했고 내뱉고 싶었다. 이제까지 나는 리듬은 내뱉기가 아니라고 생각했다. 리듬은 정확한 시간에 연주하는 문제였다. 어떻게 된 거지? 문득 폴리가, 그리고 그녀의 엘비스 코스텔로 포스터가 생각났다.

래리의 리듬은 지금까지 내가 피아노 교사로부터 들은 어떤 것과도 달랐다. 그의 당김음은 당김음처럼 들렸고, 그의 비트는 비트처럼 들렸다. 독특한 성격이 있었다. 음들은 어울리거나 맞서거나, 앞에 놓이거나 뒤에 놓이거나, 앞지르거나 미루거나, 음흉하거나 단호하거나 둘 중 하나였다. 메트로놈과는 비교할 수 없이 표정이 풍부했다. 메트로놈은 시간에 대해서는 많이 알았지만, 리듬에 대해서는 아무것도 몰랐다. 교사들 모두가 내게 서두르지 말라고, 박에 맞춰 연주하라고 말했지만, 누구도 내게 유인책을, 서두르지 말아야 하는 절박한 이유를 대지 못했다. 누구도 내게 대안을, 엄격함이 주는 기쁨을 보여주지 않았다.

나는 래리의 뜻을 간파했다. 그가 훌륭한 교사라는 것을 느꼈고 알았다. 메트로놈으로 여행을 했지만 그것은 목적지가 아니었다. 이제 내 손가락으로 그것을 실행하는 다른 문제가 있었다. 나는 래리의 '스카 **바** 다 포 **자**'를 건반에서 재연하려고 했지만, 엄지손가락을 첫 번째 강세에 맞춰 내밀었을 때 어기적거리며 건반에 내려앉았다. 늦게 힘없이, 게다가 살짝 놀란 듯이. 낮잠을 자다 깨어난 나무늘보 같았다. 내 엄지가 나무늘보라면 넷째 손가락은 민달팽이나 아메바 같은 자유의지 없는 생명체였다. 리듬과 표현이 하나로 접힐 때 내 몸은 둘로 갈라졌다. 뇌가 의지를 표명하는데 손은 불가해하게도 배달이 늦어지는 우편 서비스처럼 굴었다.

손의 곡을 몇 주에 걸쳐 연습했다. 래리는 드물게 놀랍다는 듯이 스팍[TV 시리즈 〈스타 트렉〉에 나오는 인물-옮긴이]처럼 눈을 치켜뜨고 나를 보았고, 가끔 칭찬을 건넸다. 어느 날 리허설이 끝났을 때 앙상블의 첼리스트가 내 피아노 옆으로 조용히 왔다. 맨발이었는데 그는 첫 서리가 내릴 때까지 그렇게 맨발로 캠퍼스를 돌아다녔다. 그는 자신을 대럿 애드킨스라고 소개했다.

"소리가 좋아, 제러미." 그가 말했다. "박을 세는 법을 터득한 것 같군."

그는 이제 막, 그러니까 나보다 1년 늦게 터코마에서 오벌린에 왔다. 나이가 한 살 많았는데, 편안하고 자신감 넘치는 태도는 한참 더 어른이었다. 재능이 있었고 스스로도 잘 알았다. 외모도 출중했다. 갈색 머리카락, 푸른 눈, 광대뼈. 살짝 마르고 길쭉한 얼굴 덕분에 평범한 호감형 이상의 느낌을 풍겼다.

대럿은 현대음악앙상블의 다른 연주자들 사이에서 인기가 있지는 않았다. 리허설 때 래리의 말을 끊고 계속해서 뭔가를 제안했으며 —"헤이, 우리 운궁법을 다르게 해볼까?"—가끔 그와 언쟁을 벌이기도 했는데 경력이 끝날 수도 있는 위험한 처세였다. 그러나 래리는 매일같이 사람들에게 어떻게 하면 더 잘 연주할지 말하는 일에서 놓이는 것을 반기는 듯했다. 하루는 대럿이 킬트 치마를 입고 리허설에 왔다. 래리는 지휘봉을 들고 주위를 둘러보더니 이렇게 말했다. "이보게 대럿, 속옷은 확실히 챙겨 입었겠지." 신입생이 이렇게 하고도 무사했다는 것이, 그리고 래리가 그를 좋아했다는 것이 부당하게 여겨졌다.

전통이 시작되었다. 대럿과 나는 리허설 전과 후에 잠깐 만나 의견을 나누었다. 까다로운 패시지나 래리가 비꼬며 한 말에 대해 논의했고, 우리가 연주하는 곡이 가치가 있는지 이야기했다. 언젠가 그는 머리카락의 절반을 면도하고 절반을 자주색으로 염색하고 나타나 내가 고등학교 시절에 피해 다녔던 위험한 친구들을 생각나게 했다. 그러나 자주색 머리를 하고도 그는 나만큼이나, 혹은 나보다 더 음악밖에 모르는 멍청이였다. 불편한 존재였지만 동료 여행자였다. 대럿을 구성하는 일부는 불평론자였다. 비가 많이 오는 태평양 북서부 지역의 영향이었고, 지나치게 빨리 커버린 사람의 지혜였다. 그러나 이런 냉소주의는 예고도 없이 격심한 이상주의로 돌변했다. 그는 그 어떤 것도 그 순간 자신에게 중요한 것만큼 중요하지 않다고 확신했다. 무엇보다 자신이 생각하는 것을 계속해서 말하고, 무엇이 좋고 무엇이 나쁜지 계속해서 표명해야 했다. 그런 필요를 느끼는 학생들이 많으며, 교사들은 그것을 꺾지 않도록 하는 방법을 찾아야 한다.

어느 날 오후 나는 건성으로 연습하고 있었다. 조가 슈만의 성공에 호응하여 바버의 소나타와 라흐마니노프의 〈회화적 연습곡〉을 후속 과제로 내주었다. 유용한 낭만주의 레퍼토리였지만, 새롭게 거듭난 내게는 살짝 무난하게 여겨졌다. 손을 접하고 난 뒤여서 리듬과 화성이 평범하다고 생각했다. 지나치게 청중에 영합한다고 말이다. 그 순간 방긋 웃는 대럿의 얼굴이 창문으로 보였다. 덧니 하나로 오히려 그의 미소가 더 멋있어 보이자 짜증이 났다. 그는 도서관에서 가져온 첼로와 피아노를 위한 곡들의 악보 더미를 들고 있었다. 악보를 같이 훑어보자는 뜻일까?

　여러분이 음악원에 있다면, 사랑에 빠질 가능성이 아주 조금이라도 느껴지는 사람과는 음악적으로 엮이는 일을 만들지 말라고 말해주고 싶다. 그래봤자 아무도 귀담아듣지 않겠지만. 우리는 브람스, 라흐마니노프, 그리그, 베토벤 등의 악보를 훑어보았다. 즐겁고 재밌게 세션을 시작했다. 조류의 짝짓기 의식처럼 서로 으스대면서. 그러다가 빠르게 허물어졌다. 대럿은 예리했고 귀가 아주 밝아서 내 연주의 약점을 바로 간파했다. 굳이 듣기 좋게 포장하지 않았다. 오히려 매몰차게 말했다. 내가 서두르거나 지나치게 세게 연주하거나 서툰 성부 구성을 하면 불평했다. "제러미, 네가 클라이맥스에 도달할 때마다 과하게 흥분해서 직전의 마지막 몇 음이 뭉개져." **정말 왜 그럴까?** 나는 궁금했다. 어째서 손가락에 온 힘을 들일 때는 말을 듣지 않을까?

　나는 상처를 어루만지면서 그에게 받은 비난을 고대로 던졌다. 그가 음이 맞지 않거나 활이 미끄러지면 특히 기뻐했다. 더 이상 서로를 책망할 것이 없으면, 우리는 아무 말 없이 연주를 조금 진행했고, 그러면 우리의 의지와 무관하게 음악의 기쁨이 돌아왔다. 우리가 친구인 이유도 함께.

　대럿은 원수 같은 친구의 이런 기싸움에 질리면 자신의 선생인 노먼 피셔 이야기를 꺼내곤 했다. "노먼이라면," 존경심으로 그의 목소리가 누그러졌다. "네 문제를 도울 수 있어, 제러미. 어떻게 할지는 모르겠지만…" 그는 자신이 더 높은 권위자를 언급했다는 것에 놀란 듯했다. 대럿은 래리를 존경했지만 내가 더 큰 스승에게 배워야 한다고 느꼈다. 내게 무엇이 필요한지 대럿이 생각해준 것은 어떤 면에서는 좋은 일이었다. 하지만 이런 생각도 들었다. 자기가 뭐라고 이런 말을 하는 거야?

조 슈워츠가 우려한 일이 사실로 드러났다. 현대음악앙상블은 할 일이 많아서 혼자 연습하는 시간이 확 줄었다. 래리가 1월에 녹음 세션을 잡아두었다. 나는 명예와 부로 한 걸음 다가가게 되었다고 상상했다. 음반에는 오벌린 교수 작곡가들의 신작이 수록될 예정이었는데, 최근 이 학교로 온 젊고 유망한 마이클 도허티도 그중 한 명이었다. 도허티의 곡에는 〈스냅!〉 〈오렌지처럼 푸른〉 같은 통통 튀는 제목이 붙어 있었다. 시리얼이 생각나는 제목이었다. 그는 사전통고 없이 연습실로 들어와 자신이 방금 작곡한 곡의 소리가 괜찮은지 확인하는 것으로 유명했다. 우리는 그냥 둘러대는 말이라고 생각했다. 음이 어떻게 들리는지 작곡가가 모를 수가 있다고?

지금이야 생각이 다르지만 당시에는 〈스냅!〉이 역사상 최악의 작품으로 손색이 없겠다고 생각했다. 불협화음투성이에 진지하고 엄격한 음악 조류를 책망하는 듯 보이기도 하는, 엉뚱하고 가벼운 곡이다. 하지만 유치함에도 불구하고 시작 부분은 무척 난감했다. 당김음이 들어간 푸가로 '젠장맞을 버터 좀 줘'가 앙상블 전체에 스며들어 있었다. 모든 악기/동물이 최악의 상황에서 소리를 내는 악몽의 동물원이었다. 오보에는 잔뜩 힘이 들어갔고, 클라리넷은 콧방귀를 뀌듯 빵빵거렸고, (특히) 가엾은 트럼펫은 트림을 해댔다.

우리는 들리지 않는 박에 맞춰 연주를 해야 하는 처지였으므로 누구도 안정적으로 자리를 잡지 못했다. 이렇게 의심이 커지는 상황에서 래리는 세분이라는 종교에 매달렸다. 그는 우리에게 집중하고 각각의 박을 동등한 길이로 세분하여 지리멸렬한 음들이 놓일 완벽한 자리를 찾도록 했다. (나중에 블루밍턴에 있을 때 광기의 천재 피아니스트 미셸 블로크로부터 이에 대해 가장 격렬하게 반박하는 복음을 들었다. 그는 세분이 자발성을 망치는 행위라며 공격했다.) 모두가 정신없이 박을 세분했지만 소리는 별반 나아지지 않았다. 음을 절대적인 위치에 놓으려는 이런 집단 노력은 무의미해 보였다. 평생 음악 교육을 받고서도 고작 허무한 농담이나 나누는 것처럼 들렸다.

래리는 잔뜩 화난 표정이었다. 그의 지휘봉이 자꾸 급발진을 했다. 팔에 기름칠이 제대로 되지 않은 것처럼, 오작동하는 로봇처럼 움직였다. 딱딱 맞게 떨어지는 박을 과장하느라 박과 박을 잇는 사이의 동작을 놓치고 말았던 것이다. 마침내 그는 지휘를 멈추고 실망감에 고개를 저으며 스스로에게 소리쳤다. "래리, 그게 바로 지휘 학교에서 **절대로** 해서는 안 된다고 가르쳤던 거야. 상황을 악화시킬 뿐이지, 왜 이렇게 아마추어처럼 굴어…"

나는 대릿을 슬쩍 쳐다보았다. 그는 악마의 미소를 짓고 있었다. 하지만 나는 웃을 기분이 아니었다. 래리가 내게 주었던 믿음을 생각하면 이것은 배신이나 마찬가지였다.

⅔

몇 주 뒤에 음악학 시험에 대비하여 벼락치기 공부를 하려고 기숙사를 나섰다. 자전거를 타려는데 대럿이 자주 그러듯 느닷없이 나타나더니 말했다. "왜 이래, 너 같은 사람들은 공부 안 해도 되잖아." 그러면서 새로 구입한 내 자전거를 조롱의 눈길로 쳐다보았다. 오렌지색 프레임에 자주색으로 '누구의 잘못도 아님'이라고 적힌 자전거였다. "너 질투하는구나." 내가 말했다. 실수했을까, 아니면 아픈 곳을 건드렸을까? 어느 쪽이든 대럿은 대수롭지 않다는 듯 조롱을 접고 말했다. "헤이, 우리 소풍 갈까?" 오벌린에서는 드물게 보는 2월의 화창한 날로 봄이 성큼 다가온 것 같았다. 그는 내가 캠퍼스 주변 동네를 제대로 봐야 한다고 느꼈다. 내가 누에고치에서 벗어나야 한다고 했다. 나는 그곳이 누에고치라는 생각을 한 번도 해본 적이 없었는데 말이다.

우리는 네 블록을 차지하는 캠퍼스를 벗어나 텅 빈 중서부 도로로 접어들었다. 어떤 장소로 연결되는 길이 아니라 그냥 다른 길이 이어질 뿐이었다. 우리가 어디로 가는지는 대럿만 알았다. 목표 없이 시간이 흘렀다. 우리는 넓은 4차선 고속도로에 들어섰다. 달리 돌아갈 길이 없었다. 나는 불안해하며 길을 건너기 시작했다. 대럿이 부모처럼 참을성 있게 나를 이끌었다. 리허설 때 비판하던 모습은 전혀 찾아볼 수 없었다. 그는 웃으며 내게 브레이크 좀 그만 밟고 그냥 언덕 아래로 내려가라고 했다.

그날 오후의 속도와 바람과 햇빛은 우리 사이를 바꿔놓았다. 내가 그를 미워했었는지는 모르겠지만 이제는 그렇지 않았다. 나는 불안과 오만이 결합된 내 모습을 상관하지 않는 사람을 찾았다. 그래서 나는 그의 레슨에서 반주를 해주기로 했고, 전설적인 노먼을 만나기로 했다.

우리는 쇼스타코비치의 첼로 소나타로 시작하기로 했다. 어쩌면 대럿 혼자 결정했을 수도 있다. 서늘한 곡이었지만 가끔 지나치게 예쁜 대목도 있었다. 곡은 속임수 질문을 던졌다. 어떤 악상이 근사한 할리우드 화성이라는 옷을 걸치고 스포트라이트를 받는 배우처럼 등장하다가도 불협화음이 하나 나오면 여러분은 이 모든 게 허울일 뿐임을 알게 된다.

우리는 약속된 시간에 맞춰 노먼의 방으로 갔다. 교수회관의 현악 쪽은, 무슨 일인지 모르겠지만, 학생들이 오가며 최근에 있었던 일들에 대해 이야기했다. 피아노 학과인 조의 연구실은 여기서 불과 12미터 떨어졌을 뿐이지만 더 어두웠고 사람 발길이 없어 보였다(착각이었나?). 대럿이 공격적으로 노크를 했다. 미리 얘기해둔 리듬에 맞춰 요란하게 몇 번 두드리자 문이 열렸다.

"어서 오게!" 노먼이 말했다.

"만나서 반갑습니다, 피셔 교수님!" 내가 말했다. 노먼과 방 양쪽에서 입내와 향수 냄새가 났다. 두 냄새는 서로를 강화하는 것 같았다.

"노먼이라고 부르게." 그가 말했다. "자네 이야기는 많이 들었지. 오늘은 킬트를 안 입었군." 그가 대럿을 돌아보며 말했다. 대럿은 옷과 관련해서는 자유분방하게 굴었다.

"세탁소에 있어요." 대럿이 말했다. "교수님도 안 입으셨네요?"

두 사람은 편안하고 스스럼없는 사이로 보였다. 술집에서 어울리는 사내들처럼 악의 없이 서로를 놀려댔다.

노먼은 키가 컸으며 백발이 섞인 콧수염을 길게 길렀고, 머리카락은 곱슬기 심한 검은색이었다. 제이시페니의 카키색 바지에 컬러풀한 격자무늬 셔츠, 그리고 (가장 최악인) 멜빵만 아니었다면 그는 위압적으로 보였을 것이다. 우리가 자리를 잡고 앉은 첫 몇 분 동안 그는 아재 농담 두어 개를 하고 촐싹거렸다. 아버지가 이런 수준 낮은 코미디를 보고 눈살을 찌푸리는 광경이 머릿속에 그려졌다. '중고차 세일즈맨'이라는 문구가 자동적으로 떠올랐다. 나는 대럿을 쳐다보았다. 쿨하기 그지없는 나의 새로운 우상은 어떻게 이런 것에 매료되었을까?

하지만 물리기에는 너무 늦었다.

쇼스타코비치 연주를 시작했다. 처음에는 노먼의 꼼지락거리는 콧수염에 온 신경이 쏠렸다. 우리는 마지막 악장의 주제를 연주했다. 스타카토 음으로 진행하는 행진곡이었다. 몇 마디 진행했을 때 노먼이 연주를 중단시키고 더 스타카토다워야 한다고 말했다. 대럿은 더 짧게 연주했다. 아니, 그냥 짧게 연주하라는 게 아니라, 노먼이 말했다. 그는 두 손으로 자신의 첼로를 단단히 잡고 보면대 위로 번쩍 들더니 대럿 바로 맞은편에 내려놓았다. 그러더니 마치 결투라도 벌이듯 행진곡을 연주했다. 대럿을 위한 연주가 아니라 대럿을 겨냥한 연주였다. 노먼이 짧은 음을 연주할 때마다 활이 현에서 튀어 공중으로 날아올랐다. 위험함과 우스꽝스러움이 뒤섞인 것으로 완전히 불필요한 과장된 행동이었다. 한번은 대럿의 눈을 거의 칠 뻔했다. 대럿이 움찔했다. 나는 고개를 돌리고 싶었다. 노먼은 좁은 방이 아니라 거대한 경기장에서 연주하는 듯했다. 하지만 노먼이 연주할 때 짧은 음이 더 악의적으로 들렸다는 사실은 인정하지 않을 수 없었다. 매력적이거나 통통 튀는 짧은 음이 아니라 전화기의 목소리가 끊기거나 실이 칼로 잘려나가는 느낌이었다. 노먼이 연주를 멈추고 대럿에게 말했다. "알겠어? 알겠냐고?" 대럿이 항변하고 싶어 한다는 것이 눈에 보였지만, 그는 하지 않았다. 노먼은 좀 더 두드러지는 성격을 요구했다. 필요하다면 강제로라도 끌어낼 기세였다. 중요한 건 항상 성격이었다. 도덕적 성격이 아니라 행동하는 성격. 그리고 성격은 많으면 많을수록 좋았다.

같은 악장 뒤에 가면 거대한 피아노 독주 패시지가 나왔다. 난데없이 광란의 음계를 연주하는 대목이었다. 나는 착한 아이처럼 운지법을 미리 적어두었다. 그것을 읽으며 엄지손가락을 넘기고 지나치게 많은 음을 빼먹지 않으려고 애썼다(어쨌든 많이 빼먹긴 했다). 노먼이 천천히 다가오더니 피아노 의자 옆에 서서 나를 빤히 쳐다보았다. 말은 한마디도 하지 않고 뭉크의 〈절규〉에 나오는 것 같은 넋 나간 표정을 하고는 패시지의 시작을 손으로 가리켰다. 맙소사, 그의 입내가 다시 났다. 나는 사납게, 미친 듯이, 비꼬듯 서두르며, 겁도 없이, 그의 얼굴을 생각하며 음계를 연주하는 수밖에 없었다. 그 대목이 어서 끝나기를, 그래서 노먼이 멀리 떨어지기를 간절히 바랐다.

"바로 그거야." 그가 말하고는 자신의 첼로와 대럿에게 돌아갔다. 내 소리가 훨씬 좋아졌다. 자유롭고 확신에 찬 소리로 들렸지만, 나는 침해당한 기분이었다. 광신도 집단 같았다. 내 사생활의 권리를, 소중한 개인 공간을—이것이야말로 피아노의 핵심일 텐데—심각하게 내어주고 말았다. 이제까지 빌과 조, 모나, 릴리언과 레슨을 하면서 꾸짖음과 상처를 많이 받았지만, 그래도 나는 나의 공간 안에서 피아노를 연주하고 있다고 느꼈다. 나의 것을 하고 있었고, 실패했을지언정 거기에 자긍심이 있었다. 그런데 노먼은 내가 나만의 공간을 갖는 것을 허락하지 않았다. 그의 교습은 더 좋은 것을 주는 대가로 나의 자긍심을 포기할 것을 요구했다.

레슨을 마치고 복도를 걷는데 대럿이 나보고 어떻게 생각하느냐고 물었다. 그의 눈에서 이례적인 표정이 보였다. 동의를 구하는 표정이었다. 나는 적당하게 둘러댔다. 그게 내가 할 수 있는 전부였다. 어쩌면 내가 미처 알아차리지 못했던 이유로 그를 괴롭히고 싶었는지도 모른다.

봄 학기가 끝나갈 무렵에 레온 플라이셔가 오벌린을 방문했다. 피아노의 신이 세상에 존재한다면 바로 그였다. 나는 열 살 때부터 조지 셀과 클리블랜드 오케스트라와 함께 녹음한 그의 베토벤 협주곡 음반들을 듣고 자랐다. 모두가 그랬다. 그리고 우리는 그에게 닥친 비극을, 그러니까 그의 오른손이 말을 듣지 않아 전성기에 그가 자신의 음악적 목소리를 잃었다는 것을 알았다.

교수들이 나의 〈교향적 연습곡〉 연주를 아직도 기억하고 있어서 내가 플라이셔의 수업에서 그 곡을 연주하기로 했다. 어차피 나의 바버는 아직 준비가 되지 않았고, 라흐마니노프도 마찬가지였다. 나는 서양 고전음악의 정전을 익히고 의견을 마련하는 와중에 실험실을 오가며 화학과 다른 수업도 들어야 했다. 그리고 제임스 조이스를 읽지 않고 또다시 1년을 넘기고 싶지 않아서 '율리시스 신화'라고 하는 고전 수업에도 등록했다. 날씨가 따뜻해지면 사각형 안뜰에 느긋하게 앉아 더블린 시내를 돌아다니는 레오폴드 블룸을 따라가며 내가 읽지 않은 다른 책들을 언급한 대목을 하나하나 찾아보았다. 폴리와는 한 번 더 데이트를 하려고 했는데 그녀의 의심을 지우는 데는 실패했다. 이런 상황이었으니 신 앞에서 연주하는 영광스러운 기회를 얻었음에도 연습을 많이 하지 못했다. 10월에 그 곡을 연주하고 사람들로부터 칭찬을 들었으니 여전히 잘 안다고 생각했다.

하지만 '여전히 잘 아는 것'은 결코 있을 수 없다. 다시 알도록 스스로를 내몰고 기초도 새로이 다져야 한다. 나는 처음부터 끝까지 연주하며 개략적인 그림을 그려보았다. 하지만 그날 밤 무대 뒤에서 대기하고 있는데 마음속에서 확실하지 않다는 것을 깨달았다. 어떤 대목이 이렇게도 저렇게도 진행될 것 같았다. 열두 살 때 모차르트를 연주했을 때처럼 말이다. 피아노 앞에 앉아 (교수들과 동료 학생들이 모두 보는 앞에서) 연주하려고 할 때 신경이 잔뜩 곤두섰고 점점 심해졌다. 손가락이 머뭇거렸고, 그러고 나서는 놓친 시간을 만회하려고 서둘렀다.

플라이셔가 뭐라고 했는지 기억나지 않지만, 그가 감명을 받지 않았다는 것은 확실했다. 어쩌면 그는 내게 관심을 보이지도 않았다. 그는 천장을 바라보며 '우주'라는 말을 꺼냈고, 한 변주와 관련하여 근사한 비유를 들었다. "신들이 행성들로 볼링을 친다고 상상해보게." 그는 아직 괜찮은 손으로 이런 신들을 연주해보였다. 음들을 재빠르게 훑고 근사하게 흔들어 새로운 화성과 박으로 만들었다. 믿기지 않는 연주였다. 아직 충격에 빠져 있던 나도 알아볼 정도였다. 다들 환영의 리셉션에 갔는데 그는 그 자리에서 내게 아무런 말도 하지 않았다. 조가 오더니 말했다. "썩 좋은 연주는 아니었지만, 그래도 자네한테 좋은 공부가 되었을 거네."

몸에 안 맞는 정장을 걸치고 캠퍼스를 가로질러 기숙사로 돌아갔다. 옷이 까매졌다. 일반대학 학생들이 지나가면서 내가 맨 넥타이를 놀렸다. 북쪽 캠퍼스는 음악원과 분위기가 완전히 달라서 이상해 보였던 것이다. 마침내 방에 돌아와 끔찍한 정장 구두를 벗으려 할 때 룸메이트 데이브가 들어왔다.

"헤이, 무슨 일이야?" 그가 말했다.

내 대답을 기다리지도 않고—하긴 무슨 일이 있었는지 어떻게 알겠는가?—그는 방에 냄새가 난다며 얼른 양말과 운동화로 갈아 신으라고 했다. 7년 전에 이스턴 음악 페스티벌에서 거의 비슷한 말을 했던 로즈가 생각났다. 어쩌면 아무것도 바뀐 게 없었다.

대럿에게 플라이셔 참사에 대해 털어놓았다. 그는 확실하고 매서운 진단을 내놓았다. "연습하지 않았구나, 그렇지?" 옳은 말이었다. 나는 그와 함께 웃어넘겼고, 기회를 날렸다는 분노와 후회를 털어버렸다. 대럿은 내가 노먼을 처음 만났을 때 좋아하지 않은 것을 용서한 모양이었다. 우리는 더 친해졌다. 마을 주위를 더 많이 돌아다녔고, 라운지에서 시간 가는 줄도 모르고 이야기를 나누었다.

대럿은 쇼스타코비치 다음으로 우리가 같이 할 프로젝트가 베토벤의 마지막 첼로 소나타 D장조라고 했다.

"베토벤을 좋아하지 않는 줄 알았는데." 나는 위선적인 그의 모습을 지적하려고 했다.

"중기 베토벤은 좋아하지 않아." 그는 당연하다는 듯 피곤한 투로 말했다. "하지만 D장조는 완전히 달라."

우리는 노먼 앞에서 첫 악장을 연주했다. 피아노 개시부에 도약 음정이 있었다. 내가 음을 놓칠까봐 두려워하는 걸 보더니 노먼이 너털웃음을 웃었다. 별거 아니라고 했다. 압박감, 미지로 도약하는 느낌을 표현한 것이니 놓쳐도 괜찮다고 했다. 삶의 일부, 음악가로 살아가는 과정이라고 했다. 그다음에 이어지는 것이 더 중요했다. 대럿은 첫 번째 독주에서 아름다운 음 하나를 연주해야 했다. 노먼이 또다시 그를 겨냥해서 연주했다. 쇼스타코비치 때와 마찬가지로, 뼈다귀를 문 개처럼 집요하게, 그리하여 그 음의 소리가 느껴질 때까지. (요즘 들어 나는 학생들에게 자주 이런 말을 한다. "음은 들리지만 너희들이 음을 듣는 것이 들리지 않는구나.") 그러고 나서 노먼은 악보를 넘겨보며 성격의 변화를 지적했다. 성난 저음이 말썽꾸러기처럼 굴고, 사랑의 맹세가 춤으로 해소된다고 했다. 나는 레슨의 역학 관계가 바뀌었다는 것을 깨달았다. 노먼은 대럿보다 나에게 훨씬 더 많은 시간을 쏟고 있었다. 내가 그의 프로젝트였다.

래리 래츨레프는 정확성, 앙상블, 엄격함을 지키도록 몰아붙였다. 거의 비인간적인 수준의 완벽을 요구했다. 노먼은 정반대였다. 그는 내가 무엇보다 모든 것에 인간의 온기를 불어넣기를 원했다. 모든 악상이 동기를, 배경 이야기를, 충동을 갖기를 원했다. 래리가 원한 것은 대부분 악보에 쓰여 있었다. 그러나 노먼이 바란 것은 거의 그렇지 않았다.

우리는 마침내 2악장으로 넘어갔다. 어둡고 심오한 아다지오 악장이다. 베토벤은 찬가를 작곡했지만 어찌나 느린지 기어간다. 찬가는 유전적 오작동으로 장송 행진곡이 된다. 가장 먼저 맞닥뜨리게 되는 현실적 문제는 확연하고 굴욕적이게도 피아노와 첼로가 어떻게 함께 연주하느냐는 것이다. 전설적인 대가들의 기념비적인 실수를 듣고 싶다면, 위대하고 오래 살았던 파블로 카살스와 마찬가지로 위대하지만 수명이 길지 못했던 줄리어스 캐천이 이 대목을 연주한 것을 들어보라. 한 음도 맞는 것이 없다. 가장 애통한 비극에 슬랩스틱 코미디를 포토샵으로 붙여놓은 것 같다.

대럿과 나라고 해서 카살스와 캐천보다 사정이 나을 게 없었다. 그리고 우리는 이례적으로 언쟁을 벌였다. 정말 제대로 해야 한다고 느꼈기 때문이다. 대럿이 말했다. "심지어 너의 양손도 따로 놀아." 사실이었다. 예전에 빌한테서 배웠던 때처럼 손가락에 힘을 주고 집중하면 손목이 뻣뻣해졌다. 손목을 풀면 손가락이 축축하고 힘없이 늘어지는 국수 가락이 되었다. 나도 반격을 가했다. "활의 방향을 바꾸는 것을 좀 더 부드럽게 하면 어느 지점에서 연주할지 내가 말해줄 수 있을 것 같은데." 그래서 우리는 각각의 악구가 어떤 방향으로 진행할지와 관련하여 장황한 논의를 펼쳤다. '진행'이라는 것이 음악의 세계에서 가장 모호한 말 중 하나임을 모르고 말이다.

노먼은 프로페셔널 현악 사중주단—콩코드 콰르텟—에서 오랫동안 연주했으므로 단원들 간의 비생산적인 알력이 리허설을 망칠 수 있다는 것을 누구보다 잘 알았다. 우리는 이날 스튜디오 수업에서 이 악장을 연주했다. 어린 첼리스트 서른 명을 청중으로 두고 작은 콘서트홀에서 열린 수업이었다. 그가 신속한 진단을 내놓았다.

"제러미," 그가 물었다. "살면서 가장 슬펐던 일이 뭔가?" 이런 사람들 앞에서 내가 받게 되리라 생각했던 질문은 아니었다. 하지만 문득 떠오르는 기억이 있었다. 아홉 살 때 부모님이 피아노 레슨을 더 이상 못 받게 하겠다고 위협했던 기억이었다. "말할 것 없네." 내가 입을 열기도 전에 노먼이 덧붙였다. "그냥 생각만 해. 계속 생각해." 그러고는 그 슬픔의 분위기를 깨지 않을 정도의 속도로, 깨우고 싶지 않은 아기 앞에서 연주하듯 화음을 연주하라고 했다. 그의 말이 내 마음속에 영원히 각인되었고 나는 무대 위에서도 그 비밀을 간직했다. 생각해보니 조나 빌은 더 많은 슬픔으로 연주하라고, 혹은 내가 몸소 겪었던 감정을 자원으로 끌어다 쓰라고 내게 말한 적이 결코 없었다. (왜 아니겠는가?) 나는 그의 말대로 했고, 통했다. 내 화음이 더 깊어졌고, 내 템포가 꾸준하게 이어졌다. 마치 보이지 않는 힘의 장에 붙들려 있기라도 하듯.

노먼은 콧수염을 꼼지락거리며 잊지 말라고 당부했다. "좋아, 그 생각을 붙들고 있게." 그러고 나서 대럿을 돌아보았다. 그는 대럿에게 각각의 음이 삼차원 물건이라고 상상하도록 했다. 음의 표면을 끝까지 따라가려면 모퉁이를 돌아야 한다고, 지름길은 없다고 했다. 이런 끔찍한 음의 전체 모습은 뭉쳐지다가 준비가 되어야만 떨어지는 슬픔의 방울 같은 것이라고 했다. 대럿이 알겠다고 했다. 여기에 무슨 말을 하겠는가? 그는 어느 순간 자신의 활을 통제하지 못하는 것 같더니 금세 새로운 소리를 찾았다. 음이 소리를 내고 사라지기까지 전 과정을 거치는 동안 서서히—느린 것 이상으로, 거의 감지하기 어려울 정도로—색깔과 성향을 바꾸었다. 도중에 지루해하는 기색을 내비치지도 않았다.

노먼은 자신의 전략을 우리에게 알리거나 경종을 울리지 않았다. 그는 우리가 서로의 잘못을 입증하느라 여념이 없어서 안을 돌아보지 않았다는 것을 알았다. 하지만 마지막의 가장 난감한 단계가 남았다. 그는 우리가 서로에게 해야 할 말을 할까 말까 고민할 시간에 서로를 마주보고 믿으라고 했다. **맙소사, 뉴에이지 헛소리군**, 내가 생각했다. 하지만 물리기에는 너무 늦었다. 우리는 서로의 눈을 쳐다보며 찬가를 연주했다. 나는 어느 쪽이 더 참을 수 없었는지 몰랐다. 모두가 보는 앞에서 대럿의 푸른 눈을 마주보는 것이었을까, 아니면 베토벤의 화음이 앞으로 나아가려고 했지만 그럴 수 없었던 것일까? 우리는 마침내 함께 연주하는 데 성공했다. 슬픔과 소리 또한 하나로 합쳐진 것 같았다. 지금에 와서 하는 말이지만 노먼은 불가능한 일을 했다. 그는 혈기 왕성한 우리의 분노를 자양분 삼아 노인의 지혜를 만들어냈다.

❧

서늘한 봄도 5월로 접어들었다. 노먼의 버릇인 농담, 청바지, 냄새, 익살스러운 표정은 뒷전으로 밀려났다. 이런 것들은 그저 부수적인 비용일 뿐이었다. 대럿도 마찬가지로 거의 부수적인 존재였다. 내가 집중한 것은 노먼이 말한 전체적인 윤곽을 따라가는 것이었다. 그러니까 끝에 이르는 것을 보고 싶었다. 대럿과 나는 노먼의 방으로 가면서 더 이상 인사도 하지 않았다. 우리는 툴툴거리면서 본론으로 들어갔다.

　우리의 다음 프로젝트는 브람스의 F장조 첼로 소나타였다. 속임수와 위험이 곳곳에 도사리고 있는 낭만주의 대작이다. 나는 (이제 다른 무엇보다 악보가 더 많이 들어 있는) 거대한 배낭을 벗어던지고 의자에 앉아 브람스의 개시부를 연주했다. 아래에서부터 위까지 훑는 F메이저화음으로 시작했다. 노먼은 곧바로 나를 중단시켰다. 그는 10분 동안 하나의 화음만 갖고 나를 몰아붙였다. 좀 더 딱 부러지듯 연주할 수 있겠나? 그가 물었다. 아직 부족해. 그는 더 요구했다. 남은 생명의 에너지를 한순간에 쥐어짜듯 손가락에서 탁탁 소리가 나게 할 수 있겠나? 내가 고군분투하는 동안 대럿은 옆에서 키득거렸다.

　내가 속으로 스스로에게 소리치고 있을 때—**그래, 노먼이 그런 말을 할 줄 진작에 알아봤어야 했어**, 하고 생각했고, 한편으로 **내가 무슨 수로 미리 알겠어**, 하고 의아해했으며, 동시에 **노먼이 무슨 생각을 하든 그게 나한테 왜 그렇게 중요해**, 하는 마음도 조금 있었다—노먼은 대럿과 거친 이중주를 하며 그가 첫 소절을 충분한 기쁨으로 연주하도록 했다. "다 **더어어어어어어어어엄**," 하고 그가 소리쳤다. 음의 마지막에 크레센도를 넣어 마치 아득히 먼 곳으로 날아가듯. 대럿의 폭발은 묘한 덜커덕거림으로 잦아들었다. 노먼이 말했다. "음악이 스스로에 대해 생각하고 있다고, 자신을 이해하려 한다고 상상하게." 나는 이 말에 진심으로 공감할 수 있었다. 나도 끊임없이 나 자신에 대해 생각했다.

　새로운 영웅적 주제가 덜커덕거림에서 나왔다. 너무도 기본적인 리듬이었다.

다 다 덤

나는 '다 다 **덤**'이라고 연주했고, 노먼이 아니라면서 '다 **다** 덤'이라고 했다. 그가 다시 싫어지려고 했다. 하지만 마침내 나는 강조를 제대로 했고, 그러자 음악이 제왕과 같은 힘을 얻었다. "그렇지," 노먼이 말했다. "잊지 말게… 안 그러면 곡이 맥없이 비틀거리니까." 그런 식으로 우리는 작업을 이어갔다. 애니 딜러드의 에세이에 나오는 발톱으로 먹잇감을 움켜쥐는 독수리처럼 곡의 모든 순간을 잡아채려고 했다. 마치 곡에 생명이라도 있는 것처럼.

우리의 관계는 브람스를 세 번째로 연습하는 날에 절정에 달했다. 평소와 다를 바 없는 오후였다. 그때까지 우리의 세션은 연주하고 나서 평가하는 것이라기보다 우리와 노먼, 어쩌면 브람스도 가세하여 사력을 다해 앞으로 나아가고 진기한 표현과 의미를 얻으려고 싸우는 것에 가까웠다. 노먼은 방을 돌아다니며 난폭하게 굴었다. 우리가 테크닉 문제에 대해 불만을 터뜨리자 그는 입 다물고 연주나 하라고 했다. **갖고 있는 것을 활용해. 핑계 대지 말고. 너희들은 생각보다 많은 것을 갖고 있어.** 우리는 한 걸음씩 힘겹게 나아갔고, 그렇게 곡을 다 마쳤을 때 가장 불편한 일이 일어났다.

방 안은 무덥고 (비교적) 조용했다. 우리 셋 모두 기진맥진했고 땀투성이였다. 대럿은 첼로를 챙기고 있었다. 나는 아직 피아노를 뜨지 않고 양손 도약이 있는 까다로운 악구를 연습하며 건반 끝으로 손을 뻗었다. 노먼은 책상에 앉아 컴퓨터로 타이핑하고 있었다. 그가 말했다. "제러미, 그만 가봐." 나는 그의 말을 무시하고 소용없는 연습을 몇 차례 더 했다. 내가 피아노에서 일어났을 때, 노먼 역시 자리에서 일어나 방을 가로질러 불과 몇 인치 옆에 서 있었다. 내가 생각하기도 전에 그가 나를 꽉 끌어안았다. 향수 냄새가 진동했다. 그가 나직이 말했다. "정말 잘했어." 나는 그의 팔에 안겨 한동안 서 있었다. 구역질과 굴욕감을 느낄 만큼, 숨을 들이마실 만큼, 왜 이런 일이 벌어졌는지 생각할 만큼, 아버지는 연주 후에 이렇게 나를 껴안아준 적이, 혹은 빈정거리지 않고 진심으로 내게 말해준 적이 한 번도 없었다는 사실을 깨달을 만큼 충분히 긴 시간이었다. 마침내, 노먼이 나를 보내주었다. 그는 나를 쳐다보았다. 내 마음을 안다는 표정이었다. 나는 그를 밀어내고 출입구로 걸어갔다. 대릿이 복도에서 소리쳤다. "괜찮아?" 하지만 나는 멀리 떨어져 있었다. 그에게서, 그리고 모두에게서.

10장 선율: 두 번째 수업

PLAYLIST

▌ 베토벤: 첼로 소나타 A장조 op.69, 1악장

베토벤의 첼로 소나타 A장조 op.69의 시작 부분에 첼로 선율이 나온다. 첼로 혼자 연주하므로 거대한 피아노 소리에 묻혀서는 안 된다는 걱정을 할 필요가 없다. 첼리스트에게 불행하게도 선율은 '울프톤'[악기의 울림이 현의 진동을 불쾌한 방식으로 증폭시켜 웅웅거리는 음-옮긴이]을 지난다. 많은 첼로가 울프톤을 연주할 때 듣기 싫은 웅웅거림을 내므로 달콤한 이 자유의 순간은 굴욕적인 망신으로 얼룩질 수도 있다.

반주가 없어서 퍼즐을 풀어야 한다. 여러분은 펼쳐지는 음들을 듣고 어떤 화음이 내포되어 있는지 추론해야 한다. 살짝 들리다 만 대화의 단편들에 귀가 놓친 대목을 추가하여 완전한 문장으로 짜 맞추는 것과 흡사하다. 여러분의 귀는 (여러분 모르게) 음들을 묶어서 이해하고 의미를 찾으려고 애쓴다.

이것은 아래에 화음이 깔릴 때 선율이 '더 낫다'는 말이 아니다. 오히려 반대다. 이런 화음의 공백은 의미를 풍부하게 한다. 여기서 베토벤이 기대고 있는 음악의 힘은 우리가 알거나 그게 아니라도 상상할 수 있는 여러 음악 경험들과 상통한다. 예컨대 샤워를 하며 혼자 노래를 부를 때, 어머니가 자장가를 흥얼거릴 때, 농부가 밭에서 노동요를 부를 때, 수도승이 성가를 부를 때. 이것을 가리켜 단선율 monophony의 힘이라 해도 좋다. 하나의 선율이라고 해서 더 개인주의적인 음악을 만드는 것은 아니다. 사실, 한 명이 부르거나 하나의 악기가 연주하는 곡조는 공동의 경험에 더 잘 어울린다. 추도식에서 울려 퍼지는 "어메이징 그레이스"가 단적인 예다. 단선율은 팔을 활짝 벌리고 우리 청자들이 들어와 음악적 공백을 채우기를, 그리고 저마다 연주자와 각자의 방식으로 공감하기를 요구한다.

베토벤은 이것을 잘 이해했다. 개시부의 이 첼로 선율은 일반적인 음악 경험 바깥에 뭔가를 만든다. 기도나 초대 같은 것이다. 여기서 롤랑 바르트(맞다, 또 그 사람이다)의 재기 넘치는 문학 분석이 생각난다. 발자크의 단편을 분석하던 중에 바르트는 특이한 문장을 만난다. 그가 묻는다. 누가 말하는 거지? 이 문장의 출처는 누구지? 그는 해설자도, 저자도, 그 어떤 등장인물도 아니라는 것을 깨닫는다. 찾아낼 수 없는 목소리, 숨겨져 있는 교묘한 권위자다. 베토벤은 이런 종류의 목소리를 능수능란하게 구사한다. 다수와 개인 사이의, 모든 것과 하나 사이의 신화적 공간에 거주하는 선율을 만드는 솜씨가 탁월하다.

유명한 이 선율은 세 부분으로 이루어져 있다. 첫 번째, 가장 중요한 부분은 고작 세 음이다. 이것을 '모토'라고 부르자.

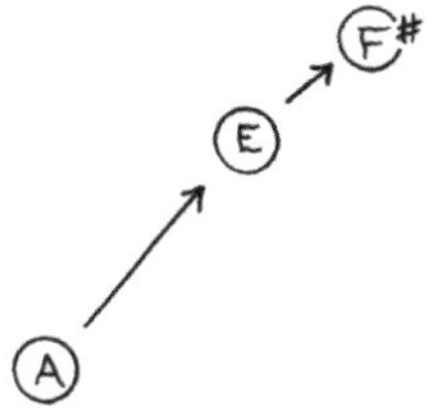

앞의 두 음은 주춧돌처럼 구조를 이룬다. 하지만 세 번째 음은 수수께끼다. 의문문을 말할 때 억양이 올라가듯 음이 위로 올라가며 음악적 질문을 던진다. 마지막 음은 다른 음들과 함께 해결될 것인가? 대답은 그렇기도 하고 아니기도 하다는 것이다.

두 번째 부분('응답'이라고 하자)은 첫 부분에 나왔던 음들을 거쳐 아래로 내려간다. 그리하여 마침내 우리가 시작했던 음으로 돌아온다.

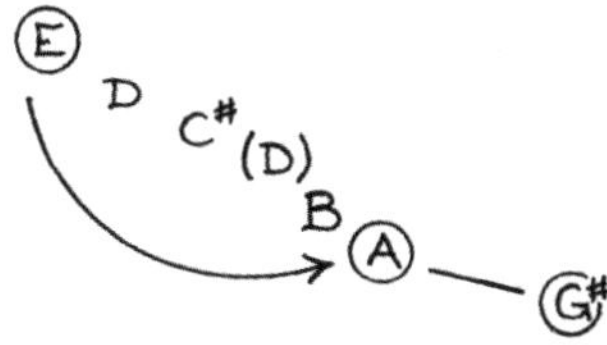

하지만 돌아와 보니 (삶에서 자주 그러하듯) 집이 달라졌다. 이제 불협화음이므로 다른 음으로 넘어가 해결되어야 한다. 이것은 선율을 구성하는 유용하고 기본적인 도구다. 똑같은 음을 활용하되 아까와 다르게 이해하는 것이다. 과거의 재해석이다.

첫 번째 부분(모토)은 마지막 음의 새로움이 핵심이다. 두 번째 부분(응답)은 맨 처음 나온 음을 재해석한다. 하나는 미래를 내다보고, 다른 하나는 뒤를 돌아본다. 서로 다른 메시지가 차례로 연결되어 가닥을 이룬다. 귀에 쏙 들어오는 선율 속에 이런 강력한 인과 관계의 흐름이 숨겨져 있다. 선율을 들으면 하나의 악상이 다른 악상을 요구하고 두 번째 악상이 첫 번째 악상의 유일하게 가능한 결과라는 느낌이 든다(충동이라 할 수도 있다). 선율은 물줄기를, 생각과 생각의 흐름을 만들어낸다. 그게 정반대되는 생각으로 이어지더라도 말이다.

선율의 세 번째 부분은 살짝 역설적이다. 음이 내려가는데 화성은 아직 정해지지 않았다. 바로 이 대목에서 피아니스트가 (드디어) 모습을 드러낸다. 멋진 순간이다. 내가 피아니스트라서 이런 말을 하는 것만은 아니다.

피아노가 응답을 하며 음을 올린다. 선율이 계속 몸집을 불린다. 악기와 악기를 오가며 연상을 통해 기대감을 키워간다. 악상을 전개하는 과정에서 각각의 대답은 앞서의 질문을 부분적으로 해결할 뿐이며 또 다른 질문을 만든다. 마침내 멈춰 선다. 부끄러움을 모르는 가수처럼 피아니스트는 카덴차를 연주하며 지금까지 우리가 들었던 모든 영역을 훑는다. 그리고 여전히 우리는 기다린다. 커튼 뒤에 무엇이 있을까? 이 선율은 우리를 어디로 데려갈까?

이제 우리는 앞서 들었던 똑같은 수수께끼의 모토를 듣는다.

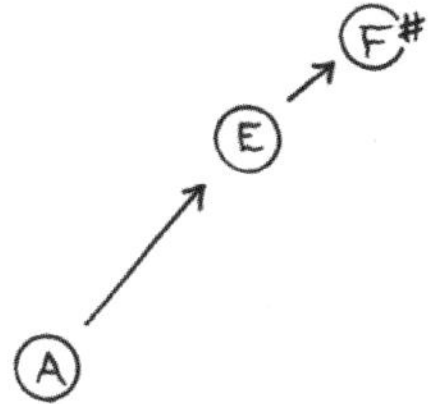

질문에 대한 대답은 질문 자체다! 많은 선율에 태엽을 감는 부분과 풀리는 부분이 있다. 테니스 선수가 서브를 넣기 위해 몸을 활처럼 젖히고 팔을 쭉 펴서 따라가듯 말이다. 그러나 여기에는 온통 감는 부분만 있고 풀리는 부분은 없다. 주제는 혼자 알아서 마무리하는 방법을 찾는다. 하지만 사실은 마무리되는 것을 원치 않는다. (여러분은 이런 사람을 아는가?)

한동안 곡은 그야말로 즐거운 분위기로 이어지며, 개시부 선율은 뒤로 물러나 있다. 원래의 모습으로 다시 나서지 않으며 가끔 자신의 존재를 귀띔한다. 그러다가 곡이 중반을 넘어서면 선율이 때를 기다리고 있었다는 것을 깨닫게 된다. 다시 돌아온다. 결코 똑같은 식으로 들리지 않는 제2의 삶을 얻는다.

베토벤은 첫 세 음(모토)을 재배치하는 것으로 이런 과정을 시작한다. 그는 음을 겹친다. 세 번째 음('맞지 않았던' 음)을 첫 음과 동시에 낸다. 앞에서 주제가 음을 차례로 내며 수수께끼를 전개했다면, 이제 음을 위로 쌓아올려 내부의 메아리로 으스스한 효과를 낸다.

그리고 나서 베토벤은 '응답'으로 돌아선다. 호화로운 펼침화음을 왼손에 맡기고, 이렇게 지지대가 마련되자 선율의 두 번째 부분을 고음에 풀어놓고 마음껏 노래하도록 한다. 사실상 낭만주의와 다를 바 없다. 여기서 한 걸음만 더 가면 쇼팽의 야상곡이다. 여러분이 애초에 피아노 레슨을 시작한 이유가 바로 이것, 그러니까 물결치는 펼침화음을 바탕으로 기막히게 아름다운 곡조를 연주하는 것이 아니었던가?

두 번째 부분의 핵심은 기억하겠지만 불협화음으로 넘어가는 것이다.

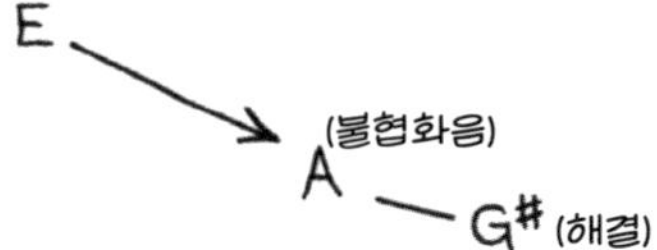

화성이 아래에 마련되면서 이 대목은 강렬한 슬픔의 표현으로 바뀐다. 첼로가 피아노를 모방한다. 둘은 함께 애도하고 불협화음을 옮겨 다니면서 다양한 슬픔을 시도하여 크기를 키운다. 고전주의의 대답은 이제 낭만주의의 카타르시스가 된다.

하버드 노턴 강의에서 레너드 번스타인은 '변형 언어학'에 대해 이야기하면서 문법의 변형과 음악의 변주를 연관시킨다. 그러나 내 생각에 우리는 문장보다 선율에 감정적 애착을 훨씬 더 많이 느낀다. 문법의 변형은 우리가 늘 눈앞에서 보는 변화들, 예컨대 계절, 기분, 노화, 상실, 성장, 죽음, 탄생만큼 생생하지 않다. 심지어 정당하거나 부당한 처벌로, 삶의 불행으로, 내적 진리의 깨달음으로 사람이 동물로 변하는 (오비디우스나 카프카의) 문학에 담긴 생생함에도 미치지 못한다. 사람들은 자신의 본성이 그러하여, 피할 수 없는 어떤 요소 때문에, 혹은 변화가 도처에 있으므로 바뀐다.

베토벤의 선율은 문장보다는 사람이나 사상과 비슷하게 군다. 자발성과 철학을 가지려 한다. 베토벤이 주제의 모습을 바꿀 때는 그냥 자신이 할 수 있어서, 혹은 일시적 변덕을 부려서 그러는 것이 아니다. 변형에 목적을 부여하려고 한다. 그의 세계에서는 이런 변형이야말로 그런 선율을 가져야 하는 거의 유일한 이유다.

발전부가 이어지면서 낭만주의의 슬픔은 폭풍으로 발달한다. 첼로는 미치광이처럼 활질을 한다. 피아니스트는 선율의 두 번째 부분을 두들겨대며 자체적인 불협화음을 만든다. 곡에서 그 어떤 대목보다 격렬하게 치닫는데, 이런 격렬함은 우리가 방금 들었던 슬픔이 없었다면 납득하기 어려웠을 것이다. 베토벤은 감정을 논리적으로 설계하여 절망에서 생겨난 분노를 표현하고 있다.

이런 변주들은 서로 완전히 다른 감정을 갖고 있으면서 (배경 저편에서) 보다 큰 그림을 이룬다. 우리는 수수께끼 같은 모토와 슬픔의 응답을 거쳐 폭풍에 이르렀다.

모토, 수수께끼

응답, 슬픔

응답, 폭풍

이 대목에서 베토벤은 멋진 이행부를 마련하여 우리를 슬픔으로
되돌린다.

    모토, 수수께끼
        응답, 슬픔
            응답, 폭풍
        응답, 슬픔

그리고 마침내, 거꾸로 가는 이런 시간여행을 계속하여 우리는
서두의 수수께끼로 돌아온다. 전체적인 구성을 보자.

    모토, 수수께끼
        응답, 슬픔
            응답, 폭풍
        응답, 슬픔
    모토, 수수께끼

첫 세 음의 수수께끼가 아치 기둥이 되고 격렬한 분출이 중앙에
놓이는 거대한 대칭을 이룬다.

베토벤은 주제 발전을 통해 자신의 선율에 원래의 길이를 훨씬
능가하고 원래의 감정적 힘을 훌쩍 뛰어넘는 새로운 삶을 부여했다.
동시에 그는 선율만으로는 결코 할 수 없었던 마무리를 하여 아치를
완성했다. 이런 과정을 몸소 겪고 모든 버전의 지혜를 축적함으로써

선율은 완료되었다는 느낌을 얻는다. 깊이를 더해 오래 지속되는 힘을 얻는다. 그래서 이런 우여곡절을 겪고 난 뒤에 처음의 주제를 다시 들으면, 그저 감탄하는 것만이 아니라 '돌아왔다'는 감정을 느끼는 것이라고 생각한다. 여기서 베토벤은 선율의 핵심적인 모순 하나를 우리에게 일깨워준다. 선율은 한편으로는 기념품이나 소중한 사진처럼 기억되고 반복되려는 욕구가 있다. 다른 한편으로는 천부적인 변형의 재능과 변형해야 하는 절박한 필요가 있다. 선율은 명사와 동사, 존재와 생성 사이를 계속해서 왔다 갔다 한다.

11장 넷째 손가락에 닥친 위기

PLAYLIST

슈만: 시인의 사랑
브람스: 바이올린 소나타 3번 D단조 op.108, 1악장
슈베르트: 피아노 소나타 B플랫장조 D.960, 1악장
메시앙: 이국의 새들
브람스: 피아노 협주곡 2번 B플랫장조 op.83
바흐: 파르티타 1번 B플랫장조, 지그

오벌린에서 지낸 앞의 절반을 돌아보면 발견의 기쁨으로 반짝이는 나날이다. 하지만 뒤의 절반은 온통 불안한 표정밖에 보이지 않는다. 이렇게 돌아서게 된 순간을 지목하자면, 그것은 2학년이 끝나갈 무렵에 내린 서툰 선택이었다.

1988년 덥수룩한 금발의 나에게는 여름을 앞두고 두 가지 유망한 선택지가 있었다. 하나는 타오스에서 열리는 규모는 작지만 까다롭게 선별한 실내악 세미나였다. 일, 명상, 자연과 함께하는 시간이다. 두 번째는 막 창설된 아메리칸-소비에트 청년 오케스트라의 피

아니스트(그것도 유일한!)로 참가하여 주빈 메타와 함께 케네디 센터, 에이버리 피셔 홀, 모스크바, 레닌그라드를 오가며 정치적이고 요란한 순회공연을 하는 것이었다. 나는 오케스트라를 선택했다. 세계로 나아가 포스터에 이름을 올리고 싶었다.

시작은 괜찮았다. 오케스트라는 오벌린에 모여 리허설을 했다. 간단한 러시아어를 배웠고, 카메라와 기자들이 몰려와 북새통을 이루었다. 소비에트인들은 우리를 하수인이라고 여겼겠지만, 우리 미국인들은 그렇지 않았다. 우리는 서로 상대방을 개종하고 있다고 상상했다. 문화 교류의 일환으로 실내악을 연주했다. 나는 콘서트마스터와 함께 브람스의 D단조 바이올린 소나타를 연주하게 되었다. 깡마르고 고약한 냄새를 풍기는 갈색 머리의 러시아인으로 스물네 살 정도로 보였다. 그는 마디마다 나를 멈추고는 "헤이, 페달" "엄격하게 해" "베이스는 어디 있지?" 하고 말했다. 그는 내가 해야 할 일을 모두 말해주는 것이 자연스럽고 옳은 일이라고 여겼다. 나를 꼭두각시 반주자로 대했다. 그는 자신이 배운 그대로 나에게 가르쳐야 했다. 나는 화가 치밀었지만, 국제 분쟁을 일으키지 않으려고 참았다.

쇼스타코비치의 오중주도 연주했다. 이 곡은 친절하고 어린 러시아 여자들과 함께 하여 더 쉬웠지만, 충격적이기는 마찬가지였다. 오벌린에서는 교수들이 항상 내게 더 조용히 연주하라고, 그래야 현악 소리가 들린다고 말했다. 그러나 러시아인들은 오벌린 학생들보다 세 배는 더 요란하게 연주했다. 피아니시모라고 적힌 대목에서도 말이다. 나는 소심하게 이것을 지적했다. "악보에 조용히 연주하라고 표시되어 있는데 아닌가?" 그들이 야단스럽게 설명에 나섰다.

러시아 음악은 자신들이 잘 알며 원래 그렇게 연주하는 것이라고 했다. 나는 입을 닫았다. 그들은 전통을 믿었고 나는 아니었으니 말이다. 그들은 내가 독주 부분을 최대한 세게, 마치 내 손가락이 해머라도 되듯 연주하도록 했다. 6초가량 이어지는 첫 번째 음계를 마쳤을 때 나는 녹초가 되고 말았다. 그들이 정말로 이걸 원했을까? 확실히 내 귀에는 아름답게 들리지 않았지만, 어쩌면 아름다움에 대한 내 개념에 문제가 있었는지도 모른다. 오벌린 교수 한 명이 연주가 끝나고 오더니 사악한 미소를 지으며 말했다. "아마 그들이 그런 식으로 연주해야 한다고 했겠지?" 그러고는 이렇게 덧붙였다. "소리 괜찮았어."

나는 이런 흥미로운 음악 정보를 내 것으로 흡수했고, 탈취제의 중요성을 그 어느 때보다 실감했다. 그러나 오벌린을 떠나 순회공연에 나서자 음악은 뒷전으로 밀려났다. 자료 입력과 거의 비슷하게 일이 되었다. 리허설은 건성으로 했다. 연습하거나 생각할 시간이나 장소가 없었다. 나는 관광에 나섰다. 세계의 경이를 슬쩍 둘러보고는 서둘러 버스로, 열차로, 공항으로 갔다. 젊은 오보이스트들과 타악기 연주자들이 뉴욕과 모스크바의 호텔방에서 밤늦게 나를 찾아왔다. 나는 버클리에서 에어컨이 없다고 투덜거렸는데 관리자들의 위압적인 표정을 접하고 나자 다시는 불평할 생각이 나지 않았다. 그래서 레닌그라드에서 빈대 군단의 습격을 받았을 때도, 리가에서 기관지염을 앓았을 때도, 모스크바에서 음식으로 혀가 나왔을 때도 아무 말을 못했다. 결국 심한 이질에 걸렸고, 세레메티예보 공항에서 탈수 증세로 쓰러졌다. 억울했다. 지난해 여름과 정반대 선택을 했는데 똑같은 결과인 죽음의 문턱이라니.

〉

　3학년에 접어들 때 새로운 기숙사를 배정받았다. 북쪽에 위치한 오래되고 예스러운 붉은 벽돌 건물이었다. 깔끔하고 재밌는 게이 룸메이트 윌과 지내게 되었다. 그는 첫날 내게 말하기를 문손잡이에 고무줄이 걸려 있으면 들어오지 말라고 했다. 모퉁이에 놓인 책상 위에 화학 교과서가 수북이 쌓여 있던 모습이 생각난다. 넓은 잔디밭이 내다보이는 풍경이 좋았다. 한층 조용해진 공간은 내게 피난처가 되었다. 윌과 가벼운 대화를 나누자 마음이 편안해졌다.

　여전히 기침도 나고 피곤했으며 분홍빛으로 부어오른 자국이 살짝 남아 있었지만, 나는 여름의 기억을 훌훌 털어내고 모든 방향으로 힘찬 발걸음을 내디뎠다. 양립할 수 없는 두 가지, 그러니까 화학과 피아노를 화해시키려고 또 한 번 애썼다. 나는 열역학(마지막 필수과목), 과학사(인문학의 시선으로 바라본 과학), 솅커 분석(음악을 도표로 만들어 과학화하는 작업), 현대 소설(내 마음 한구석에서는 웅크리고 앉아 읽고 싶다는 생각밖에 없었다), 그리고 갑자기 열정이 샘솟아 말러(과학과 정반대인 온몸으로 울부짖는 소리) 수업을 들었다. 일주일에 여섯 시간 실험실 조교로 일하며 미미한 액수지만 수업료로 보탰다. 그리고 반주자로 일하며 또 얼마를 보탰다. 그 무렵에 총각 딱지도 뗐다. 마지막이자 가장 큰 골칫거리는 내가 어떤 곡을 요청해도 다 받아준다는 소문이 돌았다는 것이다. 나는 음악도 좋았지만 함께 연주하자고 요청을 받는 것도 좋았다. 요청을 받으면 마치 사랑을 받는 것처럼 느껴졌다.

　특히 성악곡은 아무리 해도 질리지 않았다. 가수들도 나를 외면

하지 않았다. 이런 치명적인 매력은 나도 모르게 커지고 있었는데, 그 시작점은 나의 전 룸메이트 사샤가 슈만의 연가곡집 〈시인의 사랑〉을 내게 알려준 것이었다. 사샤는 〈시인의 사랑〉을 마치 성경 대하듯 했다. 라운지에서 여자아이를 빤히 쳐다보며 황홀한 첫 곡 "아름다운 오월에"를 중얼거렸다. 그녀가 관심을 보이지 않으면 뒤의 노래로 넘어가 시인이 헤비메탈을 방불케 하는 반주에 맞춰 감정을 분출하는 유명한 구절 "그대의 마음을 갉아먹는 뱀"을 노래했다.

문득 〈시인의 사랑〉이 폴리에게 안성맞춤이라는 생각이 들었다. 고전음악의 의미와 가치를 그녀에게 확실히 증명할 수 있는 기회로 보였다. 여기에는 대학생활에서 필요한 전부인 사랑의 노래와 이별의 노래가 있었다. 믹스테이프와 구조적으로 비슷했지만 서사가 있었다. 그녀가 듣는 한숨 나오는 음악보다 훨씬 뛰어난 화음 진행은 말할 것도 없고 말이다. 하지만 이런 설명은 폴리에게 먹혀들지 않았다. 그녀는 고전음악의 짜증나는 발성에 대해 유쾌하게 비난을 털어놓고 나서 너 참 답 없는 아이구나 하는 표정으로 물었다. "어떻게 이런 이야기를 진지하게 받아들일 수 있지?"

낭만주의 연가곡의 줄거리를 요약하려니 당혹스럽다. 감수성 예민한 젊은 남자가 거의 생면부지의 사람과 사랑에 빠졌다가 (건장한 사냥꾼이나 돈 많은 남자, 혹은 남성의 불안을 나타내는 다른 상징적 존재에게) 사랑을 잃고 나서 어쩌지 못하고 목숨을 끊는다는 내용이다. 하지만 음악이 전하는 이야기를 들으려면 이런 스토리는 무시해야 한다. 가수/시인/해설자가 사랑에 빠질 때 여러분은 잇단 음악적 순간을 만난다. 순수한, 거의 종교적인 감정을 느낀다. 한 순간 숨도 못

쉬게 몰아붙이다가 다음 순간 나른하게 늘어진다. 각각의 모습이 등장할 때마다 여러분은 **그래, 저게 내가 사랑이라고 느끼는 감정의 일면이야**, 하고 알아본다. 비축물을 챙기듯 이런 감정을 하나씩 쌓아둔다. 그러다가 절정에 이르면 지나치게 넘쳐서 터질지도 모르겠다고 걱정한다. 괜한 걱정이다. 작곡가는 잇단 부정적 깨달음을 선사하며 이런 기쁨을 하나씩, 한 곡씩 도로 가져가기 시작하니까. 그는 여러분이 한때 기쁨이라고 여겼던 바로 그 악상에서 위협을 보게 한다. 득보다 실이 더 아름다울 때가 많다는 것이 유일한 위안이다.

나는 가장 중요한 연가곡 두 곡—〈시인의 사랑〉과 슈베르트의 〈아름다운 물방앗간의 아가씨〉—을 크리스라는 바리톤과 함께 했다. 그는 리허설을 많이 요구했다. 나는 그의 머릿속에 들어가 그의 단어를 하나씩 맛보는 기분이었다. 우리는 위협적인 독일어 자음(슐랑, 슐레흐트)을 차곡차곡 쌓아올리고, 그런 다음 애절한 모음(리베, 젠주흐트)으로 허물어뜨렸다. 내가 실생활에서 부족한 감정이입을 발휘해가며 음들에 생각을 얹는 일은 가히 놀라웠다. 과장이 심하다고 할지도 모르겠지만 그래도 좋았다. 그리고 그건 양식의 일부였으므로 그냥 좋은 정도가 아니었다.

크리스의 선생은 『가창의 구조』라는 유명한 성악 교과서를 집필한 오벌린의 전설, 리처드 밀러였다. 그의 스튜디오는 중앙 출입구 바로 옆의 좋은 자리에 있었다. 일반인은 사용할 수 없는 문으로 들어갔다. 방 안에는 페르시아 양탄자, 양치식물, 악보를 넣어둔 앤티크 수납장 같은 사치품이 있었다. 리처드가 문을 열었을 때 그에게서 고딕 분위기가 났다. 흡혈귀를 닮았다고 말하지는 않겠지만, 그는 흡혈귀 성에 사는 집사와 같은 모습으로 나와 우리에게 편하게 있으라고 했다.

첫 레슨 날, 양치식물의 이파리를 피해가며 피아노 앞에 앉았다. 두 마디를 하고 나더니 리처드가 크리스의 노래를 중지시키고는 그의 소리의 문제를 해결하려고 했다. 목이 옥죄어 있다고 했다. 적절한 빈 공간을 아직 못 찾았다는 것이다. (성악 교사들은 학생들을 보면 항상 머리에서든 목구멍에서든 횡격막에서든 빈 공간을 찾으려고 했다. 마치 인간의 몸이 소리를 내기 위해 속을 파내야 하는 조롱박이라도 되듯 말이다.)

보다 못한 리처드가 시범을 보였다. 한 음을 잡고 소리를 내기 시작하더니 서서히 음을 높였고, 이어 음을 아래로 아무렇게나 내렸다. 실제 음이 어떻게 되는지는 중요하지 않았다. 그저 발성기관을 풀어주려는 목적이었다. "이제 해보게." 그가 말했다.

"아아아아아아아," 크리스가 따라했다.

"아냐, 이렇게." 리처드는 훨씬 더 미끄러지듯 소리를 슬며시 올렸다가 떨어뜨렸다.

"아아아아아," 크리스의 성대가 다시 울렸다. 자유롭게 마구 내지르지는 않았다.

"머리의 높이를 느껴, 돔 지붕이라고 상상하고. 아아아아 에에에 에 이이이이 우우우우." 리처드는 모음을 차례로 내기 시작했다.

슈베르트의 미묘한 감정은 온데간데없었다. 리처드와 크리스는

10분 동안 서로를 향해 기러기처럼 끼룩거렸다. 나는 모퉁이에서 눈을 깜빡이며 온순한 박물학자가 되어 이들을 방해하지 않으려고 했다.

마침내 악보로 돌아왔다. 같은 길이의 음표 여섯 개가 이어지는 대목이었다. 하지만 크리스는 어떤 음도 같은 길이로 내지 않았다. 나는 어떻게 연주해야 할지 판단이 서지 않았다. 내 집게손가락이 극심한 공포에 사로잡힌 벌새처럼 건반 위를 맴돌며 부들부들 떨었다. 가수들은 이런 리듬의 무질서가 우리처럼 가수가 아닌 음악가들에게 얼마나 극심한 불안을 안겨주는지 몰랐다. 혹은 알면서도 개의치 않았다. 나는 리처드를 빤히 쳐다보며 개입해주기를 바랐다. 그러나 그는 너무도 무관심해 보였다. 생각지도 못하게 나는 박자를 놓치고 말았다.

리처드의 레슨은 음악성을 키우는 데 그렇게 도움이 되지 않았으므로 우리는 다른 교사의 조언을 구하기로 했다. 얼마 전 오벌린에 온 성악 반주 전문가 필립 하이필을 찾아갔다. 필립과 나는 기묘하게 어울리는 한 쌍이었다. 나는 음악이 선로를 벗어날 때가 가장 좋았다. 필립은 선로를 윤기 나게 닦고 찬탄하는 것을 좋아했다. 그는 계속해서 세심한 조정과 통제를 제공했다. "그래, 제러미, 불안한 감정을 표현했다는 네 생각은 옳아 보여. 하지만 연주하면서 맥박을 그토록 세차게 흔들어도 될까? 그리고 템포가 아지타토(흥분하여)의 느낌에, 이렇게 말해도 된다면, 휩쓸려가도 괜찮아? 템포를 시간의 지시가 아니라 성격으로 보는 것 같네."

나는 자리에 다시 앉았다. 대학 시절까지 경험한 감정으로는 불안과 공포를 어떻게 절충해야 할지 몰랐다. 나는 혼란스러운 방식으로 연주했고, 필립이 아까보다 낫다고 했다. 그는 노먼처럼 콧수염을 길렀는데 우연이겠지만 불편했다.

필립의 스튜디오에서 다른 많은 가수들을 만났다. 그들은 내가 포로나 전리품이라도 되듯 자신의 레슨에 데려갔다. 그들의 선생은 놀랍다는 듯이 나를 쳐다보았다. 잘나가는 피아니스트라고 소문이 난 내가 여기서 성악 전공 신입생의 반주나 하고 있었으니 말이다. 그들도 실은 원치 않았던 상황이었다.

나는 리베카라고 하는 젊은 소프라노의 반주를 하느라 안 그래도 없는 시간을 많이 썼다. 리베카의 냉소가 마음에 들었다. 냉소로 인해 그녀는 무적의 존재로 보였다. 리베카의 선생은 무대 활동을 활발하게 하는 현역 소프라노 캐럴 웨버였다. 캐럴 역시 종류는 달랐지만 무적의 존재로 보였다. 그녀에게 내가 살아온 이야기를 털어놓고 싶다는 충동이 들 정도였다. 그녀는 성악을 하기에 적당한 정도로 체구가 풍만했고, 펌에 가까운 곱슬한 검은색 머리였다. 항상 찰랑거리고 반짝이는 의상을, 주로 흰색 의상을 입었다. 한마디로 고운 천사의 외양이었다. 그나저나 성악 교수들은 죄다 외모가 뛰어났다. 현악기 연주자들과 피아니스트들은 얼간이나 괴짜가 되도록 권장하는, 거의 요구에 가까운 분위기가 있었다. 하지만 퇴락해가는 이곳 러스트 벨트 지역에서도 가수들은 무대를 의식하여 몸을 가꿔야 했다.

언젠가 우리는 『스물네 곡의 이탈리아 가곡과 아리아』라는 책에서 몇 곡을 연습하고 있었다. 내가 클레멘티를 익혀야 했듯이 성악을 배우는 학생이라면 모두가 거쳐야 하는 유명한 교재다. (성악 학생들은 일반적으로 피아니스트보다 배움의 과정이 12년가량 늦다.) 이런 음악에서 내가 생각해야 할 것은 없었다. 생각을 할수록 나의 쓸모는 그만큼 줄었다. 그래서 나는 주로 리베카를 쳐다보며 침대에서 그녀 옆에 누워 있는 기분은 어떨까 생각했다.

한두 소절 진행했을 때 캐럴이 말했다. "리베카, 오늘 생각이 딴 데 가 있네."

"알아요…" 그녀가 말했다.

"왜 그런 거야?"

"모르겠어요, 죄송합니다." 리베카는 스스로에게 화가 난 듯했고 거짓말을 하다가 들킨 아이처럼 보이기도 했다.

"리베카, 가서 거울을 봐."

그녀는 커다란 전신 거울 앞으로 가서 자신의 모습을 들여다보았다.

"리베카, 그게 너야?"

"네, 맞아요."

"정말로?"

"네, 저의 모습이에요."

"좋아. 다른 일들로 신경 쓰고 있다는 거 알아." 캐럴이 말했다. "마음이 생각으로 꽉 들어찼어. 네 아버지 일이랑 집에 대해서는 다 잊어. 마음을 비워."

피아노 덕분에 어색한 분위기가 조금 덜어졌다.

"그럴게요. 웨버 부인."

"넌 작품을 하려고 온 거야. 작품을 존중해야지."

"준비되었어요."

"좋아, 이제 해봐."

리베카가 조금 불렀지만 고음에서 목소리가 갈라지더니 아무 소리도 나지 않았다. 흐느끼는 그녀의 울음소리가 마치 생경한 사투리로 노래하는 것처럼 들렸다. 내가 반했던 무적의 이미지가 무너져 내리면서 내가 알고 싶지 않았던 실체를 드러냈다.

캐럴이 자리에서 일어나 리베카를 데리고 거울 앞으로 다가갔다. 그녀의 걸음걸이에서 오페라의 한 장면이 생각났다. 어렸을 때 비디오로 보고 좋아했던 〈라 트라비아타〉에 나오는, 알프레도가 비올레타에게 다가가 평생의 사랑을 포기하는 것이 옳은 일이라고 말하는 장면이었다. 갑자기 캐럴이 나를 향해 돌아섰다. 이번에는 악당이 근처에 숨어 있는 것을 막 알아차린 듯한 오페라의 동작이었다. 그녀가 말했다. "넌 이제 없어도 된다." 나는 쏜살같이 그 자리에서 달아났다.

{

감정과 잘 갖춰 입은 옷이 지겨워지면 내가 기댈 수 있는 완벽한 해독제가 있었다. 바이올린 교수 그레그 풀커슨이었다. 그레그는 키가 작고, 배가 살짝 나오고, 이마가 넓고, 점이 있고, 체셔 고양이의 미소를 가진 사람이었다. 바이올린 솜씨가 대단했다. 그는 가장 지루한 이성애자 복장을 했으며 항상 야구 모자를 썼다. 그가 말하기를 야구는 실패에 너그러우므로 클래식 음악가라면 **마땅히** 야구를 사랑해야 한다고 했다. 나는 다른 피아니스트가 취소하는 바람에 운 좋게 그레그의 스튜디오에 들어갔다. 그가 늘어놓는 악의적인 험담을 몇 분 듣고 나서 그에게 매료되었다.

우리 학생들은 그레그를 래리 래즐레프와 같은 부류로 분류했다. 우리는 두 사람이 복도에서 함께 잡담을 나누며 (추정하건대) 우리를 자책하게 만들 새로운 방안을 공모하는 것을 자주 보았다. 래리와 마찬가지로 그레그도 나와 마무리해야 할 일이 있는 것처럼 굴었다. 그는 내가 가끔은 자신이 들어본 그 누구에도 못지않게 연주를 잘한다고 말했다. 그러고 나서 이렇게 물었다. 그 "위대한 피아니스트"는 어디로 간 거지? 따옴표 표시는 그가 한 것이다. 나도 스스로에게 자주 던지는 질문이지만, 그가 물었을 때 훨씬 다급해 보였다.

나는 그레그와 온갖 바이올린 레퍼토리—아이브스, 베토벤, 그리그, 모차르트—를 익혔지만, 기억에 또렷이 남는 레슨은 브람스의 D단조 소나타를 배운 것이었다. 7년 전 나의 스승 빌이 뉴멕시코에서 연주한 것을 들은 이후로 내가 사랑하는 곡이었다. 언젠가는 그 곡을 직접 연주하겠노라고 다짐했다.

내 연주의 꿈은 그리 오래가지 못했다. "으음…" 그레그는 기품 있게 서성거리는 첫 번째 악절의 중간에 불쑥 끼어들었다. "좋은 피아니스트의 특징은 페달을 사용하지 않고 손가락만으로 음을 연결할 수 있다는 거네." 브람스의 소나타 개시부에서 피아니스트의 오른손과 왼손은 똑같은 음을 살짝 시간차를 둬서 뒤따라가는 것처럼 연주한다. 이때 페달을 사용하면 음을 흐릿하게 뭉개는 손쉬운 효과를 얻는다. 그러나 우리가 원하는 것은 그보다 더 나은 것, 그러니까 명확한 불안의 느낌이다. 페달 없이 이 대목을 연주하거나 페달을 절묘하게 밟았다 놓으며 퍼덕거리는 느낌을 내기란 훨씬 어렵다.

"이해해, 피아노 연주는 너어어어무도 어렵지." 그레그가 말했다.

"가엾은 제러미! 비브라토를 상대하지 않아도 되니 그나마 다행이
랄까."

이어 우리는 제2주제에 이르렀다. 브람스가 작곡한 최고의 주제
가운데 하나로, 자신의 소리를 들어주기를 원하는 것처럼 보인다. 나
는 감정을 한껏 실어 연주하며 스스로에게 만족했다. 퍼덕거리거나
발끝으로 걸을 필요가 없어서 좋았다. 그레그가 또다시 나를 멈추게
했다. "제러미, 부탁하는 것은 싫지만," 그는 부탁하기 싫지 않은 눈치
였다. "여기 악보를 봐줄래?"

이 주제의 발상은 단순하다. 하나의 음이 속에서 끓어오르며 위의
음으로 올라간다. 마치 갈망하는 것 같다. 위의 음이 되려고 필사적으
로 발버둥치는 것처럼 말이다. 하지만 막상 도달하고 나자 처음의 음
으로 돌아간다. 그러므로 가장 간절히 원했고 아름다운 음은 가장 짧
은 음이기도 하다. '순수한' 곡조에 이런 교훈과 의미가 숨겨져 있다.

그레그는 짧은 음 위에 표시된 스포르찬도 표기를 가리켰다.

그러죠, 나는 다시 연주했다. 강조 표기를 지키며 말이다. 뭔가 핵
심을 잘못 짚고 있다는 느낌이 들었다. 중요한 음은 그 자체만으로
당연히 강조해서 연주하게 되니까 말이다.

"좋아," 그가 계속해서 말했다. "그런데 스타카토도 있어."

나는 그를 빤히 쳐다보았다.

"그럴 리가. 말도 안 돼요." 내가 말했다. 작곡가의 표기가 가장 정신 나간 것으로 보이는 대목이 가장 주의를 기울여 연주해야 하는 대목임을 나는 알지 못했다. 하지만 어처구니없는 스타카토는 악보에 분명히 있었다.

좋아. 나는 짧게 연주했다. 얼마나 흉하고 터무니없게 들리는지 그에게 증명하고자 했다. 그레그는 그럴 줄 알았다는 듯 창문 쪽으로 가 있었다. 그가 사악한 기쁨이 담긴 사악한 미소로 나를 돌아보며 말했다. "좋아, 자네 말대로 소리가 끔찍하군. 하지만 한 가지 잊은 게 아직 남았어… [더 낮은 목소리로] 페달 표기가 있어."

으윽! 정말로 악보 아래 내 눈이 종종 놓치는 곳에 있었다. 짧은 음에 놓인 페달 표기가. 이 또한 터무니없는 것이었다. 어째서 브람스는 음에 스타카토를 표시하여 음을 놓아주라고 말하면서, 동시에 음을 붙들고 있으라는 뜻인 페달을 표시했을까?

　"일단 해봐." 그가 말했다. 몇 번 실패하고 나서 마침내 스포르찬 도와 스타카토와 페달 표기를 모두 지켰다. 세상에나! 심술궂은 3인방은 낭만주의의 정수였다. 위의 음에는 다급함이 더 실리고, 아래의 음은 마치 헤어진 연인의 손길이 여전히 느껴지듯 미련이 남아 머뭇거린다. 그냥 하나의 음표가 아니라 불안한 기억을 들추는 것, 또 다른 층위의 경험이었다.

　나는 고마운 마음으로 그레그를 바라보았다. 그가 내게 보여준 것은 논리적이고 감정적이고, 악보를 살펴보면 알겠지만, 명백한 것이었다.

　"그렇게 터무니없지는 않지?" 그레그가 우쭐해하며 말했다. 그는 위대한 경이에 눈을 뜨게 하면서도 화를 돋우는 말을 빠뜨리지 않았다. "내가 이런 것까지 말해야 해? 넌 그러니까 신동이잖아? 악보 읽는 법은 알고 있어야지." 그러고 나서 어조를 누그러뜨려 그날의 교훈을 전했다. "너의 연주를 들으면서 내가 악보로 받아 적을 수 있어야 해. 나는 모든 표기를 귀로 듣고 싶다고."

　받아 적는다는 그의 말에는 거부감이 들었다. 구술과 재연은 그 자체가 목적이 아니라는 것이 내 생각이다. 하지만 디테일을 세심하게 지키는 그레그는 감정을 앞세운 성악 레슨이 밋밋하게 여겨질 정도로 강한 인상을 남겼다.

♪

　오벌린에서 이 무렵 나에게는 손가락과 발가락을 합친 것보다 더 많은 멘토들이 있었다. 이런 교사들 모두가 양쪽에서 나를 잡아당기고 있었다고는 생각하지 않는다(그랬어도 개의치 않는다). 이성적인 그레그-래리 연합, 제각각인 비이성적인 가수들에 더해 뇌와 마음 사이에 끼어든 침입자들도 있었다. 바로크 음악의 개혁에 힘쓴 멋진 바이올리니스트 메릴린 맥도널드, 아직은 그의 남편인 히피 클라리넷 연주자 (또다시) 래리가 그들이다. 한 레슨에서 래리가 "박이 요란하군, 그렇지?" 하고 말했던 것이 기억난다. 클라리넷 연주자와 나는 왈츠여야 하는 음악을 우리가 진군하듯 연주하고 있었음을 깨닫고 고개를 끄덕였다. "박을 덜 요란하게 하고 싶다면," 여기서 래리는 목소리를 온화한 비명으로 끌어올렸다. **"박에서 힘을 빼고 연주해!"** 예나 지금이나 멋진 조언이다.

하지만 3학년을 통틀어 독주 피아노 레퍼토리를 익힌 레슨에 대해서는 세세한 것이 생각나지 않는다. 새로운 곡을 익히지도 않았다. 바버, 라흐마니노프의 연습곡, 바흐의 〈전주곡과 푸가〉에 매달렸지만 진전이 없었다. 나는 바흐를 바버나 라흐마니노프보다 더 낭만주의적으로 연주했다. 이런 게으름에 가엾은 조는 틀림없이 화를 냈겠지만, 이것 또한 생각나지 않는다.

피아노 스튜디오 수업은 두 개가 기억나는데 여기서 내가 처음으로 들은 음악 때문이다. 불운이라면 목요일 오후 5시 30분에 수업이 열렸다는 것이다. 하지만 점심을 먹은 지 한참 지났다는 것은 문제의 일부일 뿐이었다. 우리 피아니스트들이 한자리에 모이면 마치 근본적으로 비사교적인 동물들을 억지로 한곳에 몰아넣은 기분이었다. 수업은 돌로 쌓은 벽과 높고 얇은 스테인드글라스 창문이 있는 차

가운 현대식 공간인 워너 홀에서 진행되었다. 소리와 말이 잔향에 뭉개졌다.

내가 기억하는 첫 번째 수업에서는 비쩍 마르고 잘 차려입은 4학년생이 베토벤의 소나타 op.109를 연주했다. 연주에 앞서 조가 설명하기를 "이 곡은 역사상 가장 중요하고 심오한 작품 가운데 하나"라고 했다. 다른 부서에서 일하는 사원을 언급하는 말투로 아주 무심하게 말이다. 그는 음악은 사랑하되 허세 부리는 것은 질색이었다. 내가 들어본바 그 곡은 음악이라기보다는 환각체험에 가까웠다(내가 LSD를 해봤다는 말은 아니다).

몇 주 뒤 다른 수업에서 나와 간간이 이야기를 나누기도 했던 불그스레한 뺨의 학생이 피아노 앞으로 나가 슈베르트의 마지막 피아노 소나타 D.960을 연주했다. 그녀 이름은 기억나지 않는다. 농장에서 자란 소녀의 느낌이었다. 오벌린의 그래놀라 같은 존재랄까.

B플랫장조 소나타는 오랜 세월 매독과 힘겹게 싸웠던 슈베르트가 1828년 세상을 떠나기 직전에 작곡한 곡이다. 음악이 아름다울수록 희망은 점점 꺾이니 비통한 논리가 아닐 수 없다. 소녀는 한창 꽃다운 나이인 열아홉 살이었다. 그날 그녀는 페이즐리 무늬 치마를 입고 있었다. 병으로 시름시름 앓던 슈베르트의 세계관을 그녀가 공감했을까? 그리고 그녀는 페이즐리 치마로 그것을 어떻게 표현할 수 있었을까? 그녀의 소리는 원숙했고 근사했다. 스산하고 추운 겨울 오후를 견뎌내라고 우리 모두에게 주문을 걸었다.

개시부 선율은 위로의 힘이 있었지만 크진 않았다. 계속해서 마음을 닫아걸고 기본적인 몇 음만 되풀이했다. 딱 한 순간 진짜 행동을 취하려는 것처럼 보였다. 갑자기 B플랫에서 E플랫까지 네 개의 음을 올라가며 발판을 마련했다. 욕망이 느껴졌다. 나는 그것을 따라가고 싶었지만, 슈베르트는 그것이 어디로 이어지는지 내가 보기를 원치 않는 것 같았다. 그러는 동안 그녀는 연주를 이어가며 밝았다 어두웠다 밝았다 했다. 그러다가 악보를 까먹어 연주를 중단하고 말았다. 비극적인 클라이맥스가 엉망이 되었다. 나는 깜빡 잠이 들었다. 3학년 때는 늘 피곤했고 자주 아팠다. 미지근한 박수 소리에 정신을 차렸다.

"갈수록 나아지고 있어." 조가 통로를 지나 무대 쪽으로 나아가며 말했다. "그래도 기억을 짜내 연주해야지." 그는 그렇게 말하면서 어떻게 해야 하는지는 설명하지 않았다. 그녀는 그를 보고 우리보다 더 몸 둘 바를 몰라 하며 웃었다. "그래야죠, 그 점에 대해서는 애석하게 생각합니다. 어떻게 된 건지 모르겠어요." 나는 그녀를 좋아하고 싶었지만, 늘 다정하기만 한 그녀의 모습이 수상쩍게 여겨졌다.

"셋잇단음표 섹션 말인데," 조가 말했다. "안정감이 느껴지지 않아." 그는 이렇게 말하면서 얼굴을 납작하게 찡그렸다. 그가 자주 구사하는 개구리 커밋을 연상시키는 표정이었다. 그녀는 셋잇단음표를 다시 연주했다. 여전히 불안정했다. 그러자 조는 비행기가 기체를 기울이듯 손을 앞뒤로 휘저으면서 자신의 또 다른 전매특허인 음성 연기("에에흐으으으으음")를 선보이며 상대방의 의중을 떠보았다.

그녀는 다시 시도했다. 손가락이 꼬였다. 그녀가 울 것 같은 표정을 하자 놀랍게도 조가 곧바로 태도를 누그러뜨렸다. "자네도 알겠지만, 잘하고 있어. 소리가 좋으니까 걱정하지 마. 계속 정진하게." 그는 나에게 그랬던 것보다 훨씬 다정하게 그녀를 대했다. **뭐야?** 내가 생각했다. **어째서 나한테는 다정하게 하지 않는 거야? 나도 울어야 해?**

이제 조는 우리를 향해 돌아서서 이렇게 물었다. "자네들은 어떻게 생각해?" 교사가 각자 허심탄회하게 방안을 이야기해보라고 하면 그건 순수한 게 아니다. 헛소리가 득세하는 기회가 된다. 나는 여자에게 가르치려 드는 남자가 되려고 몸이 달았다. 이를 가리키는 '맨스플레인'이라는 말은 아직 없었지만 말이다. "나는 좋게 들었어." 내가 말했다. "다만 16분음표가 진행될 때 네가 페달을 과하게 쓰는 게 아닌가 생각했어."

그녀는 영양가 없는 내 말에 친절하게 고맙다고 했다. 자신을 거의 작곡가라고 여기는 수상쩍은 피아니스트가 있었는데, 그가 20초가량 말없이 꼼지락대다가 무심결에 말했다. "나는 모르겠어요."

"무슨 말이지?" 조가 물었다.

"그냥 궁금해서요… 어째서 이 곡이 그토록 뛰어나다는 거죠?"

조는 그냥 웃어넘기려고 했다. "때가 되면 알게 될 거네."

"아니요." 내 급우는 감탄스럽고 짜증나는 오벌린의 방식으로, 그러니까 이상주의와 파괴 욕망이 반반씩 섞인 말투로 말했다. "그 셋잇단음표, 그냥 펼침화음이잖아요. 그건 누구라도 쓸 수 있는 거라고요."

조의 얼굴이 굳어졌다. 그는 수십 년 전에 자신이 중서부 소도시에서 매년 서양음악의 정전을 해치우려고 찾아오는 자기애착 강한 십대 무리들을 가르치기로 결정한 것을 후회했을까? 젊은 세대에게 전통을 넘겨주는 일을 하다 보면 가끔 그들이 자신도 어쩔 수 없이 침을 뱉는 것을 보게 된다.

"슈나벨이 연주하는 것을 들어보도록 해." 조는 평소보다 단어와 단어 사이를 더 붙여서 말했다. "긴 호흡으로 듣는 청취에 관한, 인내심과 불가피함에 관한, 서글프고 아름다운 시간의 전개에 관한 경험이 될 거네." 내가 직접 본 중에서 그가 거침없이 이토록 시적인 발언을 한 것은 처음 있는 일이었다.

조는 동의를 구하려고 방 안을 살펴보았다. 나는 고개를 떨구었다. 그가 나를 보는 것을 원치 않았다. 나는 학생 작곡가의 말이 이해되었다. 그 셋잇단음표 패시지는 내가 열두 살에 배웠던 펼침화음 연습과 비슷했다. 하나의 화음으로 진행하다가 다른 화음으로 넘어가고 다시 처음의 화음으로 돌아온다. 얼마 뒤에 왼손이 똑같은 일을 한다. 어떤 얼간이가 "이게 다야?" 하고 묻게 하려고 일부러 이렇게 꾸민 것 같다. 이어지는 중요한 연결 지점에서 같은 문제가 나타난다. 선율이 고음에서 진행하다가 길을 잃으며, 반주를 동반하지 않은 음 하나가 거대한 섹션을 마무리하려고 버둥댄다. 마치 쥐 한 마리가 거대한 무대를 가로질러 커튼을 내리려고 애쓰는 것 같다. 셋잇단음표가 '그냥 화성'이었다면, 길 잃은 이 음은 '그냥 선율'일 뿐이다. 역시나 충분치 못한 행동이다.

나중에 삶의 경험이 쌓이면서 나는 이런 결점이 흠이 아니라는 것을 깨달았다. 슈베르트는 우리가 충분치 않음을 느끼게 하려 한다. 어떻게 보면 널리 알려진 그 어떤 감정(슬픔, 기쁨, 향수)보다 그가 더 집중적으로 추구하는 것이 이것이다. 그는 **맞아, 이게 다야**, 하고 말하는 듯하다. 그리고 그것은 모든 희망과 상실 뒤에 남은 유일한 것, 가능한 유일한 것이다. 슈베르트 음악에서 이런 순간, 마치 천을 잡고 늘려 얇아진 상태처럼 찢어지기 직전까지 내몰린 이런 순간은 그의 가장 중요한 진실을 나타낸다. 그는 이것을 인위적으로 만든 이상이 아니라 삶의 실제 경험과 연결한다. 삶의 내러티브는 꽉 들어차 있지 않다. 이야기가 없거나 적절치 못한 이야기, 간극이 그대로 드러난 이야기도 많다.

제공할 진실이 많은 베토벤도 이런 것은 주지 않는다. 그는 항상 플라토닉한 이상 속에 틀어박혀 극적이고 예리하고 혁명적인 작품을 만든다. 그가 길을 잃은 듯 보인다면 그런 척하는 것이다. 본심으로는 자신이 어디에 있고 언제 돌아갈지 정확하게 알고 있다. 그러나 슈베르트는 가끔 이곳으로 내려와 우리와 함께 초라한 소파에 앉아 바닥에 묻은 얼룩을 쳐다본다. 비생산적이거나 지루하게 맴도는 생각에서 벗어나지 못하며 어떻게 할지, 왜 그런지 모른다.

⌇

나는 그해에 백 회 가까이 무대에 섰다. 4년 이상 걸리는 걸작들을 어설프게 익혀 머릿속에 정신없이 집어넣었다. 편의를 위해 로커에 항상 음악회 의상을 두었고, 리사이틀을 깜빡 잊으면―몇 차례 그런 적이 있었다―누군가가 연습실로 달려와 내게 소리쳤다. "이봐, 여기서 뭐해. 당장 무대에 올라야 해!"

2월에 나의 저장고에 또 하나를 더하게 되었다. 버르토크의 〈두 대의 피아노와 타악기를 위한 소나타〉였다. 나는 버르토크가 진정으로 '좋은 사람'이었다는 것을 음악사 수업에서 배웠다. 그는 나치에 굽실거리기를 거부했고, 지역을 돌며 민요를 수집했으며, 음악으로 음악의 힘을 보여주었다. (그 결과 호화로운 리하르트 슈트라우스와 달리 넉넉지 못한 삶을 살다가 죽었다.) 내가 어떻게 마다하겠는가? 연습을 시작하는데 병행6도로 진행하는 긴 패시지가 나왔다. 내가 무리할까봐 걱정되어 빌이 도흐나니 연습에서 6도를 빼주었던 것이 생각났다.

어느 날 오후 버르토크를 두 시간 연습하고 나서 음악이론 수업을 듣는데 넷째 손가락이 따끔거렸다. 그보다 더 오싹한 것은 나의 의지와 무관하게 손가락이 자꾸 들리더라는 것이었다. 마치 내가 잊고 놓친 음을 연주하려는 것처럼. 넷째 손가락은 가장 약하다는 말을 들었다. 슈만이 기구를 통해 넷째 손가락의 힘을 기르려다가 평생 불구가 되었다는 이야기도 생각났다. 고작 두 시간 해를 가했을 뿐인데 정신이 혼미해졌다. 교사는 셍커의 천재적인 대위법 음악 분석에 대해 열광적으로 설명했다. 하지만 나는 집중하지 못했다. 아이가 옆에서 자꾸 다리를 잡아당기듯 손가락에 신경이 쓰였다. 천재적인 음악이 나한테 무슨 소용일까 싶었다. 내가 연주를 못했다면 그래도 나는 음악을 좋아했을까?

다음 날 나는 모든 걸 악몽으로 치부하고 평소처럼 연습실로 가서 버르토크를 연주했다. 곧 손가락 힘줄에서 둔탁한 통증이 느껴졌고 어깨로 퍼졌다. 부상은 독소처럼 몸 전체로 가지를 뻗는 습성이 있다. 두려움도 이유로 작용하겠지만, 피아노 연주에는 온몸이 가동되기 때문이다. 피아니스트가 자주 잊는 사실이다.

나는 조의 스튜디오로 올라가서 레슨 중인 그에게 나의 나쁜 소식을 알렸다. 그가 말했다. "그렇다면 휴식을 취해. 15분마다 쉬면서

해.” 훌륭한 조언이었다. 짧은 휴식은 근육과 마음의 긴장을 풀어주니까. 그러나 왠지 문제를 회피하는 것 같았다. 스튜디오로 다시 찾아가 그의 앞에서 버르토크를 연주했다. 나는 그가 문제를 바로 파악하고 마법의 처방을 내려주기를 기대했다.

“으음, 괜찮아 보이는데. 이상한 점은 없어 보여.”

이 말에 짜증이 났다. 내 연주가 뭔가 이상하다는 것이 명백했기 때문이다. 그는 왜 그것을 보지 못할까? 교사들은 의학적 진단을 내리기를 주저하는데 이해 못하는 것은 아니다. 피아니스트의 강점과 단점은 대부분 눈에 보이지 않는다. 움직임은 작은 규모로 일어난다. 긴장은 뒤편에 숨어 있다.

연습실로 돌아갔다. 이후 며칠 동안 나는 연주를 해야 할지 쉬어야 할지 몰랐다. 피아노 앞에 앉으면 계속 몸에서 나는 소리를 듣느라 음악에 집중하기가 어려웠다. 넷째 손가락이 일주일 뒤에도 여전히 말을 듣지 않자 조는 살짝 걱정을 했다. 그는 내게 로버트 섀넌을 만나보라고 했다. 타우브만 테크닉을 가르치는 피아노 교수로 우리 모두 섀넌을 알았다. 부상이 심각해지면 찾는 사람이었기 때문이다. 이것은 라운지에서 자주 거론되는 주제였다. 힘줄염 때문에 학기를 그만두거나 학교를 떠나는 친구들이 항상 몇 명 있었다. 소식을 다시 듣지 못하는 친구들도 있었다.

섀넌의 사연은 흥미진진했다. 그는 연주를 할 수 없었다가 도로시 타우브만의 방법으로 도움을 받아 부상에서 회복할 수 있었다. 그는 타우브만을 접하기 전에 익힌 곡들은 아예 건드리지도 않았다. 옛날의 습관들이 일제히 돌아올까 걱정되었던 것이다. 그와 함께 한다

면 과거를 벗어던지고, 테크닉을 처음부터 다시 마련하고, 움직임의
패턴을 모두 재조정해야 했다.

바로 이것, 처음부터 다시 시작한다는 것이 마음에 걸렸다. 어쩌
면 부상보다 나를 더 겁나게 했다. 그럼에도 나는 용기를 내어 학생
오케스트라 음악회가 끝나고 무대 뒤에서 섀넌을 만났다. 모두가 주
위를 돌아다니며 축하의 말을 건넸다. 나는 그에게 어떻게 된 상황인
지 이야기했다. 그는 친절하게도 인내심 있게 들어주었다.

"회복할 수 없는 상태는 아닌 것 같아." '회복할 수 없는'이라는 그
의 단어에 나의 뇌가 어쩔 줄을 몰랐다. 소란스러운 대화 너머로 섀
넌이 내게 다른 질문을 하고 있다는 것을 알았다. "통증이 주로 어디
서 나지?"

내가 그에게 보여주었다.

"팔 위쪽이면 그렇게 나쁘진 않아. 아래가 더 위험해." 살짝 위안
이 되었다.

"정말로 도움을 원한다면 언제 사무실로 와서 연주하게…" 그가
제안했다. 하지만 환자가 된다고 생각하니 영 부담스러웠다. 회복할
수 없는 상태가 아니라면 스스로 방법을 마련하자고 생각했다. 나는
영리한 사람이니 말이다. 그래서 다음 날 버르토크를 계속했지만 손
가락이 아주 살짝 당긴다 싶어서 중단했다. 나는 조심스럽게 눈치를
보면서 세상에서 가장 감정적이고 격한 곡을 연습했다. 넷째 손가락
에서 긴장을 다 풀었다. 마땅한 대안이 없었다. 나는 그저 공백을, 셋
째 손가락과 다섯째 손가락 사이에 생략을 만들었을 뿐이다. 지금도
가끔 오른손의 오른쪽 절반을 움직이다 보면 상실의 기억을, 위험의

감각을, 움찔하려는 욕구를 느낀다. 가장 열정적인 악구에서 내 마음은 중얼거린다. **스스로에게 상처를 주지 마.**

{

이런 위기(정말로 위기였는지는 여전히 모르겠지만)의 와중에 모든 3학년 학생들이 오벌린 음악원 생활에서 가장 중요한 질문에 맞닥뜨리게 되었다. 그것은 바로 협주곡 콩쿠르에서 무슨 곡을 연주할지 정하는 것이었다. 딱 한 번 출전할 수 있었고, 우승이냐 아니냐로 오벌린에서의 성패가 갈렸다. 우리는 이 콩쿠르가 삶의 여정에서 얼마나 사소한 무게를 갖는지 몰랐고, 마치 여기에 모든 것이 걸려 있기라도 하듯 선택에 골몰했다.

나는 내가 피아노를 제대로 연주할 수 있는지 여부는 제쳐두었다. 베토벤을 한참 동안 생각했다. 〈발트슈타인〉과 〈열정〉 이후로, 내가 베토벤을 잘하지 못한다는 인식을 어머니가 내 마음에 심어준 이후로 베토벤은 언젠가는 내가 도전해야 할 강한 상대였다. 하지만 아직은 때가 아닌 것 같았다. 모차르트는 매력적인 선택이었지만, 우승은 꿈도 꾸지 못할 것이라고 다들 한목소리로 말했다. 너무 쉬웠다! (콩쿠르의 해악 가운데 하나다.) 리스트는 얄팍했고 옥타브가 많았다. 계집을 꼬시고 싶다면(항의메일 환영이다) 라흐마니노프도 괜찮다. 과감하게 프로코피예프에 도전할 수도 있겠지만, 마르타 아르헤리치가 이미 다 해버려서 더할 게 없다. 슈만은 아름답긴 하지만 콩쿠르용은 아니라고 다들 말했다. 솜씨를 충분히 뽐낼 수 없다.

정전을 하나씩 살펴보다보니 피아노 협주곡이 많지 않은 것처럼 느껴지기 시작했고, 이런 명곡들에서 골라 나의 정체성을 마련한다는 것이 제한적이라는 생각이 들었다(고전음악을 하는 연주자 입장에서는 다행한 일이다). 그 순간 터무니없는 생각이 머릿속에 떠올랐다. 오벌린에서 공부하면서 그렇게 많이 생각하지 않았던 작품, 열두 살 때 부모님의 음반 컬렉션에서 듣고 내가 사랑하기로 마음먹었던 최초의 작품, 바로 브람스의 두 번째 협주곡이었다.

브람스의 B플랫장조 협주곡이라니! 부상당한 피아니스트에게 이보다 우스운 선택도 없었다. 마치 다리가 부러진 사람이 에베레스트를 오르겠다고 하는 꼴이다. 피아노 레퍼토리를 통틀어 가장 난곡으로 꼽히는 작품이며 여러 면에서 라흐마니노프의 3번보다 더 까다로운 작품이다. 그러나 나는 머릿속으로 곡을 훑어가고 있었다. 개시부에 골몰하는 것을 멈출 수 없었다. 호른 신호, 뭉실뭉실하게 상승하는 음계, 미묘하게 붕 뜨는 느낌, 질문의 느낌. 호른이 상승 음형을 연주하고 나면 피아노가 전혀 예상치 못한 반대편, 깊은 저음에서 치고 올라와 호른 주위로 소리의 쿠션을 만든다. 토대 아래로 토대를 쌓는다. 호른의 음색, 공간의 감각, 산에서 계곡 너머로 울려 퍼지는 신호(한 지휘자는 "이탈리아에서 작곡한 곡!"이라고 내게 상기시켜주었고, 첼리스트 친구는 "바로 여기가 우주"라고 했다). 피아니스트/주인공은 호른을 메아리로 되받아 우리가 이미 들은 아름다움을 다시 듣게 만드는 것 말고는 더 나은, 더 중요한 일이 없다. 자존심을 내려놓고 듣는다.

바로 이거야, 나는 마음을 정했다. 역사상 최고로 훌륭한 곡, 가장 순수한 곡을 정복하고, 아울러 두려움과 나의 부상도 정복할 것이다.

조는 이 계획에 반대하지 않았다. 그는 내가 그 말을 할 때 내 눈에서 한동안 그가 보지 못했던 빛이 번쩍이는 것을 보았다.

이 계획을 실행에 옮기기 위해 평생 처음으로 통제광이 되었다. 집에서는 연습을 할 수 없었다. 여름 페스티벌에 가야 했다. 긴 페스티벌이면 더 좋았다. 애스펀 음악 페스티벌에 참가하려고 테이프를 만들었고 참가 승인을 받았다. 다른 많은 오벌린 친구들도 간다고 했다. 나는 부동산업자와 연락해서 여섯 명이 묵을 침실 세 개짜리 아파트를 얻었다. 집세는 나눠서 내기로 했다. 이제 내가 할 일은 뉴멕시코에서 이른 여름을 기다리는 것이었다.

라스크루시스에서 애스펀까지 뉴멕시코 주립대학에 객원강사로 있는 첼리스트와 함께 파란색 소형 토요타 해치백을 타고 갔다. 그녀는 내 여행가방을 보더니 경악했다. 끈으로 묶고 매단 물건들이 주렁주렁 달려 있었다. 우리는 바흐의 첼로 모음곡 테이프를 틀었다. 주로 카살스의 연주였다. 옛날식 연주였고 삐걱대는 소리와 긁히는 소리가 많이 들렸다. 내가 음정이 안 맞는다고 불평하자 그녀는 내가 언젠가는 이해하게 될 거라고 했다.

앨러모사를 벗어날 때까지는 모든 것이 괜찮았다. 얼마 후 로키 산맥을 오르기 시작했을 때 토요타가 멈춰 섰다. 그녀는 몇 분 있다 보면 괜찮아질 거라고 했다. 오케스트라 음악가가 지휘자와 의견이 맞지 않을 때 체념하듯 차분하게 반응했다. 우리는 야트막한 언덕에서 구름이 천천히 계곡을 건너는 것을 바라보았다. 팔이 쑤셨다. 자동차가 시동이 다시 걸렸다. 인디펜던스 패스의 갈라진 틈을 우회할 때 나는 창문 밖을 내다보며 공포에 떨었다. 살아남아 애스펀에 도착해야 했다. 2년 전 여름 폴리와 키스하기 위해 오벌린으로 돌아갔던 때처럼 나 자신을 구원하기 위해서였다.

우리는 애스펀으로 내려갔다. 옛 탄광도시가 지금 어떻게 바뀌었는지 본다면 놀랄 것이다. 나는 내 룸메이트들 모두를 반기며 맞았다. 집안일과 식사 당번을 엄격하게 정했다. 다른 모든 사람에게 폭군처럼 굴어 반항적인 내 몸을 통제하려고 했다. 그런 다음 연습실을 등록하러 갔다. 접수처의 여자가 남은 시간은 오전 6시부터 9시까지, 그리고 한밤중인 9시부터 11시까지밖에 없다고 했다. 믿기지 않았다. 나는 탐탁지 않은 시간을 모조리 다 잡았다. 하루에 대여섯 시간을 말이다. 이 모든 시간이 정말 다 필요해? 그녀가 언짢은 표정으로 물었다.

그날 밤, 나는 알람을 5시 15분에 맞췄다. 깨어났을 때 **개떡 같은 애스펀**이라고 혼잣말을 하고 부엌 곳곳에서 부산을 떨었다. 조용하게 먹거나 일어나는 것은 결코 쉽지 않았다. 소중한 브람스 악보를 배낭에 넣고 안개 속에서 듀랜트를 따라 버스 정류장으로 갔다. 여행객들이 급류타기, 하이킹, 열기구체험을 하러 가려고 새벽에 나와 기다리고 있었다. 첫차를 타고 연습실이 있는 건물로 갔다. 음악학교는 돌투성이인 개울을 따라 이어진 계곡에 있었다. 아침 공기가 건조하고 차가웠다. 버스가 한두 명의 다른 학생과 함께 나를 내려놓을 즈음이면 내 손은 얼어붙어 있었다. 나는 그해 여름에 만반의 준비를 했지만 장갑을 사야겠다는 생각은 미처 하지 못했다. 다리 위에서 한

참을 있었다. 힘찬 개울물 소리밖에 들리지 않았다. 물소리는 마음을 푸근하게 하기보다는 폭력적이었다. 종이가 계속해서 구겨지고 찢어지는 소리와 비슷했다.

그것이 9주 동안의 내 일상이었다. 가끔은 차 안에서 졸아 마을로 다시 돌아가기도 했다. 침을 줄줄 흘린 채로 말이다. 로버트 섀넌의 한 학생이 음계로 연습을 시작하지 말라고 내게 말한 적이 있었다. 작은 근육들이 지나치게 많이 가동되므로 다칠 수도 있다고 했다. 그래서 나는 안전하게 화음으로 시작하며 내 힘줄을 살폈다. 비록 팔 안에 감춰져 있어 보이진 않았지만. 처음에는 날이 어둑어둑했고 머리 위의 전등 불빛이 전부였지만, 점차 창문이 붉게 빛나며 환해졌다. 바깥의 개울은 계속해서 힘차게 흘러 나는 동요하지 않으려고 애썼다.

나는 애스펀에서 다들 바라는 교사 중 하나인 존 페리의 수업을 신청했고 받아들여졌다. 내가 존과 공부한다는 말에 조 슈워츠도 싫지 않은 눈치였다. 워낙 신청자가 많아서 레슨을 많이 받지 못했고—나는 두 번 받았다—거대한 방에서, 그것도 다른 피아니스트들이 보는 앞에서 진행했다.

존의 레슨은 영감을 주었다. 세상에서 음악이 가장 중요하다고 느끼게 하는 수업이었다. 그러나 난감한 문제가 있었다. 미국 배우 대니 드비토가 숭고함을 주제로 연속 강의를 한다고 상상해보라. 키가 작고 머리가 벗겨지고 긴 콧수염에 배가 나온 존은 계속해서 아름다움을, 거의 소리를 지르다시피 하며 강조했다. 음악은 어려웠고 문제였다. 그러니 음악은 연주하는 것이 아니라 붙잡고 씨름하는 것이라고 했다.

내가 참관한 첫 레슨은 베토벤의 후기 소나타 A장조 op.101을 다루었다. 모두에게 힘든 곡이다. 첫 악장은 낭만주의를 예시한다. 평온한 시골 춤곡과 미성숙한 열망이 묘하게 섞여 있는 곡으로, 나름 능숙한 제스처에도 불구하고 제대로 힘을 받지 못한다는 인상을 자주 받았다. 존만큼이나 나도 학생의 연주가 못마땅했다. 내가 생각했다. **아니지, 이 악구는 좀 더 늘어져야 해**. 그다음에는 정반대 문제가 있었다. **이제 자신의 위치를 잡아야지**. 언제 나가고 언제 빠질지를 어떻게 알까, 그리고 지금 모른다면 앞으로 알게 될까? 연주를 듣는 동안 나도 모르게 내 몸이 반응했다. 수업이 끝나고 존이 나를 부르더니 말했다. "자네가 움직이는 것을 보니 음악가임을 바로 알겠네. 음악을 느끼고 있어." 내가 선택되고 이해받았다는 느낌이 들었다. 우리는 똑같은 좌절을 느낀 것이다.

존의 친절함은 사람의 마음을 끌었고, 그는 자주 친절함을 보였다. 하지만 그의 인내심은 쓰나미가 밀려오기 전에 물이 빠지듯 갑자기 고갈되기도 했다. 그러면 그는 "괜찮아" 같은 별 뜻 없는 말을 싸늘한 분노를 담아 말했다. 오벌린의 그래놀라 소녀가 애스펀에 와서 (이번에도) 슈베르트의 B플랫장조 소나타를 연주했다. 여전히 준비 부족이었다. 페리는 그녀를 가르치려 하지 않았다. 책임감에 관한 몇 마디 말을 하고는 그녀에게 자리에 앉아 다른 사람에게 연주를 양보하라고 했다. 엄청난 손가락을 소유하고 있으면서 도무지 프레이징을 하려는 생각이 없어 보이는 피아니스트가 차이콥스키의 협주곡을 연주했다. 페리가 한 이행부를 가지고 놀렸고("천재적인데!" 하더니 비꼬듯 음을 뚱땅거렸는데, 내 마음에 들었다), 학생이 계속 연주하는 동안 그는 '내가 어떻게 해야 하지?' 하는 표정으로 우리를 쳐다보았다(이건 내 마음에 들지 않았다). 진위가 의심스러운 소문에 따르면, 페리는 어떤 학생이 연주를 마쳤을 때 방을 나가 화장지 하나를 들고 돌아와서는 피아노 위에 평가 대신 올려놓았다고 한다.

⸳

연습실에서 나는 브람스의 마지막 악장에 나오는 유명한 악절을 공략하기로 했다. 무지막지한 속도로 내달리는 3도 음계 악절이다. 열두 살에 이 악보를 처음 보고는 연주할 수 없는 것 중에서도 최고로 연주 불가능한 것이라고 생각했다. 이제 열두 살의 두려움을 정복하고 새로운 두려움으로 나아갈 때였다. 운지법을 써넣는 것으로 시작했다. 2-3-4, 2-3-4-5. 일곱 음을 둘로 끊어서 연주하는 것이다. 달리 내가 어떻게 하겠는가? 사나흘 이렇게 연습하자 덩어리가 지긴 했지만 제법 빠르게 음계를 연주했다.

나는 덩어리를 펴려고 애쓰면서(으깬 감자 요리를 하듯) 마음과 근육을 오가야 했다. 먼저 생각하고, 이어 연주했다. 그런 다음 몸에서 마음으로 재빠르게 돌아와 내 팔이 어떻게 느껴졌는지 평가했다. (넷째 손가락으로 눌렀나? 따끔거리거나 쑤셨나?) 삶은 그런 식으로 되지 않기를 바랐지만, 애석하게도 이제 그렇게 되었다. **철 좀 들어, 제러미**. 나는 음악이 그저 생각과 욕구대로 되기를, 근육과는 무관하기를 바랐다. 매일 아침 어느 순간이면 찌릿한 통증이 팔을 타고 올라왔다. 그러면 연습실 밖으로 뛰쳐나가 기겁을 했고, 팔을 옆으로 늘어뜨린 채 풀밭을 쳐다보았다. 그러고 나서 스스로를 진정시켰다. **괜찮아, 아직 연주할 수 있어, 다시 해보자**.

어쩌면 가파른 비탈로 둘러싸인 그때서야 나는 곡의 대부분이 도약에 관한 것임을, 그리고 도약이 오싹하지만 동시에 힘을 과시하는 것이기도 함을 느꼈는지도 모른다. 피아니스트는 한 번에 모든 음역을, 하늘과 심해를 두려움 없이 넘나든다. 공간의 장대함에 관한 곡이다. 나는 매일 조금씩 성공률을 끌어올렸다. 언젠가는 제대로 연주할 수 있겠다며 버티는 것은 잔인해 보였다. 내 소중한 연습 시간의 50에서 60퍼센트를 양손이 각자의 방향으로 달려가는 사소한 이행 패시지 하나를 습득하는 데 보냈다. 발레리나처럼 연주해야 했다. 나는 계속해서 두 가지 미지의 것에 몸을 던졌다.

〰

드문드문 열린 존의 수업 사이에 그의 부인이 보충 수업을 했다. 나는 바버의 소나타를 들고 갔다. 여전히 내가 좋아하는 작품은 아니었다. 3분 정도 연주하자 그녀가 중단시켰다.

"너 심각한 문제가 있구나." 그녀가 말했다.

무슨 말을 하는지 알았다. 그녀에게 넷째 손가락에 대해 털어놓았다.

"그래, 확실한 건 손의 골격에 힘을 기르지 않으면 부상을 계속 입게 된다는 거야."

그녀의 말은 지금까지 내가 해오던 것(그러니까 손의 긴장을 풀고 편안하게 연주하려고 애쓰는 것)과 상반되는 것처럼 들렸다.

"여기 이 근육이 만들어지지 않았어." 그러더니 그녀가 자신의 손을 내밀어 손가락 가장자리와 건반을 누를 때 힘을 받는 손 안의 근육을 내가 느껴보도록 했다. 그런 다음 싸구려 패널로 마감한 벽으로 가서 스파이더맨처럼 손가락을 쭉 펴고 팔을 뻗어 벽에 기댔다. 회복 중인 내 손가락에 이렇게 체중을 싣는다고 생각하니 불안이 밀려왔다. 대체 어떤 돌팔이가 이런 것을 시킬까?

그녀의 기분을 맞춰주려고 나도 해보았다. 공포와 혐오감이 치밀었다. 몇 초 뒤에 벽에서 손을 떼고 너무 겁난다고 말했다. 그녀는 공감과 짜증이 뒤섞인 표정으로 나를 쳐다보았다. "그래, 집에 돌아가서 꼭 해봐. 매일 조금씩."

그녀는 '고작' 존의 부인이었으므로 나는 무시했다. 심지어 룸메이트와 친구들에게 그녀의 조언을 말하며 놀리기까지 했다. 하지만 그녀는 결정적인 근육의 진실을 내게 말해준 유일한 사람이었다. 헐렁한 몸으로는 장기적으로 아무것도 할 수 없었다. 손 없는 꼭두각시 신세였다. 이십대 중반에 인디애나 대학에서 공부할 때 동료이자 친한 친구가 똑같은 개념을 내게 설명했다. 벽이 아니라 테이블 표면에 대고 연습하라고 했는데 효과가 좋았다. 페리 부인의 말을 무시한 대가로 나는 6년의 손해를 보았다.

♪

마침내 나는 브람스의 가장 정신 나간 대목을 익혀야 했다. 2악장 중간에 등장하는 빠르고 조용한 옥타브 진행이다. 이 대목은 그냥 신비로운 것이 아니라 초자연적인 느낌이 나야 한다. 유령이 황급히 내달리듯 말이다. 브람스가 여기서 자신의 멘토 슈만을 끌어들여 색다른 뭔가를 벌이고 있다는 느낌이 든다. 곡을 망가뜨릴 것 같지만 실은 빛나는 상상력의 위업이다.

이 패시지는 내게 악몽이었다. 평소라면 넷째 손가락과 다섯째 손가락을 번갈아가며 연주하겠지만 여기는 손가락 부상으로 가장 타격을 받은 대목이다. 이렇게 어리석다니. 나는 공포영화에서 호기심을 참지 못하고 지하실로 내려가보는 남자였다. 새끼손가락을 옆으로 옮겨가며 전체 패시지를 연주하기로 했다. 이런 편법에 대해 몇 시간을 고민했다. 다른 피아니스트에게 의견을 물었다(평소라면 내가 하지 않는 일이다). 몇몇은 "넷째 손가락으로는 건반이 닿지 않아?" 하고 내게 물었다. 몇몇은 친절하게도 "당연히 새끼손가락을 써야지, 그게 안전한 해결책이야" 하고 말했다.

새끼손가락을 둘러싼 이런 실존적 논쟁에서 한 가지 깨달음을 얻었다. 그 일이 있은 후 나는 비로소 마치 의자에 편하게 앉듯 손가락을 건반에 올리는 것과 무의미하게 건반을 누르는 것을 구별할 수 있게 되었다. (엎질러진 물이라는 인생의 교훈을 여기서도 볼 수 있다.) 이것은 핵심적인 사안으로 보였다. 이런 것을 내게 설명해주지 않은 모든 교사들이 원망스러웠다. 온갖 다른 디테일들은 주입식으로 가르치면서 이런 마스터키는 쏙 빼먹다니. 나는 누르지 않고 세 음을, 다시 네 음을 연주했다. 그렇게 일주일이 지나자 유령과도 같은 불가능한 옥타브 진행이 자리를 잡기 시작했다.

이것은 또 하나의 깨달음으로 이어졌다. 나 자신을 다치지 않게 하려는 이런 노력은 순수함을 잃은 것으로 보였지만 결과적으로는 잘된 일이었다. 보다 효율적이고 건강한 테크닉으로 연주했을 때 음악이 한결 좋은 소리를 냈기 때문이다. 다른 피아니스트들에게 이것을 설명했더니 다들 한심하게 보았다.

⁊

드디어 페리 앞에서 브람스의 첫 악장을 연주했다. 나의 개인적인 구원의 여정을 공유하는 것이 꺼려졌지만, 어차피 나는 평가받아야 했다. 존은 찬사를 늘어놓고 나서 이렇게 말했다. "제2주제에 힘이 부족해 보여. 그것으로 뭘 할지 제대로 모르는 것 같군." 개인적으로 가장 좋아한 대목이었다! 그가 무슨 말을 더 하기 전에 내가 연주를 다시 했다. 이번에는 더없이 편안하게, 모든 이해관계를 내려놓고 연주했다. 환상적이었다. 나는 모든 화음을 따라 불렀고, 집시의 방만함으로 건반을 누볐다.

존은 흐뭇하면서도 짜증난 표정이었다. 나는 그가 원하는 것을, 그가 가능하리라 기대했던 것보다 훨씬 잘 해냈다. 그리고 그는 그것을 끌어내기 위해 많은 말을 하지도 않았다.

그가 물었다. "처음부터 그렇게 연주하지 그랬나?"

좋은 질문이네요! 그는 나를 마음에 들어 했고 곡을 좋아했으므로 내게 시간을 더 할애하여 느린 악장을 조금 연주하도록 했다. "자네가 어떻게 연주하는지 듣고 싶네." 곡은 차분한 독백으로 시작한다. 느린 폭포수처럼 음들이 이어지고, 양손이 다른 리듬으로 물결을 그리며 아름다움을 연이어 펼친다. 그러나 우리는 거기까지 가지 않았다. 존은 피아노가 처음 등장하여 저음에서 높은 고음까지 치고 올라가는 대목에 꽂혔다. 그는 내가 위로 올라가는 기분을, 성층권에 도달하는 어려움을 느끼기를 원했다.

음악적으로는 이것이 옳다고 느꼈다. 하지만 음악적 어려움을 생각하자 팔에 둔감한 통증이 다시 느껴졌다. 나는 어떤 근육을 조이고 어떤 근육을 풀어야 할지 몰랐다. 나의 일부는 관여하고 일부는 물러나야 했다. 나는 사람들이 보는 가운데 이런 두 자아 사이에서 갈피를 잡지 못했다. 페리는 음악에 정신을 쏟고 브람스와 사랑에 빠져 내가 어쩔 줄 몰라 하는 것을 알아차리지 못했다.

❧

브람스의 2악장은 거대한 스케르초다. 60년 전 모차르트와 하이든이 작곡했던 단아한 미뉴에트와는 완전히 다르다. 춤곡에 스테로이드가 투여되었다. 그래서 연주 자체에 힘이 들어간다. 피아노와 첼로가 실랑이를 벌이며 시작한다. 피아노는 고음에서, 첼로는 저음에서 각자 주장을 늘어놓는데 결코 합의나 일치에 이를 것 같지 않다. 그러다가 별안간 대립이 사라진다. 바이올린이 조용한 새 선율을 꺼내든다. 인접한 두 음을 오가며 뇌리를 사로잡는다. 아까는 거리를 두고 참을 수 없는 긴장이 벌어졌는데 이제 인접한 거리에서 한층 참을 수 없는 긴장이 벌어진다.

조용한 바이올린 주제 역시 협주곡에서 내가 좋아하는 순간이다. 하지만 어렵다. 피아노가 바이올린 음을 넘겨받아 한층 화려한 화성으로 감싼다. 피아니스트는 손을 저 아래로 내려 새로운 베이스 음을 짚고 빠르게 질주하는 연이은 제스처를 통해 확장된 세계를 불러온다. 처음에는 아이도 연주할 수 있다.

그러나 네 마디 뒤에 가면 어른이 된다.

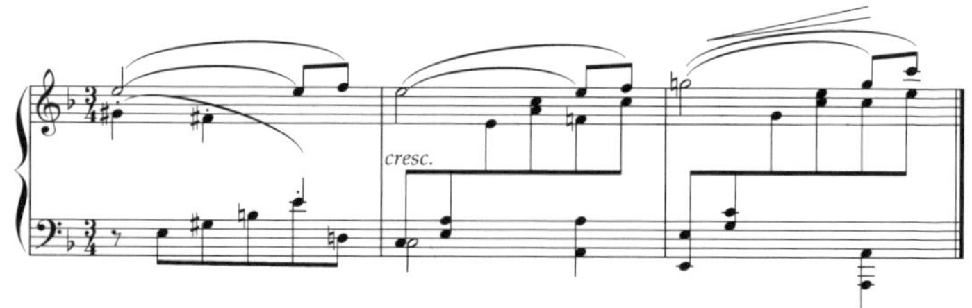

그 뒤에는 인간의 가능성을 시험한다.

나는 이 대목을 수천 번 연습했다. 어느 늦은 밤, 휴식을 취하려고 연습실 사이에 있는 마당으로 나왔다가 동료 피아니스트 알렉스 구어가 뭘 하는지 슬쩍 엿보았다. 그는 빈정거리는 말투를 지닌 재능 있는 피아니스트 리사와 항상 어울려 다니며 이야기를 했다. 나는 그녀에게 환상을 품었다. 빈정거림은 여전히 나의 가장 확실한 성감대였기 때문이다. 살짝 용기를 내어 그의 방문을 두드렸다. 그는 나의 방해를 반기며 피아노 의자에서 내려와 내 방으로 들으러 왔다.

그래서 그를 위해 2악장을 연주하기 시작했다. 알렉스는 대립하는 첼로와 베이스 선율을 노래하며 흥을 돋우었다. 아주 재밌었고 내가 원하는 바였다. 조용한 주제에 이르렀을 때 그가 "노"라고 했다. 또다시 "노, 노, 노"를 연발했다. 나는 의기소침하여 연주를 멈추었다. 그가 내 팔을 잡고(부상의 통증이나 무감각이 아닌 따끔거림을 느꼈다) 나를 연습실 밖으로 끌고 나갔다. 우리는 연습실의 불빛이 더 이상 하늘의 시야를 방해하지 않을 때까지 걸었다. 그는 얼빠진 미소, 빛나는 갈색 머리, 정열적인 카리스마의 소유자였다.

알렉스가 고개와 팔을 들고 하늘을 보며 말했다. "저거야."

나도 옆에서 그를 따라 고개를 들고 보았다. 우리는 한참 동안 그렇게 서서 개울물 소리를 들으며 휘황찬란하게 빛나는 별들의 무리를 쳐다보았다. 목이 아파왔지만 그만두고 싶지 않았다. 나는 차가운 밤공기를 들이마시며 과하게 생산적인 그해 여름에 처음으로 주위 환경에 관심을 기울였다. 그가 말했다. "저 별들을 봐. 저렇게, 저 별들처럼 아까 그 패시지를 연주해야 해. 그렇지 않다면 하려고 하지도 마." 좋은 수업이었다. 나는 그의 말을 무시하지 않았다.

⟩

숙소에서 짐을 싸서 믿지 못할 그 토요타를 타고 뉴멕시코로 돌아왔다. 애스펀에서 브람스를 익혔고, 넷째 손가락은 힘이 덜 들어갔지만 그래도 훨씬 나아졌다. 부모님이 어땠는지 물었다. 나는 좋았다고 말했다. 사실이었다. 몇 달 만에 처음으로 나 자신이 탄탄하게 느껴졌다.

오벌린으로 돌아간 나는 이제 어른답게 밖으로 나가 살기로 했다. 성악가 크리스와 예전 룸메이트 사샤와 함께 '근교'에 작은 아파트를 얻었다. 워낙 낡은 아파트여서 욕조가 어느 순간 싱크대가 되었지만 속상하지 않았다. 나는 항상 음악원에서 연습하거나 브람스의 음반을 들었다.

9월에 내 머릿속은 온통 협주곡 콩쿠르 생각밖에 없었다. 조 슈워츠는 오랜만에 흥분하여 우리는 참으로 열심히 준비했다. 그는 자신의 스튜디오에서 피아노로 오케스트라 반주를 해주었다. 그 역시 그 곡을 좋아했다. 오벌린 학생이 그 곡을 시도하는 것은 드문 일이었다. 그는 잭 라둔스키라는 성격 좋은 옛 동료를 데려와 내 연주를 듣게 했다. 나에게 도움이 되리라 생각한 것이다. 잭은 내가 연주한 2악장이 지나치게 빠르다고 했다. 사실이긴 했지만 나는 그의 조언을 무시했다. 2악장에 고삐 풀린 느낌을 주고 싶었다. 에밀 길렐스가 연주한 브람스의 B플랫장조 협주곡 녹음이 둘 있었다. 공식적인 음반은 무척이나 지루한 반면, 초기 해적판 음반은 내가 생각할 때 최고의 연주로 나도 이렇게 연주하고 싶었다. 견고한 구성과 고결함이라는 성숙한 느낌이 요구되는 곡이지만, 아울러 젊음의 대담함, 긴장감도 필요했다.

나는 콩쿠르 신청서 제출을 하마터면 잊을 뻔했다. 마감 시간이 임박해서야 조가 내게 알려주었다. 신청서 맨 아래에 "제러미 덴크,

브람스 협주곡 2번"이라고 휘갈겨 썼다. 모두들 그게 내 전략이라고 생각했다. 내가 마지막에 지원하여 유리한 위치를 차지하려 했다며 다들 못마땅하게 여겼다. 경황이 없어서 그랬다고 내가 사실을 말했지만 아무도 믿지 않았다.

그래서 첫 라운드를 꽤 늦은 시각인 밤 10시에 연주하게 되었다. 흡족하지 않은 연주를 하고 나면 대체로 그렇듯 기억이 나지 않는다. 다른 급우들이 연주를 마치고 라운지에 모여 안도나 자책의 한숨을 내쉬었다. 초조하게 기다리던 나는 다른 세 명과 함께 결선에 진출하게 되었다. 조가 말했다. "으음, 괜찮았어." 하지만 내가 삐걱거린 것은 명백한 사실이었다. 그는 나보고 다음 날 와서 이야기하자고 했다. 그는 듣고 호흡하라고 했고, 모든 것이 잘못될 때 해야 할 일들과, 시간이 없을 때 반응하는 방법들을 하나하나 알려주었다.

결선은 훨씬 친근한 피니 예배당에서 열렸다. 돌도 콘크리트블록도, 창문을 없앤 효율적인 구조도 없었다. 삐걱거리는 나무가 전부였다. 내가 우승하면 이곳에서 음악회를 할 수 있었다. 결선에서 연주한 모든 순간이 생각난다. 포근한 가을 아침이었고, 무대 뒤에서 누군가가 내게 미소를 보냈다. 카덴차의 첫 황홀한 순간에 내가 자신감 있게 팔을 치켜들었던 것이 기억난다. 카덴차에서 피아니스트는 폭풍처럼 몰아치고 뛰어다닌다. 그러고 나서 불안정한 G플랫이 한 음 아래인 F로 미끄러진다. 이런 하나의 변화로 앞서의 모든 도약을 '해결'하는 것 같다. 모두를 에워싸고 껴안고 뒤집는 것 같다. 그 순간 모든 것이 녹아내린다. 화성은 액체가 된다. 조각과 질문과 파편이 아니라 완전하게. 그 화음을 연주했을 때, 그 대목으로 넘어가고 화음을 들었을 때가 기억난다. 햇살이 무대를 비치는 가운데 삐걱거리는 좌석 저 멀리 심사위원들이 앉아 있었다.

내가 우승했다! 놀라운 소식이었다. 나의 헌신과 두려움이 헛되지 않았다. 그곳 교수였던 사샤의 아버지는 내게 자만하지 말라고 주의시켰다. 그는 내가 결선에서 "어쩌다 보니 연주를 잘한 것"이라고 했다. 앞서의 무대에서는 그렇지 못했다고 했다. 그의 말이 옳았다. 나는 믿을 만한 체계를 마련하지 못했고, 나의 뛰어남은 그저 우발적인 것이었다. 하지만 객원 심사위원으로 온 전설적인 지휘자 모리스 아브라바넬이 나를 마음에 들어 했고 나에 대해 이야기했다는 말을 들었다. 오벌린이라는 누에고치 밖에서 인정을 받은 것은 대단한 일이다. 오벌린에 입학했을 때는 그곳이 넓은 세상이었지만 지금은 그렇지 않았다.

♩

나는 당연하게도 이 승리를 만끽했다. 열심히 노력하고 의지력을 발휘하여 나 자신을 구해낸 것을 즐겼다. 그러나 평소의 삶을 재개해야 했다. 나는 여전히 오벌린 곳곳을 누비며 무수히 많은 음악을 연주했다. 대럿에게 여자친구가 생겨 우리 둘의 관계에 변화가 있었지만, 우리는 중요한 소나타 레퍼토리를 계속 익혔다. 레슨에서 나는 대럿을 무시하고 노먼에게서 얻어낼 수 있는 최대한의 영감을 뽑아 냈다. 노먼은 더 이상 나를 껴안지 않았다. 그는 여전히 대단했지만 강렬함이 예전만 못했다. 처음에는 정보가 물밀 듯이 쏟아졌고 그의 음악적 이상에 놀랐지만, 이제 우리의 작업은 보다 구체적인 사안에서, 즉 악상이 아니라 악상을 실행하는 방법에서 조금씩 나아가는 상황이었다.

래리는 계속해서 중요한 존재로 남았다. 그는 장황하게 말을 꺼내며 내게 올리비에 메시앙이 작곡한 피아노와 관악을 위한 소규모 협주곡 〈이국의 새들〉을 익히도록 했다. 그는 순회공연에 이 곡을 포함시킬 계획이라고 했다. 드디어 나도 협연자로 순회공연을 하게 되었다! 텍사스주 오스틴에서 딱 한 번 연주하지만 상관없었다. 나는 굳이 그럴 필요가 없는데도 암보로 연주하기로 마음먹었다. 저녁 자리에서 식탁 모퉁이에 앉아 친구들을 무시하고 셰퍼드 파이를 입에 쑤셔넣으며 쉼표의 숫자들—5, 3, 2와 1/2—을 외웠다. 예전에 유기화학을 공부하던 때처럼 무작정 암기했다.

메시앙 음악회가 열렸다. 나는 그럭저럭 잘 연주했다. 적어도 박을 놓치지는 않았다. 가끔 오른손이 리듬과 아티큘레이션을 제대로 찍지 못한다는 느낌이 들었다(페리 부인의 말을 들었어야 했다!). 그러나 용케 해냈다. 래리는 마음에 든 모양이었다. 연주가 끝나고 내가 무대 위를 어슬렁거리며 친구들과 이야기를 나눌 때 그레그 풀커슨이 홀 앞으로 내려왔다.

"축하해!" 그가 감정을 자제하며 말했다. "암보로 연주하다니 놀라운데." 마치 나의 노림수를 알았다는, 내가 음악은 제쳐두고 사람들 이목이나 끌려고 했다는 것을 완벽하게 알았다는 듯한 말투였다.

"고마워요, 그레그." 내가 말했다.

"하지만 중요한 요점을 놓쳤더군." 그는 도를 넘는다는 인식 없이 마치 날씨 이야기를 하듯 웃으며 대화를 이어갔다. "메시앙은 리듬이 전부가 아니네. 음색도 있어. 음색이야말로 핵심이지.” (**음색이라, 알겠어요, 젠장**.) “새에 관한 묘사 읽어봤어? 그가 각각의 깃털을 다른 음들의 집합으로 묘사하려 했다는 것을 알아?” (나는 몰랐다.) “프랑스 음악임을 명심해. 피아노가 종소리처럼 울리게 해. 그저 건반을 두드려서 리듬을 친다고 생각하지 말고.” 그레그는 놀랄 만큼 잽싸게 무대로 올라왔다. 피아노가 아직 무대에 그대로 있었다. 그는 피아노 소리가 울리게 하려면 건반을 어떻게 눌러야 할지 시범을 보였다. 마치 성악가가 목소리를 떨며 비브라토를 넣으려고 하는 것 같았다. (리처드 밀러가 내게 이런 것을 가르치지 않았을까?) 그레그의 어택에 미묘한 차이가 있었다. 타악기 연주자들이 집착하는 지점과 비슷하다고 생각했다. 북채를 어떻게 내릴지, 팔 동작을 어떻게 마무리할지, 목표물에 다가갈수록 속도를 빠르게 할지 늦출지, 팔과 손목을 얼마나 많이 사용할지 신경을 썼다. 어택 이후에도 소리가 끝나지 않는다는 것을 인식했다. 그러므로 연주에서 가장 중요한 점은 이런 소리의 잔향에, 이런 연약한 내세來世에 최상의 환경을 마련해주는 것이었다.

　나는 연습실로 달려가 건물이 문을 닫을 때까지 연습했다. 래리와 한 가지 덕목에 초점을 맞추면서 거의 완벽하게 해냈지만, 다른 덕목들은 모두 잊고 말았다. 나는 어떻게든 소리를 다르게 내려고 애썼지만 계속 비슷한 소리가 났다. 음색을 상상하려고 아무리 노력해도 결과물에는 한계가 있었다. 그도 그럴 것이 피아노 연주라는 것은 실은 손가락으로 하는 것이기 때문이다. 아직은 건반의 속도에 대해 몰랐다. 피아노 연주에서 가장 중요하고 짜증나도록 미묘한 변수 하나를 들라면 어쩌면 이것일 수도 있다. 하지만 나는 어렴풋이 깨닫기 시작했다.

⸙

12월이 되자 오벌린을 떠나게 된다는 것을 실감하기 시작했다. 부모님의 오랜 의구심—음악가로서 어떻게 살아갈 것인가?—이 마음에 와닿기 시작했다. 열여섯 살에는 내가 미처 알지 못했던 일이었다. 부모님에게 화학에는, 아니 음악을 제외한 그 어떤 것에도 미련이 없다고 밝혔다. 더 이상 우유부단함은 없었다. 부모님은 졸업하면 그다음부터는 내가 알아서 돈을 대라고 했다.

나는 존 페리가 서던캘리포니아 대학에 내가 와서 공부하기를 원한다는 것을 알았다. 애스펀에서 그가 그런 취지의 말을 했다. 훌륭한 선택이었다. 유명한 교사였고, 다른 데를 찾을 이유가 없었다. 그리고 나는 대부분의 졸업생들과 달리 오디션 레퍼토리를 준비할 시간이 없었다.

하지만 1월에 더 높은 목표가 생겼다. 필라델피아의 유명한 커티스 음악원에서 오디션이 있었다. 멋진 기회였다! 불행히도 쇼팽의 연습곡을 준비해야 했다. 나는 그 곡을 연습하는 것을 견디지 못했다. 방법을 몰랐는지도 모른다. 제대로 준비하고 숙성시킬 시간이 없었다. 딱 한 번 조에게 가져갔다. 브람스를 준비할 때처럼 대화를 나누거나 씨름하는 것이 아니라 그저 초안만 마련했다. 그런 다음 클리블랜드를 출발하는 이른 비행기를 탔고, 지저분한 택시에 실려 으스스한 도시에 도착했다. 2분 동안 바흐를 터무니없이 낭만주의적으로 연주하고, 다시 2분 동안 쇼팽을 더듬더듬 쳤다. 나는 라이브 오디션 경험이 거의 없었다. 게리 그라프먼이 나의 타이가 멋지다고 말했다. 하지만 결과는 첫 라운드도 통과하지 못했다. 리튼하우스 스퀘어에 있는 비싼 호텔 방에서 구겨진 정장을 벗고 바닥에 앉아 울었다. 주간 객실료로 들어갔는데도 말도 안 되게 헛돈을 썼다고 느꼈다. 내가 돌아왔을 때 대럿이 말했다. "어디 보자. 연습하지 않았지?" 그렇게 해서 서던캘리포니아 대학의 존 페리로 마음을 정했다.

그로부터 몇 주 뒤 3월, 내가 새로 사귄 여자친구 케이트를 이해하려고 할 때, 학교 수업이 더 이상 무슨 의미가 있을지 고민할 때, 인디애나 대학에서 온 헝가리 피아니스트 죄르지 셰복의 연주를 들으러 갔다. 오벌린은 재정적 이유든 교수들의 자존심이 높아서든 객원 예술가로 오는 사람이 거의 없었다.

내가 가장 두려워하는 방인 워너 홀의 무대로 그가 걸어 나오는 모습부터 묘했다. 마치 바닥이 나무가 아니라 미끄러운 카펫을 깔아 놓은 듯했다. 그는 이국적인 외모였고 대부분의 학교 사람들보다 훨씬 차분해 보였다. 셰복은 당시 육십대 후반이었다. 거의 삼각형에 가까운 땅딸막한 체구에 머리 중앙이 훤했다. 그는 진지하고 묵직한 프로그램을 들고 왔다. 아득한 높이와 끝 모를 깊이를 파고드는 모차르트의 C단조 소나타, 슈베르트의 〈방랑자 환상곡〉, 리스트의 소나타를 연주했고, 짧은 앙코르곡으로 바흐의 첫 번째 파르티타에서 지그를 골랐다.

지그를 연주하려면 팔을 교차해야 한다. 오른손이 건반 중앙에서 재잘거리며 화성을 채우는 동안, 왼손이 그 위와 아래를 왔다 갔다 하며 선율과 베이스라인을 연주한다. 마지막에 이를 무렵 바흐는 베이스 음 F에 힘 있게 도달한다. 음악이론의 관점에서 보자면 그는 으뜸조에 거의 다 왔다. 곡이 곧 끝난다는 뜻이다. 그러나 바흐는 마무리하는 대신 손을 교차하는 속도를 두 배 빠르게 하여 양손이 서로의 주위를 빙글빙글 도는 것처럼 연출한다. 영리한 역설이다. 곡은 한자리에 가만히 있는데 갈수록 빠르게 움직이는 것 같다. 손이 소용돌이치는 동안 음은 아래로 내려간다. 바흐는 집에 거의 다 와서 집 앞 차도에 앉아 자신이 구사할 수 있는 온갖 대담한 화성을 시도한다. 마침내 곡이 순식간에 해결에 이른다. 왼손이 고무줄 새총처럼, 혹은 물수제비처럼 몇 옥타브를 훌쩍 건너뛴다.

셰복은 악마와 같은 이런 손재주를 부릴 때 천사처럼 평온해 보였다. '음악적'이라는 말과 '비음악적'이라는 말은 어울리지 않았다. 음들 뒤에 있는 유희적이고 심오한 개념이 활개를 치는 것 같았다. 그가 대담하지만 논리적인 화음의 변화를 하나씩 펼치는 동안 나는 충격과 이해를 동시에 받았다. 완벽하게 이치에 닿는 것에 놀라움을 느꼈다. 마지막 음들이 지금도 생각난다. 그의 왼팔이 오른손 위로 우아하게 넘어가 원호를 그리며 마지막 B플랫을 누를 때 그의 얼굴에 작은 미소의 그림자가 보였다. 그 순간은 마치 음악이 소리의 따분한 필연성에서 도망치는 것 같았다.

다음 날 셰복이 마스터클래스를 열었고 나도 거기에 참가했다. 그는 멋지게 차려입고 와서 교칙을 대놓고 무시하며 긴 파이프로 담배를 피웠다. 내가 브람스 협주곡 첫 악장을 연주하는 동안 그는 팔꿈치를 손바닥에 올리고 담배를 피웠다. 거대한 오케스트라 패시지가 끝나면 피아니스트가 응답하는데, 여기서 브람스는 낮은 베이스 음에서 높은 화음으로 도약하며 웅장하게 피아노를 등장시킨다. 나는 긴장하여 몇 음을 놓쳤다. 모두가 보는 앞에서 셰복이 나보고 눈을 감고 1분 동안 있으라고 했다. 침묵이 있었고 그의 담배 연기 냄새가 났다. 그러고 나서 그가 말하기를 내가 스스로 생각하는 것 이상으로 피아노를 잘 안다고 했다. (이 말이 내 가슴속에 깊이 남았다.) 그는 내게 건반의 모습을 떠올리도록 했고, 내가 생각해야 하는 음들, 그러니까 시작하는 음인 낮은 F, 위험한 E내추럴, 바로 위의 F샤프를 하나하나 열거했다. 이런 신비로운 절차를 차분하게 하나하나 내게 알려주었던 그는 이제 나보고 눈을 계속 감은 채로 까다로운 이 패시지를 연주하라고 했다. 왼손을 어둠 속에 자신감 있게 던졌다. 우연인지, 아니면 셰복 덕분에 오랜 연습으로 축적된 무의식적인 건반의 지식이 빛을 본 것인지, 아무튼 나는 패시지를 멋지게 해냈다. 소리가 더 깊고 풍부하고 훨씬 우렁찼다. 평생 어려워했던 것이 순식간에 쉽게 풀렸다.

⸢

너무 서둘러 결정을 내렸다. 며칠 동안 셰복의 바흐가 준 감동에서 헤어나지 못했다. 조도 이것을 알아차렸다. 그래서 우리는 다음 레슨에서 그의 연주에 대해 이야기했다. 셰복이 브람스를 더 쉽게 만들려고 했던 것이 계속 생각났다. 그에 반해 존 페리는 더 어렵게 만들고 싶어 했다. 내 미래가 쉬운 것이 좋을까, 어려운 것이 좋을까? 그해 객원 지휘자로 와 있던 로버트 스파노에게 물었고, 그가 말했다. "당연히 셰복과 공부해야지. 그런 사람은 세상에 많지 않아." 피아노 교수인 로버트 맥도널드에게 물었다. 로버트는 내 마스터클래스에 와서 세복이 뭔가를 열어 보인 것을 목격한 바 있었다. 그는 "드문 인연"이라면서 피아노 교사를 찾는 것은 사랑에 빠지는 것과 비슷하다고 했다. 세복이 지나치게 미사여구를 남발하고 철학적이라고 여겼던 그레그조차 그에게 의문을 갖지 않았다. 당연히 그와 공부해야 한다고 했다.

하지만 벌써 3월이었다. 해야 할 일이 산더미였다. 인디애나 대학에 지원서를 보내고, 오디션을 보게 해달라고 사정하고, 자동차를 빌리고, 아침에 여섯 시간을 운전하고, 늦은 오후 시간까지 기다려 예정된 브람스의 B플랫장조 협주곡과 부소니가 편곡한 바흐의 샤콘을 연주하는데, 10분 만에 그들이 말하기를 그만하면 됐다고 했고, 다시 여섯 시간을 달려 어둠 속에서 오하이오주의 철로를 넘어 고속도로와 작은 마을들을 지나 기진맥진하여 돌아왔다.

인디애나는 흔쾌히 나를 받아주었다. 부모님은 나의 갑작스러운 진로 변경에 놀랐다. 그들이 볼 때 인디애나 대학은 명문이 아니었다. 그래서 나는 얼마 전 알게 된 그곳에 있는 유명한 교사들에 대해 부모님에게 설명했다. 위대한 유럽의 대가들인 긴골드, 슈타커, 세복, 프레슬러, 굴리, 클리블랜드 오케스트라의 황금기에 건너온 사람들, 리프셰이, 블룸 등등. 부모님이 말했다. "그래, 우리보다야 네가 잘 알겠지."

끔찍한 일이 하나 남았다. 서던캘리포니아 대학의 존 페리에게 연락해서 그와 함께 공부하지 못하게 되었다고 설명해야 했다. 무슨 생각이었는지 모르겠지만 나는 자동판매기를 이용하는 사람들이 왔다 갔다 하는 음악원 라운지에서 공중전화로 연락했다. 그가 받지 않기를 바랐지만 받았다. 그에게 소식을 전하자 그가 "무슨 뜻이지?" 하고 물었다. 기회를 놓칠 수 없었다고 말했고, 그가 "믿기지 않는구나" 했고, 마침내 "괜찮다" 했다. 그가 사람들 앞에서 피아니스트의 눈물을 쏙 빼놓게 할 준비가 되었을 때 하는 말이었다. 그는 "행운을 빈다"고 했는데 그의 말투에서 내가 폴리와 세 번째로 헤어졌을 때가 생각났다.

그것이 끝이 아니었다. 역시 서던캘리포니아 대학에서 가르칠 예정이던 래리 래츨레프가 나를 찾아와서 로스앤젤레스 같은 대도시에서 지내는 중요성에 대해 설명했다. 인연을 쌓고 기회를 갖게 된다고 했고, 존이 나를 얼마나 가르치고 싶어 하는지, 그의 선택을 받는 것이 얼마나 영광스러운 일인지 말했다. 생활비와 수업료도 나온다고 했다. 그의 말은 모두 사실이었고, 세복은 이렇게 전면적으로 나를 밀어주지 않을 터였다. 그럼에도 나는 평생 처음으로 내가 음악적 진실에 근거하여 결정을 내렸다고 확신했다. 우연에 떠밀려 교사를 만난 것이 아니라 내가 선택한 것이었다.

{

〈시인의 사랑〉의 첫 번째 곡처럼 5월이 되어 꽃들이 만발했다. 나는 도서관 연체료를 수백 달러 물었다. 노먼의 스튜디오를 찾아가 모든 것이 고마웠다고 했다. 그는 내게 멋진 미래가 있을 것이라며 격려했다. 그레그를 찾아가 작별 인사를 했다. 그는 나를 위해 여름 일자리를 마련해놓았다. 그러니 곧 다시 만날 것이라며 사악한 미소를 지었다. 조는 내게 집중하라고 했고 재능이 많다고 했다. 캐럴 웨버는 요란한 향수 냄새를 풍기며 나를 껴안았다. 영문과 교수 데이비드 워커는 나와 잠깐 걸으며 글쓰기를 계속하라고 했다. 필립 하이필은 나와 일하게 되어 좋았다고 했다. 하지만 케이트는 나와 끝났다고 판단하여 더 이상 만나려 하지 않았다. 그녀는 '장거리 연애'에는 전혀 관심이 없었다. 내가 옆에 있어도 이미 멀리 떨어진 느낌이었다고 했다.

부모님이 졸업식에 왔다. 나는 화학책을 서점에 팔았다. 부모님은 불편한 마음으로 바라봤지만, 아무튼 끝났다. 학교는 남아공 인종차별정책에 관한 시위로 어수선했다. 촛불이 켜져 있는 모습이 아름답고 불편했다. 아버지는 노터데임 대학에서 본 것과는 확실히 다르다고 했다.

졸업식 전날 밤에 극심한 공포가 찾아왔다. 나는 부모님은 내버려두고 화이트러시안 칵테일 두 잔에 취해 복통을 느꼈다. 학기가 끝날 때마다 폴리와 짐 싸는 의식을 한 것이 그리웠다. 왜 그렇게 얼간이처럼 굴었을까? 하지만 그녀는 옆에 없었다. 집에서 혼자 잠을 청했지만, 몇 시간 뒤에 깨어나 거울에 비친 내 모습을 보고 놀랐다. 4년 동안 무엇을 배웠지? 면도를 하다가 다쳤다. 상처에 화장지를 대충 붙인 다음 모자를 쓰고 가운을 걸친 채 바깥에 나왔다. 햇볕이 따뜻했다. 너무 따뜻했다. 나는 피아노와 화학 모두에서 수많은 상을 받았다. 당혹스러울 만큼 많았다. 졸업장을 받고 나서 학장이 나를 따로 불러 "계속 연락하자"고 했다. 기분이 좋아야 했지만, 내가 아꼈던 모든 사람과 모든 아이디어가 졸업식 날에 사라지고 있는 것이 서글펐다.

꾸물거리는 법이 결코 없는 부모님은 그날 저녁 클리블랜드 공항에서 출발하는 비행기를 예약해놓았다. 정신없이 작별 인사를 마치고 부모님과 함께 내 아파트로 가서 내 물건을 챙기려고 했다. 아버지가 도우려고 위층으로 올라와 우리 둘 다 그것을 보게 되었다. 내가 짐 싸는 것을 시작조차 하지 않았다는 사실 말이다. 방은 난장판이었다. 빌린 차가 밖에서 대기하고 있었다. 어떻게 이렇게 까맣게 잊었을까? 눈물이 났다. 짐을 분류하고 청소하려면 몇 시간, 어쩌면 며칠이 걸릴 터였다. 유일한 대책은 손에 잡히는 것을 들고 나르는 것이었다. 아버지가 도움이 되는 질문을 했지만—이거 가져갈 거니? 이건 두고 가?—나는 대답을 하지 못했다.

내가 이야기에서 한 가지 빠뜨렸다는 것을 여러분이 알아차렸을지도 모르겠다. 브람스 협주곡을 무대에서 연주한 것 말이다. 기나긴 과정 마지막에 주어진 큰 상이다. 지금도 나는 공연이 그날의 연주가 아니라 나중에 그것을 회고하며 떠올린 생각이라고 본다. 음악회는 4월 초 화요일에 있었다. 지휘자는 새로 온 데이비드 폴릿이라는 사람이었다. 나는 내심 래리가 맡아주기를 바랐다. 폴릿은 능력자가 아니었다. 어쩌면 그는 이런 어른스러운 작품을 아이와 협의해야 하는 상황에 짜증이 났을지도 모른다.

세복이 해준 조언은 내 연주에 하나도 반영되지 않았다. 당연한 일이다. 중요한 사건이 기억나지 않는다. 무대 조명—너무 밝았다—과 죽어라 버텼던 몇몇 순간만이 기억난다. 부모님은 연주가 끝나고 허름한 내 아파트에서 조촐한 리셉션을 열었다. 턱시도를 입고 형클어진 머리를 한 나와 가진 옷 중에서 드레스와 가장 비슷한 옷을 입은 여자친구의 사진이 있다. 부모님은 조를 마음에 들어 했다. 기분이 묘했다. 하루인가 이틀 뒤에 『애크런 비컨 저널』에 리뷰 기사가 났다(대체 일간지에서 왜 학생 오케스트라 음악회 취재를 하지?). "덴크의 해석은 본인조차 이해하지 못하는 것으로 보였다"로 시작했지만, 악장이 이어질수록 점점 나아졌고 마지막에는 열렬한 기립박수를 받을 만했다고 했다. 공교롭게도 나는 첫 악장이 가장 와닿았고 마지막 악장은 시큰둥했다. 기사 때문에 속상할 일은 없었다. 이런 애매한 리뷰—나의 진정한 첫 리뷰—와 함께 연애도, 브람스도 끝났다. 지금까지 나는 대중 앞에서 이 곡을 다시 연주한 적이 없다. 하지만 여전히 내가 가장 좋아하는 곡이다.

느린 악장이자 가장 강력한 성취인 3악장에 대해서는 내가 그렇게 많은 말을 하지 않은 것 같다. 서두의 첼로 독주가 어떻게 작용하는지 딱 꼬집어 말하기는 쉽지 않다. 올림표와 내림표가 거의 등장하지 않는다. 현란한 화성도, 두드러지는 선율의 움직임도 없다. 일상적이고 익숙한 것에서 참을 수 없는 상실감을 끌어낸다. 마치 이렇게 말하는 듯하다. **친숙한 B플랫장조 음계에서 벗어나지 않아도 돼. 여기에 모든 게 다 있어. 그 좋은 화음들, 그 좋은 방식들을 아직 다 해보지 않았잖아.**

마침내 악장은 단조로 접어든다. 지금까지 절제되었던 슬픔이 가슴을 때린다. 우리는 낭만주의의 상투성에 다가간다. 지쳐 보이고 수척한 주인공이 비극적으로 무너지기 직전이다. 하지만 브람스는 하나의 행보로 우리를 상투성과 비극에서 구해낸다. 그는 하나의 음을 재조정한다. B플랫이 A샤프가 된다. 같은 음높이지만 똑같지 않다.

하나의 조성에서 다른 먼 조성으로 넘어가는 출입구가 된다. 옷장을 열면 나니아의 세계로 가듯 이 음을 기점으로 다른 세계가 펼쳐진다.

이렇게 다른 차원으로 들어서면 브람스는 피아니스트에게 수수한 과제를 맡긴다. 위로 손을 뻗어 높은음에 도달하는 과제다. 이런 제스처, 순진하고 빤한 이런 열망은 가슴이 아프다. 피아노는 손쉽게 이런 도약을 해내지만 악기 자체의 특성 때문에 높은음을 이어가지 못한다. 방향과 욕망은 얻되 연속성은 얻지 못한다. 여기서 브람스의 천재성이 드러난다. 그는 또 한 명의 독주자를 불러온다. 클라리넷이 나서서 피아노가 도달한 높은음들을 연주하고 지속한다. 이것은 피아노 문제를 해결하는 것이라기보다는 피아노에 마음을 쓰도록 요구하는 것에 가깝다. 건반의 **탕** 소리가 목관악기 음색으로 묘하게 이전되어 피아노가 (혹은 피아니스트가) 결코 할 수 없는 길고 지속적인 호흡을 클라리넷이 이어간다. 이를 두고 피아노의 처지를 위로하는 것이라고 말할 수도 있다.

오벌린 오케스트라의 클라리넷 주자가 나에게 돈을 주며 이 대목을 너무 느리게 연주하지 말라고 부탁했다(나의 첫 음악회 무대에서 바순을 맡았던 라스크루시스 시장 루빈도 그런 적이 있었다). 숨이 가쁘다는 것이었다. 나는 최선을 다하겠다고 말하긴 했지만, 되도록 느리게 연주하는 것이 항상 좋다고 생각했다. 이 대목에서 브람스는 우리가 음악에서 벗어났다는 착각이 들게 한다. 만들어진 곡을 연주하는 것이 아니라 잠시 벗어나 경험을 하고 있다고 생각하게 만든다. 신들의 승인하에 시간이 기꺼이 멈춘다. 이런 일시적인 천국은 대가가 따른다. 음악을 마냥 느끼다 보면 이미 한참 전에 끝나 있다.

12장 선율: 세 번째 수업

PLAYLIST

E. T. A. 호프만: 「페르마타」
베르디: 팔스타프, 1막 2장

음악을 사랑하는 사람이라면 잠깐 시간을 내어 E. T. A. 호프만의 소설들을 읽어보기 바란다. 심오한 음악적 지식을 엿볼 수 있고, 무엇보다 읽는 재미가 크다. 내가 좋아하는 단편 중에 「페르마타」가 있다. 시골 마을에 사는 젊은 이상주의자 독일 음악가가 주인공으로 나온다. 이 젊은이에게 가장 큰 영향력을 미친 인물은 그 지역의 오르가니스트다. "냉담한 산술가인 그는 모호하고 비선율적인 토카타와 푸가로 나를 몹시 괴롭혔다." 같은 마을에 가수가 딱 한 명 있었다. "소름끼치는 괴성"의 소유자로 "우스꽝스러운 장식음과 현란한 악구"를 즐겨 구사하는 마이벨 양이다. 우리의 주인공은 오르가니스트-멘토의 부추김을 받아 가엾은 이 여인을 놀려댄다. "스승이 보인 가창에 대한 경멸에 내가 더 확실하게 동조할수록 스승은 나의 음악적 재능을 더 높이 평가했다."

　　그러다가 날씬하고 신비로운 이탈리아 가수 두 명이 마을에 오자 그는 자신의 낡은 음악을 불속에 내던지고 선율에 절대적인 열의로 매달린다. 그가 더 끌린 것이 여인인지 아니면 그녀들의 저항할 수 없는 이탈리아 곡조인지는 확실치 않다. 그는 여인들과 함께 순회공연을 다니며 오케스트라 반주를 지휘한다. 호프만은 리허설에서 여인들이 젊은이를 질타하고 조롱하고 칭찬하고 애정공세를 퍼붓는 것을 그야말로 유쾌하게 묘사한다. 선율은 변덕스럽지만, 사랑에 눈이 먼 우리 주인공은 상관하지 않는다.

　　어느 날 이런 상황은 파국을 맞았다. 그는 둘 중 성격이 더 거친 가수를 반주하고 있었다. 그녀는 높은음에서 늘임표를 구사하기로 했다. 그래서 글 제목이 페르마타(늘임표)다. 모르는 사람을 위해 설명하자면, 늘임표는 점을 찍고 그 위에 후광을 그린 매력적인 음악 기호로, 정해지지 않은 시간 동안 음을 (혹은 침묵을) 계속 붙들고 있으라는 뜻이다.

　　무슨 변덕인지 그녀는 이 높은음을 터무니없이 길게 늘인다. 그리고 그날따라 웬일인지 그는 그녀와 선율에 인내심을 잃고 만다. 그래서 가수가 다음 음으로 넘어갈 준비가 되기도 전에 오케스트라를 끌어들여 그녀의 멋진 순간을 짓밟는다. 그녀는 격노한다. 이렇게 끼어드는 것은 대역죄다. 그가 한 것은 도저히 용서할 수 없는 짓이며, 더 나쁘게도 독일적인 것이다.

희극에는 교훈이 있다. 호프만은 여기서 일반적인 음악 기호가 갖는 엄청난 파급력을 보여준다. 늘임표는 선율이 기본적으로 보이는 지향성의 상징이다. 선율은 지속하려고 한다. 멈추지 않고 계속 이어지려고 한다. 우리가 선율을 살펴볼수록 이런 생존 본능이 작용한다는 것이 드러난다. 곡조는 음과 음을 계속해서 연결하여 앞으로 나아갈 새 방법을 모색한다. 이렇게 붙들고 있으려는 성향은 때로는 절박하게, 때로는 이기적으로, 응석받이처럼, 따분하게 보이기도 하지만, 잘 활용하면 애착의 행위, 보존, 다정함이 된다.

선율을 다룬 첫 장(8장)에서 소개한 브람스의 B장조 삼중주에 전형적인 다정함의 순간이 있다. 첼리스트가 황홀하게 A샤프로 도약하고 나서 우리는 음계를 천천히 내려온다. 한 번에 두 음씩 평온하게. 하지만 매번 마지막 두 음을 다시 들으려고 음계를 도로 올라간다. 브람스는 (혹은 음악은, 둘 모두는) 놓아주려고 하지 않는다. 이 선율은 미래로 나아가면서 과거에 계속 집착한다. 인간이라는 존재를 제법 그럴듯하게 요약한 은유다.

￼

대학원에서 오페라 코치로 일할 때 연습실 복도를 걸어가면 수십 명의 가수들이 각자의 방에서 목을 풀고 유명한 고음을 연습하는 소리가 들렸다. 알아들을 수 없는 이탈리아어나 프랑스어가 몇 마디 들렸고, 사랑인지 비통함인지 의리의 감정인지 모를 소리였다(어차피 의미는 나중에 전문 가수가 되면 처리할 수 있게 된다). 무명의 젊은 목소리가 보루 공격에 나선다. 음을 길게 빼는 유명한 대목에 도전하는데 소리가 꽉 끼거나 불안정하게 흔들리거나 (드물게) 완벽하게 난다. 어느 쪽이든 연습실에서는 결과가 똑같다. 소리가 좋으면 다시 해본다. 나쁘면 좋게 고치려고 다시 한다. 그래서 거의 모든 고음은 금세(그들이 어떻게 될지 알아차리는 순간) 끊어진다. 마치 닭의 비명이 칼날이 내려오면서 중간에 끊어지듯. 다들 힘 있게 내지르다가 거두는 소리가 뒤섞여 우스운 광경을 연출한다.

　피아니스트의 연습실에서는 다른 상황이 벌어진다. 젊은 피아니스트는 선율을 연습하는 경우가 거의 없다. 패시지를 연습한다. 베토벤의 〈고별〉 소나타에서 도입부에 이어 나오는 뒤틀린 패시지든, 쇼팽의 발라드 4번의 코다든, 리스트의 〈메피스토 왈츠〉 마지막에 나오는 유명한 건너뛰기든, 빠른 패시지를 연습한다. 피아노에서는 긴 음을 붙들며 자부심을 부리거나 승리를 만끽하지 않는다. 피아노의 세계에서는 그것이야말로 가장 쉽고 가장 만족스럽지 않은 것이다. 피아노의 약점을 훤히 드러낸다. 그래서 피아니스트는 빠른 패시지, 불연속적인 도약, 복잡하게 뒤엉킨 음들을 주로 연습한다. 반면 가수는 하나의 아름다운 음을 제대로 내는 법을 찾으려고 고심하고 또 고심한다. 그래서 마침내 음을 길게 내면 노력에 보답하듯 명성을 얻는다.

⸝

　베르디는 마지막 오페라인 희극 〈팔스타프〉에서 기가 막힌 선율을 많이 썼다. 몇몇은 그의 긴 인생—당시 여든 살이었다—을 통틀어 가장 사랑스러운 선율이었지만, 길게 머무르려 하지 않는다. 나는 랜들 재럴의 소설 『요양소의 그림들』에 나오는 이 묘사를 항상 좋아했다. "안으로 들어와 날개를 한 번 퍼덕이고는 영원히 사라진 작은 주제."

여기에 딱 들어맞는 예가 오페라 1막 2장에서 날개를 퍼덕인다. 팔스타프가 보낸 똑같은 내용의 연애편지가 수신인들에게 도착하는 대목이다. 알리체와 메그는 나네타와 퀴클리 부인에게 큰 소리로 편지를 읽어준다. 네 사람은 그의 말을 멋대로 인용하며 비겁하고 칠칠맞은 멍청이를 조롱한다. 그러고 나서 희극은 황홀한 이탈리아 아리아로 넘어간다(베르디는 어떻게 이것을 해냈을까?). 목소리가 한 차례 도약하고 살짝 아래로 내려갔다가 다시 도약한다.

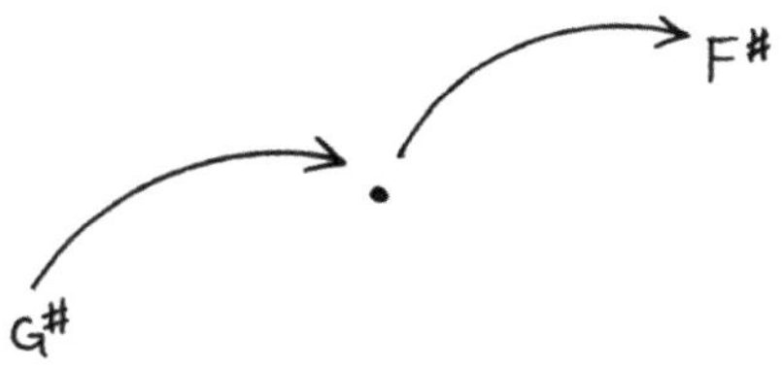

첫 번째는 4도 도약이고, 두 번째는 다섯 음을 건너뛴다. 상세한 내용은 중요하지 않다. 두 차례 도약과 두 차례 끊어짐이 있다는 것만 기억하면 된다. 그러고 나서 베르디는 가수에게 두 도약을 합쳐서 한 번에 다시 도약하도록 한다. 장애물 둘을 한꺼번에 뛰어넘는 말처럼 말이다. 덕분에 우리는 거리감을 생생하게 들을 수 있다. 이렇게 해서 우리가 F샤프에 도달하면, 그는 반대 방향으로 내려와 건너뛴 음들을 하나씩 되짚기 시작한다(또다시 선율이 공백을 채우는 예다).

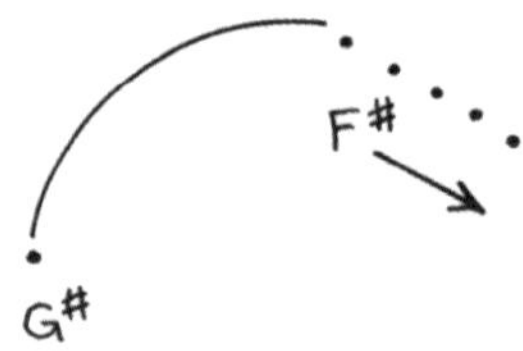

베르디는 높은음에서 반음씩 내려오도록 한다. 반음은 가까운 거리의 음이므로 즉각적이고 절박한 효과를 일으킨다. 우리가 건너뛴 공간에 굴을 파고 들어가는 느낌, 우리가 건너뛴 발걸음 하나하나를 친밀하게 손으로 매만지는 느낌이다. 곡조는 둘로 나뉜다. 하나는 뜀틀을 뛰어넘는 것이고, 다른 하나는 암벽등반가처럼 손으로 홀드를 잡고 하나씩 내려오는 것이다. 둘의 긴장이 핵심이다. 쉬움이 어려움으로 바뀐다. 두 움직임이 서로를 잡아당긴다. 목소리가 풍선처럼 하늘 높이 오르려고 하는데 상충하는 욕구가 천천히 아래로 끌어내린다. 선율은 움직임과 감정 사이에 끝없는 은유적 연결을 끌어낸다.

오케스트라가 한 마디를 하고 나서 가수는 또 한 차례 도약을 한다. 이번에는 C샤프에서 다섯 음 위의 G샤프까지 올라간다. 각각의 음은 무시해도 된다. 중요한 것은 새로운 고점이 앞서의 고점인 F샤프보다 한 음 더 높다는 사실이다. 한 음이면 피아노 건반에서는 거의 아무것도 아니지만, 인간의 목소리에서는 다른 세계다. 이 대목에서 나는 유튜브에서 본 동영상이 자꾸만 생각난다. 뱀이 입을 벌리고 햄스터를 꿀꺽 삼키려는데 삼키는 도중에 입을 더 벌려야 한다는 것을 깨닫는다. 더 큰 것으로 채운다는 감각, 근육을 늘이는 감각, 노력이 욕망과 합쳐지는 감각이다. 이 높은 G샤프는 서글픈 부작용이 조금도 없는 인간의 위업이다. 성취의 느낌과 아직 성취되지 않았다는 느낌이 합쳐져 있다.

이 황홀함의 절정에서 베르디는 늘임표를 구사한다. 그는 가수에게, 그리고 우리에게도 음을 붙들고 있으라고 한다. 나는 앞서 나온 선율의 요소들, 그러니까 오르고 내리는 힘들이 여기로 밀려들고 샘물처럼 솟아나는 느낌을 받는다. 이런 식의 클라이맥스에서는 선율이 호흡에, 몸에, 생명 자체에 연결된다는 것을 실감하게 된다. 이런 선율이 삶을 다하려고 하는데, 그전에 근사하고 잊을 수 없는 일을 행한다.

일반적인 보통의 오페라라면 이런 늘임표 다음에 열광적인 박수와 꽃다발, "브라보!"가 이어질 것이다. 그러나 베르디는 예기치 못하게 허를 찌른다. 가수는 황홀함을 버리고 상투적인 마무리 제스처를 취하며, 네 여인이 소리 내어 웃는다. 나는 이 웃음이 충격적으로 와닿는다. 마치 렘브란트의 그림을 구겨서 어깨 너머 쓰레기통으로 던지는 것 같다. 물론 드라마 내에서는 말이 된다. 팔스타프를 비웃는 것이니 말이다. 그러나 나는 베르디가 나를, 그리고 청자들을, 어떤 면에서는 자신까지도 조롱하고 있는 것 같다. **속았지? 내 술수에 넘어갔지?** 이렇게 말하는 것 같다. 여러분도 알겠지만 이 선율은 교훈이자 경고의 목소리다. 늙은 현자는 선율의 순진함이 그렇게 순진하지 않다고, 그 유혹적인 선물은 좋게도 나쁘게도 사용될 수 있다고 우리에게 속삭인다.

리듬

13장 "아무것도 하지 않으면 다 이루어진다"

PLAYLIST

찰스 아이브스: 피아노 삼중주 S.86
모차르트: 피아노 소나타 14번 C단조 K.457, 1악장
버르토크: 피아노 소나타(1926), 1악장
쇼팽: 환상곡 F단조 op.49
브람스: 바이올린 소나타 1번 G장조 op.78

오벌린을 졸업하고 몇 주 동안 뉴멕시코에서 빈둥거리며 지냈다. 케이트는 나와 결별했다. 친구들은 사방으로 흩어졌다. 오로지 부모님만 변함이 없었고 변하지 않을 사람들이었다. 어느 날 어머니가 내 방에 들어와 폴리에게서 온 편지를 전해주었다. 나는 문을 닫고 봉투를 뜯었다. 폴리는 진로 선택과 관련하여 작은 에세이를 썼고 플로차트를 하나 첨부했다. 그런 다음 자기 마음속에 떠올랐던 모든 것, 좋거나 싫은 모든 것을 제임스 조이스의 의식의 흐름 기법으로 서술하면서 졸업식 날 인종차별정책 시위에서 나를 보았다는 말을 했다. 평생 내가 받은 최고의 연애편지였다. 하지만 어떻게

답장해야 할지 몰라서 어릴 때 쓰던 책상 맨 아래 서랍에 넣어두었다.

내가 하는 일 없이 뿌루퉁한 표정으로 있어도 아무 소리를 듣지 않았던 것은 6월 중순부터 처음으로 보수를 받는 음악 일을 하기로 되어 있었기 때문이다. 매사추세츠 서부에서 열리는 뮤지코다라고 하는 현악기 음악 캠프에 반주자로 고용되었다. 일주일에 여섯 날, 여섯 주를 일하고 1200달러를 받기로 했다. 반주 일이 내 경력에 보탬이 되는지는 생각하지 않았다. 아버지는 이 점을 우려했지만, 실용적인 어머니는 뉴잉글랜드로 가는 싼 비행기 티켓을 구해주었다. 그들은 공항까지 나를 태워주고 평소보다 더 감정을 담아 작별 인사를 했다. 열 시간 뒤에 나는 높은 천장과 삭막한 흰색 벽으로 된 기숙사 방에 있었다.

뮤지코다는 온통 잔디와 돌과 연못과 비밀정원으로 이루어진 멋진 교정이 있는 마운트 홀리요크 대학에서 열렸다. 나는 현악기 학생들이 무슨 곡을 연주하고자 하든 익혀야 했다. 매일 목표가 있었고 똑같은 리듬이 반복되었다. 오전에는 레슨에 참가하여 쇼송의 〈시곡〉 같은 퇴폐적인 음악이나 클라이맥스가 계속 나오는 리하르트 슈트라우스의 바이올린 소나타를 반주했다. 길고 습한 오후에는 연습을 했다. 아무 걱정 없이 피아노 연주에만 집중했다. 저녁에는 몇몇 직원과 학생들이 인공폭포가 있는 폴리네시아식 칵테일바 후케라우에 가서 어울리거나 맥주를 잔뜩 사들고 코네티컷강의 모래톱에 가서 알몸 수영을 했다. 진정한 여름이었다. 나는 비록 직원이었지만 오랜만에 자유로움을 만끽했다.

반가운 얼굴인 그레그 풀커슨이 뮤지코다에서 바이올린 교수로 있었다. 그가 나를 공연에 초대하면서 찰스 아이브스의 삼중주를 연주하자고 했다. 나는 당연히 응했다. 아이브스라면 음악사 수업에서 배운 적이 있었고, 그의 두 작품을 살짝 연주하기도 했다. 교수가 역사적으로 중요한 인물이라고 말했는데 왠지 의무감에서 하는 말 같았다. 아이브스는 익숙한 곡조―찬송가, 래그타임, 행진곡―를 이리저리 엮어 심란한 짜임새의 악곡을 만드는, 미국 음악의 정신 나간 삼촌이었다.

첫 번째 리허설을 하러 가면서 학생처럼 보이지 않으려고 애썼던 것이 생각난다. 흰곰팡이가 슨 방이었고 창문 너머로 가지를 뻗은 우람한 참나무가 보였다. 음악 교수 사무실에서 흔히 보는 어수선한 풍경이었다. 금속 책장에 꽂힌 먼지투성이 악보들, 오래된 메모들이 널브러져 있는 책상. 그레그는 오벌린 시절에 내가 기억하는 장난스러운 미소로 나를 맞았다. 나의 음악성에 대해 오랫동안 의구심을 보였던 그였지만 나를 반기는 것 같았다. 하지만 첼리스트가 도착할 즈음에는 그의 기분이 어두워져 있었다. 나는 아이브스를 평생 잘 알고 지냈던 존 커크패트릭이 새로 편집한 판본의 악보를 사들고 갔다.

"작곡가의 친구가 가장 안 좋아." 그레그가 말했다.

첼리스트와 나는 서로를 흘긋 쳐다보았다. 우리는 곡을 익히는 것만으로도 충분히 버거워서 판본의 진정성 문제는 아직 감당할 수 없었다. 하지만 그레그에게는 아이브스의 진실이 큰 문제, 어쩌면 유일한 문제였다. 그는 한숨을 쉬며 말했다. "좋아, 커크패트릭의 헛소리는 연습하면서 죄다 지우자고."

우리는 연습을 시작했다. 둘째 마디에서 나는 왼손을 옮겨 오른손이 거대한 화음을 연주하는 것을 거들었다.

"지금 뭐하는 거지?" 그레그가 물었다.

"내 손이 이 음들을 모두 짚기에 충분히 크지 않아서요." 내가 그에게 말했다.

"그래, 거래로군." 커크패트릭에 대해 말할 때와 같은 위압적인 말투였다. 나는 곤혹스러운 표정으로 그를 쳐다보았다. 그레그는 한숨을 쉬고 아이브스의 전제를 설명하기 시작했다. 처음에는 오른손이, 그다음에는 왼손이 연주하고, 마지막 섹션에서야 양손을 합친다고 했다. 양쪽 절반이 하나로 모여 근사하고 흉측하고 귀에 거슬리는 서걱거림을 일으키는 것이다. 찰스 아이브스가 청중을 골탕 먹이는 전형적인 예다. 악보를 보니 그레그가 설명한 대로 명백하게 보였다. 이렇게 빤한 것을 나는 어째서 아직도 누가 보여줘야 할까?

우리는 연주를 계속했다. 나는 그레그가 작고 볼품없는 몸을 자꾸 움직이며 인체공학적 이점을 누리려 한다는 것을 알아챘다. 그는 몸의 중심을 잡아야 했다. 그래야 갈망하는 크레셴도나 내어주는 슬라이드를 과감하게 할 수 있었다. 그가 아름다운 연주를 하려면 받쳐주는 힘이 있어야 했다. 나는 스튜디오의 거울을 보았다. 내 몸은 여전히 헐렁한 덩어리였다. 손 없는 꼭두각시, 골조 없는 집이었다. 이런 헐렁함 때문에 내가 신경이 날카롭다는 것을 깨달았다. (역시 페리 부인의 말을 들었어야 했다!)

그레그의 연주는 이런 불안함을 점차 잊게 만들었다. 나는 그렇게 잘하는 사람과, 혹은 자신이 표현하고자 하는 바가 그렇게 명확한 사람과 연주를 해본 적이 없었다. 한순간 그는 몸을 세우고 자랑스럽게 행진하다가 바로 뒤에 외설적인 블루노트[주로 재즈와 블루스에서 표현성을 높이고자 표준 음높이에서 살짝 벗어나게 연주하는 음—옮긴이]로 미끄러졌고, 그러고 나서는 천진한 황홀함에 빠졌다. 마치 무대 뒤에서 뛰어다니며 의상을 갈아입어 군악대 지휘자가 되었다가 심술쟁이 마을 술꾼이 되었다가 사악한 세상에서 의지할 데라곤 이것밖에 없다는 듯 찬송가를 노래하는 순진한 여자가 되는 듯했다. 각각의 목소리마다 호소력이 있었지만 어떤 것도 주도적인 목소리는 아니었다. 사라진 뉴잉글랜드 마을 전체가 되살아났다. 신앙부흥회에서 목소리를 높였고 거리에서 서로에게 힘차게 인사했다. 아이브스의 실수가 옳은 것으로 느껴지기 시작했다. 실제로 옳고 그름이 뒤집혀서 의미를 맞바꾸었다. 슈베르트에서 장조와 단조가 그런 것처럼.

우리는 사교 모임 파티를 떠들썩하게 묘사한 흥겨운 2악장을 천천히 연습해야 했다. 첼리스트가 들어오는 대목을 계속 놓치는 바람에 웃음과 치켜뜬 눈이 그칠 새가 없었다. 하지만 마지막 악장이 되자 그레그는 고양된 스타일로 연주하기 시작했다. 예전에 그가 감정적인 패시지를 시범으로 연주하는 것을 들은 적이 있지만—브람스를 살짝 연주하며 "클리블랜드 오케스트라에 있을 때 이렇게 연주했지" 하고 으스댔다—이런 연주는 듣지 못했다. 그레그는 조롱하며 분석과 이해의 층위를 모두 파고든 끝에 더 이상 조롱할 것이 없는 비밀스러운 지점까지 내려간 것 같았다. 찬송가가 기준점이었지만, 그 위로 바그너와 슈만의 세계에 속하는 화성과 장식음들이 포개졌다. 서로 미워해야 마땅한 양립할 수 없는 스타일이다. 그레그의 연주는 이 모두가 어우러진다는 믿음을 내보였다. 어쩔 수 없이 폴리의 편지가 생각났다. 그녀는 내가 그토록 어리석게 굴었는데도 양립할 수 없는 나에 대해 믿음을 잃지 않았다. 어쩌면 그녀에게 답장을 보냈어야 했는지도 모른다.

3악장 중간에 피아노가 연주하는 초월의 순간이 있었다. 현악기를 가로막고는 언짢은 표정으로 뭉갠다고밖에 표현할 수 없는 음악을 연주해야 했다. 이런 뭉갬이 어디서 왔는지, 어디로 가는지 확실치 않다. 그냥 등장해서 한동안 머문다. 나는 악절이 방향성을 가져야 한다고 배웠는데, 이 순간은 어디에도 가지 않기로 차분하게 마음을 정한 것 같다.

"어떻게 해야 할까요?" 내가 그레그에게 물었다.

그는 페달을 쓰라고 조언했는데 소용이 없었고, 그렇게 리허설이 끝났다. 하루인가 이틀 뒤에 우리는 제대로 된 식사를 하려고 캠퍼스를 벗어나 차를 달리던 중 코네티컷강 위에 높이 걸린 다리를 지났다. 그레그가 난데없이 말했다. "저런 식으로 연주해." (지난여름 알렉스 구어가 애스펀에서 비슷한 말을 했다.) 다리에서 보자 강은 말도 안 되게 넓어 보였다. 늦은 오후의 빛을 받아 오렌지색, 분홍색, 황금색으로 빛났다. 하나의 물줄기로 흐르는 것이 아니라 수많은 물줄기가 교차하고 있었다. 강 안에 다급한 강과 느긋한 강이 공존하는 모습이 전혀 움직임 없는 마술 주머니 같았다.

이제 나는 패시지를 어떻게 연주할지 알았다. 강을 다르게 보았다. 고전음악이 수백 년을 이어지면서 강을 예쁘장하게 만들었다. 현실을 무시하고 그저 음악 대상으로 만들고 말았다. 슈베르트는 흐르는 개울을 아름다운 선율로 묘사하여 자살하려는 연인에게 위안을 속삭였다. 바그너는 장대하게 굽이치는 라인강 바닥에 처녀들과 불길한 반지를 두었다. 그러나 아이브스는 역류, 진흙, 희부연 안개를 둔다. 무수히 많은 입자들이 하류로 헤엄쳐가는 혼란을 묘사한다. 그의 강은 인간의 욕망과 이야기에 속박되지 않는다. 그 자체의 무작위성과 표류가 주는 아름다움이 있다.

첼리스트는 리허설 내내 너그러운 마음으로 세대가 다른 두 사내인 나와 그레그를 상대했다(물론 아이브스도). 마침내 그녀는 보상을 받았다. 삼중주 마지막에서 아이브스는 최고의 속임수를 꺼내든다. 첫 악장과 마찬가지로 단순히 추가하는 것이다. 뭉개는 음악(강)이 돌아온다. 하지만 이번에는 그 위로 첼로가 찬송가 "만세반석 열리니"를 연주한다. 피아노는 흐릿하고 신비로운 음형을, 첼로는 가장 유명하고 사람들이 좋아하는 선율을 연주한다. 알려진 것과 알려지지 않은 것이 서로를 향해 손을 뻗어 찾고 깨달음의 전율을 느낀다. "이제 알겠어." 첼리스트가 웃으며 항복했다. 그녀는 아이브스가 무엇을 말하는지 이해했고, 나도 이해했다. 많은 음악 교사들과 마찬가지로 아이브스는 온갖 방법으로 우리를 열받게 하고 머리를 어지럽혔고, 그러고 나서 (그럼에도 불구하고) 믿으라고 간청했다.

음악회 밤이 되었다. 우리는 백 명의 청중 앞에서 연주했다. 제임스 버즈웰이라고 하는 유명한 바이올린 교사가 찾아와서 "환상적!"이었다고 했다. 그레그는 나를 껴안았다. 진정한 충격이었다. 나는 새로운 작곡가 영웅을 얻었다. 밖으로 나가 뉴잉글랜드의 밤과 귀뚜라미의 합창을 맞으며 **그래, 환상적이었지**, 하고 생각했다. 이번에는 나 자신에 대해 생각하지 않았다.

{

여름의 목가가 끝났다. 나는 1200달러를 챙겨 새로운 삶이 펼쳐질 블루밍턴으로 떠났다. 쇼핑몰 옆의 아파트를 얻었고 자그마한 자동차를 구입했다. 사샤도 인디애나에서 공부하기로 결정해서 우리는 또다시 룸메이트가 되었다. 친절하고 바싹 마른 레너드가 집주인이었는데 항상 베이컨과 달걀 냄새가 났다. 마당 잔디밭에 미니 골프장이 있었다. 우리는 클림트 그림 포스터를 테이프로 붙였고, 비디오 카세트 플레이어를 장만했고, 찬장에 크래프트 맥 앤 치즈를 채웠다. 이렇게 하여 주립대학 학생이 될 준비를 마쳤다.

캠퍼스에 처음 방문하여 전설적인 교수진 이름이 적힌 음악원 회색 복도를 지났다. 이탈리아 바이올리니스트 프랑코 굴리, 헝가리 첼리스트 야노스 슈타커, 러시아 태생의 바이올리니스트 요제프 긴골드가 이곳에서 학생들을 가르쳤다. 나는 유럽에 둘러싸여 있으면서 동시에 옥수수밭에 고립되어 있었다. 남학생 사교클럽 하우스가 거리 맞은편에 있었다.

말하기 유감스럽지만 나는 첫 레슨에 티셔츠와 반바지, 운동화 차림으로 갔다. 세복은 조끼까지 갖춘 정장을 차려입고 복도로 나왔고, 문을 열기 전에 잠깐 나를 말없이 살펴보았다. 우리가 음악 말고 따로 만날 일은 없다는 것이 명백했다.

나는 모차르트의 C단조 소나타를 연주했다. 대담한 선곡이었다. 그가 지난 4월에 오벌린에 와서 리사이틀을 했을 때 첫 곡으로 연주한 곡이기 때문이다. 내가 첫 악장을 마치자 세복이 자리에서 일어나 벽에 걸린 미켈란젤로 드로잉 쪽으로 갔다. 그는 드로잉을 구성하는 다양한 선들, 제법 진한 선에서 거의 보이지 않는 선까지 여러 선들을 가리키며 은유를 들었다. 요약하자면 이렇다. 모차르트는 두 마디, 세 마디, 네 마디, 여덟 마디 악구로 이루어져 있다. 이런 악구가 쭉 이어지며 다양한 종류의 종지終止가 끼어든다. 유심히 보지 않으면 악구의 연속은 소시지를 연결해놓은 것처럼 보일 수 있다. 그러지 않으려면 악구를 마무리하는 보다 다양하고 감각적인 방법을 찾아야 한다. 종이에 목탄으로 곡선이나 직선을 표현하듯 말이다. 모든 경계가 다 똑같지 않다. 모차르트에서는 악구의 마무리조차 노래해야 한다.

나는 고개를 끄덕이며 들었지만, 셰복은 의미가 제대로 전달되지 않고 있다는 것을 알았다. 우리는 2악장으로 넘어갔다. 그는 칭찬도 비판도 하지 않았다. 다만 돈 후안의 세레나데라고 말했고, 모차르트의 화려한 장식음과 추파의 기술이 어떻게 연결되는지 시범을 보였다. 모차르트의 주름진 음들 너머에 섹스가 있다는 것은 내가 몰랐던 사실이다.

나중에야 깨달았지만 그날 첫 레슨의 목표는 연습의 기술에 품격을 높이는 것이었다. 우리는 많은 교사들이 사용하는 포괄적이고 졸음이 몰려오는 용어인 '프레이징'을 익힌 것이 아니라 미켈란젤로처럼 드로잉을 그리거나 돈 후안처럼 유혹을 하고 있었다. 셰복은 레슨에서 피아노 연주를 가르치는 것이 아니라 어떻게 연습할지 가르치는 것이라고 여러 차례 말했다. 연습은 매일 이루어지는 발견의 의식이며 여기서 진정한 배움이 일어난다.

그날 레슨에서 셰복은 자신의 가장 숭고한 재주 하나를 선보였다. 그는 선율 한 자락을 연주하다가 길게 이어지는 하나의 음으로 절정을 맞는 대목에서 눈썹을 치켜세우며 나에게 집중해서 들으라는 신호를 보냈다. 그가 아래의 화성을 바꾸자 절정의 음이 꽃봉오리처럼 점점 커지는 것이 들렸다. 건반을 치고 나면 소리가 꺾이는 피아노 특성에도 불구하고 배음이 합쳐져서 이런 효과를 낸 것이다. 나는 경이와 미소로 그를 쳐다보았고, 믿기지 않는 효과를 똑같이 해보려고 했다. 피아니스트들은 음이 연주되고 나서는 음을 귀담아들으려 하지 않는 것이 일반적이다. 온갖 실제적인 이유에서 다음 음을 준비한다. 셰복의 소리가 그토록 다르게 나는 비결이 그것이라고 생각했다. 그는 소리를 귀담아듣고 물레를 돌려 점토를 빚듯 부드럽지만 확고한 손으로 소리를 빚었다.

♩

이런 뉘앙스를 배우려고 내가 블루밍턴으로 온 것이지만, 대가가 만만치 않았다. 블루밍턴은 오벌린이 아니라고 사람들을 만나서도 말하고 스스로에게도 말했다. 온통 회색 석회암 건물들만 보였다. 정상인들이 지나치게 많았고, 철학적 논의는 지나치게 드물었다. 삶은 이제 예정된 일을 실행하는 것에 가까웠다. 주차하고 요리하고 스케줄을 소화하느라 정신이 없었다. 아파트가 철로에 가까워서 새벽 3시만 되면 요란한 경적 소리에 잠을 깼다. 아마도 돼지나 밀 같은 기본 생활 물자를 실은 열차가 전국 각지로 가서 팔리거나 도살되는 모양이었다.

나는 오페라 코치 조교 일을 하며 대학원 학비를 벌었다. 그들은 타원형 건물('변기'라고 불리는) 맨 안쪽에 자그마한 사무실을 내주었다. 자연광이 들어오지 않았고, 형광등과 합판 벽면, 그리고 겨우 설 수 있을 정도의 공간만 있었다. 나는 가수들과 개인적으로 만나 음과 리듬을 가르쳤다. 그들은 프레이징에 대해서는 들으려 하지 않았다. 그건 위험했다. 그들은 겁에 질린 양처럼, 내가 그들에게 과한 부담을 주기라도 하는 것처럼 나를 쳐다보았다.

이렇게 일대일 세션으로 시작했지만 갈수록 여럿이 모이는 리허설을 많이 떠맡게 되었다. 내 삶은 더 이상 내 것이 아니었다. 내가 첫 번째로 맡은 과제는 어린 시절 매일 듣다시피 한 핵심 레퍼토리인 베르디 오페라 〈라 트라비아타〉였다. 그러나 나의 손은 내가 기억하는 음반을 따라가지 못했다. 내가 연주하는 움-파-파는 너무도 밋밋했고, 너무도 비이탈리아적이었다. 리허설은 노래하는 사람이 항상 대처해야 하는 무대 위 캐릭터를 다루는 것에 초점을 맞추었다. 이것은 우스꽝스러우면서도 지루했다. 프레이징에 대한 논의는 여전히 없었다. 나는 한창 사랑이나 불안의 감정에 휩싸여 있는 장면에서 시작했고, 가수들은 코맹맹이 소리에 독재자 습성이 몸에 익은 감독의 심기를 거스르지 않으려고 애썼다.

가수들이 얼마 뒤에 나를 어여쁘게 여겼다. 내가 기대 이상으로 그들 마음에 들게 잘한 모양이었다. 지휘자는 내가 지나치게 세심하게 연주하고 있다고 주의를 주었다. 가수들을 따라가서는 안 된다고 했다. 그들이 그런 연주에 익숙해지면 나중에 육중한 오케스트라가 반주할 때 충격을 받는다는 것이다. 나는 최선을 다해 오케스트라처럼 연주하겠다고 말했지만, 또다시 기분에 휩쓸렸다. 지휘자가 못 말리겠다는 듯 눈을 깜빡이고는 지휘를 중단했다(가수들은 그를 보고 있지 않았다). 그의 눈이 **알겠어, 너 하고 싶은 대로 해,**라고 말하여 나도 마음 놓고 쨍강거리는 피아노로 사적 황홀경에 빠져들었다.

출연진 중 한 명—이름이 루커스였나 그랬다—이 와서 수다를 떨었다. 그는 내가 항상 피아노 옆 바닥에 던져놓은 내 코트를 항상 밟았다. 그는 감독의 말투를 완벽하게 흉내 냈는데 통쾌하고도 이상했다. "자기야, 난 자네가 배변 훈련을 하기 훨씬 전부터 이 일을 해왔어. 여기 앉아서 한번 노래해봐. 걸음걸이가 그게 뭐야? 여기가 파리의 다락방이야, 쇼핑몰이야?" 나는 코웃음을 쳤다. 실제로 오페라 리허설 과정은 베르디의 풍부한 공감을 재현하기에는 너무도 형편없었다. 루커스와 나는 살아온 이야기를 잠깐 나누었다. 그는 괴짜 룸메이트에 대한 불만을 털어놓았다. 나는 요리에 흥미를 갖기 시작했다고, 이제 성인이 되어 막 알았다고 했다. 그러자 그가 저녁을 먹으러 오겠다고 했다.

며칠 뒤에 나는 맥 앤 치즈 한 상자를 특별히 준비했다. 치킨 몇 조각과 (대가의 솜씨를 발휘하고자!) 오레가노도 더했다. 사샤가 접이식 테이블에서 같이 식사를 했다. 나는 살짝 말을 돌리고 머뭇거리다가 루커스에게 즐거웠다고 말하고는 그를 돌려보냈다. 사샤가 몇 분 뒤에 내 방에 들어와 말했다. "너도 알겠지만 그는 맥 앤 치즈를 먹으려고 온 게 아니야." "그게 무슨 소리야?" 내가 말했다.

♩

세복이 일명 '변기' 건물의 휘어진 홀을 '걷는' 모습은 보통 사람들이 걷는 모습과 달랐다. 걸음걸이가 독특했다. 언젠가 수업에서 그가 설명하기를 강제 수용소(!)에서 디스크가 파열되어 앞으로 구부정한 자세가 되었고, 덕분에 "피아노 연주하기가 편해졌다"고 했다. 우아한 정장, 건물의 평범함을 훌쩍 초월한 표정, 허리가 앞서며 미끄러지듯 홀을 걷는 모습으로 인해 그는 그냥 시야에 들어오는 것이 아니라 소소한 기적처럼 나타났다.

두 번째 레슨을 앞두고 나는 세복의 제안을 받아들여 버르토크의 소나타를 익혔다. 일주일 만에 해냈다. 지금 생각하면 놀랍고 당시에는 어리석은 일이었다. 그 곡은 옥타브와 넷째 손가락을 번갈아 사용하는 대목이 많은데, 내게 부상을 입혔던 바로 그 움직임이었다. 아직 부상의 기억이 생생했고 가끔 하루나 이틀 동안 재발하기도 했다. 세복은 내가 그 곡을 익혔다는 말에 기뻐했다(아직 연주를 들어보지는 못했다). 하지만 먼저 이렇게 말했다. "사람들 말이 자네가 오페라 코치 일을 한다던데. 그게 자네한테 도움이 되나?"

"네." 내가 말했다.

"어째서 그렇지?" 그가 물었다.

"그 일을 하며 등록금을 버니까요." 내 말에 세복의 표정이 어두워졌다.

"내가 학생일 때," 그가 말했다. "우리는 돈이 전혀 없었고 자주 굶주려서 서로의 방문을 두드리며 남은 우유가 있으면 달라고 애걸하기도 했네."

"오페라를 사랑하기도 해요. 음악이 아주 만족스럽거든요." 내가 그의 말에 끼어들었다. 진실하게 말하려고 애썼지만, 내 심정을 제대로 전했다는 자신이 없었다. '만족스럽다'는 말은 오페라의 클라이맥스가 선사하는 즉물적인 쾌감을 담기에 충분히 만족스럽지 않은 단어라고 생각했다.

아까보다 나은 대답이었던 모양이다. 셰복이 웃으며 말했다. "그렇지. 푸르트벵글러와 함께 〈마술 피리〉를 코치했을 때," (그러자 우리는 눈부신 세계로, 내가 책과 교우 관계를 통해서만 알고 있는, 내가 항상 아웃사이더일 수밖에 없는 유럽의 역사로 돌아갔다) "그가 밤의 여왕이 등장하는 대목을 지휘했던 것이 기억나는군…" 셰복은 말끝을 흐렸다. 그러고는 자리에 앉아 깊이 각인된 기억을 불러내 몇 소절 연주했다. 그는 담배를 입에 물고 고개를 90도로 돌려 내 쪽을 보았다. 내가 거기 있다는 것을 잠시 잊은 듯했다.

"오페라에는 배울 게 많지." 그가 말했다. "배우지 않아야 하는 것도 많고."

이제 수업을 해야 했다. 버르토크의 첫 악장을 연주했다. 썩 잘한 연주는 아니어서 멈추었다가 다시 시작하기를 몇 차례 했다. 셰복은 잠시 책상에서 파이프담배와 관련하여 뭔가를 하더니 "좋아, 수고했어" 하고 형식적으로 말하고는 이렇게 설명했다. "모든 작곡가는 특정한 언어로 말하네. 언어에는 문법이 있어서 그것을 배워야 해. 무엇이 동사이고 무엇이 명사인지 배우지 않으면 앞뒤가 맞지 않은 음악이 되고 말아." 이런 말들을 하고 나서 그는 흥얼거리기 시작했다. 노래라기보다는 맥박을 갖춘 속삭임에 가까웠다. 음들은 없었고 그저 윤곽을 알아볼 정도였다. 가장 중요한 특징은 약박弱拍의 움직임이었다. 그는 숨을 살짝 더 강하게 내쉬며 약박을 만들었다. 이렇게 할 때 고개를 들고 사선으로 바라보았는데 내가 익숙해지게 된 포즈였다. 그는 보이지 않는 음악을 찾고 있었던 것이다.

이 순간은 영영 잊지 못할 것이다. 하지만 그가 그토록 조용하게 노래한 이유를 알아내기까지는 몇 년이 걸렸다. 그는 에너지와 격렬함을 분리시키려고 했다. 이런 음을 세게 연주하느냐, 여리게 혹은 중간 세기로 연주하느냐는 중요하지 않았다. 본질은 똑같았다. 약박은 멀리 위로 뻗는 연속적인 벡터를 만들었다. 다른 작곡가들의 박, 그러니까 고전주의 박이나 낭만주의 박과 너무도 달랐다. 브람스에서 우리는 음과 박이 격렬한 마찰을 빚는 것을 자주 본다. 베토벤의 음악에는 스포르찬도가 곳곳에 있다. 셰복이 자주 말했듯이 베토벤의 스포르찬도는 "대안적인 강박強拍", 의지의 행위를 나타낸다. **아니야, 네 마음에 들든 아니든 우리는 여기 있어**, 하고 말하는 것이다. 그러나 버르토크의 이런 강세는 의지의 행위도, 대안도 아니었고, 마찰을 빚지도 않았다. 가볍게 공중에 떠서 미래로 나아가는 에너지였다.

셰복은 지난 수업에서 모차르트를 하면서 많은 이음줄과 아티큘레이션에 주의를 기울였던 것을 상기시켰다. 버르토크에도 이런 것들이 무수히 많았다. "별도의 두 음을 연주하는 것과 이음줄로 연결된 두 음을 연주하는 것은 같지 않네." 그가 말했다. "**의미**가 달라지네." 우리는 그 대목을 한참 연습했다. 제2주제가 춤을 추기 시작했다. 내가 기껏 어머니의 낡은 조언이나 듣자고 이렇게 멀리 위대한 스승을 찾아와야 했을까? 하지만 춤은 거대한 불협화음으로 무너져 내렸다. 그가 연주를 중단시켰다.

"노트르담 대성당이 지어졌을 때 마자르인들은 아직 오두막에 살고 있었네.” 그러더니 그가 문제의 불협화음과 우리가 만나게 될 몇몇 화음들을 연주했다. 그는 화음을 누르고 있으면서 거친 결을 음미했다. 나도 어쩔 수 없이 음정을 느꼈다. 그는 이런 격렬한 불협화음 내에서도 급級과 층層을 찾아냈다.

조금 뒤에 우리는 계속 연주되고 또 연주되는 C샤프에 이르렀다. 그는 연주를 중단시키고 내 옆으로 와서 팔의 위치를 바로잡은 다음에 피아노로 돌아갔다.

“고정악상idée fixe이네.” 그가 내 눈을 똑바로 바라보며 말했다. 음악사 수업 때 베를리오즈의 〈환상 교향곡〉을 공부하면서 배운 용어였다. 낭만적 집착을 상징하는 반복적인 주제를 가리키는 말이다. 그러고 나서 그가 시범을 보였다. 셰복이 반복하는 C샤프는 반복적이지 않았다. 같으면서도 다른, 생각할 거리를 주는 대상이었다. 대체 어떻게 그럴 수 있는지 여러분도 들어보고 싶을 것이다. 나중에 수업이 끝나고 곧장 연습실로 가서 가설들을 시험해보았다. 같은 C샤프를 포기하듯 연주하고, 음에 대해 생각하면서 연주하고, 지겹다는 듯이 연주하고, 기쁜 마음으로 연주했다. 아주 사소한 디테일에도 배경이 되는 이야기를 주는 것이다.

수업은 아직 끝나지 않았다. 그날 아침에 그가 내게 준 모든 정보는 오랜 세월이 흐른 뒤에야 완전히 내 것으로 소화할 수 있었다. 첫 악장 중간에 가장 까다롭고 가장 유연한 섹션이 나온다. 오른손이 미끄러지며 강세가 있는 음에 도달하여 ‘가외의 박’이 되고, 그런 다음 왼손이 다시 이어간다. 내가 자리를 놓치자 셰복이 시범을 보였다. 그의 오른손이 매끄럽게 스르륵 올라가며 강세에 도달했다. 그런 다음 그는 왼팔을 아주 살짝 들었다. 시공간에 자그마한 기포를 만들어 반응을 살짝 늦춘 것이다. "이 음은 살짝… 너무 늦었다 싶게 와야 하네." 사소한 지연에 나도 모르게 웃고 말았다. 그의 손은 마치 예기치 않은 것에 혼란을 느끼며 반응하는 사람처럼 행동했다.

너무 늦거나 너무 이르게 도달하는 음은 세복이 몰두한 주제였다. 성인이 된 지금 오케스트라나 동료들과 리허설을 할 때면 이 말이 너무도 그립다. "이 음은 살짝 너무 이르게 와야 해" 하고 말하면 대부분의 음악가들은 회의적인 시선으로 쳐다볼 것이다. 고전음악 훈련은 음이 자기 자리를 지키는 것을, 정확한 순간에 도달하는 것을 쳐주는 경향이 있다. 하지만 세복은 재즈 음악가처럼 박의 앞쪽과 뒤쪽을 사랑했다.

이런 교습을 받은 지 30분이 지나자 예전에 레슨을 받으면서 내가 바랐던 칭찬받고 싶다는 욕망이 온데간데없었다. 그저 그의 가르침이 더 많이 필요하다는 생각, 레슨이 영영 끝나지 않았으면 좋겠다는 생각뿐이었다. 그는 흠모하는 강아지 같은 내 눈에서 위험을 감지했는지 그만하기로 했다. 다음 학생이 올 때까지 그는 대학 주차 시스템의 독재적 행태에 대해 투덜거렸다.

⸘

학기가 시작하고 몇 주 되지 않아 케이트와 다시 만났다. 그녀는 여전히 오벌린에 있었고 여전히 매혹적이고 속을 알 수 없었다. 우리의 관계는 뜨거웠지만 서로를 파괴하고 있었다. 레슨에 집중될 수도 있었던 에너지가 여섯 시간 운전하고 밤새 잠도 못 자고 속 깊은 논의를 하고 무의미한 싸움을 벌이느라 분산되었다. 젊은이들이 겪는 상상의 문제도 있었고, 부모님 문제가 겹치기도 했다.

어느 일요일 늦은 밤에 오벌린에서 돌아왔고, 다음 날 아침 모차르트의 마지막 악장을 들고 갔다. 버르토크는 다시 손보는 중이었다. 모차르트 곡은 꽤 짧았는데 그 일로 세복이 화내지 않기를 바랐다. 그의 표정을 보니 좋지도 나쁘지도 않은 듯했다. 하지만 당김음이 연이어 이어지는 주제를 내가 연주하려 하자 그가 갑자기 중단시키고는 자신의 가장 근본적인 규칙 하나를 늘어놓았다.

"어떤 음은 위이고, 어떤 음은 아래네. 중력을 거슬러 연주하지 말게."

세복은 왼손으로 시작하여 고정시키는 음들과 이끄는 음들을 구별했다. 그런 다음 연이은 한숨을 따라잡으려고 버둥거리는 내 오른손을 잡았고, 내 손목을 조정했다.

"이게 위네." 그래서 내가 연주하자 그가 말했다. "아니, 위라니까." 그 순간 내 피아노 연주와 관련하여 위와 아래가 실제로 무엇인지 내가 모른다는 것을 깨달았다. 모든 것은 내가 감당하기에 따라 어떤 방향도 될 수 있었다.

"이제 아래." 그러더니 그가 내 손목을 움켜잡고 평소 위치에서 벗어나 손 위로 구부러지게 만들었다. 마치 급습을 준비하는 독수리 같은 모양이었다. **오, 멋진데**, 내가 생각했다. 하지만 처음에는 부자연스럽게 느껴지기도 했다. 단순히 중력에 내맡기는 것이 마치 내 의지를 포기하고 책임감을 덜어내는 행동 같았다. 음악을 만드는 행위를 외부에 떠넘기는 기분이랄까.

"어쩌면 자네가 아무것도 하고 있지 않은 기분이 들 수도 있네." 세복이 말했다.

그러네요, 그리고 내 손목은 이렇게 유연한 경첩 역할에 익숙하지 않아요, 내가 생각했다.

"선불교에 보면," 그가 계속해서 말했다. "아무것도 하지 않으면 다 이루어진다는 말이 있네." 나는 온갖 불가해한 것을 통해 설명하는 선불교의 교리들이 가끔 과하다고 느껴질 때가 있었음을 인정한다. 저 말이 대체 무슨 뜻일까? 피아노 연주는 당연히 뭔가를 행하는 것이 아니었던가? 문득 노먼 피셔가 생각났다. 초대형 샌드위치를 즐겨 만들어 먹는 대그우드[만화 〈블론디〉에 나오는 인물-옮긴이]처럼 항상 더 많은 것을 찾으면서 시작했던 피셔였다. 세복 역시 더 많은 것을 찾고자 했지만 그 방법은 훨씬 덜 하는 것이었다.

다음 레슨은 오벌린을 또 한 차례 다녀오고 나서 섹스와 의심으로 머릿속이 들끓는 가운데 열렸다. 버르토크의 나머지 대목을 열심히 두들겼지만 아직 준비가 되지 않아서 쇼팽의 〈환상곡〉을 벼락치기로 익혔다. 캠퍼스로 차를 몰고 가서 폭스바겐을 평행 주차하려 했을 때가 기억난다. 팔이 쑤셨는데 피아노 연주 때문은 아니었다. 운전대를 돌리는 것도 겨우 했다. 파워핸들이 없는 것을 원망하며 안개 속에서 나무들이 우거진 몇 블록을 걸어 음악과 건물로 갔다.

세복이 뿌듯한 표정으로 홀을 걸어왔다. 그의 부인이 몸이 안 좋았는데 묘하지만 그게 그의 기분이 좋은 이유였다. 아내가 침대에 있어서 "오늘 아침 내가 집 안 청소를 했지. 뭔가를 한 것 같은 기분이야." 그의 말이었다. 세상의 실제적인 문제를 해결하는 데 자신의 피아노 철학이 무용지물이었다고 선언하는 그가 너무도 사랑스러워 보였다. 나는 그의 행복한 미소를 지우고 싶지 않았지만, 내가 준비한 쇼팽을 연주해야 했다. 피아노 건반이 지뢰밭처럼 여겨졌다. 내 손가락이 검은건반에서 미끄러졌다. 어떻게든 버티려고 힘을 주자 오히려 피곤하기만 했다. 완전히 당황하여, 그리고 당황한 것을 가리려고 나는 과격한 음악적 제스처를 취했다. 그러자 곡의 구성이 무너졌다.

셰복은 내가 절반 정도, 그러니까 힘이 들어간 행진곡에 접어들 무렵에 연주를 중단시켰다. 나는 혼란스럽게 뒤엉킨 상황을 마감하게 되어 다행이다 싶었다. "괜한 시간 낭비 말자고." 그는 내가 들어보지 못한 단조로운 톤으로 말했다. 그가 가장 화가 났을 때, 자신이 무시당했다고 느꼈을 때 나오는 말투였다. 그가 계속했다. "내가 일본에 가서 가르칠 때 모든 학생이 준비를 했어. 다들 음악을 외웠고 모든 것을 챙겼지." 나는 악보를 보면서 쇼팽을 쳤다. 버르토크의 소나타 나머지를 익히느라―제대로 익히지도 못했지만―기력을 다 소모했다. 그런 와중에 오페라 리허설을 하고, 수업을 듣고, 케이트도 만났다.

그레그의 호통이 생각났지만 셰복의 지적은 더 슬프고 덜 기고만장했다. 그는 악보에 적힌 쇼팽의 프레이징, 셈여림, 꼼꼼한 페달링에 내가 주의를 기울이지 않은 것을 두고 조용히 분노했다. 그는 무엇보다 페달 표기를 지키지 않은 것에 화를 냈다. 지금이야 이런 표기가 얼마나 세심하고 의미가 깊은지 내가 알지만, 당시에는 무시해도 상관없다고 여겼다. "아, 난 그저 도움을 주려는 제안이라고 생각했어요."

"자네는 다 자란 어른 음악가네." 그는 전보다 한층 실망한 기색이었다. "이제 와서 독해력을 기르겠다고?"

슈워츠와 레슨을 하면서 그렇게 서글펐어도 울고 싶다는 생각이 들었던 적은 한 번도 없었다. 하지만 지금은 아니었다. 나는 스튜디오를 도망쳐 나왔다. 이틀 뒤에 내가 단핵증單核症에 걸렸다는 것을 알게 되어 셰복에게 연락했다. "오, 그래서 그랬던 거로군." 그가 말했다. 이로써 용서를 받은 모양새였지만, 우리의 밀월 기간은 이르게 끝났고, 서로에게 실망하는 가능성이 관계에 들어섰다.

{

학교 보건소는 훌륭했다. 그들은 부어오른 내 간을 손으로 만져 진단하더니 심각하게 휴식을 취해야 한다고 내게 말했다. 그래서 나는 오페라 코치 일과 오벌린을 오가는 것을 그만두었다. 소파에 누워 〈탐정 스펜서〉 재방송을 보았고, 맥 앤 치즈에는 데리야끼 소스가 어울리지 않음을 깨달았다. 몸이 회복되어 셰복이 떠나기 전에 딱 한 번 레슨을 하게 되었다. 스무 살짜리가 무슨 정신 나간 연유인지, 〈골드베르크 변주곡〉의 앞부분을 레슨에 가져가기로 했다.

바흐의 곡은 오벌린에 있을 때 딱 한 곡을 연주했다. B플랫단조 〈전주곡과 푸가〉가 그것으로 내 생각에는 괜찮았지만 다들 내 스타일을 두고 끔찍하다고 했다. 슈워츠와 급우들은 내가 바흐에 관심이 없다고 여겼다. 시대 연주의 관습을 내가 배우려 하지 않은 것은 사실이다. 하프시코드는 상황에 따라 가학적으로 혹은 피학적으로 들렸다. 그러나 지난 2년 동안 바흐의 몇몇 음반을 들었다. 이보 포고렐리치가 엄청나게 빠르게 연주한—모터가 돌아간다는 것이 이런 것임을 보여주는 듯한—〈영국 모음곡〉A단조 음반, 그리고 그 누구도 피할 수 없는 글렌 굴드의 〈골드베르크 변주곡〉 녹음 두 가지를 들었다. 굴드가 두 번째로 녹음한 음반은 진지한 척하려 애쓰는 모습이 멍청하다고 생각했다. 하지만 첫 음반은 그야말로 가볍고 파삭거리고 명료했다. 손가락 돌아가는 것이 감탄스러웠다. 수심에 찬 주제가 사람을 매료시켰고, 그러고 나서는 날것의 에너지가 분출했다.

가끔은 나의 손가락도 명료하고 에너지가 넘쳤다. 여기에 기댈 정도는 아직 아니었지만, 이런 장점이 내 연주의 어딘가에 있었다. 그래서 나도 이런 아이디어를 가져와 글렌 굴드처럼 '하자'고 했지만 괴팍함은 없었다. 마치 로스트비프 없는 로스트비프 샌드위치를 원한다고 하는 꼴이다.

내가 〈골드베르크 변주곡〉을 하겠다고 하자 셰복은 살짝 웃었고, 내가 준비한 3분의 1을 다 연주하고 나자 그가 다시 웃었다. 내 양손이 우스꽝스럽게 충돌하는 순간이 여러 차례 있었다. 처음에는 이번에도 레슨은 틀렸구나 싶었다. 그가 첫 번째 변주를 조금 연주하고는 말했다. "여기는 폴로네즈네." 세 번째 변주에서는 "여긴 이중주지"라고 했고, 조금 뒤에는 "지그는 춤을 춰야만 해"라고 했다. 마지막으로 그가 기억에 남을 보편적인 제안을 했다. 음들이 이어지는 흐름의 중간에 마음을 차분하게 가져야 한다고 했다. 그는 하나의 음을 아주 살짝 더 길게 끌었고, 살짝 노래를 불렀다. 그러자 음이 흐름에서 고개를 내밀었다. 마치 지나가는 열차 밖으로 친구가 손을 흔들 듯이.

나도 해보았다. "아니, 너무 과해." 그가 말했다. "헝가리 속담에 휘핑크림을 구야시[헝가리식 소고기 스튜 요리-옮긴이]에 넣지 말라는 말이 있네."

세복은 또 하나의 제안을 했다. 나보고 손목을 내리고 건반 아래 공간을 상상하고 거기에 닿도록 하라고 했다. 단단한 나무를 통과한다는 이런 불가능한 생각은 도움이 되는 것 같았다.

당시에 나는 소득 없는 레슨으로 끝나면 어쩌나 걱정했다. 하지만 그의 몇 마디는 바흐를 연주할 때 가장 핵심이 되는 묘책 하나를 드러냈다. 바흐는 멈추기를 싫어하고 구별을 없애기를 좋아한다. 계속적으로 나아가는 것은 그가 음악을 통해 드러내고자 했던 신의 영원히 변치 않는 계획, 끊임없이 돌아가는 우주의 핵심이다. 하지만 연주자는 움직이는 와중에도 침착함을 찾고 호흡을 해야 한다. 제자리를 지키려고 빙빙 도는 비행기 조종사가 그러하듯.

내 스승과의 첫 만남이 이렇게 일단락되었다. 매번 다른 작곡가와 그의 언어에 관한 레슨이 5주 동안 이어졌고, 덕분에 내 삶이 다시 모습을 갖추게 되었다. 하지만 세복이 파리, 암스테르담, 도쿄에 일정을 수행하러 떠나면서 나는 한참을 그의 영감 없이 지내야 했다. 인디애나에서 내가 무엇을 하고 있는지 의구심이 들었다. 느긋한 대학원의 요구들을 처리했고, 소소한 마감들이 이어졌다. (어떤 유기체와 음악의 패시지가 그러하듯) 자신을 연장하는 것만이 목적인 듯한 삶이었다. 더 깊숙한 중서부 지역으로 온 오벌린 사람이 나 말고도 열 명 남짓 있었다. 우리는 블루밍턴의 술집을 자주 드나들었다. 하지만 〈심슨 가족〉을 방영하는 목요일은 신성불가침이었다. 나는 내가 매주 술처럼 마신 〈심슨 가족〉의 아이러니가 신기하다는 생각을 자주 한다. 나는 냉소적인 호머 심슨과 내가 이상으로 여기는 형가리의 요다를 어떻게 동시에 사랑할 수 있었을까?

나는 괜찮은 음악학 수업 두 개를 들었는데 완전히 다른 관점이었다. 하나는 고루한 교수가 진행하는 〈니벨룽의 반지〉 수업이었다. 그의 강의는 화성과 위대한 작곡가의 위대함에 관한 것이었다. 틈만 나면 그는 음반을 틀었다. 솔티가 지휘하는 시카고 심포니 음반을 강의실 오디오에 올려놓았고, 우리는 오케스트라와 성악의 황홀함으로 빠져들었다. 반유대주의에 관한 이야기는 거의 하지 않았다.

다른 하나는 19세기 러시아 음악에 관한 수업으로 곱슬곱슬한 머리의 괴짜 중년 여성 레슬리 커니가 가르쳤다. 그녀의 강의는 사상, 그리고 러시아 정체성과 영혼이라는 문제를 집중적으로 다루었다. 그녀는 언어에 관한, 러시아어 문법에 내재된 경향에 관한 놀라운 이야기를 들려주었다. 시제가 특히 흥미로웠는데 불완료형은 "러시아어에서 현재 시제에 유일하게 가능한 형"이라고 했다. 그러니까

러시아어의 현재 시제는 불완전한 행동, 진행 중인 행동, 반복적인 행동이라는 개념과 긴밀하게 얽혀 있으며 결코 서로 뗄 수 없다.

세복이 문법을 믿는다고 했던 것이 생각났다. 최근까지도 지루하게만 보였던 문법이 이제 사방에 활발하게 넘쳐났다. 커니는 침대

에서 결코 나오지 않는 사람—책을 들고 다시 눕는다니 얼마나 좋을까!—이 주인공으로 나오는 이반 곤차로프의 소설 『오블로모프』를 소개했고, 그러고 나서 무관심, 사회적 변화의 어려움, 절망의 느낌으로 화제를 돌렸다. 그녀는 차이콥스키의 한 소절을 연주하며 마찬가지로 빤한 악상을 계속 늘어놓았다. "친구들에게 내 전공이 러시아 음악이라고 말하면," 그녀가 음험하게 곁눈질을 하며 말했다. "다들, '오, 정말 안됐어' 하고 말하더군."

세복이 12월에 돌아와 2주간 머물며 서둘러 학기의 에필로그를 마련했다. 내가 그의 스튜디오 수업을 처음으로 경험한 것이 이때였다. 오벌린에서 있었던 스튜디오 수업과는 정신적으로 실제적으로 상반되는 수업이었다.

그의 작은 스튜디오에서 밤에 수업이 열렸고, 항상 학생들이 몰려들어 비좁았다. 용케 들어간다 해도 피아노가 잘 보이지 않는 공간에서 두 시간 동안 서 있어야 할 수도 있었다. 수업에 온 학생들은 대부분 유럽의 유학생들이었고, 열심히 세복을 바라보았다. 나는 몸을 꼼지락거렸다. 그가 앉은 곳 옆에 있는 작은 책상 램프 불빛이 유일한 조명이어서 그의 얼굴이 벌겋게 빛났다. 그런 와중에도 그는 담배를 계속 피워댔다.

내가 처음으로 참관한 수업에서 재능 있는 일본인 학생이 버르토크의 〈피아노 모음곡〉 op.14를 연주했다. 3악장 내내 그녀가 건반을 난폭하게 헤집고 다니는 진행을 제대로 대처하지 못하자 세복이 중단시켰다. "움직임은 그렇게 중요하지 않네." 그가 말했다. "하지만 동작의 흐름은 중요해."

우와. 내가 그 말을 여전히 곱씹고 있을 때 그녀가 어둡게 일렁이는 마지막 악장 연주를 시작했다. 셰복은 그녀의 연주를 경청했다. 마치 가르치는 일이 지겨워져서 음악 자체를 즐기고 싶어 하는 듯했다. 마침내 그가 더는 참을 수 없었는지 몇 마디 시범을 보였다. 그의 손에서 흘러나온 음악은 그냥 침울하기만 한 것이 아니라 독을 품고 있었다. 그의 능숙한 망설임과 학생의 갈팡질팡하는 헤맴 사이에는 어마어마한 거리가 있었다. 셰복은 악구 중간에서 연주를 하다 말고 멈추었다. 이제 뭔가 특별한 일이 벌어질 것임을 다들 알았다.

그때 그가 말했다. "누군가에 대한 사랑을 보여주되 그 사랑을 **느끼지는** 않는 것—" 여기서 긴 침묵이 있었다. "그게 메피스토펠레스의 작품이네."

방 안의 희미한 불빛에 담배 연기 자욱한 상황에서 이 멋진 발언은 부자연스럽기 짝이 없었다. 곡의 순간에 못을 박았고 이 곡을 삶의 교훈과 연결했다. 그 이후로 나는 이 곡을 연주할 때면 보들레르가 말한 "구역질 나는 아름다움"을, 유혹적인 동시에 혐오스러운 부정직한 화성을 생각했다. 그러나 셰복은 더 이상의 설명을 하지 않았다. "오늘밤은 여기서 끝내지." 그가 말했다. 나는 흥분으로 머리가 어떻게 되어 복도를 나가는 독일 학생과 프랑스 학생을 붙잡고 이렇게 물었다. "그 말이 믿겨져?" 그러고 나서 음악에서처럼 나 자신을 주체하지 못해 선을 넘고 말았다. 헝가리 말투를 흉내 내며 이렇게 말한 것이다. "그게 메피스토펠레스의 작품이네." 그러자 그들은 **멍청**

이, 감히 네 주제에 그를 모방해? 하는 표정으로 나를 쳐다보았다.

⟩

봄 학기가 시작할 무렵에 케이트와 헤어졌다. 그러고는 후회했다. 그녀 없이는 도저히 살 수 없다고 확신했고, 우리는 서로의 차에 열렬한 쪽지를 남겼다. 감상적인 곡들로 믹스테이프를 만드는 나를 보고 친구들이 호통을 쳤다. 우리가 서로에게 끔찍한 존재라면서 잊으라고 했다. 이런 일들을 겪으면서 마침내 나는 집중할 수 있게 되었다.

의식하고 벌인 일은 아니지만 내가 지금 알고 사랑하는 대다수 독주곡들을 이때 배우기 시작했다. 라흐마니노프의 협주곡 2번으로 시작했다. 보람을 안겨주고 경쟁심을 북돋우는 곡으로 보였기 때문이다. 그러고 나서 내 영혼을 만족시키고자 오벌린에서 들은 적이 있는 슈만의 난곡 〈다비드 동맹 무곡〉을 골랐다. 리스트의 소나타도 익히기 시작했다. 셰복은 나를 다른 멍청한 피아니스트들처럼 자기만족을 위해 원하는 대로 악보를 다루도록 내버려두지 않을 거라고 말했다. 그래서 리스트는 나의 충동을 억누르는 힘든 레슨이었다. 나는 슈베르트의 B플랫장조 소나타(페이즐리 무늬 치마의 기억이 있는), 바흐의 E단조 파르티타(이제 바흐를 사랑하게 되어 더 많은 곡을 파고들고 싶었다), 베토벤의 소나타 op.109를 연습했다. 하나같이 작곡가 만년의 곡이었고 기념비적인 곡이었다. 어쩌면 부담이 덜한 초기의 곡에 집중하는 것이 더 나았을지도 모른다. 요즘 나는 학생들에게 그렇게 하라고 자주 권하지만, 그들은 내가 그랬듯이 내 말을 듣지 않는다.

많은 걸작들을 익히는 가운데 4월이 되었다. 블루밍턴은 습한 날씨가 되었다. 우리는 작별 인사를 나누었다. 오벌린의 봄에 있었던 드라마와 상실감은 없었다. 정해진 일정을 행하는 것에 가까웠고 애착이 크게 들지 않았다. 짐을 꾸리지 않아도 되었다. 사샤와 나는 우리가 사는 아파트를 지역 컨트리클럽에서 골프를 가르치는 키 큰 얼간이에게 빌려주었다. 그는 (치명적이지 않고 고의도 아니지만) 여기서 밝히지 못할 이유로 우리 때문에 탈이 났다. 나는 뉴멕시코에 가서 몇 주 지냈다. 아버지가 성과에 대해 물었다. 나는 엄청난 진전이 있었다고 했다. 최고의 음악적 영감을 만났고, 가능한 모든 것을 배우고 있다고 말이다. 하지만 이제 지난여름에 했던 박봉의 일로 돌아갈 때가 되었다.

≀

뮤지코다는 전과 다름없이 차분하고 모호하고 소박했지만 두 가지 예외적인 일이 있었다. 먼저 나는 마이클이라고 하는 직원 반주자와 친해졌다. 어느 날 그는 내가 베를리오즈의 〈이탈리아의 해롤드〉를 연주하는 것을 들었다. 비올리스트가 온갖 도움을 필요로 하기 때문에 비올라 협주곡이라고 불리지만, 솔직히 말하면 오케스트라로 연주하는 음시音詩다. 프란츠 리스트가 오케스트라 파트를 피아노용으로 편곡해서 불꽃처럼 과시적인 대목이 많다. 나는 쉬지도 않고 거의 자위하듯 즐겁게 이 곡을 연습했다.

무대에서 연주가 끝나고 마이클이 말했다. "네가 그렇게 연주할 때면 다른 사람이 왜 무대에 있어야 할까 하는 생각이 들어." 나는 기분이 좋았다. 나의 가장 허황된 꿈을 부추기는 말이었다. 술을 한잔하자 그의 말투가 거칠어졌다. "젠장, 대체 너 여기서 왜 이러고 있는 거야?" **행복하려고?** 내가 생각했다. **돈을 벌려고?** 마이클은 내 옥타브가 갑갑하게 느껴진다고 했고, 얼마 뒤에 우리가 캠퍼스의 한적한 벤치에서 어슬렁거릴 때 나보고 마사지를 좋아하는지 물었다. 나는 나쁠 것 없지, 하고 말했다. 안개로 흐린 뉴잉글랜드가 비밀을 하나 더 드러내기로 한 것 같은 순간이었다. 그러나 잘 모르는 사람과의 섹스는, 특히 사내와는 아직 불편했다. 게다가 1991년이었다. HIV가 여전히 사형선고였던 시절이었다. 상황이 미묘하게 흐르자 나는 기겁하여 내 방으로 도망쳤다.

나는 그 에너지를 모조리 두 번째 커다란 기획에 쏟아부었다. 바로 브람스의 첫 번째 바이올린 소나타를 익히는 것이었다. 한여름에만 잠깐 즐기려는 심산이었다면 그보다 훨씬 어리석은 짓을 할 수도 있었다. 나는 예전에 이 소나타를 몇 차례 연주하여 엉망으로 난도질한 적이 있었다. 이제 제대로 배울 절호의 기회였다. 이 곡에는 비밀스러운 이야기가 담겨 있는 것처럼 보였다. 첫 악장은 대체로 화창한 분위기이며 빈의 달콤쌉싸름함이 가미된다. 하지만 2악장이 시작하기 전에 뭔가 알 수 없는 불행한 일이 벌어진다. 그래서 음악이 더 어둡고 덜 확실해진다. 심지어는 한참 동안 장송 행진곡으로 진행한다.

나는 훗날 시카고 심포니의 단원이 되는 경이로운 젊은 바이올리니스트 베어드 도지와 함께 연주했다. 우리는 곡을 익혀서 그레그와 레슨을 하러 갔다. 내가 뭔가를 배웠음을 그에게 보여줘야 했으므로 나는 새로 발견한 것을 설명하기 시작했다. 부점 리듬이 곡의 전반적인 특징으로 등장한다. (모르는 사람을 위해 설명하자면, 생일 축하 노래에서 첫 소절인 '생일 축…'의 '길고-짧고-긴' 리듬이 부점 리듬이다. 바그너의 유명한 〈결혼 행진곡〉에서 폭넓게 활용되는 리듬이기도 하다. 행진곡은 부점 리듬을 사랑하며, 부점 리듬도 행진곡을 사랑한다.) 첫 악장은 부점 리듬으로 악구를 **시작하여** 자연스러운 왈츠의 쾌활하고 들뜬 분위기가 만들어진다. 하지만 2악장에서는 악구가 항상 부점 리듬으로 **끝나**(그레그가 당연히 이미 알고 있는 것이겠지만 계속해서 내가 그에게 설교했다) 서둘러 착륙하는 느낌을 준다. 벡터가 뒷걸음질을 친다. 부추기는 자가 부추김을 당한다. 원인이 결과가 된다.

"멋진 발견이네, 제러미." 그레그가 말했다. 베어드는 악기를 조율하며 대화에 참여하지 않았다. "그나저나 이 곡이 어째서 '비의 소나타'라고 불리는지 알고 있나?"

"마지막 악장에 나오는 빗방울 때문이죠!" 나는 바이올린의 우수에 찬 선율 아래에서 후드득거리는 피아노 음형을 떠올리며 자신 있게 말했다.

"맞기도 하고 아니기도 해." 그레그는 잠시 뜸을 들여 내가 의기소침해진 것을 즐겼다. "실은 노래에 바탕을 둔 곡이라네." 노래라! 더 들어볼 필요도 없었다. 레슨이 끝나고 마운트 홀리요크 음악 도서관으로 달려갔다. 마이클을 피하기에 여기만 한 곳이 없었다. 거기서 브람스의 노래와, 빗소리를 들으며 사색에 잠긴 노인의 목소리를 찾았다.

쏟아져라, 비여,

물방울이 떨어져 모래에 거품이 일면

어린 시절의 꿈들을

다시 떠올리리라!

다음 리허설에서 나는 "비의 노래"를 연주하고 노래로 부르며 베어드에게 이것이 모든 것의 출발점이라고 했다. 그는 나의 과도한 열정과 끔찍한 노래를 참아주었다.

우리가 그레그 앞에서 연주를 잘했던 모양이다. 공개 연주회 무대에 서도록 그가 우리를 지명한 것을 보면 말이다. 베어드와 나는 몇 주 동안, 필요 이상으로 훨씬 더 많이 리허설을 했다. 훗날 우리가 할 수 없을지도 모르는 것을 리허설에서 꼼꼼하게 했다. 베어드가 내게 물었다. "현실에서는 그렇게 빈정거리면서 음악에서는 어쩜 그렇게 낭만주의자처럼 굴어?" 마침내 낡은 콘서트홀에서 마지막 드레스 리허설이 있었다. 저녁 7시에 시작했는데 공식적인 마감 시간은 없었다. 감독이 말했다. "뒤의 문이나 닫지."

9시에 우리는 마지막 악장의 빗방울에 대해 논의하고 있었다. 이 음악에는 독특한 템포 문제가 있었다. 정적으로 진행해야 하지만 죽어서는 안 되었다. 사색하는 노인은 당연히 죽지 않는다. 그의 희망이 죽을 뿐. 교과서에 따르면 론도였는데, 대부분의 론도는 흥겹게 뛰놀며 춤을 춘다. 베어드와 나는 한동안 이 문제를 두고 너무 느리다, 이제 경박하다, 하며 옥신각신했다. 그러다가 문득 깨달음이 왔다. **구조가 메시지야.** 론도의 가장 기본적인 아이디어는 교대한다는 것이다. 되풀이되는 주제와 에피소드가 다음과 같이 진행한다.

ABACABA

그리고 이 곡에서 나는 보고 느꼈다. 주요 주제(A)는 우울한 회색 빛 현재이고, 에피소드(B, C 등)는 환하게 빛나는 과거라는 것을. 이것이 곡에 담긴 비밀스러운 이야기였다. 아울러 형식—형판—을 인간 조건의 표현으로 바꾸는, 마치 해골에 숨결을 불어넣는 것 같은 놀라운 교훈이기도 했다. 이것을 이해하고 나면 춤추고 노래하기 좋은 엔딩, 유쾌하게 돌아오는 주제 같은 론도의 흔한 개념들은 던져 놓아도 된다. 실제로, 매번 주제로 돌아오는 것은 행복으로 이어지는 문을 요란하게 쾅 닫는 것이었다.

베어드에게 이것을 설명할 때 내 눈이 광기로 번뜩였다. 베어드는 내 말을 알아들은 것 같았다. 그가 조용히 말했다. "제러미, 너 완전히 흥분했어." 이런 소통의 순간은 더없이 행복했다. 세복이 내 안에 있는 은유로 통하는 문을 열었다는 것을 실감할 수 있었다. 세복 덕분에 나는 내가 항상 갖고 있던 도구를 사용하게 되었다.

우리는 곡의 마지막에 이르렀다. 브람스는 단조에서 장조로 넘어간다. 승리의 장조가 아니라 추억과 돌이킬 수 없는 것들로 가득한 아쉬움의 장조다. 결정적인 이 순간에 부점 리듬이 다시 모습을 드러낸다. 부점 리듬은 댄서가 발로 땅에 내려서듯 마지막 음에 안착하는 경우가 많다.

길고 짧고 **길게**

하지만 브람스는 여기서 이것을 서로 이어 붙여—

길고 짧고 길고 짧고 길게

—끝없이 앞으로 나아가는, 목적 없이 계속 이어지는 연속적인 흐름을 만든다. 이런 새로운 연속성은 기억을 더듬어 1악장의 왈츠와 2악장의 장송 행진곡을 껴안고, 이제 마지막 악장의 얼어붙은 슬픔을 녹인다.

아니지, 내가 말했다. 우리는 리듬을 왜곡하고 있어, 브람스가 애써 만든 이야기를 잘라내고 있다고. 연주하는 동안 베어드에게 계속 말했다. 우리는 아무것도 할 필요가 없었다. 그저 시간에 몸을 내맡기고 짧고 길게, 혹은 길고 짧게 흐름을 따라가다 보면 마지막에 이르렀다. 멈추지 마, 내가 말했다. 나는 삶과 오벌린에 대해 스스로에게 말하고 있었을까, 아니면 브람스에 대해 베어드에게, 아니면 셰복에게? 리듬의 견실함이 갑자기 너무도 중요했다. 나는 멋대로 굴었던 십대와 학부생 시절에서, 부점 리듬을 증오하던 것에서, 메트로놈과 연필로 두드리는 것을 두려워하던 것에서 너무도 멀어진 나 자신을 거의 알아보지 못했다. 리듬은 시간에 맞춰 연주하는 것이 아니었다. 시간에 대해 연주하는 것이었다. 이제야 영혼을 가진 박이 되었다. 그리고 이 박은 이야기가 말이 되도록 하는 단서였다.

14장 리듬: 첫 번째 수업

PLAYLIST

> 코플런드: 육중주
> 모차르트: 피가로의 결혼, 1막 1장
> 모차르트: 돈 조반니, 1막 1장, 다툼 직후 "아, 사람 살려!"
> 베르디: 팔스타프, 3막, "하나… 둘… 셋…"
> 슈베르트: 즉흥곡 A플랫장조 D.935, no.2, 아르투르 슈나벨 연주

리듬 공부는 숫자 세기로 시작한다. 내가 아주 어릴 때 쓰던 피아노 악보에 보면 온갖 색깔의 잉크로 '카운트'라고 대문자로 적어놓고 절박하게 동그라미를 치고 다시 치고 느낌표를 붙인 것이 곳곳에 보인다. 모나와 릴리언 선생은 이렇게 무해해 보이는 단어에 내가 거부감을 보이는 것을 도무지 이해하지 못했다. 하지만 그들은 실상을 몰랐다. 내 어머니가 "열까지 셀 거니까 순순히 이를 닦는 게 좋을걸" "셋을 셀 때까지 식탁을 치우지 않으면 지옥 맛을 보게될 거야" 같은 말을 얼마나 자주 했는지 말이다. 여기서 '지옥 맛'은 엉덩이 때리기를 가리키는 은어였다. 버릇없이 굴었는지 착하게 행

동했는지에 따라 더 셀 수도, 덜 셀 수도 있었다.

어머니와 정반대에서 나를 위로해준 영웅은 〈세서미 스트리트〉에 나오는 카운트 백작이었다. 그는 폼 나게 숫자를 셀 줄 알았다. 뻔뻔한 트란실바니아 억양으로 각각의 숫자가 마치 기적이라도 되듯 하나씩 외쳤다. 그래서 오늘의 숫자에 이르면, 예컨대 7이라면, 일곱 마리 병아리가 나타나거나 눈이 달린 일곱 개의 초콜릿 브라우니가 나오고 풍선과 색종이 조각이 날렸다. 숫자는 할 일이나 처벌을 열거하거나 시간이 줄어 사라짐을 나타내는 것이 아니라 살아 있고 춤추는 것이었다.

여러분이 직업 음악가로 살아갈 즈음이면 숫자 세기는 음 읽기와 마찬가지로 오래전에 졸업했다고 여길지도 모르겠다. 하지만 작곡가가 여러분에게 실수를 유도하고 어린 시절로 되돌리려고 하는 곡을 의외로 종종 만나게 된다. 에런 코플런드의 육중주가 바로 그런 곡이다. 두 박과 세 박이 악마처럼 잔인하게 조합되어 박을 세고 있으면 혀가 돌아간다. 리허설에서 셋이 들어갈 때 둘을 연주하는 사람이 항상 나오기 마련이어서 연주가 급작스럽게 중단된다. 모두가 두리번거리며 비난할 사람을 찾는다. 동료에게 이런 말을 할 수 있는 절호의 순간이다. "셋을 세는 것이 너한테 어려운 일인 줄 몰랐는데…" 그 사람은 손가락을 세우며 반응한다.

요즘 어쩔 수 없이 숫자를 세야 할 때면 오래된 소년의 반항심이 남아 있는 것을 느낀다. 그래서 본능적으로 굴려는 습성을 다스리도록 의식적인 마음을 훈련해야 한다. 내부의 계산기를 가동해야 하고, 음악을 갈망하는 감정에 약간이라도 마음을 주지 않도록 애써야 한다. 이게 다 올바른 시간에 연주하기 위해서다. 이러다 보니 잘못을 교정하는 비정한 행위로 느껴질 수 있다.

그러나 셈하기는 교정하는 것도 비정한 것도 아니다. 세상에서 가장 사랑스러운 음악으로 꼽히는 모차르트의 〈피가로의 결혼〉에 증거가 있다. 막이 오르면 곧 있을 결혼으로 들뜬 두 명의 연인이 보인다. 그들은 기쁘고 기대되는 이 순간에 무엇을 하고 있을까? 피가로는 침대가 들어갈 공간을 재고 있다. 수잔나도 재고 있다. 거울을 보며 자신의 모자가 맞는지 알아본다. 그녀는 피가로가 자기를 봐주기를, 그녀에게 관심을 기울이기를 원한다. 두 사람 모두 각자의 세계에서 자신의 욕망을 세며, 모차르트는 뒤에 숨어서 그들의 숫자를 매력적으로 부각시킨다.

숫자 세기의 명장면이 베르디의 〈팔스타프〉 마지막 3막에 나온다. 팔스타프는 어둠 속에 숨어 있다. 숲속 참나무 고목 뒤에서 한밤중에 만나기로 한 약속을 기다리는 중이다. 그는 늙고 뚱뚱하고 그녀는 젊고 아름답고 (어쨌든) 유부녀이니 망상에 가깝다. 그는 흥미진진한 이 만남을 고대하며 숫자를 세는데, 여기에 함정이 있다. 자정에 참나무에 정령이 출몰하여 영혼을 채간다는 전설이 그것이다. 그러므로 팔스타프의 숫자 세기는 쾌락과 공포라는 상반된 두 종착지로 향하는 셈이다.

마을 시계가 종을 치기 시작한다. 베르디는 여기서 세 가지 요소를 한데 엮는다. 먼저 종소리가 있다. 시간을 나타내는 종은 같은 음 F를 계속해서 울린다. 그냥 일반적인 시간이다. 종이 울릴 때마다 우리는 팔스타프가 "하나… 둘… 셋…" 하고 시간을 세는 것을 듣는다.

여기서 우리는 베르디의 극적인 솜씨와 공감력을 이해해야 한다. 그는 팔스타프가 어둠 속에서 자신의 목소리를 듣고 안심해야 한다는 것을 인식했던 것이다. 숫자 세기는 일종의 방호용 부적이 된다. 세 번째이자 마지막 요소는 가장 비범하다. 종소리에 일련의 화음이 동반되는데 모두 종소리의 음인 F를 포함하고 있다. 베르디는 불변의 이 음을 경첩으로 활용하여 상상할 수 있는 온갖 가능성을 드러낸다. 불협화음이 난데없이 등장하여 시간의 단조로움에 해석을 입힌다. 올림표가 더해지면 충격적으로 느껴진다. 내림표는 고통이나 회환을 느끼게 한다.

종이 열두 번 울리면 우리와 베르디는 F메이저화음에 도달한다. 하지만 그냥 그렇고 그런 F메이저가 아니다. 여기까지 이어지는 과정 때문에 평범한 이 화음은 으스스한 존재로 변모했다. 낫과 모래시계를 든 시간의 화신과도 같은 장대하고 제왕적인 느낌을 준다. 동시에 냉담하고 살짝 위협적으로 느껴지기도 한다. 시간이 다 되었다는 느낌과 인간의 관심사에서 벗어났다는 느낌을 동시에 받게 된다. 어둠 속에서 두려움에 떨며 기다리는 팔스타프에게는 이것이 확실히 위안이 되지 않는다. 그러나 베르디는 두려움에 떨지 않는다. 여든 살이 된 대가는 죽음을 응시하며 자정을 향해 영예롭게 카운트다운을 한다.

종이 열두 번 울리면 우리와 베르디는 F메이저화음에 도달한다.

하지만 이런 명시적이고 축어적인 예들은 맛보기에 불과하다. 음악이 온전히 시간을 재는 감각에 의존하고 여기서 감정적 효과가 빚어지는 근사한 대목들이 있다. 모차르트의 〈돈 조반니〉 서두에 보면 주인공이 기사장을 찔러 죽이고 나서 모두가 자리에 서서 오페라 인물들이 하는 특이한 방식으로 자신의 생각을 말하는 유명한 순간이 있다. 모차르트는 셋잇단음표의 연속으로 시작한다. 음들을 세 개씩 묶어 …

　　하나 둘 셋 하나 둘 셋 하나 둘 셋 하나 둘 셋

　… 기사장이 치명상을 입은 순간부터 시간이 흐르는 것을 나타낸다. 비록 드라마는 그 자리에 얼어붙었지만 시간을 세는 것이다. 모든 인물들이 이런 셋잇단음표를 바탕으로 노래한다. 각자의 리듬으로 경악과 슬픔과 태연함이라는 서로 상충하는 메시지를 전하지만, 셋잇단음표가 중심축이 된다. 불가피하고 멈출 수 없다. 노래가 막바지에 이르면 은유가 서로 합치되어 충격을 안겨준다. 노인의 몸에서 뚝-뚝-뚝 떨어지는 피는 생명의 마지막 초가 째깍-째깍-째깍 흐르는 것이다.

　이 오페라 장면은 베토벤에게 깊은 인상을 줘서 그는 〈월광〉 소나타 첫 악장을 작곡하면서 뻔뻔하게 그것을 가져다 썼다. 중학교 시절에 내가 이 곡을 치기 시작하면 오케스트라의 모든 여자애들이 탄성을 질렀다. 그때가 내가 키스를 할 절호의 기회가 아니었나 싶다. 우리는 여기서 모차르트의 셋잇단음표와 여러 목소리들, 그리고 똑같은 불가피함과 음울함을 만나게 된다.

　여러분이 〈월광〉 소나타를 레슨에 가져간다면, 피아노 교사가

〈돈 조반니〉나 죽음의 그림자를 언급하지는 않겠지만, 짜증나는 방식으로 리듬에 대해 가르칠 것은 거의 틀림없다. 선율은 반주와 다른 시간 차원에 존재한다. 모차르트에게서 가져온 셋잇단음표는 아래의 박을 셋으로 쪼개지만, 위의 선율은 박을 넷으로 나눈다.

　　하나 둘 셋 넷
　　하나　둘　셋

　　선율의 음과 반주의 음이 아주 살짝 맞지 않는다는 뜻이다. 거의 함께 연주하지만 딱 맞아 떨어지지는 않는다. 시간의 신발 속에 돌멩이가 들어가서 신경을 거슬리게 한다. 교사의 말을 듣고 메트로놈을 켜고 미친 듯이 숫자를 셀 수도 있다. 하지만 여러분이 목표로 하는 것은 화해되지 않는 감각, 모든 것이 하나로 모일 수 있다는 욕망, 그럴 수 없다는 두려움이다.

　　피아노에서 맨 처음 배우는 운지법의 경우, 무궁무진하게 배워야 하는 주제이긴 해도 악보에 적을 수 있다. 음 위에 '5'라고 적으면 새끼손가락으로 연주하는 음이라는 뜻이다. 여러분의 뇌를 훈련시키면 마음이 바뀔 때까지 영원히 그렇게 하도록 배울 수 있다. 그러나 리듬은 다르다. 고전음악에서 리듬은 정확하게 기보되는 것처럼 보인다. 하지만 악보에 적힌 리듬과 실제로 연주하는 리듬에는 중요한 차이가 있다. 어렸을 때 피아노 교사가 뭐라고 가르쳤든 간에 둘은 똑같지 않다. 수학적으로 리듬을 기술하여 컴퓨터 프로그램으로 이를 재생시키면 끔찍하게 들린다. 악보의 리듬을 이렇게 글자 그대로 해석하면 생명력이 없다. 아니, 생명력이 없는 정도가 아니라 좀비와 같다. 메트로놈적으로 '올바르게' 연주하면 음악적으로는 틀린 것이다.

실제 사람이 연주를 하면 온갖 자잘한 '실수'가 끼어든다. 어떤 음은 살짝 이르게, 어떤 음은 살짝 늦게 도달한다. 나노초에서 벌어지는 미세한 일탈들로, 더 나은 단어가 없어서 프레이징이라고 부르는 것이다. 리듬을 연주한다는 것은 적힌 리듬 주위에서 춤을 추는 것, 혹은 적힌 리듬 주위에 명암을 만드는 것과 같다. 적힌 것과 연주되는 것 사이의 이런 간극은 결함이 아니다. 고전음악 연주자가 성공의 희망을 품을 수 있는 유일한 것이다.

이것을 '해석'이라 부르는 것은 살짝 잘못 짚은 것이다. 이런 사소한 리듬의 실수 아닌 실수들은 보다 근본적이다. 여기에는 의식적인 결정과 학습된 양식, 그리고 습관도 한 스푼 들어가고, 감정과 본능도 몇 방울 첨가된다. 저마다 화성의 필요에 따라 반응하고 감정을 발달시킨다. 연주자는 다른 것보다 더 좋아하는 음과 화음이 있기 마련이어서 어쩔 수 없이 리듬의 흔적을 남긴다. 범죄 현장에 지문을 남기듯 말이다. 이런 리듬의 동요는 악보에 적을 수 없다. 기보된 것을 갖고 노는 것, 기보를 꾸짖는 것이기 때문이다. 다른 뭔가에 대한 찰나의 논평이 존재의 본질이다. 내가 일일이 적으려고 노력해봐서 안다. 소수점과 터무니없이 작은 분수를 가동하여 악보에 빼곡히 적고 그대로 연주했는데, 진퇴양난이게도 참신함이 모두 사라졌다. 목적을 잃은 것이다.

❧

오랫동안 나는 아르투어 슈나벨이 연주한 슈베르트의 A플랫장조 즉흥곡 D.935, no.2에 매료되었다. 유명한 이 곡은 최소한의 음악적 재료로 이루어져 있다. 한 마디에 세 박이 들어가는 구조다. 기본적인 춤곡의 리듬을 바탕으로 선율이 진행되는데 이렇게 적을 수 있다.

하나 두울——

두울이 **하나**보다 길다. 왼발이 오른발보다 살짝 더 무겁거나 반대라고 상상해보라. 그러고 나서 작은 약박이 나오고, 같은 패턴이 반복된다.

하나 두울—— (앤드) 하나 두울——

세 번째 시도에서 마침내 우리는 마지막 강박을 지나게 된다.

하나 두울—— (앤드) 하나 두울——(앤드) 하나 둘 셋 하나

하나 두울 —— 을 연주하는 방법은 많다. 공이 바닥에 맞고 튀듯 두 번째 음이 첫 번째 음에서 굴러떨어지는 것처럼 연주할 수 있다.

하나 둘…

아니면 당김음을 강조하여 **둘**에 살짝 더 힘을 싣는 방법이 있다.

하나 **둘**!

그러나 슈나벨은 어느 쪽도 아니다. 그는 두 음을 동등한 힘으로 연주한다.

하나 둘

내가 이 음반을 처음 들었을 때 이 점에 놀랐다. 예민하기로 누구에게도 뒤지지 않는 이 음악가가 아무것도 하지 않기로 결정한 것이 무척 인상적이었다. 이렇게 뉘앙스를 배제하면서 그가 얻어낸 단순함이, 믿기지 않는 세련됨이 머릿속에서 지워지지 않았다. 그가 연주하는 **하나 둘 하나 둘**에서 나는 "이게 전부라네, 이제 전부야" 하는 목소리를 들었다. 마치 이 곡의 메시지는 셈하기처럼 단순하다고 말하는 듯했다.

하나 둘 (앤드) 하나 둘. 이것은 곡을 인식하는 단위다. 슈베르트의 이 즉흥곡이 삶과 상실과 비통에 대해 무엇을 말하려고 하든 간에 이런 꾸러미에 담겨 전달된다. 음악이 마지막 강박을 지날 때(**하나 둘 셋 하나**) 슈나벨은 곧장 나아가 마지막 **하나**에 메트로놈보다 다소 이르게 도착한다. 그리고 슈나벨이 '서둘러' 연주하는 통에 마지막 **하나**

는 도착의 느낌이 없다. 발이 땅을 딛고 서 있을 시간이 없다. 슈나벨은 여러분의 귀와 마음이 흐름에 몰입하지 않고 고집스러운 **하나 둘**로 돌아가도록 하는 것이다. 그는 이 곡이 흐름과 몰아침을 보여주는 춤이 아니라고, 소용돌이치는 왈츠가 아니라고 말한다. 그가 선택한 리듬은 무엇이 의미가 있고 무엇이 그렇지 않은지 우리에게 말한다.

{

슈베르트 곡의 길이에 대해 불평하는 사람들이 있는데 그럴 만도 하다. 슈베르트는 자신의 악상이 뻗어가도록 내버려두기를 좋아한다. 반려동물이 침대를 독차지하는 것처럼 말이다. 그러나 많은 사례에서 슈베르트의 반복은 다 이유가 있다. 의미를 축적하려고 반복하는 것이다. 곡이 이어지면서 패턴이 우리 마음속에 자리를 잡으면, 이제 그것은 명상의 대상, 주문呪文이 된다.

하나 두울. 앤드 하나 두울. 앤드 하나 둘 셋 하나.

이 말은 더 큰 리듬, 즉 리듬의 리듬이 곡을 주도한다는 뜻이다. 슈베르트는 150년 뒤에 등장하는 미니멀리즘 작곡가들의 테크닉을 미리 보여주고 있다. (1)단순한 패턴을 확립하고, (2)그것을 반복하고, (3)사소한 변화를 도입한다. 그 결과 음악은 대상 자체라기보다 작동하는 과정에 가깝게 된다. 지구의 지각판 같은 것이다. 이 곡에서 춤은 그것이 아는 것보다 더 큰 힘들에 붙들려 으스러진다.

슈나벨은 이런 미니멀리즘의 걸음으로 슈베르트를 걷는다. 슈베르트가 더 세게 연주하도록 지시한 대목에 이른다. 춤은 이제 묘하게 고집스럽다. 춤을 추는 것이라기보다 리듬을 위한 리듬을 찍어내는 것에 가까워 보인다. 슈나벨은 강력하고 단순하게 주문을 연주한다.

앤드 하나 두울. 앤드 하나 두울. 앤드 하나 둘 셋 하나.

감정이 많이 들어가지 않으며 대개가 맥박이다. 그러고 나서 다시 연주한다.

앤드 하나 두울. 앤드 하나 두울. 앤드 하나 둘 셋 하나.

이제 세 번째에 이르러 그가 연주한다.

앤드 하나

이번에는 **둘**이 없다. 끝이다.

곡에서 가장 비극적인 화음이며 가장 심란한 순간이지만, 음반을 듣다가 이 대목에서 나는 소파에서 일어나 방 안을 뛰어다니며 기뻐했다. 나 자신에게 말했다. **이래서 음악이 있는 거지!** 슈나벨이 이야기를 전하는 방식이 빛을 발하는 순간이었다. 그가 전체를 평범한 방식으로 연주한 것은 이 순간 공허함이 주는 카타르시스를 위해서였다. 맥박의 가능성이 말라버린 소리다. 그는 이 화음을 산처럼 기념비처럼 연주한다. 도착하고, 머무른다.

악보에 보면 화음이 세 박이라고 되어 있지만, 슈나벨은 개의치 않는다. 그는 여기서 **하나 둘 셋**이 소용없다는 것을 안다. 그의 연주는 셈하기라고 해도 과언이 아니었지만, 이제 우리는 셈할 수 없는 것에 이르렀다. 이것이 피아니스트가 되는 것이 오케스트라 단원보다 나은 이유다(어떤 말이 내게 쏟아질지 눈에 선하다!). 오케스트라에서 이런 긴 음을 연주할 때면 다들 멈춘 뒤에 다시 함께 하는 것을 걱정한다. 그래서 비어 있는 것을 세고 세분하면서 다음에 오는 것을 준비한다. 그러나 이 화음은 다음을 어떻게 하지, 하고 고민하지 않는다. 그러기에는 한참 늦었다. 슈베르트를 연주하기 전에 다음을 생각했어야 한다. 슈베르트의 음악은 대체로 손쓸 수 없을 만큼 망가진 것들에 관한 것이기 때문이다.

15장 콩쿠르와 마스터클래스

PLAYLIST

모차르트: 피아노 협주곡 C장조 K.415
베토벤: 첼로 소나타 3번 A장조 op.69, 3악장과 4악장
멘델스존: 첼로 소나타 D장조 op.58, 3악장, 야노스 슈타커와 죄르지 셰
  복 연주

나는 셰복과의 두 번째 해에 모차르트에 심취했다. 모차르트 서거 200주년이었다. 그해에 인디애나 대학 피아노학과에서는 모차르트 피아노 협주곡 전곡을 무대에 올려 축하했다. 협주곡을 몇 개씩 묶으면 훨씬 크고 복잡한 이야기가 만들어졌다. 조숙한 젊음이 혈기왕성하게 실험하고 많은 곡을 써내고, 시간이 흐르면서 드물게 이해의 합일을 얻는가 싶더니 D단조 협주곡, C단조 협주곡, 양면적인 C장조 협주곡 K.503에 이르러 죽음의 그림자가 어른거린다. 그러나 마지막 B플랫장조 협주곡에서 우리는 흉터가 살짝 있지만 처음의 아이 모습을 다시 발견하고 놀란다.

세복은 내가 초중기 작품인 C장조 협주곡 K.415를 연주하도록

지명했다. 기쁨이 넘치고 대담한 구석도 있는 곡이다. 영광이었고, 신임을 얻을 기회라고 생각했다. 내 우상을 실망시켜서는 안 되었다. 뮤지코다에서 많은 시간을, 그리고 뉴멕시코로 돌아온 8월의 마지막 날까지 열심히 연습했다. 허물어진 돌담이 남아 있는 부모님 집의 갈색 뒤뜰—고등학생 때 벼락치기 시험공부를 하던 곳—에 앉아 태양을 바라보며 이렇게 준비를 많이 했는데도 충분하지 않다고 걱정했다. 충분한 것은 영원히 없다는 것을 깨닫기에는 아직 어렸다.

그래서 옛 교사 빌을 찾아가서 레슨을 받기로 했다. 그는 이 세션을 즐기는 것 같았다. "소리가 꽤 좋은데." 그가 말했다. "선율의 음이 울리고 나서 꺾이는 것을 좀 더 유심히 들어보게." 그래서 나는 음 하나를 길게 연주하고 소리가 꺾여 점점 약해질 때 옆의 음으로 슬쩍 넘어갔다. 포켓에 모이는 당구공 같다고 생각했다. 당구를 사랑한 모차르트에 어울리게 말이다. 이런 발상이 왠지 익숙하게 여겨져서 레슨을 마치고 집으로 돌아와 피아노 연습실의 벽장을 뒤져 오래된 노트를 찾았다. 과연 거기에 있었다. 내가 열세 살 때 빌이 똑같은 조언을 한 적이 있었다. 그러니 새로운 레슨을 받으면서도 예전의 레슨을 마음속에 담아두고 있어야 한다. 선율에서 펼쳐지는 음들처럼 서로 연결될 수 있다.

⸘

블루밍턴으로 돌아온 나는 사샤와 지낼 새로운 셋집을 구했다. 음악과 건물에서 세 블록 떨어진, 화재비상구가 없는 낡은 흰색 건물이었다. 우리는 탁구대를 마련했고 믹서를 구입했다. 이런 물품이

쓸모가 있어서 우리 집은 사람들이 어울리는 공간이 되었다. 오벌린을 그리워하는 마음이 시들해졌다. 블루밍턴의 일률적인 삶은 장점이 있었다. 음악가들 몇몇이 모여 연습하고 요리하고 마시며, 있을 법하지 않고 지속 불가능한 생활을 이어갔다. 유토피아라고 해도 괜찮았다.

내가 준비한 협주곡을 세복 앞에서 연주했을 때 처음으로 그가 만족하고 놀란 표정을 보였다. 그는 눈을 치켜뜨고 거의 알아채지 못하게 고개를 끄덕이는 것으로 흡족함을 표시했다. 그러고 나서 그가 한 말은 비판 같기도 하고 칭찬 같기도 했다.

"자네는 빠른 대목을 연주할 때보다 느린 대목의 연주가 더 낫군."

나는 어떻게 반응해야 할지 몰랐다.

"경각심을 주려는 건 아니네. 다만 생각해볼 만한 흥미로운 주제야. 자네에 대해 무엇을 말해주는 걸까?"

세복은 원인을 살피기 전에 처방부터 내리는 것을 좋아하지 않았다. 화재가 어디서 시작했는지 알지 못하면 불을 끄는 것이 소용없었다.

피아노가 처음 등장하는 대목부터 시작하는 것이 좋겠다고 그가 말했다. 협주곡에서 이런 순간은 변절자의 성격을 보일 때가 많다. 영리하고 극적 감각이 탁월했던 모차르트는 새로운 캐릭터가 무대에 등장하는 순간 관객의 마음을 사로잡아야 한다는 것을 알았다. 그래야 스포트라이트를 받고 자신이 어떠어떠하다는 것을 드러낼 수 있었다. K.415에서 피아니스트는 곡의 조성을 나타내는 음으로 전혀 놀랍지 않은 C를 연주하며 등장하지만, 곧바로 C와 바로 위의 D

를 오가며 재잘거리기 시작한다. 두 숫자 사이에서 튀는 룰렛 공처럼 우유부단하다는 느낌을 준다.

셰복의 말이 이 대목에 주목하게 했다. "게임을 할 시간이네." 얼마 전에 있었던 슈만의 협주곡을 다룬 마스터클래스에서 그가 "이제… 춤을 출 시간이네" 하고 말했던 것이 생각났다. 셰복의 교습에서 늘 되풀이되는 주제가 하나 있는데, 행위에는 때가 있다는 것이다. 음악의 섹션마다 목적이, 존재 이유가 있으며, 그러고 나서 때가 되면 다른 목적으로 넘어가게 된다.

이 게임에서 모차르트는 구태의연한 C로 마음을 정하는가 싶더니 마지막 순간에 D로 방향을 튼다. 하지만 그 전에 둘의 중간 음인 못된 C샤프가 등장하여 이렇게 부추긴다. **굳이 결정하지 않아도 돼, 중간의 틈에 머물러도 된다고**. 셰복은 이 C샤프를 건반의 속도를 달리하여 연주했다. 마치 문장의 마지막에서 혀를 삐죽 내밀듯이 뻔뻔하고 장난스럽게 건반을 눌렀다. 그는 의도적으로 균형을 잃고 이를 핑계 삼아 의자에서 일어나더니 자신의 책상으로 가서 담배를 다시 피워 물었다.

나는 자리에 앉아 방금 들은 C샤프 소리에 대해 생각했다. 슈워츠는 게임이 어쩌고 하는 이야기를 한 번도 하지 않았다. 이따금씩 피아노 음악이 '매력적'일 수 있다고 했고, '우아하게'라는 의미인 이탈리아어 음악 용어 '그라치오소'를 언급하기도 했다. 그러다가 나는 내게 유머를 설명해줄 헝가리인이 필요했다는 것을 깨달았다. 비열하지 않고 누구를 겨냥하지 않으며 비웃지 않는 유머를.

셰복이 담배를 뻐끔뻐끔 피우는 동안 나는 마술적인 효과를 똑같이 해보려고 했다. "아니야," 그가 말했다. "끝나고 나서 할 수는 없네. 미리 알아야지. D가 둘 있고 마지막에 또 있으니 모두 해서 셋이지. 얼마나 많은지, 각각 어디로 가는지 알아야 하네."

나는 다시 해보았다. 그러면서 생각했다. 어떻게 그걸 알지?

"내가 루빈스타인과 심사위원으로 있었을 때의 일이네." 셰복은 현재에 몰입하는 중요성에 대해 말하면서 과거를 돌아보았다. "그가 내게 말하기를 자신이 음악의 모든 순간에 있었다고 느낀 연주가 평생 딱 세 번 있었다고 했어. 천하의 루빈스타인이! 그게 바로 연주의 난점이네. 자네는 곡의 분위기가 어떤지… 전반적인 성격이 어떤지 알지만, 사건들을 철두철미하게 따라가지 않아. 그래서 빠른 연주가 마음에 덜 와닿는 거네." 사실이었다. 셰복은 자신의 설명이 마음에 든 모양이었다. 그가 시범을 보였으니 이제 내가 할 일이 남았다. 장난기 있게 유연하게 굴기. 빈틈없이 대비하기.

다른 난관도 있었다. 펼침화음과 음계가 이어지는 가운데 오른손을 위로 뻗어 화음을 짚는 대목이었다. 나는 학생들이 대체로 그렇듯 어려운 대목에 집중하느라 다른 모든 것을 내팽개쳤다. 내가 호들갑 떨며 연주하는 동안 셰복이 웃더니 또 한 명의 유명한 예술가를 거론했다. "하이페츠의 비결은 자신이 음을 놓칠 수 있다는 생각을 조금도 하지 않았다는 거네."

멋진 말이네요, 내가 생각했다.

"아마도 우스꽝스럽게 들리겠지. 하지만 그가 두려움을 안고 연습하지 않았다는 게 핵심이야. 그가 연습하다 음을 놓치면 손을 더 높게 잡거나 이렇게 저렇게 움직여야 했겠지. 하지만 그는 놓친 음에 대한 두려움이 몸에 배도록 하지 않았어. 그런데 자네는," 그가 계속해서 말했다. "마치 그 화음이 자네로부터 달아나기라도 하듯 쫓아가고 있어."

그는 손으로 공중에 작은 원호를 그렸다. 이 동작에는 메시지가 있었다. 한 음에서 다른 음으로 넘어가는 움직임은 그 사이의 거리를 정확하게 알고 있어야 하며 너무 늦게 혹은 더 나쁘게도 너무 이르게 도달해서는 안 된다는 것이다. 화음은 그곳에서 여러분이 연주하기를 차분하게 기다리고 있다.

나는 해냈다! 내 얼굴에 살짝 흥분한 미소가 일었고 그도 최고의 미소로 화답했다. 우리는 다른 몇몇 패시지들을 보석 세공사처럼 면밀하게 다듬었다. "리허설에서 보지." 마침내 그가 말했다. 우리는 그날 오후에 오케스트라와 연습을 시작할 참이었다.

〉

리허설 방은 지하에 있었다. 콘크리트 계단을 내려가 두꺼운 철문을 지나면 방음재를 부착한 벽과 아슬아슬하게 매달린 형광등이 나오는 공간이었다. 셰복이 그런 곳에 들어와야 한다는 것이 적절치 않아 보였다. 인디애나 대학의 학생 오케스트라 다섯 모두가 거대한 이 프로젝트를 위해 동원되었는데, 오늘 연주하는 오케스트라는 그중 최고가 아니었다. 그들이 기대감이나 두근거림을 느끼게 하는 당김음으로 시작하는 D단조 피아노 협주곡의 유명한 도입부를 연주한 것이 지금도 들리는 것만 같다. 학교에서 학생들은 메트로놈에 맞춰 스트라빈스키를 연주하는 방식으로 당김음을 배운다. 모차르트의 이 곡을 연주할 때 요구되는 것과는 완전히 다른 방식이다.

처참하게 한 차례 연주하고 나서 지휘자가 친절하게도 연주를 중단하고 셰복에게 할 말이 있는지 물었다. 셰복은 모차르트 오페라에 나오는 대목을 연주했고, 캐릭터와 플롯의 불안한 순간을 이야기했다. 그의 말이 방 안을 가득 메운 머리들 위로 날아갔다. 그는 베이스의 음들이 북소리라고 설명하면서 그런 소리가 이제 낯선 환경에, 그러니까 행진곡과는 완전히 다른 곳에 살고 있다고 했다. 오케스트라의 베이스 섹션이 숙덕거리는 모습이 보였다. 은유가 과했던 것이다. **더 세게 연주하라는 거야, 여리게 하라는 거야? 더 빠르게 해, 아니면 느리게 해?** 그래서 셰복은 구체적으로 설명하려고 했다. 세밀한 움직임을 그들에게 가르쳤다. 마지막 음들까지 크레센도로 하지 않고 소리가 꺾여서 마치 몸서리치는 것과 비슷한 제스처를 만들라고 했다. 하지만 그는 헝가리어로 말하는 것이 차라리 나았다. 그리고 모두가 함께 연주했을 때 셰복은 나서려고 하지 않았다. 그는 최고로 높은 상공을 나는 자신의 비행기에서 내릴 생각이 없었다.

나는 곧 있을 내 차례를 기다리며 긴장했고, 그 와중에 대책 없는 제2바이올린을 보며 화를 냈다. **아니지, 지금은 이런 것을 할 때가 아니야, 너희가 할 일은 주의를 기울이는 거라고.** 하지만 (리허설에서 자주 그러하듯) 지휘자는 곡의 마지막에 이르는 것에 정신이 팔려 고차적인 생각은 제쳐두었다.

〰

그날 저녁 우리는 크게 안도하며 안전한 공간인 셰복의 스튜디오로 돌아왔다. 그가 협주곡의 마지막 악장을 연주해보라고 했다. 악장의 주요 주제가 내 마음에 들지 않았다는 것을 나도 인정한다.

셰복이 말했다. "선율이 이래서 미안하다고 하는 것 같군. 모차르트가 다르게 작곡했기를 바라는 것처럼 말이야." 모두가 웃었다. 그와 나만 빼고. "좀 더 자세히 살펴보지." 그가 다른 피아노로 가서 톤을 다르게 연주했다.

"첫 마디는 둘로 나뉘네." 그가 말했다. 이를 증명하듯 그는 한 발로, 이어 다른 발로 춤을 추는 기분으로 연주했다.

괜찮네요, 내가 생각했다.

이어 그가 말했다. "하지만 둘째 마디에서 뭔가가 일어나네. 선율이 멈추고 왼손이 끼어들지."

이번에도 그의 말이 맞았다. 너무 단순해서 내가 알아차리지 못한 디테일이다. 아니면 내가 너무 기고만장해서 보려 하지 않았거나. 오른손이 두 스타카토 음을 연주한다. 선율이 중간에 뚝 잘린 것만 같다. 왼손이 그 틈을 비집고 들어와 발을 구르듯 당김음 화음을 두 번 연주한다. 당혹스럽고 재밌고 소박한 디테일이다. 플롯이 두터워졌다.

"이제 셋째 마디에서," 그는 사무적인 말투로 이어갔다. "우리는… 영어로 뭐라고 하지… 그래, 고리를 그리며 한 바퀴 도네." 이것은 일부러 강조해서 한 말이었다. 그는 자신이 영어로 하는 말을 완벽하게 알고 있었다. 그가 모국어가 아닌 언어로 구사하는 은유는 우리 중 누구의 은유보다 수백만 배 나았다. 그리고 과연 오른손은 그의 말대로 고리를 그리며 돌았다.

그러는 동안 발을 구르던 왼손은 이제 잠자코 있었다. 모차르트는 세 마디에서 두 번의 과감한 반전을 구사했다. 단순해 보이지만 치열한 갈등이 숨겨져 있었다.

"마지막 넷째 마디는," 여기서 그는 확실한 공식으로 돌아갔다. "웃을 시간이네."

실제로 마지막에 씰룩거리는 음들이 있었다. 그냥 시간을 채우기 위한 꼬리표로 보였다. 그러나 특정한 방식으로 연주하면 땜질용이 아니었다. 셰복이 '씰룩씰룩' 연주하자 모두가 웃음을 터뜨렸다. 하지만 뒤이어 내가 연주했을 때는 방 안이 죽은 듯이 고요했다. 나는 농담이 통하지 않은 가련한 코미디언이었다.

방에 있던 모두가 그 순간 주제의 가능성을 목격했다. 아울러 셰복의 위대한 자질인 우아함이 깃든 위트, 아주 사소한 구별을 알아보는 세련된 감각을 느꼈다. 그의 손을 거치면서 모차르트 주제는 복잡하게 맞물린 부품들로 행복을 만드는 작은 기계가 되었다. 그가 모든 것을 다 설명했으므로 어떻게 보면 더 이상의 미스터리는 없었다. 하지만 미스터리는 여전히 남았다.

$$\wr$$

며칠 뒤에 모차르트 협주곡 대장정이 시작되었다. 한 주말에 대여섯 곡을 무대에 올리는 강행군이었다. 나는 최선을 다해 연주했다. 제2주제에서 휘파람을 부는 천진난만한 곡조가 단조로 넘어가는 순간 순수한 즐거움을 느꼈던 기억이 난다. 느린 악장에서는 현이 길게 끄는 화음을 연주하는 대목에서 천상의 악단의 반주로 모차르트 선율을 연주하는 것보다 달콤한 일은 세상에 없다고 생각했다.

나중에 사샤는 내가 서둘렀다고 말했다. 내 동생처럼 그도 내가 지나치게 우쭐해하면 제동을 걸려고 했다. 어머니는 살짝 더 다정했다. 공연을 보러 뉴멕시코에서 여기까지 왔는데, 고관절과 간과 뼈에 박은 핀을 생각하면 대단히 수고스러운 일이었다. 어머니는 공연이 끝나고 좁은 이 바닥의 모든 사람들이 서성이는 음악과 건물 로비에서 셰복을 만났다.

나는 어머니가 셰복을 만나보고 그가 얼마나 대단한 존재인지 알기를 바랐지만, 내심은 두 사람이 만나는 것을 원치 않았다. 스웨덴 혈통의 현실적인 어머니가 내 스승을 돌아서게 만들지 모른다는 걱정이 들었던 것이다. 가까스로 두 사람이 충돌을 피했다고 느꼈다. 그들은 내 마음속에서 자신들이 서로 적임을 모르는 것 같았다. 셰복이 어머니에게 구세계의 매력을 한 수 가르쳤다. 그는 어머니의 손을 꼭 잡고는 재능 있는 아들을 두었다고 했다. "더 중요한 것은 제러미가 문화적 소양을 갖추었다는 겁니다." 그가 말했다. 한순간 어머니는 믿기지 않게도 순진하게 피식 웃었다. 마치 댄스파티에서 남자아이로부터 데이트 신청을 받은 것처럼 굴었다. 그러나 셰복이 자리를 뜨자마자 어머니는 앉아야겠다고 말했다.

어머니가 벤치에 앉을 자리를 찾고 있을 때 새로 부임한 교수가 인사를 하러 왔다. 그녀의 이름은 에벌린 브랜카트였다(그녀의 사투리 억양이 강해서 제대로 알아듣지 못했다). 남편은 전에 클리블랜드 사중주단의 비올리스트였고 마찬가지로 교수진에 막 합류한 아타아라드였다. 클리블랜드 사중주단은 매력 없는 블루밍턴에서 또 하나의 전설적인 존재였다. 에벌린은 내 협주곡이 "무척 좋았다"고 했고, 나는 그녀가 연주한 K.467이 근사했다고 화답했다. 실제로 그랬다. 그녀의 패시지워크는 균일하고 세련되었다. 그리고 멋진 소리를 냈다. 진주처럼 빛나면서 노래하는 소리였다. 그녀가 말했다. "당신의 연주를 더 많이 들을 수 있어서 흥분돼요. 당신은 자신만의 소리가 있어요."

이 광경이 지금도 그림처럼 생생하다. 벤치에 앉은 어머니는 피곤한 기색이었고, 바로 옆의 셰복은 공연 뒤에 나누는 수다에 질린 표정이었으며, 그 사이에서 나는 어떻게든 인정을 받으려고 필사적이었다. 셰복은 에벌린이 내게 한 말을 결코 하지 않았다. 그에게는 과도한 말이었다. 어머니는 나를 응석받이로 키우는 것을 결코 원치 않았다. 자녀 훈육에서 큰 죄를 짓는 것이었다. 하지만 내 눈을 똑바로 쳐다보며 내가 세상에 줄 것이 있다고 말하는 누군가가 있었다. 나는 늘 확신과 의심 사이를 오가며 흔들렸는데, 에벌린의 표정을 보는 순간 내 마음에 손을 얹고 이제 그만 고민하라고 말하는 것 같았다.

모차르트를 철저하게 공부하고 나자 우리는 웬만한 음악 스타일의 특징과 요소들은 모두 해본 셈이었다. 그래서 앞으로 1년은 실제적이고 물리적인 작업을 하기로 했다. 세복은 내 테크닉을 면밀히 살펴보며 어째서 어떤 것은 내게 어렵고 어떤 것은 쉬운지 알아내고자 했다. 정신적인 안내자와 물리학 교사의 역할을 번갈아 맡아서 지루한 테크닉 디테일과 우주의 미스터리 사이의 간극을 메우려고 했다. 그는 내 팔과 손목이 하는 경첩 역할을 다시 검토하도록 했다. 리스트에서 옥타브 진행을 연주할 때, 그는 내 팔이 재봉틀의 움직임과 닮기를 원했다. 단순하게 직선으로 오르락내리락하도록 했다. 그러나 다른 음악에서는 곡선을, 원을, 나선을 그리는 것을 원했다. 그는 모든 해결책이 하나의 해결책일 뿐이라고 항상 말했다. 새로운 움직임을 레퍼토리에 더하는 것이라고, 선택과 가능성의 문제라고 했다. 반드시 이렇게 움직이거나 저렇게 해야 한다는 말은 결코 하지 않았다. 가끔은 그가 그렇게 말했으면 좋겠다 싶기도 했다.

나는 브람스의 다른 협주곡인 D단조 곡을 배울 때가 되었다고 판단했다. 세복은 좋은 생각이라고 보았다. 내가 비극적인 도입부의 독백을 시작하려고 할 때 그가 무거운 재떨이를 피아노 위에 털썩 내려놓았다.

"이 재떨이를 옮기려면 빠른 속도로 가지는 않을 거네." 그는 재떨이를 세게 치면 뒤집어진다는 것을 보여주었다. "천천히, 내가 옮기고 싶은 속도로 다가가야 하지." 그는 손을 내밀고 다가가 재떨이를 피아노 뚜껑에서 옆으로 옮겼다. 마음속에서 뭔가가 재떨이의 무게가 얼마나 나가는지, 세기를 어떻게 판단할지 자신도 모르게 계산한 것이다. 그 순간 몇 년 전 불행하게 끝난 마스터클래스에서 레온 플라이셔가 슈나벨에 대해 한 말이 어렴풋이 떠올랐다. 그의 비밀은 소리를 마음속에 떠올리는 것이라고 했다. 상상하고, 그런 다음에 계측한다.

우리는 그해 드문드문 브람스를 계속 익혔고, 3월에 내가 그 곡으로 협주곡 콩쿠르에서 우승을 차지했다. 비록 세복과 함께 많이 고민하고 노력했지만, 정작 공연할 때가 되자 내가 지도를 받는다는 느낌이 들지 않았다. 오디션이나 음악회를 준비하면서 압박감을 느낄 때 그는 그다지 힘이 되지 않았다. 그는 오디션이나 음악회가 흐름을 방해한다고 여겨 못마땅한 눈치였다.

에벌린 브랜카트가 음악회에 찾아왔고, 연주가 끝나고 나를 불러 한마디 했다. "가엾은 지휘자한테 그래서는 안 돼요." 무슨 뜻이냐고 내가 묻자 그녀가 웃었다. "가끔이라도 그를 쳐다봐야 해요. 저 많은 사람들이 함께 연주하도록 하는 게 쉬운 일은 아니에요." 세복에 대해서는 아주 훌륭한 음악가라며 나를 안심시켰다. 하지만 이런 일들을 겪는 동안 현실적인 문제가 다가오고 있었다.

ξ

어느덧 석사과정을 마칠 때가 되었다. 에벌린의 충고가 있었지만 아직은 세복을 떠날 수 없다고 생각했다. 우리는 이제 막 시작한 터였다. (졸업 후의 현실에 대해 아직 마음을 정하지 못한 문제도 있었다.) 그래서 봄—블루밍턴에서 두 번째로 좋은 계절—이 되자 나는 박사과정에 지원하여 합격했다. 사람들이 나보고 음악학교에 평생 있을 거냐고 우려를 표했다.

그즈음에 나의 과거가 나의 미래와 연관되는 일로 연락을 해왔다. 오벌린 시절의 친구 대럿 애드킨스였다. 그가 물었다. "어떻게 지내?" 나는 헝가리 출신의 천재 밑에서 배우고 있다고 말했다. 그는 잘 됐다고 말했다. 하지만 내가 좋은 스승을 만났다는 것을 믿지 않는 눈치였다. 대럿은 라이스 대학에 있었고 여전히 노먼 피셔가 그의 스승이었다.

"좋은 정보가 있어." 그가 말했다. "뮌헨 콩쿠르가 올해는 첼로-피아노 이중주 부문으로 열린대. 혹시 나랑 참가하고픈 생각 없어?"

유럽으로 가서 우승을 하고 유료 음악회를 연다면 근사할 터였다. 대럿은 이미 계획을 세워두었다. "우리는 제대로 해야 해." 그 말은 여름 내내 리허설을 해야 한다는 뜻이었다. 휴스턴에서 3주, 새로 문을 연 라비니아의 스테인스 음악원에서 5주, 다시 휴스턴에서 3주 연습하고, 마지막으로 노먼 앞에서 확인을 받는다는 계획이었다. 우리가 집중했을 때 어떤 성과를 거두게 될지 상상해보라고 그가 말했다.

그래서 나는 내가 사랑하는 뮤지코다의 일자리와 느긋하고 단순한 삶을 포기했고, 그 대신 대럿의 소파에서 자고 휴스턴의 몬순에 시달려가며 3주 동안 고생고생했다. 우리는 예전 오벌린 시절처럼, 아니 그보다 더 심하게 서로를 미치게 만들었다. 그는 이제 여자친구 잉그리드와 약혼한 몸이어서 그들을 견디는 것이 고역이었다. 다른 방에서 둘이 유아어로 대화하고 애무하고 서로의 코에 숨을 불어넣는 것을 소파에서 들으며 내가 짝이 없고 사랑받지 못하는 존재임을 실감했다. 마침내 우리는 시카고의 노스 쇼어 중심부에 있는 라비니아로 떠났다.

'스테인스Steans'라고 읽는 이곳의 음악원은 모험적인 시도였다.

과거에 음악 레슨으로 마음의 상처를 입은 적이 있다면, 여기서 치유할 수도 있고 아예 망가질 수도 있다. 음악에 몰입하도록 하자는 취지에서 여러분의 악기를 연주하는 음악가와 다른 음악가로부터 일주일에 서너 차례 교습을 받게 된다. 다각형을 반으로 자른 개성 없는 건물에서 서른 명가량 되는 학생들과 순번이 정해진 일고여덟 명의 교수들이 레슨실과 연습실, 다시 레슨실, 그리고 마침내 안도하며 식당을 오가는 길에 복도에서 빠르게 마주쳤다. 사랑의 만남이 피아노 아래 바닥에서 벌어졌다. 그러고 보니 마땅한 다른 장소나 시간이 없기도 했다.

스테인스의 원장은 발터 레빈이라고 하는 유명한 교사였다. 처음 듣는 이름이었는데 다른 많은 젊은 음악가들은 그에 대해 알았고, 말하면서 두려움을 내비쳤다. 홀로코스트 생존자라고 했다. 그런 사람을 만나다니 왠지 영광스러운 일처럼 여겨졌다. 둘째 날에 모두가 콘서트홀에 모여 조회를 가졌다. 발터가 천천히 지휘대로 걸어 나왔다. 그는 빌처럼 교육자 분위기가 나는 안경을 썼고, 말라서 엄해 보이는 인상이었으며, 잘못 만든 연필처럼 살짝 구부정했다.

"음악적 해석의 기술은," 여기서 그는 효과를 드높이고자 잠시 말을 멈추었다. "음악 텍스트를 음향적 대응물로 번역하는 것입니다."

나는 주위를 둘러보았다. 자리에 모인 음악가들과 기부자들 모두 차분해 보였다. 하지만 나는 속으로 부글거렸다. 세복이라면 혹은 베토벤이라면 뭐라고 했을까 생각했다. 마치 모든 것을 악보에 기록하는 것이 가능하다는 말처럼, 음악이 창조적으로 뭔가를 끌어낼 수 있는 대상이 아니라는 말처럼 들렸다. '대응물'이라는 단어만으로도 심했는데, 그의 독일어 억양과 후두음은… 정말이지 끔찍했다.

며칠 뒤에 대럿과 나는 첼로 소나타의 핵심 레퍼토리로 꼽히는 베토벤의 A장조 소나타를 들고 발터를 찾아가 레슨을 받았다. 우리가 뮌헨에서 연주할 가장 중요한 레퍼토리이기도 했다. 나는 피아노 앞에 앉아 초조하게 몸을 풀었다. 발터는 자신의 책상에서 조바심을 냈다. 대럿은 10분 늦게 왔는데 오벌린에서처럼 맨발이었다.

"신발은 어디 있나?" 발터가 물었다.

"연습실에 있습니다."

"당장 가서 신고 오게."

"네, 두목, 분부대로 하겠습니다." 대럿의 답변에는 빈정거림이 제법 묻어 있었다.

"자네 뭐라고 했나?" 발터가 폭발할 기세로 물었지만, 대럿은 벌써 문밖을 나서고 있었다.

대럿이 돌아와서 우리가 한 것은 레슨이라기보다는 캐릭터 암살에 가까웠다. 우리가 연주한 모든 것이 제멋대로였다. 우리가 이음줄을 지키지 않으면, 종지에서 속도를 늦추면, 낭만주의식으로 루바토를 하면 발터가 물었다. "어째서 **그렇게** 하는 건가?" 모든 뉘앙스는 이유가 있어야 했다. 본능이나 변덕이 들어설 자리는 없었다. 그는 메트로놈을 신성한 객관성의 지휘봉처럼 휘둘렀다. 이 기계가 화려하게 다시 등장하리라고는 상상도 못했다. 생각해보니 셰복은 메트로놈을 갖고 있지 않았다. 그는 그 존재를 언급한 적도 없었다.

발터는 베토벤의 템포가 분류 가능한 유형으로 나뉜다고 믿었다. 이것은 잘못된 생각일 뿐만 아니라 나쁜 생각으로 보였다. 모든 곡은 이해의 과정을 통해 저마다 맞는 속도를 찾아야 하는 것이 아니었던가? 그러나 발터는 베토벤이 적은 모든 알레그로와 메트로놈 표기를 놓고 볼 때 "2분음표가 72개에서 80개 들어가야 함을 증명"하는 것이라고 했다. 그의 생각은 어떻게 보면 역사적 사실에 근거한 것이었다. 나도 언젠가는 시대 연주를 하겠지만, 이렇게 되면 베토벤의 모든 영감은 진열대에 전시된 나비 표본처럼 고정되고 만다는 생각을 지울 수 없었다.

대럿은 발터가 인가한 이런 템포를 지키며 연주하려고 했다. 이것은 나보다 그에게 훨씬 힘든 것이었다. 발터는 거의 모든 음표마다 그를 멈추게 했다. 그러면 대럿은 위축되었고, 그러고 나서 마음을 가라앉혔고, 그러고 나서 열심히 하는 것처럼 보이려고 웃었다. 그런 취약한 순간에 발터는 몰아붙였다. 대럿이 짓는 회유의 미소조차 지워버리려고 최선을 다했다. 대럿에 대해 한없이 안쓰러운 마음이 들었다. 내가 아직도 그를 사랑한다는 것을 몰랐기도 했지만, 무엇보다 그는 발터로부터 그런 대접을 받아서는 안 되었다. 나는 그토록 증오로 얼룩진 교사-학생 관계를 본 적이 없었다.

𝄽

음악원을 운영하는 발터의 철학은 포럼이라고 하는 그룹 마스터 클래스로 나타났다. 한 명의 교사가 수업을 주도하는 것이 아니라 모두가 참여하여 함께 의견을 모았다. 원칙적으로는 민주적이었다.

초기의 한 포럼에서 브람스의 G장조 바이올린 소나타를 다루었다. 내가 누구보다 잘 안다고 여겼던 곡이다. 늘 그렇듯이 나는 내가 이미 모든 것을 알고 있다는 것을 사람들이 알아주길 바랐다. 학생 두 명이 개시부를 연주했다. 베개처럼 푹신한 피아노의 화음 위로 바이올린 선율이 얹히는 대목이다. 발터가 바이올린의 가능성을 세밀하게 분석하기 시작했다. 활을 긋는 방식, 비브라토, 셈여림에 대해 하나하나 이야기했다. 여러 교수들이 자신의 견해를 내비쳤다. 어느 순간 내가 손을 번쩍 들었고, 호명을 받자 소리를 버럭 질렀다. "다들 틀렸어요. 아무도 피아노에는 주목하지 않는군요." 속이 상한 말투였다. 마치 피아노와 피아니스트가 탄압이라도 받은 것처럼 말이다. 나는 무대로 올라가 시범을 보였다. "악구는 **여기로** 모여요. 확실히 그래요."

모두가 내 생각이 얼마나 터무니없는지 지적하려고 기회를 노렸다. 발터가 싸늘하게 말했다. "악구가 선율의 가장 낮은 지점으로 간다고 정말로 생각하나?" 그렇게 물을 만도 했다. 솔직히 말하면 내가 클라이맥스라고 제안한 순간에 바이올린은 연주조차 하지 않았다. 그럼에도 나는 싸움을 계속했다. 그 건물에서 그 교사들과 함께 갇혀 있는 기분이 들었다. 내 목소리가 떨렸다. 나는 음악이 여기서는 그보다 나았으면 했다.

나중에 다른 학생이 나를 두둔하면서 이렇게 말했다. "아까 네가 한 말이 마음에 들어. **흥미로웠어.**" 지금 생각하면 나를 포함하여 포럼의 모든 사람이 틀렸다. 이 개시부의 절대적인 본질은 피아노와 바이올린이 다른 시점에 절정에 오른다는 것이다. 바이올린이 내려가고, 쉼표가 올 때 피아노가 근사하고 의미심장한 화음을 연주한다. 그런 다음 바이올린이 고개를 들고, 그러는 동안 피아노는 뒤로 물러난다. 이 대목의 아름다움은 두 악기가 나쁜 감정 없이 미묘하고 사려 깊게 어긋나는 것이다. 발터의 포럼도 그랬어야 한다.

　점과 쐐기가 포럼의 주제가 된 적도 있었다. 가끔 모차르트는 이런 점을 찍어 스타카토를 나타냈다.

●

　그리고 다른 때에는 더 뾰족한 이런 기호로 표시하기도 했다.

▼

　45분 동안 우리는 이 둘의 차이를 논의했다. 모차르트는 무슨 속셈이었을까? 하나를 다른 것보다 더 짧게 끊으라는 뜻이었을까? 강세를 더 주라는 뜻이었을까? 이번에도 나는 모두가 제정신이 아니라고 생각했다. 음악은 암호 이상이어야 했다.

〰

　대럿과 나는 프랑스의 유명한 첼로 교사 필리프 뮈레 앞에서 베토벤을 연주했다. 그는 키가 작았고 시큰둥하여 얼굴이 슬픈 미소를 지은 것 같기도 했고 찌푸린 것 같기도 했다. 그가 한 모든 말이 부정적인 것이었다. "아니네, 여기서는 아고긱 강세를 넣지 말게." 한 음을 살짝 더 길게 연주하지 말라는 뜻이었다. 그래서 우리는 음들을 균등하게 나누었다. 몇 마디 뒤에서 그가 말했다. "제발, 리타르단도는 안 돼." 그래서 우리는 느낌을 무시하고 행진하듯 나아갔다. "나는 그 헤어핀을 좋아하지 않네. 지나치게 과해." 뮈레에게는 취향과 세련됨의 체계가 자명한 것이지만, 우리가 볼 때는 자의적인 편견이었다.

그다음 주에 우리는 긴 갈색 곱슬머리와 약삭빠른 초록빛 눈망울의 스위스 첼리스트를 찾아가 연주했다. 그는 레슨 중간에 밖으로 나가 라비니아의 너른 잔디밭을 바라보며 담배를 피웠다. 쓰레기통과 스피커가 쭉 늘어선 모습이 버려진 테마파크 같았다. 그가 나지막한 목소리로 말했다. "음악은 소풍 행사가 아니네." 그는 우리에게 가장 실질적인 도움을 준 코치였다. 물론 우리를 깔보기는 마찬가지였지만 말이다. 어느 날 우리는 점잖게 행동하기로 하고 담배를 피우고 있는 그에게 조용히 다가갔다. 대럿이 최고로 멋진 미소를 지으며 말했다. "우리가 지나치게 탐닉한다고 생각해요." 우리의 결점을 우리도 안다는 뜻이었다. 그러나 스위스 첼리스트는 '탐닉'의 의미에 대해 한바탕 강의를 했다. 그는 탐닉이 죄를 씻기 위해 치르는 수업료라고 설명했다. 그 자체는 쾌락도 죄도 아니라고 했다. 그러면서 말하기를 미국인들은 과거를 모르며, 중요한 단어의 뜻[indulgence라는 단어가 '탐닉'이라는 뜻과 '속죄'라는 뜻이 있다-옮긴이]을 잘못 해석하고 있다고 설교했다.

대럿은 나중에 가식적인 유럽의 억양으로 그를 흉내 냈다. 그가 옳았다. 탐닉에 대한 강의는 '음향적 대응물'만큼이나 끔찍했다. 핵심은 내려다보는 태도에 있었다. 스위스 첼리스트의 속내는 우리가 아무리 노력한들 결코 그들과 어울리거나 이해하지 못한다는 것이었다. 그래도 우리는 노력했다.

❧

대럿과 내가 라비니아에서 여름을 보내고 마지막 점검을 하러 휴스턴으로 돌아왔을 때, 노먼은 우리 연주가 소설이라기보다는 줄거리 요약본처럼 들린다고 했다. 사람들이 우리에게 두려움을 주입한 것이다. 그는 우리를 완전히 거꾸로 되돌렸다. 모든 것을 원래대로 돌리고 다시 속을 채우고 살을 붙였다. 아직 음을 익히는 가운데 이렇게 급격하게 다른 관점을 오가자니 몹시 힘들었다.

우리는 라이스 대학의 새로 지은 콘서트홀에서 두 차례 리사이틀을 열어 콩쿠르 레퍼토리인 브람스의 F장조 소나타, 바버의 소나타, 베토벤의 op.69 등을 연주했다. 휴식 시간에 화장실에서 볼일을 보려는데 나이가 한참 많은 사람이 내게 소리를 지르기 시작했다. "꼭 그렇게 젠장맞게 크게 연주해야겠나?" 내 가슴이 거칠게 뛰었다. "죄송합니다." 나는 말을 더듬으며 지퍼를 올렸다. 달리 뭐라고 말하겠는가? 고의로 한 일은 아니었다. 최대한 몰입해서 연주했을 뿐이다. 노인이 떠나고 나서도 그가 계속 생각났다. 나의 여름은 온통 노인들이 내게 소리를 지르는 기억뿐이었다. 사람들은 왜 그렇게 잔인할까? 듣기는 어째서 그토록 판단적일까? 나는 그의 화난 얼굴을 생각하며 음악회 후반부에 임했다. 노먼이 말하기를 나에게서 겁에 질린 소리가 났다고 했다.

우리는 저렴한 학생 티켓을 끊어 뮌헨에 갔고(이 여름 프로젝트에 많은 돈이 들었다), 기차역 근처에 있는 호텔과 호스텔의 중간쯤 되는 곳에 묵었다. 매춘부들이 정문에서 서성거렸다. 나는 지하실 한쪽 구석에서 누텔라와 초콜릿볼을 집어삼켰고, 작은 컵에 담긴 쓰디쓴 커피를 마시며 불평했다. 이제 연주하러 가야 했다. 여행 내내 제대로 자지 못했다. 방에서 휴스턴 시간으로 자고 있을 때, 청소부가 와서 맹렬하게 문을 두드렸다.

우리는 첫 라운드를 통과했다. 굴욕을 면하게 되어 한시름 놓았다. 하지만 2라운드에서 시차로 인한 피로가 가시지 않았을 때 까다로운 브람스의 F장조 소나타를 연주해야 했다. 마음속에서 무대가 보인다. 작은 콘서트홀, 눈부시게 빛나는 함부르크 스타인웨이, 손가락 아래에서 나오는 단단하고 우렁찬 소리. 내가 화장실 남자의 말처럼 지나치게 크게 연주했는지도 모른다. 우리는 결선에 오르지 못했다. 젊은 음악가들 무리가 게시물 근처에 몰려 있었다. 대럿 말이 우리는 명단에 없다고 했다. 나는 집으로 돌아가겠다고 그에게 말했다. 여행사에 연락해서 비행기를 바꾸고, 맥주를 네다섯 잔 마시고, 소시지를 먹고, 미술관에 갔다. 청기사파 전시회였다. 호프의 뒷맛과 가브리엘레 뮌터 그림의 색채가 내가 방금 연주한 음악보다 더 생생하게 기억에 남았다. 대럿과 나는 미국으로 돌아와 각자의 삶을 살았다. 우리의 마지막 프로젝트였다.

⁂

캠퍼스로 돌아와 첫 레슨에서 나는 셰복에게 발터 레빈과 포럼에 대해 말했고, 다들 어떻게 연주하는지도 모르면서 브람스에 대해 한마디씩 했다고 했다.

"아 그래." 그가 말했다. 그는 발터에 대해 알고 있었다. "협의를 통해 음악을 만드는 것은 어렵네. 오케스트라를 보면 확실하지. 목관 섹션에서 가끔은 개별적인 음악가가 들려. 아름다운 오보에 독주 같은 것 말이네. 하지만 대개의 경우 우리가 듣는 것은 다수가 어우러지는 음악, 모두가 동의할 수 있는 것의 음악이네.”

나는 우리가 뮌헨 콩쿠르에서 준결선까지만 올랐다고 말했다.

“아무튼 자네는 독주 피아니스트 경력을 바라보는 드문 경우야. 그러니 협업 피아니스트를 목표로 삼아서는 안 되네.” 이 칭찬이 실패의 쓰라림을 덜어주었다.

며칠 뒤에 열린 다음 마스터클래스에서 집으로 돌아왔다는 충만한 안도감을 느꼈다. 젊은 여성이 리스트의 〈메피스토 왈츠〉를 요란하게 연주했다. 건반을 내리치며 머리를 마구 흔드는 통에 머리카락이 흩날렸다. 셰복이 곤혹스러운 반응을 보였다. “내가 자네처럼 연주했다면 기진맥진했을 거네. 어쩌면,” 여기서 잠깐 쉬고 말했다. “휴가가 필요했을 거야.”

그는 어려운 패시지를 다시 연주하도록 했다. 그리고 웃으며 그녀의 비효율성을 음미했다. 그런 다음 피아노 앞으로 가서 파이프를 입에 문 채로 팔을 천천히 내려 열 배 더 집중적인 소리를 만들었다. 모두가 숨을 죽였다. 그의 거대한 소리에는 추함의 흔적이 없었다. 움츠리는 기색도 없었다. 그의 몸은 팔 달린 바위처럼 그대로였다.

그러고 나서 셰복은 〈메피스토 왈츠〉의 다른 중요한 순간으로 건너뛰었다. 유혹적인 곡조로 다르게 접근해야 했다. “한번 해보게.” 그가 말했다. 그녀가 연주했다. 앞뒤로 살랑살랑 흔들리며 왈츠 분위기를 냈다. 셰복이 고개를 끄덕였다. 이제 그가 그녀에게 시범을 보였다. 그의 소리는 거리를 듣는 감각을 구현한 것 같았다. 음들이 서로 붙었다가 멀어졌다. 올라가고 내려가는 것이 동등하지 않았다. 그의 눈빛과 어두워지는 소리를 통해 하강하는 음정에서 사악한 의도가 느껴졌다. 셰복의 가장 신적인 순간은 그가 악마를 설명하고 있을 때라는 생각이 들었다.

"기억하게." 셰복이 말했다. "음악은 음이 아니네. 음과 음 사이에 있지." **그렇고 말고요**, 내가 생각했다. 인생의 교훈이었다. 아울러 다시한 번 진심으로 말하는데, **발터, 당신 정말 재수 없어요**.

⌇

그해 나의 레슨은 유명인으로 인해 자주 중단되곤 했다. 야노스슈타커가 그 주인공이었다. 슈타커는 헝가리 첼리스트로 셰복의 친구이자 이중주 파트너였다. 한 명은 세계무대에서 활동하며 성공을거두었고, 한 명은 자청해서(?) 뒤에 남았다. 하지만 두 사람은 쇼팽,멘델스존, 브람스 등 중추적인 첼로-피아노 레퍼토리를 함께 녹음했다. 슈타커는 셰복보다 더 말랐고 머리가 훨씬 더 벗겨졌고, 몸이 (많은 첼리스트들이 그렇듯) 셰복과는 다른 식으로 구부정했다. 그는 상대방을 두려움이나 눈에 보이는 어떤 뚜렷한 감정 없이 빤히 노려보곤 했는데, 그럴 때마다 그의 눈에 살짝 웃는 장난기가 어렸다. 항상재밌는 일을 찾아나서는 사람 같았다.

같은 집에 사는 리지가 슈타커의 조교로 일하게 되어 덕분에 나는 많은 첼리스트들과 친해졌다. 특히 유럽의 첼리스트들과 자주 어울렸는데, 그들은 아침이면 음악원의 커피숍에 모여 페이스트리를모욕했다. "이건 크루아상이라고 할 수 없어." 한 명이 말하면 나머지가 맞장구쳤다. "노, 노, 노. 크루아상이라니!?!?!?" 리지는 나를 보고눈망울을 굴리며 조용히 속삭였다. "저건 베어 클로[울퉁불퉁한 둘레가

곰의 발톱처럼 생긴 아침 식사용 페이스트리-옮긴이] 잖아." 커피를 마시기도 전에 인디애나의 빵 문화를 파리의 첼리스트들에게 설명하자니 힘들었다.

유럽의 첼리스트들은 미국인들보다 더 흔쾌히 반주자에게 사례를 했다. 이런 금전적인 이유로 나는 야노스 슈타커의 스튜디오에서 매주 많은 시간을 보냈다. 처음에는 내가 눈에 보이지 않는 존재라고 생각했다. 슈타커는 자신의 학생들을 철거하고 재건하느라 여념이 없었다. 사람에 따라 철거가 재건보다 더 성공적으로 작용하기도 했다. 그는 근본적인 결함을 파헤치고 창피를 주는 제안을 하여 그것을 고치는 재주가 남달랐다. 어느 날 그는 악구를 아름답게 펼치지 못하는 젊은 첼리스트를 상대하고 있었다. 얼굴에 아직 여드름이 남아 있는 친구였다.

"가능할지 모르겠지만… 편하게 '마음을 풀고' 하게." 슈타커는 미국식으로 따옴표 그리는 손동작을 취했다.

"자네가 할 일을 알려주지." 수많은 여러 방법을 사용하고 나서 그가 말했다. "그건 말이지… 발가벗고 연습하는 거네."

학생은 얼굴을 붉혔다. 늘 그렇듯 방에는 다른 첼리스트도 몇 명 있었다. 슈타커는 개인 교습을 결코 하지 않았다. 소년은 벌게진 얼굴을 웃음으로 넘기려고 했다. 다른 학생들도 웃었는데 내 짐작으로 소년이 사랑에 빠진 아름다운 프랑스 여자도 여기 있었다. 슈타커는 다른 이들과 함께 잠시 웃었다. 일시적으로 긴장을 풀었다가 이어서 말했다. "진지하게 하는 말이야. 이건 생사가 걸린 문제네. 거울 앞에 서서 연습하면 자네에게 몸이 있다는 걸 인식하게 될 거네."

마침내 슈타커의 비판적인 시선이 내게로 향했다. 내가 거기 간 이유는 베토벤의 A장조 소나타를 연주하기 위함이었다. 여름에 연습했고 세상을 매료시키는 데 실패했던 바로 그 곡이다. 첼리스트가 곡조를 연주했고, 내가 긴 음계를 올라갔다 내려가며 응답했다. 연주가 고르지 못했고 내가 여기 투여한 시간을 생각하면 꽤나 서글펐다. 옥타브는 더 고르지 못해서 레가토를 비꼬는 것처럼 들렸다. 나는 술이 덜 깬 상태였는데 당시에 자주 그랬다.

슈타커가 성공한 첼리스트가 아닌 교육자의 관점에서 나를 쳐다보며 말했다. "자네 그보다 잘하는 사람이잖아." 슈타커다운 양날의 발언이었다. 한편으로는 대가가 나를 눈여겨보고 있었고, 다른 한편으로 나는 실망스러운 존재였다. 다시 해보았는데 여전히 서툴렀다. 그는 한숨을 쉬었다. 설명을 해야 하는 상황이 성가셨던 것이다. 그는 건반에 가깝게 붙어 있으라고 내게 말했다. 그래서 어떻게 되었을까? 그의 이런 처방이 몇 달간 코치를 받고도 고치지 못한 문제를 고쳤다. 호들갑이나 감정이나 철학 없이 말이다. 그는 입술을 살짝 내밀었다. "이제 그럭저럭 내놓을… 정도는… 되는군." 그는 단어를 낱낱이 뜯어보는 과학자처럼 말했다.

우리는 마지막 악장에 이르렀다. 첼로가 독주를 하는데 슈타커는 수많은 첼리스트가 이 대목을 망치는 것을 들었다. 도약을 빼먹고 긁는 듯한 소리를 내기 쉬웠다. 셰복은 항상 연주자의 문제에 대해 생각하는 것 같았지만, 슈타커는 그럴 필요가 없었다. 딱 부러지는 음절로, 마치 타자기로 치듯 처방을 내리기 시작했다. 먼저 활을 이렇게 저렇게 쓸 것, 비브라토를 미리 내고, 여기서는 활을 3분의 1만 사용하고, 그런 다음 아래로 내려 엄지손가락으로 고정시킬 것… 이케아에서 가구를 사면 딸려오는 조립설명서와 닮았다. 항상 할 일과 생각할 거리를 제시해서 불안해할 (혹은 영감을 받을) 시간을 주지 않았다. 이런 합리주의 성향은 발터와 연결되는 대목이지만, 발터는 '테크닉'에 대해 이야기하는 것을 결코 좋아하지 않았고, 슈타커는 좋아했다. 실제로 그는 그 순간에 테크닉을 이렇게 정리했다.

"좋은 테크닉의 핵심이 뭐라고 생각하나?" 그가 물었다.

방 한쪽에 조용히 있는 유럽의 첼리스트들은 대답을 이미 알았다.

"앤-티-시-페이-션." 그가 말했다. 이것은 슈타커가 가장 좋아하는 다음절 단어이자 그의 교습의 이상이었다. 한참 동안 보지 못했던 사람을 만나게 되리라 기대하는 그런 예상은 당연히 아니었다. 그가 말하는 '예상'은 피눈물 없이 냉담한 것이었다. 다음에 어떤 과제가 올지 아는 것이다. 다음 판자가 어디 놓일지 아는 일꾼과 비슷하다. 판자에 애착을 갖는 것은 쓸데없는 일이다. 그는 연주의 목표가 연주자 자신이 감동받는 것이 아님을 분명히 했다. 연주는 청중에게 감정을 일으키는 것이며, 초연함이 요구되는 이타적 행동이라고 했다.

그래서 슈타커가 떠맡은 일은 우리에게 음악적으로 찬물 샤워를 시켜주는 것이었다. 어느 날 나는 라흐마니노프의 첼로 소나타를 연주하고 있었다. 가슴을 저미는 제2주제를 연주하면서 오랜만에, 그것도 남들이 보는 앞에서 오르가슴에 최대한 가깝게 다가갈 때, 방 모퉁이에 있는 슈타커로부터 무슨 소리가 났다. 음량은 중얼거림에 가까웠는데 음반을 튼 것처럼 정확했다. 나는 연주를 중단했다.

"가끔 주제를 계속 진행하려면," 그는 같은 말을 점점 크게 반복했다. "잘라줘야 할 때가 있네." 그러고는 시범을 보이려고 "랄 랄 랄 랄" 노래를 부르기 시작했다. 노래하는 그의 음색을 말로 표현하자니 힘들다. 오리를 바이스에 끼우고 조이면서 꽥꽥거리게 만든다고 상상해보라. 나는 입술을 꽉 다물었다. 내가 여기서 웃으면 슈타커와의 관계와 내 우상인 세복과의 관계가 끝날 테니 말이다. 그는 감정을 완전히 배재하고 음을 높여가며 "랄 랄 랄 랄" 하고 꽥꽥거렸다. 위대한 야노스 슈타커가 말이다. 그런 다음 삶을 포기하는 사람처럼 양팔을 위로 던져 악구에서 끊어야 하는 지점을 나타냈다. 웅변적으로 계속하기 위함이었다. 그는 나를 위해 그 대목을 영원히 망가뜨렸다.

분할하려는 집착. 그것이 슈타커와 세복의 공통점이었다. 그들은 무엇이 무엇에 속하는지 알고 싶어 했고, 분류의 과정을 통해 감정의 진실에 도달했다. 하지만 형식은 꽤나 달랐다. 마스터클래스에서 내 친구 리지가 슈베르트의 〈아르페지오네〉 소나타 마지막 악장을 연주한 것이 생각난다. 민요처럼 들리는 곡조로 시작한다. 슈타커는 그녀가 각 마디를 끊어지게 연주하도록 했다. 피아노의 단점(이자 강점)을 흉내 내도록 한 것이다.

끔찍한 소리가 났다. 곡조가 절뚝거렸다. 리지도 자신이 작곡가를 배신하고 있다고 느꼈을 것이다. 슈타커는 학생이 아무것도 모른다는 것을 깨닫게 하려고 자신이 자주 사용하는 방책을 잠시 후회하는 듯했다. 그래서 이례적으로 부드러운 눈빛으로 그녀를 쳐다보며 마치 아이에게 자장가를 불러주는 아버지처럼 연주했다. **이렇게 모든 것이 조합되는 거란다**, 하고 말하듯이. 모든 것이 분할되었지만 그럼에도 완전한 선을 이룬 연주였다. 게다가 다른 시간에서 넘어온 소리였다. 현대적 연주의 특징인 강박적인 **나를 봐!**가 없었다. 자신들이 연주하고 있다는 것을 청중이 잊을까 두려워하며 현악기 연주자는 선율을 길게 이어가고 피아니스트는 연신 두드려대는 연주가 아니었다. 그냥 경쾌한 리듬으로 흔들리는 노래였다. 나는 방 안을 둘러보았다. 모두가 마찬가지로 주위를 둘러보고 있었다. 절제의 자유, 스타일의 기쁨을 보여준 레슨이었다. 여기서 나는 또 하나의 은밀한 메시지를 들었다. 많은 사람들이 생각하는 것과 달리 지성은 마음의 적이 아니라는 메시지였다.

어느 날 슈타커는 내가 "반주자처럼 반주"하고 있다고 한탄하면서 자신이 셰복을 설득해서 실내악 세미나를 재개하기로 했다고 말했다. 멋진 일이었다. 레슨 말고도 셰복의 수업을 매주 두 차례 더 보게 되었다. 몇 주 뒤에 열린 실내악 수업에서 슈타커의 학생과 셰복의 학생이 용감하게도 헝가리 듀오의 가장 유명한 음반 레퍼토리 중 하나인 멘델스존의 D장조 소나타를 연주하겠다고 나섰다.

셰복은 처음에는 자제했다. 두 사람이 활기찬 첫 악장에서 균형을 맞추도록 도왔고, 매혹적인 2악장에서 별다른 말을 하지 않았다. 이제 우리는 3악장 서두에 이르렀다. 피아노가 아래에서부터 위까지 훑으며 연주하는 화음을 연달아 치며 찬가의 선율을 소개한다. 멘델스존이 어떤 이미지를 묘사하는지는 명확하다. 천국의 하프를 팅기며 구원을 노래하는 천사다. 피아니스트가 해결해야 할 골칫거리는 이런 하프의 울림을 단조롭지 않게 연주하며 미묘한 방향성을 만드는 것이다. 즉 찬가의 '갈망'을 표현해야 한다.

"그래, 까다로운 독주지." 그러면서 셰복은 여기저기 긁힌 피아노 앞에 앉았다.

"자네가 미처 알아채지 못한 것 같은데," 그는 고개를 들어 그녀를, 그리고 나머지 우리를 바라보았다. "훑는 화음도 여러 속도로 연주할 수 있고, 중간에 속도를 바꿀 수도 있네."

이제 그가 연주했다. 학생의 화음은 서둘러 맨 위의 음까지 올라갔다. 어려움을 극복하겠다는 의지가 느껴졌다. 하지만 셰복은 음들을 카펫처럼 펼쳤다. 요점은 짜임새를 보는 것이었다. 그의 차분함은 가장 낮은음에서 시작했다. 그는 베이스를 오르간의 페달음처럼 지속시켜 연주했다. 그리고 맨 위 음은 살짝 종소리처럼 연주했다. 과하지 않게, 찌르지 않게, "여기 선율이 있어" 하고 의식하는 기분이 들지 않게 연주했다. 마이너가 살짝 가미된 화음에 이르자 그는 중간에서 손가락 속도를 늦추었다. 마치 카펫이 미세한 곳에 걸려 찢기기라도 하듯, 화성이 마음을 잡아당기기라도 하듯. 그는 훑는 화음을 작곡가가 그렇게 표기했기에 연주한 것이 아니었다. 훑는 화음을 통해 화성을 들으려고 했고, 화성을 들으면서 무엇을 보여줘야 할지 선택했다. 가끔은 블루밍턴에서 여태껏 뭘 하고 있는 건가 싶다가도 이런 경험을 하면 내가 이곳을 어떻게 떠날 수 있을까 싶었다.

첼리스트가 연주를 시작했다. 까다로운 대목이었다. 찬가에 이어 나오는 첼로 파트는 의심 많은 도마를 나타낸다. 사랑스러운 프랑스 여자는 리듬이 경련하고 화성이 콧소리를 내듯 연주했다.

"왜 그렇게 하지?" 셰복이 물었다.

그녀는 무슨 말을 할지 모르거나 말하기 싫다는 듯이 가만히 그를 쳐다보았다.

“이렇게 해보게.” 셰복은 그녀의 파트를 피아노로 연주해 보였다. 그의 연주는 그녀의 연주보다 더 현악기처럼 들렸다.

“하지만,” 그녀가 한마디 했다. “슈타커 선생님 말이…”

셰복의 얼굴이 딱딱하게 굳었다. 나는 흥분과 두려움으로 근처에 앉아 있는 친구들을 쳐다보았다. 드디어 헝가리인들이 서로를 진짜 어떻게 생각하는지 알 수 있겠다고 생각했다.

마침내 셰복이 입을 열었다. “슈타커와 나는 나치에도 살아남았네.” 그가 의외로 강하게 나섰다. 프랑스 여자는 잔뜩 겁에 질린 표정이었다. 그녀가 두 사람 모두를 숭배했다는 것은 틀림없었다. “내가 슈타커를 알고 지낸 세월이 자네의 나이보다 훨씬 기네. 그러니 내 오랜 친구에 대해 나한테 설명하지 않아도 되네.” 그러고 나서 셰복은 말투를 누그러뜨리고 자신이 생각하는 슈타커의 의도를 그녀에게 설명하며 둘의 모순이 모순이 아님을 증명했다.

그들의 유명한 음반에서 셰복의 이 세상 같지 않은 화음을 들을 수 있다. 특히 마지막에 가서 셰복은 순수하고 편안한 하프 소리로 슈타커의 의심을 가라앉힌다. 그의 소리를 듣노라면 훑는 화음이 음들로 이루어져 있지 않다는 착각이 든다(“음악은 음과 음 사이에 있네”). 마이너화음이 애통하게도 살짝 더 길다는 것도 들을 수 있다. 25년 전에 내가 마스터클래스에서 들었던 것처럼 말이다.

그러나 지금 와서 더 놀라게 되는 순간이 있으니 셰복이 천상에서 지상의 슬픔으로 돌아와 첼로의 재료를 이어받는 대목이다. 셰복의 소리에 응어리가 있다. 다른 피아노, 다른 피아니스트 같다. 그는 애원하는 몇 음을 꾹 누르고 나서 아래로 떨어져 맴돌다가 우울하게 마무리한다. 단순함을 열망하고 쉬움을 가르치며 평생의 대부분을 보낸 셰복이었지만, 이런 음들에서는 그도 어려움을 사랑함을 보여준다. 풀어줌의 대가는 파고들고, 놓아주려 하지 않는다.

{

그로부터 오래지 않아 셰복과 슈타커가 음악예술센터에서 리사이틀을 갖는다는 소식이 전해졌다. 음악예술센터는 오페라, 발레, 스펙터클 쇼를 공연하는 엄청나게 크고 신비로운 자주색 홀이다. 뉴욕의 메트로폴리탄 오페라 극장보다 무대가 더 넓다고 관계자들이 자랑했다. 인디애나 대학 오페라학과의 초창기 영광스러운 나날을 떠올리게 하는 건물이었다. 세계에서 가장 큰 성악학교였고, 주 각지와 중서부 지역 먼 곳에서 사람들이 매년 열리는 〈파르지팔〉 공연을 보러 이곳에 왔다. 셰복과 슈타커가 연주한 날에는 매진이 아니었지만—1500석이 다 찼다면 오히려 그게 충격이었을 것이다—청중들은 신이 났다.

그들은 베토벤의 변주곡 몇 곡으로 시작했다. 리허설을 하지 않았던 모양이다. 처음의 몇 음이 공허하고 어수선하고 표현이 제대로 담기지 않았다. 나중에 셰복한테서 들은 이야기인데 당시 두 사람은 리허설이 연주의 가능성을 제한한다고 보았다. 이어지는 곡은 20세기 작품인 마르티누의 소나타였다. 마찬가지로 리허설이 부족했다. 원한 건 아니었지만 어쩌다 보니 나를 평가하는 사람을 내가 평가하고 있었다. 그들도 우리처럼 타성적인 지루한 연주를 할 수 있었다.

　나는 2부가 시작하기 전에 하마터면 가려고 했다. 그들이 연주할 세자르 프랑크의 유명한 소나타에 대해 내가 미씸쩍게 여겼기 때문이다. 청중을 끌기 위한 저속한 작품처럼 느껴질 때가 많았다. 서정적으로 울컥하는 대목과 기교를 과시하는 패시지워크가 많아서 정상급 연주자들이 솜씨를 과시하기 좋은 곡이라고 말이다. 두 사람이 걸어 나왔다. 서글프게도 청중석에서 기침 소리가 터졌다. 이에 화답하듯 무대 위에서 조용하게 조정하고 삐걱대는 소리가 났다. 마침내 슈타커가 첼로를 잡고 슬쩍 옆을 보았다. 세복이 팔을 아래로 내려 그가 조율하도록 A를 연주했다.

　청중 사이에서 수군거리는 소리가 들렸다. 옆에 앉은 사람이 몸을 기울이고 내게 물었다. "넌 피아니스트니까 알겠군. 그가 도대체 어떻게 한 거야?" 나도 알고 싶었다. 그 A는 내가 들어본 가장 유혹적인 소리였다. 중심이 잡힌, 군더더기 없는 소리. 세복의 마술이었다. 오직 그만이 가진 재능이었다. 그나저나 실용적인 목적으로 내는 서두의 음을 굳이 그렇게 아름답게 연주할 필요가 있었을까?

　세복이 연주한 프랑크의 첫 네 마디는 조율음 A의 연장선상에 있었다. 언제까지고 계속될 것만 같은 소리의 구름이었다. 하지만 슈타커가 등장하여 맹렬하게 나누었다. 그가 연주하는 악구는 항상 죽었다가 다시 살아났다. 그는 삼단논법을 제시했고 종종 멋진 합을 만들어냈다. 세복이 마리화나를 피웠다면, 슈타커는 에스프레소를 여러 잔 들이킨 것 같았다. 어떻게 된 상황인지 이해하려고 한 명은 영적이고 다른 한 명은 분석적이라는 이런 묘한 상상을 하며 나는 무아지경에 빠져들었다.

피아노가 건반을 헤집고 다니는 2악장에서 우리는 셰복이 결코 높은음이나 낮은음으로 곧장 치고 들어가지 않는다는 것을 느꼈다. 그는 커브를 도는 자동차처럼 항상 옆으로 돌아 들어갔다. 그가 주목하는 것은 화성의 풍성함이었고, 그의 연주는 거리감을 보여줘서 슈타커의 디테일, 그의 말투만큼이나 아로새겨진 느낌이 드는 디테일이 중심에 나타나도록 했다. 그들의 연주는 헨리 제임스 같았다. 해서는 안 되는 것을 계속해서 보여주고, 말할 수 없는 것을 말했다. 슈타커는 감상주의를 한순간도 원하지 않았고, 셰복은 결코 으스대는 것을 원하지 않았다. 그 결과 과하게 낭만주의적인 프랑크의 소나타는 감정을 정화하려고 가는 신전神殿처럼 들렸다.

공연이 끝나고 사람들이 로비에 모여 (늘 그렇듯) 온갖 종류의 어리석은 말을 했다. 러시아 피아니스트는 셰복을 가리켜 "지나치게 편하게 연주"한다고 했는데 정당한 비판이었다. 이스라엘 비올리스트는 전형적인 슈타커 연주라고 했다. 좋은 의미로든 나쁜 의미로든 이 또한 옳은 말이었다. 하지만 이런 발언들은 상처를 주었다. 그래서 마음을 달래고자 친구들과 함께 맥주와 핫윙을 먹으러 나갔다. 아무도 먼저 말하려고 하지 않았다. 마침내 누군가가 말했다. "초현실적이었어." 모두가 그 말에 동의했다. 그들은 청중을 위해 연주하는 것처럼 보이지 않았다. 대부분의 공연이 끝나면 우리는 예술가들이 방금 어떻게 연주했는지를 두고 이야기했지만, 그날은 왜 그렇게 연주했는지 이야기했다.

우리는 음악원 근처에 흔하게 있는 싸구려 술집이 아니라 스트

립몰에 새로 들어선 작은 양조장에 와 있었다. 브루탈리즘 양식의 20층짜리 기숙사 건물 바로 옆이었다. 맥주의 질이 상당히 좋았지만, 그럼에도 전체적으로는 손해를 보는 느낌이었다. 세 잔째 주문했다. 나는 항상 내가 바뀌어야 하는 사람이고 교사들은 변하지 않는 영향력이라고 생각했다. 유망한 음악가는 우주의 중심으로 지도를 받아야 하고, 교사들은 길을 이끄는 별들이라고 생각했다. 하지만 별들 역시 움직이는 것이 확실했다. 프랑크 음악의 묘하고 아름다운 자제력이 내가 머리로만 알았던 것에 생명을 불어넣었다. 셰복과 슈타커가 전쟁에서, 파시스트들에게서, 공산주의자들에게서, 강제 수용소에서 살아남았다는 것을. 그들이 지루하고 평온한 블루밍턴으로 오면서 고향과 조국과 삶의 방식을 두고 떠나야 했다는 것을. 그들에게는 음악적 이상이 남았다. 세상이 아직 가져가지 못했던 가치 있는 품목이었다.

〉

　　다음 날 차를 가지러 가기 위해 택시를 타야 했다. 그러고 나서 레슨을 하러 갔다. 나는 프랑크에서 어떻게 그런 소리를 낼 수 있었는지 알려달라고 셰복에게 간청했다. 그는 창문 밖을 바라보았다. 그는 상대방이 먼저 질문하는 것을 좋아하지 않았다. 무엇을 가르칠지 정하는 것은 자신의 특권이라고 여겼다. 내 요청을 무시하면서 그는 자신이 전에 가르쳤던 여자가 며칠 전에 전화를 했다고 내게 말했다. 음악에 대한 책이나 회고록을, 혹은 두 가지가 섞인 책을 쓰라고 했다는 것이다.

"사람들 말이 나의 '훌륭한 생각들'을 하나도 남김없이 적어야 한다는 거야." 그가 말했다.

"당연히 그래야죠, 셰복 씨!" 내가 대답했다. '씨'라는 말을 붙이면서 어리석게 들리지 않기란 너무도 어려웠다.

셰복은 귀엽지만 짜증을 부리는 강아지처럼 나를 쳐다보았다. 그가 말했다. "뭔가를 보존한다는 것이 구미가 당기기는 해…" 나는 수업 시간에 그가 유혹에 대해, 리스트와 버르토크의 악마에 대해, 오만함에 대해, 파우스트와 〈돈 조반니〉에 대해 언급했던 모든 순간들을 생각했다. 그의 눈이 이 꿈을 고려하는 것 같더니 그가 고개를 저었다. "아니야, 내가 말해야 하는 가장 중요한 것들은 적을 수 없어. 책으로 전할 수 있는 게 아니네."

16장 리듬: 두 번째 수업

PLAYLIST

▐ 쇼팽: 연습곡 op.25, no.9(⟨나비⟩), 이그나츠 프리드만 연주

음악과 관련한 일을 하다 보면 리듬의 선택에 의외로 도덕적 차원이 있다는 것을 깨닫게 된다. 고전음악에는 시간의 금욕주의자들이 많다. 메트로놈과 논쟁하는 것은 죄를 짓는 일이다. 내 친구인 뛰어난 첼리스트 스티븐 이설리스는 엄격한 편에 서서 연주한다. 항상 더 높은 수준의 리듬을 염두에 두고 한 악구가 몇 마디인지, 그 뒤에 몇 마디가 이어지는지 파악한다. 그는 이런 식으로 말한다. "이 섹션은 3 플러스 5 플러스 3이야." 대충 45초가 소요되는 음악이라는 뜻이다. 나는 이런 식의 리듬을, 건축가와 같은 시간의 감각을 존중한다. 그의 연주에 견실함을 부여하기 때문이다. 하지만 가끔은 순간적인 감흥이 더 많은 사랑을 받아야 한다고 느껴 아름다운 음에 오래 머문다. 그러면 스티븐은 못마땅한 표정으로 나를 바라본다. 실제로 화가 났다는 사실을 완전히 감추지 못해 우스꽝스럽다.

"시간을 끌었네." 버릇없는 아이를 꾸짖을 때 사용하는 말투로 그가 말한다. 어쩌면 나는 오로지 그런 얼굴 표정을 보려고 평소보다 시간을 더 끌었는지도 모른다.

"그렇게 볼 수도 있지만, 내가 우주에 시간을 돌려주었다고 말하면 어떨까?" 이렇게 말하면 기쁘게도 그의 점잖은 영국식 분노가 악화될 뿐이다.

지휘자는 이런 상황에서 짜증을 낸다. 리허설에서 여러분이 강박 직전에 시간을 끌면 지휘자가 오케스트라를 중단시키고는 "여기서 시간이 더 필요해요?" 하고 묻는다. 존중의 외피를 쓰고 넌지시 화를 내비치는 것이다. 그는 여러분이 무엇을 하고 있는지 알고자 하는 것처럼 보이지만, 실은 여러분이 수상쩍은 일을 하고 있다는 것을 알리려는 것이다. "당신 그 청바지를 파티에 입고 갈 거야?" 하고 묻는 것과 마찬가지다. 나는 애써 웃으려고 한다. '시간이 필요하다'고 말하는 행위만으로도 그것은 사건, 탐닉, 호들갑이 되는데, 처음부터 그것을 원했던 건지 잘 모르겠다. 어쩌면 그냥 그 순간에 떠오른 것일 수도 있다. 그러니 거창한 계획으로 키우려는 생각은 없다. 거대한 반원으로 둘러앉은 오케스트라 전체가 이제 우리 둘을 쳐다본다. 그들이 왜 그런 대형으로 앉는지 이제야 깨닫는다. 둘러서서 싸움 구경을 하는 아이들 같다는 생각을 지울 수 없다. 오케스트라 연주자들은 우리 둘이 서로 고함을 지르기를 원한다. 공연이 끝나고 술자리에서 떠들기 좋은 이야깃거리다.

얼마 전에 나는 친한 친구가 오케스트라 오디션을 위해 준비하고 있는 곡들을 선보이는 자리에 갔다. 그녀는 평단원에서 악장으로 승진하고 싶어 했다. 그녀를 지지하는 음악가 친구들이 거기에 모여 친목회와 집단요법 세션을 섞어놓은 분위기였다. 연주가 끝나고 사람들이 의견을 표명했다. 나는 몇몇 리듬을 더 강하게 내도 좋겠다고 그녀에게 말했다. 평소라면 나의 음악적 제안을 기꺼이 수용하는 친구였다. 하지만 그날은 쌀쌀맞은 느낌이 들었다. "잘 모르겠다… 아무튼 고마워."

그럴 만도 했다. 앞서의 오디션에서 누군가가 그녀의 리듬이 지나치게 개인적이라고 해서, 즉 그녀의 짧은 음이 지나치게 짧다고 해서 하마터면 일자리를 놓칠 뻔했던 것이다. 리듬의 개성으로 상당한 금전적 손해를 볼 수도 있었던 상황이었다. 나는 그녀가 연주한 몇몇 패시지는 독주이므로 다른 사람과 맞추지 않아도 된다고 했다. 하지만 그건 중요하지 않았다. 어떻게 연주하는지는 오케스트라 일에 대한 도덕적 적성을 보여주는 것이었다. 그러니 리듬적으로 정상이라고 여겨지는 것을 자기 것으로 흡수하고 그 일부가 되어야 했다. 물론 한 오케스트라가 리듬적으로 정상이라고 여기는 것은 다른 오케스트라와 상당히 다를 수 있으며, 대부분의 현대 오케스트라는 50년 전, 100년 전 오케스트라와 상당히 다른 관점으로 리듬을 판단한다. 리듬은 냄새처럼 우리가 적응하고 살아가는 환경이며 단시간에 알아차리지 못한다. '적절한' 리듬이 무엇인가 하는 우리의 판단은 너무도 자연스럽게 보여서 우리는 우리의 편향을, 거기에 들어가는 결정을 보지 못한다.

내가 사람들 꼬임에 빠져 클럽에 갔던 비참한 일이 생각났다. 다들 리듬에 몸을 맡기고 춤을 출 때 나는 모퉁이에서 혼자 토라졌다.

어쩔 수 없었다. 친절한 친구가 와서 내 귀에 대고 소리쳤다. "괜찮아? 무슨 문제야?" 나는 친구의 동정심에 기대어 내가 팝 음악에 보이는 문제를 털어놓았다.

"항상 둘째 박과 넷째 박에 강세가 있어." 내가 투덜거렸다. 그는 당혹스러운 표정이었다.

내가 계속 말했다. "항상 똑같은 패턴이라고. 쿵 **짝 쿵 짝**." 조롱하는 말투로 말하자 그제야 그도 내 말을 알아들었다.

"아 그거, 비트일 뿐이야."

비트일 뿐이라고? 나는 술을 또 한 잔 주문했다.

오디션 위원회에서 그녀의 개성에 대해 불만을 제기할 때, 그들은 그녀의 선율이나 화성이 제멋대로 군다고 말하지는 않는다(하긴 고전음악에서는 음을 바꾸는 것이 '용납되지' 않는다!). 근본적으로 리듬을 문제 삼는 것이다. 어린 시절 나를 가르친 교사들은 자유를 게으름과 연결되는 것으로 보았다. 훈육을 받는다는 것은 엄격해지는 것이었다. 훈육된 일탈 같은 건 없다. 나는 잘하겠다고 약속하고서야 메트로놈 없이 연주하는 것을 허락받을 수 있었다. 음악적 가석방이다. 이런 부정적 태도와 단속은 리듬이 얼마나 강력하고, 얼마나 중심적인 것이며, 자유의 개념과 얼마나 면밀히 연결되는지 드러낸다. 이것은 미리 짜놓은 로봇 같은 비트에 맞춰 춤추면서 나보고 그냥 편하게 몸을 맡기라고 하는 클럽 친구들만이 아니라 오케스트라 단원들에게도 해당하는 사실이다. 화성은 배회하고, 선율은 발전하거나 와해한다. 하지만 진정으로 자유로울 수 있는 것은 리듬뿐이다.

　모든 음반을 통틀어 내가 가장 좋아하는 순간을 꼽으라면 이그나츠 프리드만이 연주하는 쇼팽의 〈나비〉 연습곡을 들겠다. 악보를 보면 처음부터 끝까지 같은 리듬으로 되어 있다. 빠른 음이 계속 이어지는 곡으로 그냥 기계처럼 연주할 수도 있다. 프리드만은 대부분을 균등하게, 모나지 않게 연주한다. 그러다가 마지막에 가까워질 때 한 화음이 그의 주의를 끌면서 리듬이 휘어진다. 속도가 느려지고 구부러진다. 한 음이 '정상적인' 음 여러 개와 같은 시간을 차지한다. 이 대목에서 시간이 공처럼 공중으로 날아오르는 느낌을 받는다. 프리드만이 중력을 다시 작동시킬 때까지 공은 호를 그리며 돌아오지 않는다. 덧붙이자면, 악보에는 이렇게 하라는 지시가 전혀 없다.

　프리드만의 나머지 쇼팽도 매력적이지만 이 순간은 눈이 부실 지경이다. 사람의 마음을 녹이는 미소 같은 음악, 너그러움이 어떤 건지 보여주는 음악이다. 여러분이 피아노 교사에게 이 음반을 틀어준다면, 아마도 교사는 째려보며 이렇게 말할 것이다. "좋구나, 하지만 너는 엄격한 기초 없이 자유를 얻을 수 없다는 것을 기억하렴." 타당하고 실질적인 조언이다. 아울러 이기적인 조언이다. 리듬이 황홀하리만치 유려해지는 프리드만의 자유는 가르쳐서 할 수 있는 게 아니다. 배운 것을 폐기해야 가능한 것이기도 하기 때문이다.

　이것을 또 다른 자유의 순간과 비교해보자. 리듬을 다룬 앞의 장에서 아르투르 슈나벨이 연주한 슈베르트의 A플랫장조 즉흥곡을 기억할 것이다. 슈나벨이 비극적 화음을 터뜨리고, 그런 다음 셈하기를 거부한 것도 기억할 것이다. 잔혹한 이 순간이 끝나면 우리는 원래의 춤곡으로 다시 돌아간다.

(앤드) 하나 두울 (앤드) 하나 두울 (앤드) 하나 둘 셋 하나

우리가 방금 겪은 일을 생각한다면 모든 것이 수상하리만치 똑같아 보인다. 그런데 아니다. 슈베르트는 결정적인 한 음을 바꾼다. 흰건반이 검은건반이 된다. 이렇게 살짝 내려오면서 세상을 후회로 물들인다. 슈나벨이 더 어두운 이 화성—새로운 화성인데 더 오래된 화성처럼 느껴진다—을 연주할 때 그는 시간을 살짝 더 길게 끈다. 하지만 더 정확하게 말하자면, 그가 귀신같이 완벽하게 시간을 끈다고, 바뀐 의미를 포착하기에 필요한 만큼 시간을 끈다고, 그래서 그것이 여러분의 마음에 부드럽게 내려앉도록 한다고 해야 한다. 슈나벨은 리듬에 미량의 슬픔을 주입하고, 그 느낌이 진부해지기 전에 원래의 템포로 돌아간다. 프리드만의 쇼팽에서 그랬듯이 리타르단도나 알라르간도 같은, 속도를 줄이라는 표시는 악보 어디에도 없다. 그렇다면 얼마만큼의 시간이 필요하다는 판단을, 지식을 어떻게 얻을까?

두 가지 자유가 있다. 기쁨을 위한 자유와 슬픔을 위한 자유다. 슈나벨과 프리드만은 완전히 다른 형식으로 리듬의 경이를 선보인다. 슈나벨은 해설자나 시인처럼 단어에 억양을 더해 의미를 설명한다. 그의 리듬은 이유에 관한 것이다. 이에 반해 프리드만은 조리법을 업신여기는 요리사다. 그는 설명하지 않는 쪽을 택한다. 그는 리듬의 실수들—여기에 늦은 베이스 음 하나, 저기에 서두르는 중간 성부

하나—을 솥에 던져놓는다. 얼핏 무질서해 보이지만 엄연한 취향의 세계다. 그가 생각지 못한 완벽한 재료를 찾아내면 모든 것이 즐겁게 어우러진다.

시간을 끌었다가 원래대로 돌리는 것은 연주자의 놀라운 능력 가운데 하나다. 슈나벨의 억양처럼 미묘하게 드러내는 힘이 될 수도 있고, 아니면 프리드만의 요리처럼 과감한 상상이 될 수도 있다. 바꿔 말하면 연주자에게는 두 가지 과제가 있다고 할 수 있다. 하나는 악보에 적힌 것을 행하는 것이다. 말할 수 없이 중요한 일이다. 다른 하나는 훨씬 더 중요한 것으로 악보에 적히지 않은 모든 것을 찾는 것이다.

17장 종착점에 다다르다

PLAYLIST

바흐: 비올라다감바 소나타 3번 G단조
바흐: 바이올린 소나타 4번 C단조
리게티: "바르샤바의 가을"(〈연습곡 1권〉 중)
베토벤: 변주곡과 푸가 E플랫장조 op.35(〈에로이카 변주곡〉)
베토벤: 피아노 소나타 32번 C단조 op.111

블루밍턴에서 세 번째 해를 한창 보내고 있을 때 뜻밖의 전화를 받았다. 라비니아에서 걸려온 익숙한 목소리로, 음악원에서 행정 업무를 맡고 있으며 유년부를 지도하는 다이앤 돈이었다. 다이앤은 교수들의 자존심을 세워주고 기부자들의 요구를 충족시키며 페스티벌을 어떻게든 굴러가게 하려고 최선을 다했다. 외양만 보면 차분했지만, 한 꺼풀 벗겨내면 조직을 꾸려가려는 깊은 열의가 숨겨져 있었다. 보통은 얼그레이 홍차를 대접하고 난롯가에서 이야기를 읽어줄 것만 같은 인상이었다. 하지만 열흘에 한 번은 그녀가 누군가를 죽이려는 음모를 꾸미고 있다는 느낌을 받았다. 그럴 만도 한 것이 우리만 해도 식당에 들어가 와인 박스를 몰래 훔쳤고, 골프 카트로 거대하고 위압적인 스피커 하나를 들이받은 적이 있었다.

다이앤은 발터 레빈을 대신하여 연락한다면서 이렇게 말했다. "발터가 널 마음에 들어 해. 재능이 뛰어난 멋진 음악가라고 생각하지."

발터가? 나는 그가 내 철천지원수라고 생각했다. 하지만 그가 나보고 재능이 뛰어나다고 말했다면, 그를 다시 생각해봐야 했다.

"이번 여름에 너에게 일자리를 제공하려고 해. 직원 피아니스트로 말이야." 다이앤은 계속 칭찬하며 나를 구슬렸다. 일이 필요하긴 했다. 내가 받는 급여로는 부족했으니 말이다. 음악 도서관에서 나는 곧장 프리랜서 수입에 붙는 급여세를 확인했다. 르네상스 작곡가들의 악보와 관련 자료로 가득한 곰팡내 나는 도서관은 최고의 은신처였다. 이곳에서 악보를 공부하는 순수한 즐거움을 잠시 내려놓고 내가 번 돈의 15퍼센트를 무조건 내야 하는 혹독한 현실을 생각하니 갑갑했다.

다이앤은 뮤지코다에서 내가 받은 돈의 네 배를 급여로 제안했다. 나는 당장 하겠다고 했다. 셰복은 좋은 생각이 아니라고 보았다. 내가 '반주자'를 해서는 안 된다고 판단했던 것이다. 그럼에도 그는 내가 현실적인 결정을 내리는 것을 말리지 않았다. 그는 삶의 어떤 면에 대해서는 엄격하게 선을 지켰다. 요즘은 교사들이 이렇게 하기가 더 어렵다.

ƻ

그해 여름에 나는 또다시 라비니아에 있었다. 다른 이들처럼 기숙사 방에서 지냈고, 다만 그들과 다르게 급여를 받는 대가로 수모를 참아야 했다. 매일 아침이면 모든 학생들과 직원들은 재력 있는 권세가 자식들의 도피처인 레이크포리스트 대학에서 출발하는 승합차에 몸을 싣고 신호등의 정지 신호를 받으며 집집마다 조경사와 일꾼과 가정부가 있는 말도 안 되게 부유한 동네를 지나 마침내 그 유명한 공원에 도착했다. 그러고 나면 서식지에 고립되어 오도 가도 못하는 동물원의 동물 신세가 되었다. 연습하고, 연습에 대해 이야기하고, 레슨을 반복하는 것 말고는 할 일이 없었다.

나는 매일 아침 두 차례 레슨에 참가했고, 오후에는 새로운 곡을 익히고 리허설을 했다. 내가 뭐든 배운다는 뜻에서 동료가 내게 '구세주'라는 별명을 지어주었다. 나는 내 초견 능력이 여전히 자랑스러웠고 그게 어째서 불리하게 작용하는지 몰랐다. 10년 전 이스턴 음악 페스티벌에서 얼간이 룸메이트가 나를 기숙사 밖의 진흙 바닥에 던졌을 때 깨달았어야 했다.

발터는 전보다 훨씬 더 친절하게 굴었다. 레슨이 끝나면 아무도 듣지 않는데도 내게 진심 어린 칭찬의 말을 종종 했다. 레슨 도중에는 바이올리니스트에게 이런 말도 했다. "제러미가 주제를 어떻게 연주하는지 잘 들어봐." 무슨 일이 있었던 걸까? 어쩌면 행동을 일일이 간섭하는 규율이 그의 유일한 가치가 아닐 수도 있었다. 나는 발터에게서 필요성을 감지하기 시작했다. 나를 상상하고 발명하게 하려는 필요성, 그의 아이디어에 생기를 불어넣어야 하는 필요성, 그러니까 그는 자신의 아이디어를 자유롭게 펼치도록 도와주기를 바라는 것이었다.

나의 태도는 그해 여름에 심오한 변화를 겪었다. 나는 가장 짜증 나는 교사에게서도 배울 점을 찾기 시작했다. 워낙 많은 레슨에서 연주를 했기에 자존심을 다쳐도 오래가지 않았다. 멘토의 비위를 맞추려는 노력, 부모 비슷한 감정은 다 사라졌고, 수업 시간에 접하고 생각했던 아이디어만 친구처럼 남았다.

라비니아에서 보낸 두 번째 해에 가장 기억에 남는 경험은 포럼에서 있었다. 보리스 베르만이라고 하는 위압적인 러시아 피아니스트가 그 자리에 있었다. 젊은 여성이 브람스의 곡을 연주하고 있을 때 보리스가 의자에 앉은 채로 말하기 시작했다. 그의 목소리는 권위가 있었다. 독특한 억양 때문이기도 했고, 한 친구가 '러시아 헛소리 신드롬'이라고 명명한 능력 때문이기도 했다. 그 친구 말에 따르면 러시아인들이 거의 어떤 이론이든 간에 신의 말—그런 신은 냉소적이고 염세적인 존재일 것이다—처럼 들리게 떠벌릴 수 있는 것은 이런 질병 내지 유전적 초능력을 타고났기 때문이란다.

보리스는 간단한 소견으로 시작했다. "여기 보면 브람스가 '돌체'라고 적었네." 옳은 말이었다.

"그리고 여기," 그가 계속 설명하는 동안 나는 〈록키와 불윙클〉[냉전 시대를 풍자하여 큰 인기를 끌었던 TV 애니메이션-옮긴이]에 나오는 보리스와 나타샤를 생각하지 않으려고 애썼다. "그는 '에스프레시보'라고 표기했네. 그렇다면 이것이 무슨 뜻일까?"

나는 별 뜻 아니라고 자신했다. 두 단어 모두 의미에 연연하지 않으려는 것처럼 보인다. 악보에서 이 둘을 무시하는 것은 워낙 자주 등장하는 말이기 때문이다. 뜻풀이를 해도 도움이 되지 않는다. '돌체'는 달콤하다는 뜻인데 영어에서 독특한 울림이나 기운이 있는 말이 아니다. 그리고 '에스프레시보'는 표현적이라는 뜻으로 다른 단어로 채워야 하는 쓸모없는 말에 불과하다.

"브람스에게," 보리스는 사람들이 위대함을 들먹이고 싶을 때 하듯 그의 이름을 길게 늘였다. "돌체와 에스프레시보는 정반대의 것이네. 각각 그의 반쪽을 나타내지."

오, 그러서. 흥미로운 해석이었다. 소극적인 두 단어가 삶을 가르는 이분법이 된다니. 나는 발터의 얼굴에서 이례적인 표정을 보고 충격을 받았다. 진정 호기심을 느끼는 표정이었다. "보리스," 그가 말했다. "괜찮다면 시범을 한 번…?"

그러나 보리스는 이미 무대로 당당하게 걸어가고 있었다. 그는 손짓으로 학생을 피아노에서 쫓아냈다. 그녀는 그냥 퇴장했던 것 같다. 그녀의 연주를 다시 들은 기억이 없는 걸 보면 말이다.

"돌체는 배음을 가진 소리네." 그가 그렇게 말하고는 연주했다. 음들이 공중에 떠서 맴돌았다. 울림과 잔향이 최초의 어택만큼이나 중요했다. "거의 드뷔시와 비슷하지."

"하지만 에스프레시보는 응어리가 있는 소리네." 그러고는 다시 연주했다. 이런 음들은 처음의 소리로 가라앉아 배음이 아니라 원래 음 자체에 머문다는 느낌을 주었다. 물론 배음은 여전히 있었겠지만 주음의 취지에 압도되어 존재를 드러내지 않았다.

그게 전부였다. 피아노 연주는 다 해봐야 4초였다. 하지만 내게 급격한 깨달음의 시간이었다. 아주 사소한 음색의 선택이 광대하고 깊은 삶의 이원론—무거움과 가벼움, 밝음과 어두움, 개별과 전체

—과 연결된다는 것을 깨달았다. 손가락이 건반과 접촉하는 여정을 어떻게 통제하느냐, 힘을 가하고 손가락을 떼는 동작을 어떻게 취하느냐에 따라 화음이 하늘로 끌려가는 느낌이 들 수도 있고 간신히 발을 떼는 느낌이 들 수도 있었다.

보리스는 피아니스트에 어울리는 완벽한 턱수염과 콧수염을 길렀고, 아울러 작고 둥근 유럽식 안경을 걸쳐 브람스 같기도 하고 프로이트 같기도 했다. 이런 외양도 그의 발언에 힘을 실어주었다. 발터가 뭔가 한마디 하려고 했지만 너무 늦었다. 보리스는 설명에 완전히 몰입하여 누구도 말릴 수 없었다. 그가 계속했다. "브람스는 이따금 둘을 조합하기도 했어. … 예를 들어 여기에 '돌체 마 에스프레시보', 그러니까 '달콤하게, **하지만** 표현적으로'라고 적었어." 그러더니 자신이 알고 있는 한 소절을 연주했다. 슬픔과 무거움이 살짝 가미된 흘러가는 패시지였다. "그리고 여기 보면 '돌체 에드 에스프레시보', 즉 '달콤하게, **그리고** 표현적으로'라고 적었어." 그는 황홀하게 아름다운 또 다른 음악을 들려주었다. 어떤 대목은 돌체로, 어떤 대목은 에스프레시보로 연주했다. 마치 흘러감과 무거움이 공존할 수 있음을 확인시켜주려는 듯이. 원하는 색채를 이렇게 자유자재로 통제할 수 있다는 것은, 같은 피아노를 무지개 빛깔로 구부려 각 성부의 소리를 이렇게 다르게 낼 수 있다는 것은 기적이었다.

그렇지, 그게 막후에서 절묘한 통제력을 발휘하여 악기가 최고의 이야기를 하도록 만드는 방법이지, 내가 생각했다. 다만 이 경우는 씰룩거리는 비브라토를 구사하거나 활을 거칠게 켜는 것이 아니라 손가락 끝과 측두엽이 보이지 않게 조율하며 손가락의 속도와 깊이를 미묘하게 바꾸는 식으로 행하는 것이다. 나는 그런 류의 피아니스트가 아니었고 그렇게 되려고 희망하지도 않았다. 하지만 나의 목적을 위해 몇몇 기술을 훔칠 필요는 있었다.

{

라비니아에서는 대개의 것이 에스프레시보였다. 특히 기숙사에 에어컨이 없는 것이 그랬다. 우리는 승합차를 타고 출근하면서 툴툴거렸다. 음악가들은 차를 타고 가는 동안 기교파 불평가가 되어 차라리 일찍 시작하는 것이 낫겠다고 했다. 저녁에는 냉방이 가동되는 곳으로 피신을 가기도 했다. 리글리빌의 블루스 바 아니면 니어 노스사이드의 타파스 식당에 갔고, 거기서 염소젖으로 만든 치즈를 처음 맛봤다. 교수들이 이런 나들이에 합류하기도 했는데, 그들 역시 우리를 가르치는 일에 숨이 막혀 한다는 것을 알게 되었다. 시트콤에 나오는 가족 같다는 생각을 했다. 마음껏 세게 연주할 수 있으면 어떤 곡도 마다하지 않고 연주하는 정신 나간 피아니스트, 워낙 체계적으로 연습해서 모든 프레이징이 알고리즘으로 고른 것 같은 바이올리니스트, 나머지 우리들만큼 스트레스를 받는 일이 전혀 없었던 성깔 사나운 비올리스트가 있었다.

결정적인 교습의 순간들이 여럿 생각난다. 어느 오후에 내가 현악 주자들을 위해 슈트라우스의 첼로 소나타를 연주했을 때, 게리 호프먼이 말하기를 우리가 확실한 열의와 사랑으로 곡에 전력을 다했다면서 더 이상 가르칠 게 없다고 했다. 그는 왜 쓸데없이 그런 조언을 했을까? 나는 그 말을 듣고 살짝 우쭐해했지만 다른 학생들은 투덜거렸다. 특히 알고리즘 바이올리니스트가 그랬는데 그에게 '사랑'이라는 말은 음악적 탁월함과 무관한 것이었다. 내가 슈베르트의 〈환상곡〉을 연주하면서 음들을 대거 빼먹자 그가 한 말이 이랬다. "그래, 사랑을 좀 더 담아서 연주해."

다른 날에 나는 핀란드 피아니스트 올리 무스토넨 앞에서 바흐를 연주했다. 내가 새롭게 좋아하게 된 C단조 바이올린 소나타였다. 경쾌한 리듬감에 매혹적인 단조의 춤곡 시칠리아노로 시작했고, 건반악기가 배경에서 빠른 음들을 연이어 연주하는 곡이었다. 올리는 내가 연주하는 음이 음이라기보다 '강물'처럼 들려야 한다고 말했다. 두 해 전 여름에 연주했던 아이브스의 삼중주를 생각나게 하는 말이었다. 그는 바흐를 연주할 때는 아티큘레이션이 최고의 무기 중 하나라고 설명했다.

그러더니 그가 자리에 앉아 다양한 아티큘레이션의 세계를 시범으로 보였다. 왼손으로는 짧게, 오른손으로는 길게 연주했고, 반대로 오른손으로는 짧게, 왼손으로는 길게, 그런 다음에는 중간에 해당하는 멋진 버전들을 연주했다. 그는 잔뜩 신이 나서 각각을 시도해보며 어떤 것은 아주 흡족해했고 어떤 것은 우스꽝스럽다며 물리쳤다. 미적 조각을 짜 맞추려고 애쓰는 그의 행동이 꼭 수선공 같았다. 셰복은 바흐의 아티큘레이션을 깊게 들어가지 않았고, 그건 뉴멕시코의 빌도 마찬가지였다. 그저 말끔하게 들리고 오디션과 콩쿠르에서 좋은 점수를 받을 만한 적당한 지점의 기본값을 정해주는 정도였다. 하지만 여기서는 아티큘레이션이 춤처럼 펼쳐졌다. 거의 무한한 선택의 조합이었고, 바흐의 가장 핵심적인 덕목 가운데 하나였다. 음들이 모습을 갖추고 다시 등장하고 서로 무리를 짓는 방식이었다. 올리의 연주를 듣고 있자니 성부들이 서로에게 발언의 기회를 주기 시작하는 것이 느껴졌다. 아티큘레이션은 생각의 도구였다. 대화, 관용, 투명함을 전하는 매개체였다.

나는 독일의 위대한 첼리스트 하인리히 시프 앞에서도 바흐를 연주했다. 포동포동하고 건강한 그의 모습이 인간의 형상을 하고 있는 황금 맥주잔 같았다. 그는 내가 연주한 G단조 비올라다감바 소나타의 느린 악장이 "무척 아름답다"고 했다. 우리는 그 곡을 열심히 준비했다. 나는 무스토넨과의 레슨에서 얻은 교훈을 가엾은 이스라엘 비올리스트에게 강요했다. 이스라엘 음악가에게 이래라저래라 하는 것은 결코 쉽지 않은 일이다. 그래서 시프의 칭찬을 들었을 때 나는 내가 마음과 뇌를 다 활용한 것이라고, 미국인이라는 불리함을 딛고 유럽인의 덕목을 찾은 것이라고 느꼈다.

하지만 며칠 뒤에 내가 드뷔시의 첼로 소나타를 한창 연주하고 있을 때, 시프는 내가 곡을 전혀 이해하지 못하고 있다고 말했다. 그는 드뷔시가 언제 어떻게 속도를 늦추고 당길지, 게다가 프랑스인답게 멈춰야 하는 정확한 순간까지도 말한다고 지적했다. 표기의 정확성보다 시적 함의에 더 가치를 둔 낭만주의 슈만과는 달리 명확하게, 모호하지 않게 말이다. "프랑스 표기를 독일 표기 대하듯 해서는 안 되네." 그가 말했다. 그의 말대로 하자 음악이 합쳐져서 등줄기를 이루었다. 마지막 악장의 판당고가 활기가 돌고 집중력이 생기고 기타 소리에 더 가깝게 되었다.

그날 레슨을 마치고 나는 음악과 건물과 동료 음악가들로부터 도망쳐야 했다. 수영복으로 갈아입고 자동차 바닥에서 미심쩍은 수건을 집어 들고는 호수까지 걷기 시작했다. 생각했던 것보다 훨씬 멀었다. 샌들이 찢어지고 있었다. BMW와 재규어가 요란한 소리를 내며 지나갔다. 찌는 듯이 무더운 날이었다.

강박적인 생각 하나가 머릿속에 틀어박혔다. 악보에 적힌 모든 표기는 영원히 영향력을 행사한다는 생각이었다. 도무지 믿기지 않았다. 모든 사람이 계속해서 말하는 성숙한다는 것이 이것이었을까? 내 평생 악보 표기는 두려움과 죄의식의 장소였다. 교사들이 손가락으로 악보를 가리키며 꾸짖는다. 디미누엔도를 잊었어! 리타르단도를 하지 않았잖아! 이런 지적을 받고 나면 나 자신이 악보에 적힌 모든 것을, 그저 음들의 숲만이 아니라 그런 음들을 어떻게 내는지와 관련한 불가해한 지시까지도 다 실행하려고 하는 꼭두각시처럼, 고전음악의 흉내쟁이처럼 느껴졌다.

수건이 길가에 떨어졌다. 몸을 구부려 주우려고 할 때 혹시 방향을 잘못 틀어 호수로 가는 길이 어느 쪽인지 놓치면 어쩌나 생각했다. 땀투성이에 불확실했던 바로 그 순간, 생생한 이미지가 떠올랐다. 악보는 다름 아닌 보물 지도였다. 작곡가로부터 과거로부터 온 메시지가 담겨 있는 지도 말이다. 나머지를 알아내는 데 필요한 것을 말해주고 있었다. 곡을 현재에 살리기에 충분한 암시들과 단서들이 거기에 담겨 있었다. 우리가 악보를 따르는 것은 교사가 그러라고 말해서가 아니었다. 길을 보여주기 때문이었다.

{

나도 모르게 내 의지와 상관없이 셰복과 멀어질 궁리를 하고 있었다. 그해 9월에 뮌헨 콩쿠르에 출전하기로 했다. 이번에는 혼자서 말이다. 세상에 보여줄 게 있다고 스스로에게 말했다. 나는 한 단계 올라서고 자신감을 가질 필요가 있었다. 그래서 라비니아에서 꼬박 5주 동안 남을 '반주'하면서 매일 두 시간을 쪼개 콩쿠르 레퍼토리를 연습했다.

그런 다음 블루밍턴으로 돌아와 혼자서 6주 동안 연습했다. 블루밍턴은 기분 좋은 늦여름 분위기가 났다. 하루가 멀다 하고 뇌우가 왔지만, 대개는 느긋하고 습한 공기가 계속 이어졌고 더 분주한 세상에서 벗어나 있다는 느낌이 들었다. 나는 채석장에 가서 수영하고 크로거에서 세일 때 구입한 고기를 구웠지만, 대부분의 시간은 방음 시설이 된 연습실에서 보냈다. 거기서는 악보를 까먹거나 치욕적인 망신을 당할 일이 없었다. 음악과 건물 옆에 새로 지은 별관에는 끔찍한 피아노들이 많았다. 거의 싸구려 술집에서 쓰는 피아노였다. 몇 개 없는 좋은 피아노를 차지하려면 숨어서 때를 기다려야 했다. 결연한 마음으로 복도에 들어가 차례로 유리문 너머를 슬쩍 보고, 절박하거나 내키지 않는 연습 소리를 듣고, 한숨을 쉬며 내 방으로 돌아올 때가 많았다.

유럽행 여행은 한 해 전과 같았다. 학생 여행사를 통해 저렴한 티켓을 구입했고, 뮌헨 기차역 근처 똑같은 지저분한 호텔을 예약했고, 똑같은 쓸쓸한 커피를 마셨고, 누텔라를 최대한 입안에 털어넣었다. 그러나 피아노 콩쿠르는 이중주 콩쿠르보다 훨씬 화려하고 이색적이었다. 나치풍 건물로 들어가 웅장하기 이를 데 없는 계단을 오르면 나무 바닥으로 된 방들이 나왔는데 거기서 연습을 했다. 여학생 인턴에게서 바로크 양식의 열쇠를 넘겨받았다. 무슨 뜻인지 모르겠지만 이런 여성들은 "행운을 빌어요"라고 적힌 종이에 립스틱을 바른 자신의 입술을 찍어 내게 건넸다.

나는 모차르트의 C단조 소나타와 바흐의 E플랫단조 〈전주곡과 푸가〉, 그리고 리게티의 "바르샤바의 가을"을 연주하여 첫 라운드를 통과했다. 어둡고 깊은 감정이 묻어 있는 곡들이었다. 베토벤의 op.109와 쇼팽의 발라드 4번으로 2라운드도 통과했다. 여세를 몰아 3라운드에서는 기묘한 조합인 엘리엇 카터의 피아노 소나타와 리스트의 〈돈 조반니의 회상〉을 연주했다. 까다로운 카터의 명곡은 유럽 심사위원들이 대부분 알지 못하는 곡이며, 리스트 곡은 앞서 내가 연주한 순수한 곡들을 정면으로 뒤집는 파격적인 선곡이었다. 결선에 대비하여 자신감 있게 연습하고 있었을 때가 생각난다. 다른 피아니스트가 내 방문을 두드리고 들어와 신경전을 벌이며 묘하게 기죽이는 말투로 말했다. "너는 결선에 진출할 거라고 확신하고 있구나." 다른 피아니스트—그들 중 몇몇은 좋은 사람이라고 확신한다—에 대한 두려움과 의구심이 들 때마다 그 순간이 떠오르는 것 같다.

나중에 몇몇 청중이 찾아와서 나에게 축하 인사를 건넸지만 심사위원들 생각은 달랐다. 나는 우승을 하지 못했다. 젊은 독일 여성 참가자가 나를 평생의 사랑이라고 여겨 시내에서 쫓아다녔다. 맥주를 마시며 충격을 달래고 있을 때 그녀가 와서 말하기를 내가 강탈당했다고 했다. 위안이 되는 말이었지만, 그녀를 떼놓고 싶은데 어떻게 해야 할지 몰랐다. 길에서 미국 심사위원을 우연히 마주쳐서 그에게 어떻게 생각하는지 물었다. 클로드는 차분하게 커피를 마시며 정중하게 대했을 뿐 특별한 조언은 하지 않았다. 독일 여성도 옆에 따라왔다. 클로드가 떠나자 그녀는 그가 진지한 사람이 아니라고 했다. 나 같은 진정한 예술가는 그의 말을 한마디도 들어서는 안 된다고 했다. 그는 감히 나를 판단할 수 없다는 것이었다. 그녀와 잘 지내볼까 하는 생각이 들다가도 그녀가 내 목을 조르면 어쩌나 싶었다.

╲

블루밍턴으로 돌아온 나는 변함없이 낡은 문을 두드리며 매주 레슨을 받으러 갔다. 세복은 유명한 독일 심사위원으로부터 내 연주가 어땠는지 이미 들었다. 그가 신경을 써주는 것이 좋았다. 하지만 유럽으로 날아가서도 감시를 피하지 못했다는 사실은 불편했다. 심사위원은 내가 연주한 모차르트가 훌륭했다고 세복에게 말했다. 세복은 나보다 훨씬 흡족한 표정이었다. 다른 이야기도 건넸다. "물론 **그건** 성취지, 자랑스러워해도 돼. 하지만," 같은 정보원에 따르면 내가 〈돈 조반니의 회상〉을 연주할 때 피곤해 보였다고 했다. 하지만 누군들 안 그랬을까? 옥타브 진행이 많은 대곡이었으니 말이다. 내가 의기소침하게 보였던 모양이다. 피곤했다는 것을 알았다면 고칠 수 있었을 테고, 그러면 지금 세계를 돌며 연주하는 유명한 피아니스트가 되었을 것이다.

"슬퍼하거나 너에게 책임을 물을 일은 아니다." 그가 혼란스러운 내 마음을 간파하고 말했다. "정말로 흥미로운 점은 왜 그런 일이 일어났느냐는 거야." 담배를 피우고 나서 그가 같은 말을 반복했다. "그래, 왜 그랬을까. 그게 우리가 지금 탐구해야 할 사항이지." 항상 왜였다. 에벌린이 한 말이 생각났다. 그녀는 자신이 사람들의 틀린 음에 관심이 있는 게 아니라 **왜** 틀린 음이 있는지, 어떤 신체적이거나 정신적인 부주의로 그렇게 되었는지가 궁금하다고 했다. 그리고 라비니아에서 악보를 읽다가 당혹스러운 스타카토나 이음줄이 나오면 교사들은 이렇게 물었다. 작곡가가 왜 그것을 썼을까? 나는 요즘 학생들에게 이 질문을 즐겨 한다. 학생들은 작곡가의 작품을 역설계해야겠다는 생각을, 작곡가가 뭔가 전해야 했음에 공감하려는 생각을 좀처럼 하지 않는다.

세복과 나는 내 손의 골격을 다시 살펴보며 어디가 힘을 받쳐주지 못하는지, 어떻게 하면 피곤함을 피할 수 있는지 알아내고자 했다. 하지만 나는 아직 애도 중이었다. 자부심을 되찾고 세복의 말을 제대로 경청하기까지 몇 주가 걸렸다. 에벌린의 비올리스트 남편 아타는 문제가 의외로 간단하다고 했다. "어째서 카터와 〈돈 조반니의 회상〉을 연주한 거죠? 콩쿠르용으로는 끔찍한 선곡이잖아요?" 그의 말도 옳았다.

$$\xi$$

중서부 지역에서 보내는 마지막 해의 바로 앞 해는 빠르게 지나갔다. 삶은 위안이 되는 일들이 상당히 많았다. 새로운 아파트에서 혼자 지냈고, 제빵기를 마련했다. 이틀에 한 번 빵을 굽기로 했는데 그러자면 새벽 3시에 일어나 반죽을 시작해야 했다. 효모냐 취침이

냐의 문제였다. 내닫이창 옆에 아침을 즐길 아늑한 공간이 있었다. 지휘자 한 명이 내가 집에서 연습하도록 자신의 피아노를 빌려주었다. 변기가 고장 나고 물이 사방에 넘쳤지만, 피아노는 용케 화를 면했다. 〈팔스타프〉 리허설을 하고 있을 때 다른 지휘자는 내가 블루밍턴에서 아직도 무엇을 하고 있는지 물었다. "우리는 자네가 오래전에 그곳을 떠난 줄 알았어." 그가 말했다.

새로운 콩쿠르가 열린다는 소식을 교수 방에 붙은 공지문으로 알게 되었다. 그 이름도 거창한 내셔널파워 국제 피아노 콩쿠르였다. 상금이 어마어마했다. 나의 신용카드 결제액이 나날이 늘고 있었다. 게다가, 다이애나 왕세자비가 수상자를 발표할 예정이었고, 유명한 영국 배우가 진행자였다. 셰복은 명성을 탐하지 않는 사람으로 알려졌지만, 나는 아직 그렇지 않았다.

이번에는 뮌헨 콩쿠르보다 더 전략적인 프로그램을 마련했다. 시작은 똑같이 모차르트와 바흐로 했다. 하지만 그동안 나는 베토벤의 〈에로이카 변주곡〉에 푹 빠져 있었다. 내가 접했던 곡 가운데 최고로 정신 나간 곡이었다. 그래서 준결선에서 중요한 토대로, (내가 용케 해낸다면) 재주를 뽐낼 성과로 그 곡을 넣었다. 그 외에 쇼팽, 버르토크, 베토벤의 다른 곡을 준비했고, 심사위원들이 관심을 갖지 않는 그냥 의무적인 1945년 이후의 작품으로 엘리엇 카터를 골랐다.

이제 결선에서 연주할 협주곡 하나가 아니라 둘을 정해야 했다. 결선에 진출하려면 운도 있어야 했으므로 어쩌면 연주조차 못해볼 수도 있었다.

"라흐마니노프의 2번 어떨까요?" 내가 머뭇거리며 셰복에게 말했다. 그가 나를 쳐다보았다.

"많은 사람들이 그 곡을 연주할 테고, 성공을 거두겠지." 그가 말했다. "하지만 자네한테 맞는 곡이 아니네. 자네는 자네가 고른 곡들로 자신이 어떤 존재인지 그들에게 보여줘야 하네."

이보다 더한 찬사는 없을 것 같았다. 나는 고민하다가 베토벤의 〈황제〉와 브람스의 D단조로 마음을 정했다. 셰복은 흡족해했다. "그래, 이 곡들이야말로 자네에게 어울리지." 그가 말했다.

{

나는 내셔널파워 회사 눈에 들려고 죽도록 연습했다. 베토벤의 〈에로이카 변주곡〉을 먼저 쳤다. 짐승임을 진즉에 알아보았기 때문에 이를 길들여서 나의 일부로 삼으려면 시간이 필요했다. 곡을 익혀서 레슨에 들어갔다. 셰복은 각각의 변주에서 재미나는 요소들을 끄집어냈다. 한 변주에서 오른손은 빠르게 튕기는 음을 연주하며 개골개골하고, 왼손은 그 사이를 헤집고 다니며 온갖 옥타브에서 변함없는 한 음 B플랫을 연주한다. "탁구를 치듯 연주해야 하네." 셰복은 그렇게 말하고 시범을 보였다. 그의 왼손은 가볍고 우아한 발걸음으로, 서두르지 않고, 항상 다음 음을 준비하면서 오른손 주위를 뛰어다녔다.

또 다른 변주에서 그는 거리의 악단 같은 소박한 무엇을 떠올리라고 했다. 그러자 나의 스타카토가 달라졌고 거칠어졌다. 그래, 더 낫군, 그가 말했다. "베토벤은 꽤나 진지해. 농담을 할 때도 말이네." 우리는 개시부를 잠깐 손보며 반복되는 왼손에서 보여줄 게 있다는 느낌이 들도록, 저항과 고집스러움이 느껴지도록 했다. 이번에도 양손의 철학적 성격이 중요했다. 상반되는 것에서 의미와 목적을 찾는 세복의 방식이었다.

두 주 뒤에 나는 불안을 떨쳐내고자 스튜디오 수업에서 〈에로이카 변주곡〉을 연주하기로 했다. 스튜디오는 평소와 마찬가지로 흥분이 감도는 가운데 대부분 비미국인 숭배자들이 자리를 채웠다. 나는 세복의 아이디어를 받아들였다. 평소보다 더 열심히 연습했고, 그래서 연주하면서 자신감이 붙었다. 연습실에서 위태롭게 여겨졌던 빠르게 훑고 지나가는 대목을 완벽하게 해냈다. 연주가 끝나고 다른 학생들이 아낌없는 박수로 나를 격려했다. 세복은 잠시 담배를 피웠다. 나는 살짝 의기양양하게 그를 돌아보았다.

마침내, 쌀쌀맞고 차분하게 그가 말했다. "자네는 캐릭터와 캐리커처의 차이를 배워야겠어." 방 안이 일순간 조용해지며 품위 있게 정곡을 찌르는 그의 말을 곱씹었다.

최악이 남았다. 변주가 거듭될수록 내가 어떻게 고급 유머를 저급한 슬랩스틱으로 바꿔놓았는지 그가 시범을 보였다. 그는 자신의 아이디어를 내가 과하게 받아들였다고 나무라는 것 같았다. 나는 자신감이 지나쳤고, 내 능력을 지나치게 사랑했다. 음들을 연주할 수 있다는 기쁨에 취해 디테일 챙기는 것을 소홀히 했다. 나중에 사람들이 밖에서 내 등을 두드리고 나를 껴안았다. 내가 폭행의 희생자이기라도 하듯 말이다. 나는 웃어넘기려고 했지만—아무튼 대단한 성과였으니—내 마음이 쓰라리다는 것을 다들 알았다.

내가 최고로 잘 연주했다고 느낄 때 그가 가장 매몰차게 군다는 생각이 들었다. 나는 타당한 근거를 찾아냈지만 받아들이기가 어려웠다. 또다시 의구심이 들었다. **내가 자기를 얼마나 사랑하고 존경하는지 그는 모르는 걸까?** 당연히 그는 알았다.

{

콩쿠르 날짜가 다가오면서 나는 다른 사람들에게 내 연주를 들려주기 시작했다. 에벌린은 물론이었고 미셸 블로크라고 하는 교수이자 피아니스트 앞에서도 여러 차례 연주했다. 미셸은 "피아노 문헌"이라는 박사과정 세미나를 가르쳤다. 네 학기에 걸쳐 바로크, 고전주의, 낭만주의, 20세기의 방대한 피아노 레퍼토리를 총괄적으로 훑어보는 필수과목이었다.

수강 요건은 간단했다. 어떤 작곡가나 작품을 주제로 한 시간 동안 발표하는 것이었다. 우리는 음반을 찾고 사실들을 수집했다. 주로 참고문헌 자료나 음반 해설지에서 찾아낸 정보를 엮어서 발표하고 있으면 5분이 경과할 때 어김없이 미셸이 끼어들어 자신의 철학적 탐사를 시작했다. 신나게 떠들어대는 그의 강의에서 음악은 그저 출발점에 불과했다. 누군가가 불레즈에 대해 발표했을 때 그는 **질문에 대한 대답은 질문 자체네**, 하는 후렴구를 계속 넣어가며 20분간이나 말을 이어갔다. 본인의 시집 『울부짖음』을 해설하는 앨런 긴즈버그 같았다. "우리가 음들을 듣는 것이 중요할까? 질문에 대한 대답은 질문 자체네"(자신이 우리를 갖고 논다는 것을 알기라도 하듯 조용하게 웃으며). "음악이 우리에게 영향을 미칠까? 질문에 대한 대답은 질문 자체네!"(이제 살인이라도 저지를 것처럼 화가 나서). 내가 보기에는 음악이 무엇이고 어떤 목적에 이바지하는지와 관련하여 이 음악이 대답할 수 없는 고리를 만들어냈다는 뜻으로 하는 말 같았다.

누군가가 모차르트의 협주곡에 대해 발표하면서 리처드 구드의 음반을 틀었을 때, 그는 마찬가지로 폭주했다. 그는 모차르트의 가장 비통한 음악으로 꼽히는 K.488의 느린 악장에 나오는 박들을 세며 각각의 박이 놓여야 하는 지점에 정확하게 놓이는 것을 우리에게 보여주었다. "하나 둘 셋 **넷** 다섯 여섯, 하나 둘 **셋** 넷 **다섯** 여섯, 모든 것이 제대로야!" 그가 계속해서 셈을 하며 목소리를 높였다. "알겠지?" 모든 것이 보이지 않는 격자에 놓이는 것을 보자 짜증이 났다. 하지만 연주는 무척 아름다웠다. "음악을 한다는 것이 이런 것일까?" 그러면서 그가 우리를 쳐다보았다. 그의 감정의 강렬함과 우리 대학원생들의 지겨움 사이에서 거대한, 거의 비극적인 간극이 느껴졌다.

미셸은 나를 좋아했다. 그가 한참 떠들고 있을 때 가끔 내가 손을 들고 소설을 언급했기 때문이다. 그래서 자신 있게 그에게 레슨을 부탁했고, 어느 저녁에 학교가 조용하고 어둑어둑할 때 그의 스튜디오에 찾아가 쇼팽의 발라드 4번을 연주했다. 격렬하게 몰아치는 코다를 망쳤다. "괜찮네, 별거 아니야." 내가 벌인 참사에 그가 말했다. "건반을 너무 세게 눌렀을 뿐이야." 내게 풀기 어려운 실존적 위기로 보였던 것이 그에게는 익숙한 신체적 문제와 해결이었던 것이다. 모든 피아니스트가 마주치는 문제, 어떻게든 진압해야 하는 문제였다. 그는 갈증을 느낄 때 물을 마시면 되듯 내가 충분히 대처할 수 있다고 확신했다.

그러고 나서 그는 내가 정말로 알아둬야 할 것이 있다고 했다. 무슨 이유에서인지 내가 전혀 배우지 못했던 것이다. "마르타가 말해

줬네." 마르타 아르헤리치를 가리키는 것이었다. 나는 두 사람이 요트에서, 어쩌면 아말피 해안가에서 샴페인 병을 건네며 인생과 피아노 연주에 대해 이야기하고 위태로운 로맨스를 벌이는 장면을 상상했다. "그녀 말이 연주하면서 맨 위에 놓이는 음, 그러니까 선율에 해당하는 음을 따라가지 않으면, 마음은 집중할 곳을 잃고 어쩔 줄 몰라 뭔가를 생각하는 대신 모든 것을 생각하게 된다더군." 그러니 음을 계속 따라가며 길에서 벗어나지 않도록 하라고 했다. "그렇지 않으면…" 여기서 그의 눈이 커지고 얼굴이 부풀고 뺨과 코가 살짝 벌게지면서 미친 사람의 표정이 되었다. 강의의 클라이맥스에서 보던 그의 모습과 흡사했다.

그의 말대로 해보았다. 소리가 괜찮았다. 그러나 내가 연주한 선율의 일부 음이 다른 음들보다 도드라진다는 것을 미셸이 알아차렸다. 그가 자리에 앉아 쇼팽의 야상곡을 연주하기 시작했다. "그게 말이지, 연필로도 아름다운 선율 라인을 연주하는 것이 얼마든지 가능하다네." 그는 왼손으로 펼침화음을 쇼팽의 방식으로 멋지게 계속 연주하면서 오른손은 잠시 연주를 멈추고 푹신한 지우개가 달린 연필을 집어 들었다. 그러고는 지우개를 가지고 유명한 선율을 이어 연주했다. 환상적이었다. 손가락으로 할 때보다 더 나았다. "이런 방법도 가능하네. 음들이 지나치게 빠르지만 않다면." 그는 미소를 지으며 학용품으로 매료시키는 아이러니를 음미했다.

당연히 장난으로 한 것이지만 여기에는 교훈이 있었다. 팔과 손목이 유연하게 길들여져 있다면, 손가락으로는 힘을 받쳐주는 것으로, 구조적 견실함을 지키는 것으로 충분하다는 교훈이다. 게다가 연필은 세게 누르지 않는다. 불안도 없으며 음을 움켜잡지도 않는다. 팔의 메시지를 전하는 메신저에 불과하다.

{

런던으로 떠났다. 기진맥진한 몸을 이끌고 택시를 타고 히스로 공항에서 시내로 갔다. M4 고속도로에 바짝 붙어 있는 집들을 지나면서 참으로 이상한 곳이라고 생각했다. 참가자들 모두 이즐링턴의 기숙사에서 지냈다. 당시만 해도 힙한 동네가 아니었다. 시차로 잠이 오지 않을 때를 대비하여 가져간 글씨가 작고 두꺼운 『카라마조프가의 형제들』을 밤늦도록 읽고, 통밀 비스킷을 집어 먹고, 학생용 침대에서 뒤척였던 기억이 난다.

셰복의 학생이 또 한 명 그곳에 와 있었다. 실케 아벤하우스였다. 뮌헨과는 딴판으로 동지애 같은 것을 느꼈다. 미국에서 온 피아니스트들이 제법 있었다. 우리는 우리의 연주를 딱하게 여겼다. 어느 날 밤 몇 명이서 사우스뱅크에서 이즐링턴으로 돌아오며 술집이란 술집은 다 들렀다. 템스강, 대로, 세인트폴 대성당 돔, 황홀하게 아름다운 국회의사당 건물. 나는 전율을, 살아 있음을 느꼈다. 내가 런던을 발견한 것 같았다. 아니면 런던이 나를 발견했거나. 콩쿠르 주최 측은 사우스뱅크 근처에 있는, 카운티 홀에서 메리어트 호텔로 개조할 예정인 낡은 건물을 빌렸고, 울림이 심한 비어 있는 방에 이삼십 대의 야마하 피아노를 갖다 놓았다. 분위기가 묘했다. 여기저기 널린 걸레와 사다리와 철거하다 만 벽이 버려진 대저택 같았다. 라운드가 진행될수록 연습하는 사람 수가 점점 줄어드는 것이 들렸다. 우리는 연습하다가 좌절하거나 외로우면 저 멀리 있는 서로를 소리쳐 불렀다.

첫 라운드는 순조롭게 끝났고, 2라운드에서도 연주를 잘했다. 관심 갖고 지켜보고 있는 에벌린과 아타에게 큰돈을 써가며 국제전화를 걸어 소식을 알렸다. 런던 지하철을 타고, 중국 음식과 인도 음식을 먹으면서 내가 탐험가가 된 기분을 느꼈다. 『카라마조프가의 형제들』은 환상적인 책이었다. 읽는 것을 멈출 수가 없었다. 비스킷과 감자칩 부스러기가 침대 시트에 어마어마하게 잔뜩 묻었다.

3라운드에서 〈에로이카 변주곡〉을 살짝 거칠게 연주했는데 엉망은 전혀 아니었다. 카터는 훌륭하게 해낸 것 같았다. 그리하여 마침내 결선에 진출했다! 그때까지 남아 있던 미국 피아니스트들이 나에게 진심 어린 축하의 말을 건넸고, 항공사에 연락하여 다음 비행기를 예약하기 시작했다.

이제 나는 정말로 혼자였다. 경쟁자는 영국인과 러시아아인, 이렇게 둘만 남았다. 상황이 내리막으로 치달았다. 외국을 모험한다는 유쾌한 감각은 사라졌고, 말도 안 되게 시간에 쫓기는 꿈을 꾸는 기분이었다. 러시아인과 나는 피커딜리서커스에 있는 비좁고 시끄러운 호텔로 숙소를 옮겼다. 미국에 있는 친구들에게 다시 연락했다. 그들은 한층 더 흥분했다. 하지만 이제 셰복의 결정이 시험대에 올랐다. 심사위원들이 결선에서 브람스의 D단조를 연주할 것을 요청했다. 그리고 나는 앞서의 라운드에 지나치게 많은 시간과 에너지를 소모한 까닭에 협주곡에는 충분한 시간을 들이지 못했다. 내가 그렇게 성공할 줄 누가 알았겠는가? 나도 믿기지 않았다. 필하모니아 오케스트라와 리허설을 할 때 템포와 관련하여 주도권 다툼이 벌어졌다. 내가 1악장을 어떤 템포로 연주하고 싶은지 나도 몰랐다. 도움이 필요했다. 지도자가, 교사가 말해주거나 누군가가 안아주기를 원했다. 그러나 그런 사람은 없었다. 지휘자는 수수께끼의 존재였다. 그는 중립을 지켜야 했다. 도움을 주는 것은 안 될 일이었다. 나는 유명한 독주에서 건너뛰는 진행에 지나치게 신경을 썼다. 가장 멍청한 실수였다. 그토록 아름다운 선율에 이어 그렇게 어색한 발전부라니 브람스는 참으로 얼간이였다. 그런 작품을 제안한 셰복이 원망스러웠다.

뭔가에 자꾸 신경이 쓰여서 오케스트라에게 힘이 되도록 좀 더 크게 연주해달라고 부탁했다. 그러나 진짜 문제는 내가 로열 페스티벌 홀의 무대에서 벌거벗은 기분이 들었다는 것이었다. 그렇게 큰 홀에서 연주해본 경험이 없었다. 대형 홀에서 연주하기 위한 요령이 있다. 자신의 소리가 아무리 작고 외롭게 들려도 무시하고, 자신의 생각을 밀어붙이고, 자신이 앞에서 했던 것을 고수하려는 마음가짐이 필요하다. 나는 그런 요령이 없었다. 방에 모인 사람들이 나에게 대꾸하기를 원했다. 판단하는 표정으로 나를 쳐다보지 않았으면 했다. 내가 오케스트라에게 제안한 것은 실책이었다. 오케스트라 소리가 나를 집어삼켜 내가 어쩔 수 없이 무리하게 힘을 줘야 하는 악순환이 벌어졌다.

현재 왕성하게 활동하는 영국 피아니스트 폴 루이스가 라흐마니노프 협주곡으로 우승을 차지했다. 또다시 씁쓸하게 셰복의 조언을 되새겼다. 다이애나 왕세자비가 3등상을 내게 수여했고 내 뺨에 키스를 했다. 나는 많은 청중 앞에서 최대한 웃어 보였다. 그래도 덕분에 신용카드 대금을 다 갚았다. 그리고 왕세자비가 내게 키스하는 사진을 받아 내가 아는 모든 사람에게 팩스로 보냈다. 그녀와 나는 당시에 똑같은 헤어스타일을 했다.

리셉션에서 모든 심사위원들을 다 만났다. 콩쿠르 내내 내가 뛰어난 연주를 했다며 많은 이들이 축하했고, 아울러 브람스의 D단조를 고른 것은 불운이라고 말했다. 어떤 상황에서도 제대로 하기 힘든 곡인데 최소한의 리허설로 무대에 오르는 콩쿠르에는 벅찬 곡이라고 말이다. 주최 측 사람이 훨씬 더 까다로운 〈황제〉 대신에 브람스를 요청한 것이 호의를 베푼 것이라고 했다. 내 생각은 달랐다. 그러고 나자 겉도는 기분이 들고 더 외로웠던 기억이 난다. 아무도 내게 말을 걸지 않았기 때문이다. 하긴 패자를 위로하는 것은 어렵고 어색한 일이다. 하지만 호텔 방은 더 최악으로 보였다. 음악가라면 다 아는 감각이다. 이벤트가 끝나고 아드레날린이 줄어들면 같은 도시에 계속 머무는 것보다 서글픈 것도 없다. 바로 전까지만 해도 목적으로 가득했던 공간이지만, 박수 소리가 잦아들면 곧바로 스스로가 (노인들이 자주 느끼듯) 짐처럼, 공항까지 끌고 가서 처분해야 하는 대상처럼 느껴진다.

내가 자리를 떠야겠다는 생각을 하고 있을 때 미국 심사위원 허버트 스테신이 다가왔다. 그는 줄리아드에서 가르쳤다. 내가 아름다운 소리를 가졌고 아름다운 음악가라고 했고, 자신의 의견으로는 내가 우승을 해야 했다고 말했다. 힘이 되는 말이었다. 뉴욕에서 공부할 생각이 있으면 연락하라고 했다. 겸손하게 고맙다고 대답했다면 얼마나 좋았을까. 하지만 나는 디바처럼 굴었다. 그곳에서 꾸물거리며 와인을 계속 마셔댔다. 나를 호텔까지 태워줄 차가 없는 것이, 차량을 준비하지 않은 것이 괘씸하게 여겨졌다. 주최 측에 가서 꼴사납게도 차를 불러달라고 요청했다.

에벌린과 아타에게 이런 소식을 전하고 그들이 실망하는 목소리를 들으니 마음이 안 좋았다. 셰복은 내가 그 정도로 성과를 거둔 것이 도덕적 승리라고 했다. 하지만 최악의 일은 몇 주 뒤에 내가 뉴멕시코에 갔을 때 벌어졌다. 부모님에게 스테신이 한 말을, 내가 우승을 해야 했다는 말을 전하자 아버지가 코웃음을 쳤다. "우리도 리뷰 기사를 읽었다, 제러미. 이제 그만 좀 해라." 그러면서 영국 신문에 난 기사를 언급했다. 내가 모든 경쟁자들 가운데 가장 분투했지만, 그걸 감안하더라도 우승에는 모자랐다는 평이었다. 그러니까 아버지는 내가 만난 심사위원, 그것도 줄리아드 교수보다 누군지도 모를 음악 비평가의 손을 들어준 것이다. 나 자신에 대해 겨우 믿음을 되찾았는데 아버지는 그걸 뭉갰다. 아버지는 내 편을 들어줄 생각이, 오랜만에 식탁에서 보내는 이 순간을 나를 위로하는 자리로 만들 생각이 조금도 없었다.

내가 블루밍턴에 돌아와 에벌린에게 이 이야기를 했더니 그녀가 얼굴빛을 흐리며 말했다. "당연히 질투가 난 거야."

과연 그런 것 같았다. 아버지는 항상 창조적인 사람, 무대에 서는 사람이 되고 싶었고, 너무 늦게 그 목표를 추구했다. 그러니까 나를 포기하게 만들려는 잠재의식적 충동 내지 필요가 그에게 있었다. 꿈에 익숙해져서는 안 된다고 내게 말한 것이다. 에벌린이 이 사실을 지적하자 세상에 대한 신뢰가 사라졌다. 그러나 한편으로는 내가 마침내 이해하게 된 악보 표기 같기도 했다. 나는 작곡가가 그것을 왜 썼는지 이제 알았다.

♩

　블루밍턴에서 보낸 마지막 해에 나는 가장 형편없는 아파트에서 지냈다. 너저분한 지하실에 온통 곰팡이와 거미와 1960년대 가구들이 가득했다. 그곳이 "세고비아 황토색"이라고 불리는 꿈을 꾼 적도 있을 정도였다. 블루밍턴 시내를 벗어나 공항 가는 도로에 위치한 아파트였다. 이런 곳에서는 파티를 열고 음악계의 일부가 되기가 더 어려웠다. 음악학 에세이, 강의-리사이틀, 미셸의 레퍼토리 세미나가 있었다. 과제처럼 보이는 것이 계속 이어졌으니 뭔가를 하고 있다는 착각이 들었다. 자전거를 타고 커피숍과 직거래 장터에 갔고 편안한 삶을 영위했다. 페스토 소스를 만들었다. 행복했다고 생각한다. 기억을 못할 뿐이다. 이십대에 행복했던 것을 내가 기억하지 못하는 것이 사십대에 불행했던 주요 원인이었다.

　에벌린과의 우정이 깊어져서 우리는 피아노 듀오 연주회를 했다. 나는 동료 피아니스트 학생과 서투르게 데이트를 했다. 그녀에게 엽기적인 TV 쇼를 보여주었고, 그녀는 내가 감정적으로 문제가 있다며 나를 차버렸다. 나는 계속해서 지나치게 많은 반주를 하며 돈을 벌었다. 오벌린에서와 마찬가지로 내 능력을 허투루 썼다.

　레슨은 진전한다는 느낌이 예전만 못했다. 여전히 천재성이 번뜩였지만 고리타분한 천재였다. 셰복은 베토벤의 op.109의 마지막 악장 주제를 이용하여 내게 리듬에 대한 중요한 가르침을 주려고 했다. 주제는 3박자의 느린 바로크 춤곡 사라반드다. 셰복은 리듬의 마술적인 느낌을 어떻게 살릴지 시범을 보였다. 두 번째 박을 절묘하게 늘이고 세 번째 박을 짧게 줄이는 것이다. 요컨대 세 번째 박이 살짝 늦게 오도록 연주한다. 그가 이것을 연주할 때는 너무도 유려하고 자연스러웠다. 하지만 다음 주에 내가 연주한 것은 흐느적거리며 술에 취한 사라반드였다. 그는 못마땅한 표정이었다. 그다음 주에 나는 그의 겸허함, 그의 치밀함을 살리려고 애썼다. 그러자 그가 말하기를 내가 "노인처럼" 연주하고 있다고 했다. 내가 숭고하고 철학적으로 보이려고 애쓰자 이렇게 말했다. "자네가 집중한다는 건 알겠는데… 무엇에 집중하고 있는지 모르겠어."

정곡을 찌르는 멋진 한마디였다. 나는 요즘 학생들에게 항상 이 말을 한다. 다만 웃음으로 분위기를 누그러뜨리고, 내가 그들 편이고 도우려 한다는 것을 분명히 한다. 그러나 당시 내게 그 말은 경계를 넘는 말이었다. 마술사의 마술을 의심하는 못된 순간, 통찰보다 이미지에 가까울지 모른다는 의심이 들게 하는 못된 순간이었다.

{

프루스트의 『잃어버린 시간을 찾아서』에서 가장 중요한 플롯의 요소 중 하나가 교착이다. 그는 이야기와 결이 맞지 않아 보이는 상황에 주인공을 둔다. 어떤 이야기와도, 이야기라는 발상 자체와도 어울리지 않아 보이는 상실과 허비의 소용돌이로 내몬다. 그는 낭만적 집착, 기이한 우정, 사회적 야망 등 생산적이지 않은 순환에 우리를 몰입하게 한다. 말하고자 하는 요점이 존재하지 않는다고 느껴지기 시작할 때, 비로소 요점이 모습을 드러낸다.

이 피아노 레슨 책을 쓰느라 너무도 오랜 시간이 걸렸으므로 다른 책을 또 쓰게 될는지는 모르겠지만, 나는 항상 소설의 음악에 관한 책을 쓰고 싶었다. 음악가가 등장하거나 음악을 묘사하는 소설 말고—그런 책이야 너무도 많으니—긴 호흡의 음악적 리듬으로 끌고 가는 소설을 쓰고 싶었다. 프루스트에서 교착의 효과는 거대한 멈춤, 늘임표(페르마타), 좌절의 감각, 붙들고 있는 패턴으로 나타난다. 저자-서술자가 느끼는 것, 그러니까 예술이 매력을 잃어버렸다는 것을 여러분도 느끼게 만드는 작법이다. 그는 자신이 원하는 효과를 얻기 위해 감히 여러분이 독서를 그만두도록, 자신을 의심하고 심지어 증오하도록 만든다. 그는 여러분을 냉소적인 곳에 이유 없이 오랫동안 붙들고 있다가 풀어주며 시간과 삶의 기쁨에 관한 연이은 깨달음을 펼쳐놓는다. 의심과 통찰은 하나의 화음이 다른 화음에 반응하듯 서로 대응하여 이끌고 따라가고, 질문하고 대답하고, 숨을 들이마시고 내쉰다.

내가 쇼스타코비치의 음악을 존경하고 그의 음악이 인간 조건의 본질적인 면을 포착한다고 생각하면서도 제대로 즐기지 못하는 이유 중 하나는 온통 교착뿐이고 해소가 없기 때문이다. 해결이 벌어지더라도 모든 사람이 한마디씩 거드는 교향곡 5번의 유명한 엔딩에서 보듯 떨떠름하거나 비극적이거나 양면적이다.

슈베르트의 마지막 연가곡집 〈겨울 나그네〉는 분명 매력이 넘치지만 마찬가지로 하나의 거대한 교착이다. 막다른 골목이 만화경처럼 펼쳐진다. 한 곡을 꼽자면 유명한 "봄의 꿈"은 서로 다른 짤막한 세 곡으로 이루어져 있다. 마치 천국에서 온 듯한 순수하고 경쾌한 춤곡(꿈), 겁에 질린 어두운 폭발(깨어남), 거의 요동 없이 슬픈 음들이 엮여 최면적 아름다움을 발휘하는 무아지경(꿈도 깨어남도 아닌)의 곡조가 이어진다. 여러분에게 가장 와닿는 것은 이런 상이한 음악들 사이의 간극이다. 꿈에서 현실로, 혹은 현실에서 덜 가혹한 현실로 넘어가지 못하게 가로막는 깊은 골이다. 이런 세 곡은 결코 화해할 수 없다. 우리 영혼의 일부에 존재하면서 서로를 쫓을 뿐이다.

바흐는 이런 교착을 두지 않는 것 같다. 그는 음악적 문제나 작곡 문제에 맞닥뜨리면 그것을 해결하는 과정에서 자신의 훨씬 명민한 자아를 찾아내는 경향이 있다. 그런데 생각해보니 〈골드베르크 변주곡〉의 유명한 25번째 변주가 있다. 인간이 만드는 이야기의 종착지로, 연속성과 전개의 기교가 수많은 조각들로 부서진다. 사람들이 항상 이 곡을 거론하는 것이 그저 아름다워서만은 아니라고 생각한다. 어쩌면 누구나 알아보는 숙련된 솜씨가 아니라 의구심을 자아내는 곡의 구상 때문에 높은 평가를 받는 건지도 모른다.

베토벤의 마지막 소나타 op.111에서 교착은 핵심 주제다. 첫 악장에서 베토벤의 유명한 C마이너 화음이 다시 등장한다. 그를 유명하게 만들었고, 그에게 초기 낭만주의 세대의 불안을 대표하는 목소리를 부여했던 바로 그것이다. 하지만 이것은 과거의 감각인 바흐의 푸가와 융합된다. 융합은 성공적이지 않다. 반대되는 성부와 스타일이 맞물리지 않는다(현재와 과거가 양립하지 못한다). 푸가의 등장은 상승하는 음들, 패시지, 시퀀스의 끝없는 나열로 몰아칠 뿐 안착이 거의 일어나지 않는다. 이런 반복적인 특징, 소용돌이의 감각, 똑같은 시도와 똑같은 결과('광기狂氣의 정의')는 힘들었던 마지막 해 세복의 레슨을 생각나게 한다.

베토벤은 새로 시작하는 것 말고는 방법이 없다고 생각한 듯하다. 그래서인지 2악장은 단조가 아니라 장조다. 첫 악장의 불안은 흔적도 없다. 차라리 존재하지 않는 것이 나았다는 듯이 말이다. 새로운 주제는 평온함을 담고 있지만 빈약하기도 하다. 인내심과 시간이 필요하다. 힘을 차곡차곡 쌓아가 숭고한 레슨과도 같은 변주가 된다. 이런 변주는 주제에 숨어 있는 것들을 드러내 보인다. 리듬의 원석을 취해 탐구하고 키워간다. 상반된 상태와 아름다움을 더한다. 하지만 이런 변주/레슨에는 원래의 아이디어를 모호하게 만든다는 함정이 있다. 그리고 그것이 어디로 가고 있는지도 알 수 없다.

이 곡을 작곡할 즈음이면 베토벤은 (아무리 못해도) 이야기에 대해서도 뭔가 배운 것이 있었다. 〈골드베르크 변주곡〉과 프루스트와 비슷하게 강박적인 변주를 내러티브로 만드는 방법에 대해 알았다. 이야기가 허물어지는 대목을 알아내는 것이 중요함을, 여러분이 자신의 의심을 믿도록 만드는 것이 중요함을 알았다. 베토벤은 이런 교착의 순간에, 길이 불확실한 순간에 자신의 최고 영감을 발휘한다. 음악은 알려진 목표점 없이 일련의 순환하는 움직임을 보인다. 주제가 여러분에게 돌아온다면 그것은 여러분이 길을 잃도록 스스로에게 허락했기 때문이다.

18장 리듬: 세 번째 수업

PLAYLIST

| 베토벤: 피아노 협주곡 4번 G장조 op.58, 1악장
베토벤: 교향곡 5번 C단조, 1악장
베토벤: 첼로 소나타 D장조 op.102, no.2, 2악장과 3악장

연주자들과 마찬가지로 작곡가에게도 리듬의 지문이 있다. 유명한 예가 요하네스 브람스다. 그는 엇갈리는 두 리듬이 동시에 진행하는 헤미올라hemiola에 애착을 보였다. 이 용어는 '절반만큼 더'를 뜻하는 그리스어에서 나왔다. 두 음으로 된 성부와 세 음으로 된 성부가 동일한 길이를 차지하며 진행한다.

수학 법칙에 따라 두 음 성부의 두 번째 음은 세 음 성부의 두 번째 음과 세 번째 음 사이에 놓인다. 그래서 헤미올라는 의미가 있고 (문학적 용어로) 주제가 된다. 사이에 끼인 것, 질질 끄는 것, 까다로

움, 알력을 연상시킨다. 아울러 브람스가 화성을 다루는 방식과 연결되고, 다른 음들을 잡아당기고 다른 음들에 들러붙는 음을 그가 좋아했던 것과 연결된다. 이 둘은 그가 역사에서 차지하는 복잡한 위치를 반영한다. 그는 과거와 미래 사이에 붙들려 고전주의자가 되고 싶었던 낭만주의자였다.

브람스가 죽고 10~20년 뒤에 또 한 명의 리듬 신동이 등장했다. 주인공은 이고르 스트라빈스키다. 그는 시간을 믹서에 넣고 잘게 다졌다. 대칭에 앙갚음을 했다. 그는 다양한 음길이를 사방에 던지고, 예측 불가능한 간격으로 강세를 넣고, 청자의 안정감은 아랑곳 않고 박을 쪼개는 데서 열렬한 쾌감을 느꼈다. 브람스와 마찬가지로 이 또한 개인적 반응인 동시에 역사적 반응으로 보인다. 낭만주의 음악은 리듬이 정박에 떨어질 때가 많다. 스트라빈스키가 등장하여 현대적이고 풍자적인 칼로 낭만주의 악구의 편안한 안락의자를 찢어 솜털이 날리게 했고, 아울러 못 견디게 싫은 감상주의를 난도질했다.

내가 보기에 고전음악의 정전에서 가장 매혹적인 리듬의 대조를 보이는 두 인물은 모차르트와 베토벤이다. 거의 같은 시기에 활동했으며 밀접하게 연관되는 음악 언어로 작업하면서 놀랄 만큼 다른 결과물을 만들어냈다. 모차르트의 리듬에 대해서는 누구도 불평할 수가 없다. 그는 멈춤과 흐름의 균형을 맞춘다. 언제 중단할지, 언제 생략할지(과소평가되는 덕목), 언제 부드럽게 모퉁이를 돌지 안다. 아마도 그의 최고 재능은 계류 상태를 만드는, 아폴로적인 순수한 시간에서 기포를 만드는 능력일 것이다. 피아노 협주곡 K.467(〈엘비라 마디간〉)의 느린 악장이 그런 예다. (찰스 로젠이 명저 『고전적 양식』에서 암시했듯이) 고대 항아리 옆면에 그려진 목가적인 공터에서 신나게 뛰어노는 목동과 요정을 상상하게 된다. 그들의 감정(사랑, 상실, 빛, 어둠)은 평형 상태로, 움직이는 상태로 영원히 고정되어 있다.

모차르트가 영원불멸의 음악을 썼다면, 베토벤은 상당히 다른 음악, 즉 시간을 찾는 음악을 작곡했다. 이는 개인의 성격과 무관하지 않다. 실용적인 극장의 작곡가인 모차르트는 시간을 표현의 전제 조건으로 여겼다. 철학에 좀 더 가까운 베토벤은 시간이 무엇인지, 무엇으로 이루어져 있는지 알고 싶어 했다.

{

2017년에 나는 세인트폴 체임버 오케스트라와 베토벤의 피아노 협주곡 4번을 연주하려고 미네소타로 갔다. 그들은 내가 음악회를 시작하기 전에 몇 마디 해주기를 원했다. 그래서 이번에는 (내 생각에) 특별한 것을 준비해갔다. 음악학 연구에 관한 내용이지만 사람들이 알면 도움이 되겠다고 생각했다. 나는 무대에 올라 마이크를 잡았다. 박수 소리가 잦아들었다.

"베토벤이 아무것도 적히지 않은 오선지를 꺼냅니다." 나는 현재 시제로 말했다. 고전음악이 과거를 약탈하기만 하는 것이 아니라 현재에도 살아 있다고 사람들이 상상하도록 하려는 싸구려 술책이다.

"그리고 맨 첫 줄에 이렇게 적습니다…"

그러면서 교향곡 5번의 유명한 시작 부분인 다-다-다-덤을 소리 냈다. 킥킥거리는 소리가 청중석에서 들렸다. 안다는 뜻이다. 그냥 리듬에 불과하다. 그때는 완연한 악상이 아니었는데, 지금 보면 존재에 필요한 조건을 거의 갖추었다.

"작은 악상, 스쳐 지나간 생각으로 그는 이것을 이어갈 수도 있고…" 이 대목에서 더 많은 웃음이 나왔다. 나는 과장된 연기를 하지 말자고 속으로 다짐했지만, 너무 늦었다.

"첫 줄 바로 아래 둘째 줄에…" 이제 내 목소리가 진지해졌다. 가짜로 꾸며내거나 과장되게 부풀린 진지함이 아니었다. 바로 그 순간, 내가 꼭 그들을 위해서만 이 이야기를 하고 있는 것은 아니라는 생각이 들었다. 물론 그들이 즐겁게 듣기를 원했지만, 한편으로 나 자신을 위로할 필요도 있었다. 이런 음악학적 사실은 당시 내게 힘이 되었고 지금도 여전히 그러하다. 음악의 가능성에 대해, 음악이 우리를 위해 뭘 할 수 있는지에 대해, 내가 스트레스를 받으며 피아노를 연주하는 이유에 대해 말해주었다.

"아래 둘째 줄에…" 나는 억양을 살짝 높여 반복함으로써 그들이 중요한 사실을 듣게 됨을 확실히 했고, 리듬의 반복을 통해 말의 템포를 조절하고자 했다. "베토벤은 또 하나의 악상을 적습니다. 피아노 협주곡 4번의 개시부 주제입니다."

나는 자리에 앉아 둘을 연주하며 유명한 소절과 살짝 덜 유명한 소절에 같은 리듬, 그러니까 동일한 세 음과 마지막 긴 음이 있음을 보여주었다.

하나 둘 셋 하나
다 다 다 덤

교향곡 5번에서 이 리듬은 폭풍처럼 격노하는 베토벤, 운명에 대적하는 베토벤을 나타낸다. 하지만 G장조 피아노 협주곡에서 똑같은 리듬은 온화하고 장난치기 좋아하고 사랑스럽다. 베토벤 곡을 통틀어 최고로 순수한 행복을 전한다. 이것은 우연한 일이 아니다. 베토벤의 오선지는 악상이 그의 마음속에서 두 방향으로, 그러니까 비극과 위안이라는 상반되는 두 방향으로 동시에 나아갔음을 보여준다. 리듬이 본질, 연결고리, 통로였던 셈이다.

음악회가 끝나고 가진 술자리에서 부수석 바이올리니스트이자 오랜 친구인 루제로 알리프란키니—짐작하겠지만 이탈리아인이다—옆에 앉게 되었다. 우리는 방금 연주한 황홀한 작품의 황홀경에서 아직 벗어나지 못했다. 지난여름에 그는 모스틀리 모차르트 페스티벌 오케스트라의 지휘자와 베토벤 교향곡 5번의 개시부에 대해 이야기했다고 말했다.

"내가 뭐라고 했는가 하면," 루제로가 마티니 잔을 내게 기울이며 말했다. "그나저나 루이는 이 곡이 자신의 삶을 완전히 바꿔놓았다더군. 내가 그에게 말하기를 앞에 나오는 세 음 중간에서 약박을 생각해야 한다고 했어. 숨겨진 박이 하나 있는데 그게…" 그가 말을 멈추고 이탈리아인 특유의 음미하는 방식으로 적절한 단어를 찾았다. "그래, 구조를 부여해." **구조라**, 내가 생각했다. 나는 그의 숨겨진 박 이론은 믿지 않았지만, 구조라는 말은 중요한 핵심이라고 느꼈다.

베토벤의 다-다-다-덤은 크나큰 장점이 있다. 레고 블록처럼 계속 이어 붙일 수 있다.

　　하나 둘 셋 하나 / 하나 둘 셋 하나 / 하나 둘 셋 하나

　이 리듬을 반복하면 중단 없이 이어지는 외관이 만들어진다. 실은 흥미롭게도 연속적이면서 동시에 안절부절못하는 특징이 나타난다. (안절부절못하는 것은 대체로 멈추고 시작하기를 반복하는 고르지 못한 특징을 보인다.) 교향곡 5번의 시작 부분에서 베토벤은 이런 이중성을 제대로 활용한다. 그는 일련의 리듬을 점차 높인다.

　　　　　　　　　　　　　　　　　　　　다 다 다 덤

　　　　　　　　　다 다 다 덤

　　다 다 다 덤

　베토벤은 리듬을 수직적으로 쌓는다. 그러니까 이어지는 음들의 집합을 앞에 나온 것보다 더 높게 만든다. 동시에 수평적으로도 쌓는다. 시간을 통해 과거에서 미래로 나아간다. 이렇듯 그는 (적어도) 두 가지 차원에서 음악을 만들고 있다. 이런 행위가 그에게 너무도 중요했다는 생각이 들었다. 루제로가 계속해서 말하고 있었지만 그의 말은 더 이상 귀에 들어오지 않았다. 나는 베토벤이 이 악구를 마무리하면 뭔가가 **그 안에 붙들려 있다**는 느낌을 받게 된다고 생각하고 있었다. 이렇게 음들을 쌓아올린 것은 거의 화음이라 부르기 어렵다. 에너지가 둘둘 말려 있는 것이 전부다.

나는 마티니를 홀짝이며 내가 학생들에게 하는 조언을 스스로에게 해보았다. 꼬리표만 붙이지 말고 왜 그런지 항상 질문해. 그래서 질문했다. 왜 구조를 만들까? 그때 뭔가가 떠올랐다. 피난처야. 그래! 피난처. 이것으로 많은 것이 설명되었다. 어째서 피아노 교사들이 메트로놈에 그토록 집착하는지, 오케스트라 위원회가 점잔을 빼는지 알겠다. 제멋대로 구는 리듬은 음악을 무너지는 집처럼 보이게 만들 수 있다. 화성은 순식간에 장조에서 단조로 넘어갈 수 있다. 불빛이 깜빡이듯 조를 바꾼다. 행동이 돌보다 물에 더 가깝다. 선율은 이보다 안정적이지만 자기애가 강해서 몇 번이고 계속 흥얼거린다. 그러나 리듬은 붙들 수 있는 무엇, 기댈 수 있는 무엇을 제공한다. 변화에 저항하면서 따분함에도 저항한다. 클럽에서 춤추는 친구들을 보면 비트가 그들 주위에 보호의 공간을, 힘의 장을 만드는 것을 볼 수 있다. 덕분에 그들이 마음껏 뛰어놀 수 있다. 구조가 피난처를 만들면서 자유를 허락하는 것이다. 그리고 음악이 우리가 잠시나마 그 안에서 지낼 수 있는 공간이 아니라면 대체 무엇이겠는가.

❧

베토벤의 마지막 첼로 소나타(op.102, no.2)의 느린 악장 서두에서 리듬은 아무런 위안을 주지 않는다. 원래 의도가 피난처가 되지 않는 것이다. 같은 길이의 일곱 개 음*으로 이루어진 조용하고 느릿한 진술이 이어진다.

---

* 정확성을 따지는 사람이라면 첫 번째 진술이 실은 약박을 포함하여 총 여덟 개 음이라고 말할 것이다.

하나 둘 셋 넷 다섯 여섯 일곱 (기다리고)
하나 둘 셋 넷 다섯 여섯 일곱 (기다리고)
계속

여기에도 구조가 있다. 찬가다. 음들이 시소를 타듯 오르고 내린다. 앞의 네 음이 이끌고 뒤의 세 음이 마무리한다. 하지만 워낙 느린데다 리듬이 똑같아서 베토벤은 찬가의 위안을 겉으로 드러내지 않는다. 일곱 음이 터벅터벅 잇달아 걷고 나서 불안하게 침묵한다. 다음에 올 일곱 음에 대한 기대를 전혀 내비치지 않는 것 같다. 시간이 죽음과도 같이 똑딱똑딱 흐른다.

악장 중간에 우리는 안도하게 된다. 움직임이라는 형식으로 구원이 찾아온다. 영혼의 창문으로 산들바람이 들어온다. 하지만 마지막에 가면 리듬이 서두에서보다 훨씬 더 성기게 된다. 두 차례 침묵은 연주자들이 다음 대목을 잊었나 의심하게 만든다. 마지막에 우리를 기다리는 것은 하나의 화음이다. 완전한 교착이다. 바람 한 점 없는 망망대해에 처한 배와 같다.

이런 절망에서 우리를 구하는 것이 있으니 리듬을 축하하는 파티다. 혹은 리듬을 조롱하는 것인지도 모른다. 음계로 시작한다. 마치 음계 연습을 하는 아이처럼 시작하여 두 음의 짝으로 끝난다.

하나 둘
하나 둘

첫 번째 리듬 수업에 나왔던 슈나벨/슈베르트의 하나-둘을 기억하는가? 슈나벨은 이를 묘하게 동등한 힘으로 연주하여 고정되고 운명적인 것을 우리에게 보여주었다. 하지만 베토벤의 이 하나-둘은 정반대되는 깨우침 뒤에 등장한다. 그는 두 번째 박에 강세를 부여한다. 이렇게 말이다.

하나 **둘**
하나 **둘**

그는 대안적인 현실을, 논란이 되는 기준점을 세우려는 생각이다. **여기가 강박이야. 아니, 여기가 강박이라고.** 자신의 전제와 싸움을 벌이려는 것이다. 베토벤은 계속해서 이런 강세를 마디에 찔러 넣는다. 이런 하나와 둘을 연이어 던지며 현기증 나는 야바위 게임을 벌인다.

하나 **둘**
　　하나 **둘**
　　　하나 **둘**

이런 박들이 자신의 꼬리를 잡으려고 도는 개처럼 악보에서 서로를 쫓고 쫓을 때면 베토벤이 리듬을 구하려고 애쓴다는 느낌을 받는다. 리듬을 파괴하는 방법으로 말이다. 어떤 박도 해결되지 않는다. 악상은 깊은 저음에서 가장 높은 고음으로 넘겨진다. 트릴이 모든 것을 흐리게 한다. 그런데도 게임은 여전히 계속된다.

　　마침내 마지막 마디에 접어든다. 베토벤은 '**하나 둘**'을, 그러고는 다시 '**하나 둘**'을 적는다. 어느 것도 서로를 해결하지 않는다. 다시 하나가 등장한다. 하지만 악보를 보면 두 번째 박이다. 잠시 침묵이 있고 이어서 둘이 등장한다. 힘찬 둘이다. 수많은 둘 가운데 마지막으로 오는 둘 같다. 하지만 실제로 기보되기는 첫 번째 박이다! 또다시 침묵, 이번에는 영원한 침묵이다. 혼란스러운 박수가 시작된다. 대체 무슨 의미였지? 나는 이 곡을 연주하고 인사하며 웃는다. 나의 공식적인 일이 끝났음을 알지만, 마지막 강박이 아직 도착하지 않았다는 느낌을 지울 수 없다. 존재해야 마땅한데 존재하기를 거부한다. 어쩌면 여러분도 박수 소리가 잦아드는 동안, 혹은 몇 시간이나 며칠 뒤에 이렇게 꺼림칙한 도착이 느껴질 것이다. 그렇지 않으면 연습실로 돌아가서 자신의 리듬 개념을 다시 살펴봐야 한다. 그러는 동안, 나는 이것이야말로 베토벤이 노린 것이며 여러분이 프로그램 노트나 음악회 전의 강의에서 얻을 수 없는 통찰이라고 보는데, 살아 있다는 것이 못 말리게 좋은 것임을 느낀다. 리듬과 시간의 그 같은 유희 속에서, 한 악장 전만 하더라도 피할 수 없어 보였던 죽음은 이제 어디서도 찾아볼 수 없다.

19장 그래서 줄리아드에 가고 싶다고

PLAYLIST

> 슈만: 바이올린 소나타 1번 A단조 op.105
> 엘리엇 카터: 소나타(1945-46)
> 바흐: 파르티타 6번 E단조
> 슈베르트: 피아노 소나타 D장조 D.850
> 몬테베르디: "제피로가 돌아와 좋은 날씨를 가져오네"(《마드리갈 6권》 중)
> 리언 커슈너: 바이올린과 피아노를 위한 이중주 2번

한 가지는 확실했다. 내가 블루밍턴을 떠나야 했다는 사실이다. 나는 런던 콩쿠르에서 심사위원으로 만났던 허버트 스테신에게 연락해서 줄리아드에 가고 싶다고 말했다. 소망이라기보다는 삶의 계획에서 유일하게 남은 조각에 가까웠다. "올해 나이가 어떻게 되지?" 그가 나의 아버지처럼 갈라지는 목소리로 물었다. 5월이면 스물다섯이라고 내가 말했다. 허버트는 노쇠한 나의 상태를 고려할 때 박사과정이 최선이자 유일한 선택지라고 생각했다. 그리고 수업료는 무료였다.

뉴멕시코에서 크리스마스를 보내면서 어린 시절의 침실에서 평

생 공들여 쓴 수많은 지원서 가운데 마지막 지원서를 썼다. 스스로를 이상주의자로 포장하며 배움과 연주에 대해, 상황에 대해, 새로운 음악을 얼마나 사랑하는지에 대해 열렬하게 털어놓았다. 그런 걸 썼던 기억을 떠올리는 것만으로도 무척 지친다. 나는 수표를 동봉하여 지원서를 부쳤고, 2월 말에 오디션과 면접을 보러 오라는 통고를 받았다.

창문 없는 방에 틀어박혀 수많은 시간을 연습했다.

2월이 시작할 무렵, 내가 인디애나에서 연주하기로 했던 음악회가 오디션 날짜와 겹친다는 것을 알아차렸다. 조마조마한 심정으로 줄리아드에 연락하여 시간을 바꿀 수 있는지 물었다. 담당자가 아무런 문제가 없다고 했다. 인디애나폴리스에서 소형 비행기에 올랐고, 진저에일을 마시고 프레첼을 먹으며 브루클린과 퀸스의 주택 위를 낮게 날아가는 바깥 풍경을 보았다. 라과디아 공항 밖에 꾸불꾸불하게 늘어선 택시들이 모든 희망을 버리라고 말하는 듯했다. 참다못한 나는 65번가와 브로드웨이가 만나는 모퉁이에서 휴대용 가방을 끌고 나오면서 삶이 훨씬 더 불편해졌다고 느꼈다.

나는 유명한 음악원 건물로 들어섰고, 대기실을 지정받았고, 곤혹스러운 순간을 맞았다. 국제 콩쿠르 경험이 많았음에도 불구하고 교사들이 늘어앉은 곳에서 연주한다고 생각하면 겁이 났다. 그래서 인터넷으로 이런 증상들을 찾아보든 해서 어떻게든 마음을 진정시켜야 했다. 3시 22분에 3층에 있는 거대한 오케스트라 합주실로 인도되었고, 한 번도 쳐본 적 없는 피아노 앞에 앉았다. 교수들이 서로에게 소리쳐 말했다. 마지막 연주자에 대한 냉정한 평가와 나에 대한 당혹스러움이었다. "**박사**과정 오디션을 보러 왔다고요?!?" 심사위원장이 말했다. 나는 그렇다고 했다. 일제히 탄식하는 소리와 서류 넘기는 소리가 났다. 그가 다시 말했다. "오늘은 학부생들을 모집하는 날입니다. 학부생 오디션은 5분이지만, 박사과정 지원자는 15분을 연주해요. 날을 잘못 알았어요."

그렇게 열심히 연습했는데 고작 절차상의 문제로 발목이 잡히다니, 카프카 같은 상황이었다. "인디애나에서 리사이틀이 있어서 스케줄을 다시 조정했습니다." 어찌된 상황인지 소리쳐 설명하는 내 목소리가 경박하게 들렸다. 그들은 다시 한숨을 쉬었고, 내가 좋아하는 곡으로 시작하라고 말했다. 나는 얕은 숨을 잠깐 들이마시고 바흐를 연주하기 시작했다. 오디션에서 보통 나는 망치고 싶지 않은 한두 패시지를 집중적으로 공략했다. 그래서 무사히 연주를 해내면 용기를 얻어 음악을 만들기 시작했다. 피아노를 연주하는 방법으로 끔찍했고, 삶을 사는 방법으로는 더 나빴다. 나는 〈평균율 클라비어곡집 1권〉에 나오는 E플랫단조 전주곡을 연주했고, 그런 다음 슈베르트의 비극적인 A단조 소나타를 연주했다. 인간의 슬픔이 개인의 이득을 위해 어디까지 착취될 수 있는지 보여주는 곡들이었다.

줄리아드는 집단요법 세션이 아니다. 전력을 다해 자신이 원하는 것을 극적으로 다 쏟아내야 한다. 심사위원은 여러분에 대해 아직 아무것도 모르기 때문이다. 기준이 있다. 수천 명의 다른 줄리아드 피아니스트들이 프로코피예프와 라흐마니노프를 연습하는 소리 너머로 들리도록 충분히 빠르고 크게 연주할 수 있어야 한다. 시간이 빠듯했다. 그들은 내게 쇼팽의 발라드 4번 마지막만 연주하도록 했다.

"코다부터 말인가요?" 내가 힘없이 물으며 시간을 끌었다. 뒤틀린 패시지, 공포의 암초였다. 왜 이렇게 잔인하게 구는 거지? 나는 준비 없이 시작했는데 젠장, 엉망이었다. 그들이 수고했다고 말했다. 밖으로 나가며 방금 내 미래가 사라졌다고 확신했다. "그래도 마지막까지 해냈잖아." 스테신이 복도에서 말했다.

나는 입학처를 찾아가 무슨 일이 있었는지 설명했다. 스케줄 재조정이 전달되지 않은 것과 코다부터 연주하도록 한 것을 줄리아드 심사위원들이 지방에서 온 순진한 피아니스트에게 마치 사악한 일이라도 한 것처럼 말했다. 그녀는 나를 쳐다보더니—친절하지만 심란한 표정으로—어쩌면 다음 날 오디션을 다시 볼 수도 있을 것이라고 말했다.

그 말에 마음을 놓은 나는 라비니아 친구들에게 연락하고 빌리지로 가서 술을 마셨다. 더블 와일드터키와 치즈버거, 초콜릿 밀크셰이크를 해치운 나는 평시 운행 지하철을 타고 가다가 깜빡 졸았고 72번가에서 겨우 정신을 차렸다. 하룻밤 신세 지기로 한 대럿과 잉그리드—믿기지 않게도 이제 부부가 되어 나보다 훨씬 어른의 길에 가깝게 갔다—를 찾아가 깨웠다. 대럿은 사각팬티 차림으로 나와 오디션 때의 심사위원들처럼 짜증나는 표정으로 문을 열었다. 다음 날 아침 정신을 차리고 절뚝거리며 줄리아드를 찾아갔다. 입학처 담당자가 걱정된다는 듯이 나를 보며 말했다. "오디션을 다시 봐야 할 일은 없을 것 같군요." 순간적으로 구역질이 나면서 오싹했다. 그러더니 그녀가 나의 오디션 결과를 읽었다. 모두 찬성이었다. 드디어 대도시로 가게 되었다. 어째서 나는 그렇게 자신이 없었을까?

이

블루밍턴으로 돌아와 셰복과 마지막 레슨을 했을 때 그는 시적인 배웅의 말도, 소중히 간직할 선문답도 하지 않았다. 그건 악취미였다. 어차피 그가 내게 해야 할 말은 이미 다 했다. 그는 내가 성공을 바란다는 것을 알았다. 그러니 우리는 각자의 삶을 살아야 했다. 하지만 그는 뉴욕을 깊게 불신했다. "그곳에서는 하루도 살 수 없네." 그가 말했다. 그가 나의 전망을 살펴보고 있다는 느낌이 들었다. 내가 자신의 아이디어를 취해 뿌리를 내릴지, 아니면 음악적 진실을 찾는 인기 없는 과정을 포기할지 말이다. "자네 미래에 좋은 일만 있기를 바라네." 마침내 그가 문을 열어주며 말했다. 그가 잔인하게 굴었다고는 생각하지 않는다. 나는 그의 사무실에서 나와 안 보이는 곳으로 돌아 빈 연습실에 들어가 울었다.

그날 밤, 에벌린이 나를 저녁 식사에 초대했다. 그녀가 이미 너무도 잘 아는 것을 내가 설명하는 동안 가만히 듣더니 이렇게 말했다. "괜찮아, 넌 옳은 일을 하는 거야." 숱하게 있었던 나의 사랑의 결별보다 이 말이 더 힘들고 뼈저리게 느껴졌다. 나의 길을 찾는 것이 왠지 배신 같았다. 그러나 여름이 다가왔고, 일주일 뒤에는 감상에 젖어 있을 시간이 없었다.

내가 처음으로 들른 곳은 카네기 홀에서 열린 아이작 스턴 실내악 워크숍이었다. 예전에 라비니아에서 베짱이 두둑한 바이올리니스트 로빈 샤프를 만나 함께 듀오로 연주한 적이 있었다. 세미나는 물론 스턴이 주도했지만, 야노스 슈타커, 오리온 사중주단, 피아니스트 요제프 칼리히슈타인과 유진 이스토민 등 다른 쟁쟁한 교수들이 많았다. 첫날에 아이작이 우리를 거대한 홀로 데리고 가서 마치 축하라도 하듯 손뼉을 쳤다. 그는 우리가 잔향을 존중하기를, 위엄에 경외심을 갖기를 원했다. 내용이 기억나진 않지만 그는 예술의 본질에 대해 연설을 했다. 그런 다음 모두가 작은 리사이틀 홀로 자리를 옮겨 그룹 레슨을 시작했다. 교수들은 여기서 서로 언쟁하는 것이 예사였다. 장려하고 심지어 부추기는 분위기였다. 발터의 포럼과 상반되는 것으로 더 솔직했다. 그들은 상대방의 말을 자르고 이의를 제기하고 반박했다. 끔찍한 육아의 좋은 본보기 같았다. 우리는 그냥 잠자코 들으려고 했다.

이런 막말이 참으로 뉴욕답다고 생각했다. 도시의 전율이었다. 혼잣말로 내 인생에서 가장 행복한 때라고 중얼거렸다. 가끔 교수가 나를 옆으로 불러내 은밀한 팁을 알려주기도 했다. 칼리히슈타인은 브람스의 바이올린 소나타(G장조)에서 효과를 얻는 법을 내게 보여주었다. 많은 이들처럼 그 역시 내가 너무 세게 연주하려 한다고 생각했다. 너무 세게 연주하는 것과 충분히 세게 연주하지 않는 것 사이에서 적절한 지점을 찾기란 불가능했다. 대니얼 필립스는 화음의 소리를 다르게 내라고 했다. 그러고 나자 내가 너무 세게 연주한다고 소리치는 사람이 아무도 없었다. 아이작 스턴은 워크숍이 거의 끝나갈 즈음에 나를 불러 계속 연락하자고 했다. 몇 년 전 오벌린의 학장이 그랬듯이 말이다. 그런데 감히 내가 어떻게 아이작 스턴 같은 거물과 연락을 주고받겠는가? 상상도 못할 일이었다.

나머지 여름에는 라비니아로 돌아가서 도시에서 지낼 돈을 모았다. 그런 다음 블루밍턴에 다시 가서 짐을 싸고, 괜찮은 주방용품들을 처분하고, 안개가 내려앉은 매혹적인 늦여름 중서부 지역에 마지막으로 작별 인사를 했다. 8월 말에 유홀[이삿짐 포장, 보관, 트럭 대여 회사-옮긴이]에서 트럭을 빌려 뉴욕의 블리커 스트리트에 도착했다. 불법의 소지가 있는 재임대 주택이었는데, 뉴욕에서는 흔한 일이라고 들었다. 시내가 근사하게 보이는 웨스트빌리지의 26층 방 하나가 매달 500달러에 불과했다. 나는 운이 좋았지만 늘 그렇듯 고마워할 줄 몰랐다.

⚡

줄리아드에서 처음으로 가진 행사는 퇴행적이고 유치하기까지 했다. 신입생들을 위한 오리엔테이션, 이름표, 거무스름한 직사각형 화강암 건물 안뜰에서 소풍이 있었다. 학장이 고상한 조회에서 연설하며 빈정거리는 발언을 했다. 매일 밤 자러 집으로 갈 때면 트윈타워가 나를 쳐다보았다. 아침이면 맥주 냄새가 남아 있는 빌리지를 지나 지하철역까지 걸었다.

솔직히 말해 인디애나의 음악학교는 건축적으로 완벽하지 않았고 냄새도 그리 좋지 않았다. 하지만 줄리아드는 한층 막강하게 영감을 망가뜨리는 적이었다. 갑갑하고 정체된 공기에 실내장식은 중저가 호텔 회의실 같았다. 배치를 보면 두 개의 광장 안에 두 개의 뜰이 있고 흥미롭지 않은 비대칭적인 요소들이 드물게 보였다. 어두운 실내 계단통이 다른 층의 어딘지 알 수 없는 곳으로 나를 뱉어냈다. 그중 최악은 연습실이 있는 4층이었다. 나는 하루의 4분의 1을 천장이 낮은 복도를 지나고 연습 중인 동료 학생들을 지나 이곳에서 보냈다.

방 안에는 땡땡거리는 스타인웨이 그랜드피아노가 있었고, 손톱으로 긁지 못하게 피아노 앞에 유리창을 씌워놓았다. 초록색 커튼이 안 그래도 죽은 소리를 꺾어놓았다. 카펫은 색깔을 알아볼 수가 없었다. 그곳에 있으면 바깥은 잊게 된다. 패시지를 반복하는 것 말고는 생명이라고 할 게 없었다. 그와 같은 최고 음악학교의 실내장식과 편의시설에 대해 불평하는 것이 옹졸할 수도 있겠지만, 줄리아드 학생들보다 더 불평하는 무리는 만나기 어려울 것이다. 브랜드 이름값이 크면 구매자의 후회를 부르는 법이다.

일주일 뒤에 허버트 스테신과의 첫 레슨이 있었다. 그는 나를 보고 반가워했지만, 이미 모든 것을 다 보고 있었다는 느낌이 들었다. 셰복의 헝가리 억양은 이제 넋두리가 실린 베이글 방언으로 바뀌었다. 셰복이 긴 파이프 담배를 피우며 광대한 영적 깊이로 눈길을 던졌다면, 스테신은 고약한 냄새가 나는 밀수품 시가를 피웠다. 그는 내가 연주하고 있는 예민한 순간에 시가를 자르고 불을 붙였다. 나는 오랜 세월이 흘러 애꿎은 내 학생들에게 복수를 했다. 그들이 연주를 시작한 직후에 콜라 캔을 따고 트림을 하며 방금 먹은 한국식 점심을 소화시켰다.

스테신에게서 가장 눈에 띄는 점이라면 파킨슨병으로 인한 손 떨림이었다. 물론 우리 모두 대놓고 이를 언급한 적은 없었다. 그는 시범을 보이려다가도 몇 음을 연주하고는 소용없음을 깨닫고 포기했다. 이런 질환에도 불구하고 혹은 질환 때문에 그는 항상 어두운 유머를 던질 준비가 되어 있었다. 내가 "얼굴이 좋아 보여요" 하고 말하면, 그는 "고맙네, 방부 처리업자를 새로 구했거든" 하고 대답했다.

그는 피아노와 관련한 온갖 불행에 재치 있는 농담을 던질 줄 알았다. 셰복은 경쟁심이 있더라도(있었다) 늘 보이지 않게 숨겼다. 그러나 스테신은 대놓고 경쟁심을 드러냈다. 우리가 복도를 가다가 다른 교수를 만나면 그는 전혀 웃음기 없이 "나의 적을 소개하지" 하고 말했다. 줄리아드에서 교수들은 가르치는 학생이 몇 명이냐에 따라 봉급이 달랐다. 자본주의 체제의 폐해였다.

그해 줄리아드에서 열린 협주곡 콩쿠르에는 슈만을 골랐다. 열네 살 때부터 내가 연주했던 곡이다. 곧바로 시작하기로 했다. 세상을 놀라게 할 작정이 아니라면 내가 이곳에 있을 필요가 없었다. 첫 레슨에 그 곡을 가져가서 폭포처럼 쏟아지는 개시부 화음과 슈만 특유의 구슬픈 주제를 연주했다. 스테신은 냉정했다. "그래, 어떤 것은 좋군." 그는 회계사가 작년 세금 영수증을 모아둔 것을 보고 고맙다고 하듯 말하고는 바로 본론으로 들어갔다. 감싸기는 풋내기들에게나 하는 것이었다. 그는 화음의 쌍들을 어떻게 연주할지에 대해 강의를 펴기 시작했다. 위-**아래**로 하여 강박에 달려드는 대신, 첫 음부터 시작하여 **아래**-위로 짝을 맞춰 강박의 긴장을 풀어주라고 했다. 중력에 반하는 가르침, 셰복에 반하는 가르침으로 보였다. 하지만 그는 내가 해볼 때까지 진도를 나가지 않을 태세였다.

"아무도 이런 것을 자네한테 설명해주지 않았나?" 그가 물었다.

나는 스테신이 알려준 대로 한 번 연주했다. 이상했다. 연주를 한다기보다 연주를 당하는 기분이었다. 다시 하지는 않았다. 마침내 스테신은 어정쩡하게 만족하고는 다음으로 넘어갔다. (교사에게 어정쩡한 만족은 일종의 직업병이다.)

다음에 이어지는 주요 주제를 내가 연주하는 것을 들으면 스테신이 깊은 인상을 받을 거라고 자신했다. 하지만 그는 "어떤 것은 좋군"이라는 말조차 하지 않았다. 반복되는 음들이 삐져나온 것처럼 들린다고 말했다. 그는 피아노가 나무의 성질을 드러내는 것을 싫어했다. 게다가, 나는 이음줄 몇 개와 클라이맥스에 강세가 들어가는 것을 놓쳤다. 스테신이 한 모든 말이 첫 레슨을 의기소침하게 만들기에 충분했다. 그런데도 내가 알아듣지 못하자 그는 다른 학생이 같은 패시지를 연주한 녹음을 가져와 내게 헤드폰을 씌워주며 들어보라고 했고, 자신은 시가를 입에 물었다. 나는 다른 피아니스트의 존재 따위는 알고 싶지 않았다. 하지만 눈물을 글썽이며 경쟁자—벌써부터 이런 생각을 하다니—의 연주를 시무룩하게 들었다. 나는 분노도, 교만도, 시기도 인정한다. 일곱 가지 치명적인 죄악에 또 뭐가 있었더라? 하지만 적어도 정욕은 없었다.

끔찍했던 첫 레슨이 끝나고 나는 중력에 역행하는 그의 아이디어를 연습실에 가져가 어떻게든 이해해보려고 애썼다. 시간 낭비라고 생각했다. 하지만 놀랍게도 소리가 더 좋게 들렸다. 내 팔이 손과 한 몸이 되어 한층 효율적으로 작동했다. 학기가 끝났을 때는 이런 하나의 아이디어가 수만 가지 까다로운 순간들을 해결했음을 알았다. 박이 장애물 같다는 느낌이 덜했다.

셰복은 피아니스트마다 통하는 해결책이 따로 있다고 믿었다. 저마다 겪는 문제와 음악적 한계가 다르다고 본 것이다. 그러나 스테신은 수많은 피아니스트들이 걸작을 망치는 것을 들으며 거의 모두에게 대체로 다 통하는 해결책을 선호했다.

몇 주 동안 스테신과 슈만에 매달렸고, 그러고 나서 폴 홀에서 줄리아드 교수들이 심사위원으로 참석한 가운데 그 곡을 연주했다. 그렇게 긴장하지는 않았다. 오디션 날의 제러미 덴크가 아니었다. 아이작 스턴과 여름을 보내면서 예민하게 구는 것이 사라졌고, 내가 뉴욕 사람이라는 인식이 생겼으며, 어떤 스트레스도 견딜 수 있게 되었다. 로비에서 대기하고 나서 내가 우승했다는 소식을 들었다. 부상은 에이버리 피셔 홀에서 쿠르트 마주어와 연주하는 것이었다.

모든 것이 너무도 빨리 벌어졌다. 도시에 온 지 한 달 만에 링컨 센터 무대에 유명한 지휘자와 함께 서게 된 것이다. 부모님이 고향에서 왔다. 마주어와 20분, 오케스트라와 45분 대면했고, 드레스 리허설은 30분 걸렸다. 블루밍턴에서 고민하고 또 고민했던 것에 비하면 우스꽝스러울 만큼 후다닥 해치웠다. 쿠르트 마주어는 내 연주가 아름다웠다고 말했다. 부모님이 무대 뒤로 찾아와서 그를 만났다. 텔레비전에 나오는 인물을 실제로 보니 믿기지 않게 설렜던 모양이다. 매니저로 보이는 사람이 옆에 있었다. 바이런 구스타프손이라고 하는 남자였다. 아버지는 마주어와 "계속 연락하라"고 내게 말했다. 대체 무슨 뜻으로 한 말일까?

음악회가 끝나고 저녁 식사를 하면서 아버지는 짧은 연설을 했다. 그날 오후에 엘리스 섬에 다녀왔다면서 세상에서 성공하려고 허리띠를 졸라매고 애썼던 이민자 부모와 조부모를 생각했다고 했다. 그러다가 두 세대 뒤에 내가 링컨 센터 무대에 서게 된 것이다. 아버지는 눈물을 글썽였고 여린 모습을 보였다. 빈정거림이나 사전 경고 없이 그렇게 뿌듯해하는 모습은 처음이었다. 그는 내가 성공의 길에 들어섰다는 것을 깨달았다.

인디애나 대학은 교수 연구실 문마다 명패가 붙어 있어서 세월과 연륜을, 사람이 살고 있음을 느끼게 한다. 줄리아드는 호텔 방처럼 숫자밖에 없다. 그래서 시간제로 빌려주는 공간이라는 느낌이 들었다.

가을이 한창이던 어느 오후, 쾌거가 있고 몇 주 지났을 때 숫자하나를 노크했다. '평범한' 줄리아드 생활이 시작되었다. 스테신은 하루나 이틀 나를 앞세우고 돌아다니며 자신의 학생이 우승했음을 뽐냈지만, 그러고 나서는 또다시 생존 경쟁에 내몰렸다. 나는 박사과정 수업을 듣고 시간이 날 때마다 친구들의 반주를 하며 용돈을 벌었다. 룸메이트 아라와 슈만의 A단조 바이올린 소나타를 연주하기로 되어 있었다. 안에서 알아듣기 어려운 고함 소리가 들렸다. 그냥 무시했다. 하지만 조금 뒤에 문이 열리면서 구부정한 인물이 모습을 드러냈다. 공격적인 웃음에 문고리를 잡지 않은 손에는 스카치병이 들려 있었다. "왜 그렇게 우두커니 서 있어? 멍청하게." 그러면서 술을 들이켰다. 내 스승 방과 마찬가지로 여기서도 시가 냄새가 났다. 하비 셔피로(내 앞에 있는 유명한 첼로 교수)가 허버트의 시가 공급자라는 것은 나중에 알았다.

나는 안으로 들어가 피아노 앞에 앉았다. 아라가 안락의자에 걸터앉더니 훈수를 두었다. 셔피로는 다른 레슨을 마무리하는 중이었다. 아흔 살임에도 그는 젊은 한국인 첼리스트에게 추파를 던지고 있었다. 소송을 당해도 할 말 없는 일이었고 이런 적이 한두 번이 아니었다. 그녀가 나갔고, 우리는 슈만을 시작했다. 일단 그는 아라가 본인이 연주하는 방식을 끔찍하게 느끼도록 만들려고 애썼다. 실내악 교습에서 코치가 여러분의 모든 문제를 다른 사람 탓으로 돌리면 그보다 즐거운 것도 없다. 우리는 2악장으로 넘어갔다. 어른의 불안이 걷히고 나자 호기심 많고 미소 짓는 아이의 모습이 드러났다.

순진한 이 선율은 유려하게 흐르는 음들로 진행한다. 그러다가 딱 한 순간 멈춘다. 시냇물에 돌을 던진 것처럼. 균일함은 골칫거리일 수 있다. 리듬에 변화가 생기면 신호를 준다. 가야 할 곳, 성급하게 지나야 할 곳을 알려준다. 하지만 똑같이 진행하는 리듬은 수완이 필요하다. 셔피로가 불편한 표정으로 들었다. "아무리 애를 써도," 그가 말했다. "도대체가 이해가 안 되는군." 그는 아라에게 좀 더 해보라고 했고, 선율의 윤곽을 만들고 비브라토를 조정했다. 여전히 못마땅했다. "젠장," 그러더니 어쩔 수 없다는 듯이 시범을 보였다. 그것은 내가 들어본 소리 가운데 가장 천사 같은 소리였다. 옛날 음색, 옛날 방식이었고, 세복이나 슈타커와 달랐다. 마치 프리츠 크라이슬러의 음반을 스크래치 없이 듣는 기분이었다. 이런 식의 음악 만들기가 현재에 존재한다는 것이 믿기지 않았다. 나는 그를 따라 연주하기 시작했다. 나도 뭔가를 거들 수 있을 것 같았다! 그가 나를 돌아보더니 불같이 화를 냈다. "자네 말이야. 자네야말로 빌어먹을 이 대목을 망치고 있는 개자식이네."

이 선율에서 피아니스트는 하나의 음이 리듬에서 차지하는 자리를 통제하는 것이 전부다. 하지만 이 음은 바로 뒤에 다른 음이 오지 않는 유일한 음이다. 이 음의 중요성을 (그리고 나의 중요성을) 표현하기 위해 나는 살짝 뜸을 들였다. "뭘 그렇게 꾸물거려?" 그가 내 얼굴에 대고 소리치는 바람에 위스키 냄새 나는 얇은 막의 침이 내 뺨과 입술을 덮었다. 아버지가 좋아한 영화 〈패튼 대전차 군단〉이 생각났다. 우리는 다시 연주했다. 이번에는 멈추지 않았고, 괜찮았다. 셔피로가 웃었다. "개자식, 여지없는 개자식이야." 그가 고개를 흔들었다. 이런 게 줄리아드 방식? "한잔 들게." 그가 위스키 병을 건넸고, 나는 마셨다.

$\wr$

한두 주 뒤에 또 한 명의 전설인 로버트 만을 만났다. 당시 그는 줄리아드 사중주단의 리더로 말년을 보내고 있었다. 나는 친구 인디라와 베토벤의 바이올린 소나타를 준비해서 가져갔다. 만은 놀라운 교사이자 완전한 음악가였고, 무엇보다 코를 킁킁거리며 치명적인 결함을 찾아내는 블러드하운드였다. 여러분의 음악성을 망치고 파멸을 재촉하게 되는 성향을 찾아내는 것이 그의 취미였다.

우리는 딱 한 번 리허설을 한 터였다. 만이 무표정한 얼굴로 들었다. 하지만 마지막 음이 끝나기가 무섭게 폭발했다. "자네들은 연습도 제대로 하지 않고 이곳에 와도 된다고 생각한 건가? 그것도 **베토벤의 소나타를?**" 그는 내가 악보를 빠르게 읽기 때문에 리허설을 많이 할 필요가 없어서 사람들이 나와 연주를 같이 하자고 한다는 걸 알았다. 그러나 나는 압박을 받으며 연주해야 할 때는 편안함이 사라졌다. 생각지도 못했던 빈틈이 보였다.

만은 나의 다른 비극적 결함을 금방 찾아냈다. 그는 아름다움을 위한 아름다움을 믿지 않았다. 그의 연주는 거칠다고 할 수 있었다. 유혹이 아니라 표현에 치중하는 연주였다(혹은 진실한 표현의 유혹이라고 할 수도 있다). 만은 내가 페달을 과하게 쓰는 것을 두고 사전에 여러 차례 주의를 주었다. 그의 말투가 갈수록 깊고 어두워졌다. "제러미," 그가 말했다. "자네 문제는 침묵을 두려워하는 거네. 스타카토로 연주하는 것도 좋아하지 않잖아." 우리는 다시 연주를 시작했다. 그가 곧바로 중단시켰다. "거봐, 음들을 놓아주는 것을 왜 그렇게 두려워하지?" 그가 자리에 앉았다. "쉼표를 처리할 줄 모르면 결코 진짜 음악가가 될 수 없어." (여섯 살 때 모나 선생의 레슨이 생각났다.) 물론 그의 말이 옳았다. 나는 연결하려는 충동이 강했다. 항상 연결하려고 했다. 말하기를 멈추지 않는 사람, 다른 사람이 끼어들어 말하는 것을 참지 못하는 사람, 잠깐 멈추고 숨을 고르는 것도 마다하는 사람이었다.

만과 정반대되는 인물로 전설적인 교사 (그리고 막강한 실세) 도러시 딜레이가 있었다. 나는 그녀와 접점이 없었다. 그녀에게는 전담 피아니스트들이 따로 있었기 때문이다. 하지만 너무도 궁금해서 견딜 수 없었다. 학생들은 레슨을 받으려고 라운지에서 하루 종일 기다렸는데, 레슨이 없을 수도 있었고, 만약 열린다 해도 새벽 1시가 되어서야 그녀가 중국식 요리를 주문하면서 시작되었다. 딜레이는 거구에 대식가였고 고압적이었다. 경력을 열어줄 수도 있었다. 만은 지성과 교양이 있었지만 그런 일은 하지 못했다.

그래서 내 친구 닐이 그녀 앞에서 브람스의 G장조 소나타를 연주하자고 했을 때 나는 그러자고 했다. 나는 딜레이가 곡을 꿰뚫고 있는 나의 지식에 혀를 내두르기를, 나를 눈여겨보기를 바랐다. 그녀가 어떤 사람인지 조금이라도 알았다면 이런 터무니없는 생각은 못했을 것이다. 우리가 첫 악장을 연주했을 때 그녀는 닐에게 몇 마디를 했고 나에게는 딱 한마디만 했다. "넌 음악을 정말로 좋아하는구나, 그렇지?" 딱히 칭찬처럼 들리진 않았다.

2악장은 아름답고 복잡한 대목으로 가득했지만 별일 없이 넘어갔다.

하지만 3악장이 되자 그녀는 불쾌한 표정을 드러냈다. "어떻게 생각하니?" 그녀가 물었다. "즐거운 곡이야, 슬픈 곡이야?" 이런 유치원 수준의 질문은 예상치 못했던 한 방이었다. 그녀는 미묘한 디테일과 음영은, 내가 오랫동안 이 곡에 대해 생각했고 뮤지코다에서 노래와 시를 열심히 분석한 것은 상관하지 않았다. 닐은 머뭇거렸다. 내가 끼어들었다. "그보다 복잡하다고 생각하지 않으세요, 딜레이 부인? 어쩌면 둘 다일 수도 있고요."

그녀의 눈길이 나를 향했다. 나는 자신의 거처를 침입당한 용의 기운을 느꼈다. "글쎄, 아무튼 마지막 악장이지, 그렇지?" 그녀는 밝게 말했지만 날이 서 있는 말투였다. **이건 또 무슨 뜻으로 하는 말이지? 내가 생각했다. 나를 놀리는 건가?**

"하지만 브람스는 알레그로 몰토 모데라토라고 적었어요…" 내가 악보에서 확인하고 말했다. 상황이 묘하게 흘렀다. 나는 감히 도러시 딜레이를 가르치고 있었다. 우리 중 누가 선을 넘고 있는 걸까?

"이츠하크가 내게 해준 말이다. 바렌보임과 이 곡을 연주하고 있었는데,"—내가 악보의 권위에 호소하려고 하자 딜레이는 실제로 유명한 연주자들의 권위를 가리키고자 했다—"대니가 특정한 템포로 연주하고 싶어 했고, 이츠하크는 살짝 더 빨리 연주하도록 그를 설득해야 했어. 게다가 청중도 생각하면 그들은 새로운 에너지가 필요해서…"

그녀는 지금 우리가 너무 느리게 연주했다는 것을 온갖 방식을 가동해가며 말하고 있었다. 잘 모르긴 해도 그녀 말이 맞을 것이다. 하지만 그녀가 성공학 강사와 유치원 교사가 혼재된 말투로 말하고 있을 때 나는 완벽하게 절대적으로 세복에 반하는 가르침을, 블루밍턴의 이상주의를 중화시키는 해독제를 내가 찾아냈음을 깨달았다. 줄리아드가 약속하고 주었다가 거둬간 것은 이것이 전부였다. 필요한 요점만 정리하자면 이렇다. 대형 홀에서 청중이 지켜보는 가운데 연주해야 하는 상황은 뉘앙스와 지식에 벌을 주었고, 대담하고 단순한 움직임에 상을 내렸다고 말이다. 폭력이자 유용한 진실 같았다.

⸸

2월의 어느 날, 새로운 생활이 어느덧 여섯 달에 접어들었을 때, 인디애나 대학의 부학장이자 어떻게 보면 오랜 친구인 헨리 어퍼가 연락을 해왔다. 그는 공석인 교수 자리가 하나 있는데 내가 오디션을 보러 와줄 수 있는지 물었다. 교수라! 수많은 전설들과 어깨를 나란히 한다는 생각에 나는 너무도 흥분했다. 그들과 같은 반열에 오른다면 사람들에게 나를 알려 음악회에 참가하는 과정을 건너뛸 수 있었다. 잊고 있었는데 이것이야말로 애초에 나의 목표였다. 게다가 봉급도 받고 말이다.

나는 블루밍턴으로 날아갔다. 그들이 경비를 댔다. 내 오디션의 핵심은 마스터클래스 강의였다. 나는 스물다섯 살이었고, 공개 수업에서 가르치는 것은 처음이었다. 고루한 정장을 걸치고 음악예술센터 무대로 돌아갔다. 내가 〈카르멘〉과 〈돈 조반니〉를 반주했던 장소, 내가 셰복과 슈타커의 연주를 사실상 리허설 없이 들었던 장소였다. 그들이 그곳에 다 있었다. 내가 두려워했던 교수들, 내 연주를 듣고 심사했던 사람들 말이다. 그중에서도 가장 묘했던 것은 내가 억지로 작별을 고하고 떠났던 셰복이 이제 조용하고 다정한 패널로 와 있었다는 점이었다.

한 학생이 버르토크의 소나타를 연주했다. 묘한 기분이 드는 선곡이었다. 내가 1990년에 셰복 앞에서 처음으로 연주했던 곡 가운데 하나였다. 나는 들었고, 그런 다음 셰복의 말을 당사자가 지켜보는 가운데 나의 언어로 번역해서 학생에게 말했다. 그녀에게 분노가 아니라 즐거움을 갖고 곡을 연주하라고 했다. 나의 삶을 바꿔놓은 부유하는 약박에 대해 그녀에게 말했다. 긴장된 몇 분이 지나자 여세를 몰아 나는 음악에 대해서만 생각했다. 오디션이 끝나고 셰복이 이렇게 말했다. "내가 선한 영향력을 행사했군." 나는 그런 칭찬의 말에 어쩔 줄 몰랐다. 한두 주 뒤에 음악학교 원장 찰스 웹이 내게 연락하여 일자리를 주겠다고 했다. 여러 면에서 내게 과분한 것이었다. 그런 기회와 종신 재직권을, 그것도 그렇게 어린 나이에 어떻게 마다하겠는가?

뉴욕에 와 있던 나는 모두에게 소식을 알렸다. 친구들은 자신의 의견을 선뜻 말하지 않았다. 스테신은 영예로운 제안이라고 생각했고, 음악가의 삶이 고되다는 것을 잘 알았다. 나에게 이렇게 저렇게 하라고 강요하지 않았다. 나는 망설였다. 뉴욕이나 박사과정을 포기하고 싶지 않았다. 그때 기적이 일어났다. 줄리아드의 두 번째 해이자 마지막 해에 내가 들어야 하는 모든 수업이 수요일에 있었다. 그러니 일주일에 한 번 이곳에 와서 수업을 듣고 나머지 엿새는 인디애나에서 지내면 되었다. 멍청한 계획이었지만 불가능한 건 아니었다. 또다시 둘 다 하려고 욕심을 냈다.

도서관 사서이자 박사과정 담당자인 제인 고틀립이 책들로 빽빽하게 들어차 있는 창문 없는 자신의 사무실에서, 대부분의 영혼을 절망에 빠뜨리는 사무실에서 내게 물었다. "방금 여기 왔고 이제 막 뉴욕에서 시작하려는 차에 왜 다시 돌아가려는 거지?" 핵심적인 질문이었다. 그리고 정곡을 찌르는 질문을 내게 던진 사람은 묘하게도 그 사서가 유일했다. 하지만 나는 블루밍턴에 아파트를 마련했고, 바닥에 까는 요와 소파와 그 밖의 몇 가지를 구입했다. 이것은 승급이었을까, 강등이었을까?

≀

내가 가르쳐야 하는 교습은 일주일에 열여덟 시간이었다. 예외가 없었다. 농땡이를 칠 이유가 충분한 보자르 삼중주단의 그 유명한 피아니스트 메나헴 프레슬러도 열여덟 시간이었다. 프레슬러는 피아노 아래에 작은 접의자를 두고 레슨이 없을 때 틈틈이 낮잠을 잤다. 그 정도로 일에 몰입하거나 미쳐 있었다. 나는 나이가 가장 어린 교수였으므로 학생들을 골라서 맡을 여유가 없었다. 우리가 '2등급 피아니스트'라고 부르는 사람들, 예컨대 학위를 위해 레슨을 받아야 하는 음악 교육 전공자, 작곡가, 그 외에 피아노가 수단이고 의무인 사람들이 주로 내게 배정되었다.

아파트에 크고 흉한 커피메이커가 있었는데 출근하려고 나올 때마다 세게 부딪혔다. 자전거를 타고 캠퍼스에 도착하면 계단을 통해 지하실 스튜디오로 내려갔다. 쇠파이프들이 천장에 걸려 있었고 높다란 창문으로 햇빛이 살짝 들어오는 공간이었다. 나는 모든 레슨이 음악과 삶의 중요한 문제들과 마주하는 순간이라고 믿었다. 그러므로 연주력이나 열망이 어떻든 간에 모든 학생을 어린 블라디미르 호로비츠라고 생각하고 대했다.

이런 식의 접근법에 부응하는 학생들이 있었다. 한 젊은 여성이 합창 지휘자가 되려고 했다. 그녀는 빨간색과 초록색이 강조된 격자무늬 천을 어깨에 둘렀고, 두꺼운 안경 너머로 나를 쳐다보았다. 더 이상 다정할 수 없는 학생이었다. 우리는 하이든의 소나타에 열심히 매달렸다. 나는 성격이 계속해서 바뀌는 곡이며 놀람과 유머가 스타일의 핵심이라고 그녀에게 설명했다. 우리가 생각하는 유머 감각이 일치하지 않을 수도 있겠다는 생각은 미처 하지 못했다.

"수비토 포르테(갑자기 세게)," 내가 그렇게 말하며 더 세게 연주하도록 몰아붙였다.

그녀는 아주 살짝, 거의 알아차리지 못할 정도로 힘을 더할 뿐이었다.

"아니, 더 세게, 깜짝 놀랄 정도여야 해!" 내가 앉은 회전의자가 흔들리면서 아까 들이부은 커피가 배 속에서 부글거렸다.

그녀는 살짝 더 세게 연주했다. 어쩌면, 귀를 쫑긋하면 들렸을지도 모른다. 하지만 내 성에는 차지 않았다. "아니, **격하게** 하란 말이야!" 나는 의자에서 풀쩍 뛰어올라 그녀의 면전에 대고 소리쳤다. 그녀는 움찔했지만, 내가 나쁜 의도가 아니었다고 판단하고 웃었다. 30분의 레슨이 끝날 즈음 나는 그녀가 메조포르테(적당히 세게)로 연주하도록 끌어올렸지만 그 이상은 무리였다. 그녀는 신이 음악을 재밌게 들리도록 만들었다는 믿음이 있었고, 나는 신이 스스로 돕는 자를 돕는다고 느꼈다.

미래의 이 합창 지휘자가 매달 열리는 스튜디오 수업에서 연주했다. 주제가 다시 등장하는 대목에 이르렀다. 앞에서 다른 조성으로 나왔던 주제다. 그녀는 오른손은 새로운 조성으로 연주하고 왼손으로는 예전의 조성으로 하여 20초간 끔찍한 불협화음을 냈다. 뭔가 잘못되고 있다는 당혹스러움과 뭐가 뭔지 모르겠다는 실패감이 그녀 얼굴에 드러났다.

"근사했어!" 연주가 끝나고 내가 천연덕스럽게 말했다. "나라면 하라고 해도 못했을 거야."

내 딴에는 위로랍시고 한 말이었지만 비꼬는 것처럼 나오고 말았다. **오, 안 돼, 벌써부터 아버지처럼 되고 싶지는 않아.** 그래서 입장을 물리려고 했지만("다들 경험한 일이야") 너무 늦었다. 그녀는 망연자실한 표정이었다. 우리가 표현의 미묘함에 치중할 때 차라리 화성의 기초와 자리 감각을 익혔어야 했다는 생각이 들었다. 캄캄한 침실에서 자신이 어디에 있는지 알아야 마음 놓고 돌아다니듯 화성에서 어디쯤에 있는지 파악하는 감각이 중요했다.

기억에 남는 또 다른 학생은 이름도 특이한 셰린이었다. 여학생 사교클럽 회원이었는데 여성스럽다기보다 말괄량이였으며 사내들 사이에서도 주눅 들지 않았다. 음료수를 벌컥벌컥 들이켜고 고함을 질러 항상 목이 쉬어 있었다. 나보다 삶을 훨씬 더 즐길 줄 아는 그녀가 부러웠다.

셰린은 '격하게'라는 단어에 더 잘 반응하여 요란하게 연주했다. 그러나 모든 악구가 뉘앙스라는 심장에 칼을 꽂은 것처럼 들렸다. 나는 릴리언 선생의 레슨을 떠올리며 고전음악의 프레이징을, 치약을 짜듯 점차 가늘어지는 것을, 불협화음과 해결화음의 차이를 가르쳐야 했다. 하지만 그것조차 버거웠다. 일단 선율에서 어떤 음이 다른 음보다 더 중요하거나 덜 중요하다는 기본적인 명제부터 확립해야 했다.

"저기요," 그녀가 말했다. "무엇이 불협화음인지 대체 어떻게 아는 거죠?" 나는 집으로 돌아가 이불 속에 파묻히고 싶은 충동을 느꼈다. 하지만 실은 좋은 질문이었다.

나는 셰린과 하이든의 한 악구를 가지고 장장 한 시간을 매달렸다. "그 음은 살짝 더 끌어." 그러면 그녀가 그것을 이해하는 데 5분이 걸렸다. 그녀가 이렇게 생각하는 것이 들리는 것만 같았다. **으윽, 이제야 고전음악이 뭔지 알겠어, 그리고 내가 왜 그것을 전혀 좋아하지 않았는지도**. 혼이 나갈 만큼 노력하고 나서야 그녀는 그 악구 하나를 그럭저럭 들을 만하게 연주할 수 있었다. "나에게 이렇게 열심히 매달린 사람은 선생님이 처음이에요. 이게 어떻게 된 거죠?" 그녀가 웃으며 물었다. 이렇게 고마워하고 이해했다는 말에 마음이 울컥했다. 우리 둘 다 최선을 다했다! 둘 다 헛된 노력임을 알았지만, 애틋한 감정이 오고 갔다.

한 작곡가 학생은 베토벤의 op.109 개시부를 내가 들어본 것 가운데 가장 아름답게 연주했다. 그런데 나머지는 차마 못 들어줄 지경이었다. 어떻게 그랬을까? 또 다른 작곡가는 악보에 나온 표기를 지키려고 하지 않았다. "이거 보게," 내가 셰린의 어투를 따라하며 말했다. "자네는 작곡가야! 작곡가가 악보에 적힌 대로 읽도록 하려 한다는 것을 누구보다 잘 알아야 하는 사람이라고." 하지만 그는 젊은이 특유의 조롱하는 투로 나를 쳐다보았다. 나는 다음 주에 똑같은 말을 해야 했고, 나 자신이 빠르게 늙어가고 있음을 깨달았다. 매주 똑같이 하다 보면 내가 요구하는 대로 그가 할 가능성이 줄어든다는 것을 알게 되었다.

일주일에 닷새를 가르치고 화요일마다 뉴욕으로 날아가서 박사 과정과 피아노 레슨을 받으면서 연이은 문화 충격을 경험했다. 그러는 와중에 나는 연주자의 미래도 쌓으려고 애썼다. 언젠가 피츠버그 공항의 엉뚱한 게이트 앞에 서서 내가 뉴욕으로 가는지 인디애나로 돌아가는지 헷갈렸던 기억이 난다. 학생 역할과 교사 역할 모두 가식 같았다.

그러나 역할이 분산된 그해는 내 경력에서 가장 중요한 해였다. 나는 줄리아드에서 윌리엄 페첵 상 수상자로 선정되어 앨리스 털리 홀에서 솔로 리사이틀 데뷔를 하게 되었다. 스테신이 힘없는 목소리로 말했다. "드디어 자격이 되는 사람이 우승을 했군." 씁쓸함이 얹힌 찬사였다. 우리는 음악회를 준비하기 시작했다. 그는 내가 좋아하는 레퍼토리로만 연주하라고 했다. 그래서 일반적인 청중은 듣고 싶어 하지 않는 강경한 프로그램으로 마련했다. 바흐의 E단조 파르티타, 엘리엇 카터의 소나타(항상 대기 중인 곡), 그리고 슈베르트의 D장조 소나타. 평생을 연주하라고 해도 할 수 있는 곡들이었고, 나는 이런 곡들이 하나의 줄기를 이루기를 원했다.

또 하나의 사건이 있었다. 늦은 가을, 웨스트 98번가에 새로 얻은 재임대 주택에서 요에 누워 여독을 풀고 있을 때 전화기가 울렸다. "여보세요, 저는 수전 워즈워스라고 합니다. 제러미 맞죠?"

"그런데요…" 내가 무슨 말을 하기도 전에 그녀가 물었다. "어째서 지원하지 않는 거죠?" 그녀는 세심함과는 거리가 먼 사람이었다.

"그게 무슨 말이죠?"

"당신 테이프를 들었어요." 그녀가 설명한답시고 그렇게 말했다.

"테이프라니요?"

"YCA에 지원해야 해요." 그녀가 답답하다는 듯이 말했다. YCA는 그녀가 맡고 있는 '영 콘서트 아티스트'라는 콩쿠르를 말하는 것이었다. 그리고 테이프는 내가 라비니아에서 만난 바이올리니스트와 베토벤의 A단조 소나타를 연주한 것이었다.

"그런데 나이가 너무 많군요." 그녀는 스테신과 아버지처럼 말했다. "왜 그렇게 꾸물거렸어요?"

나는 나 자신을 완전하게 믿지 못했다고, 그리고 뭔가를 발견하고 테크닉에 자신감을 얻고 음악의 존재 이유를 알게 될 때까지 셰복과 공부를 해야 했다고… 그녀에게 말하고 싶었다. 하지만 그녀든 뉴욕이든 참을성 있게 이 말을 들어줄 것 같지 않았다.

"모르겠습니다." 내가 말했다.

그녀는 나를 뚜렷하게 나타내는 레퍼토리로 골라 1월에 오디션을 보러 오라고 했다. 스테신이 프로젝트를 거들기로 했다. 그는 내가 바그너의 "사랑의 죽음"을 편곡한 곡을 고르자 좋아했다. 나는 불손한 베토벤의 소나타 op.31, no.1에 마음이 끌렸고, 슈만의 〈환상곡〉의 색다른 즐거움에도, 몰아치는 열정의 파도가 허물어지고 친밀한 표현으로 수습되었다가 또다시 부서지는 방식에도 매료되었다.

몇 달 뒤에 92번가 Y의 무대에서 바그너와 슈만, 그리고 베토벤을 조금 연주했다. 베토벤의 사악한 제2주제에서 살짝 꼬였지만 심사위원들이 잘 봐줘서 내가 우승했다. 그 결과 나에게도 매니저가 생겼고 유료 음악회에서 자리를 얻게 되었다. 늘 소망했던 삶이었다. 여자친구와 자주 가던 빌리지의 오래된 멕시코 술집에 갔다. 마가리타와 승리감에 취해 스테신에게 전화를 걸었다. "해냈구나." 그가 여러 차례 말했다. 그는 너무 긴장하여 오디션이 열리는 곳에 오지 못했다. 공중전화는 지하층 복도에 있었고 변기에 넣는 탈취제 냄새가 났지만, 그가 감격해하는 목소리에서, 나보다 더 진심이 담긴 그의 목소리에서 내가 진전하는 소리를 들을 수 있었다. 일종의 음악이었다.

∼

앨리스 털리 홀에서 예정된 나의 데뷔 무대는 4월이었다. 2월과

3월에 바흐의 E단조 파르티타 음반 수십 종을 들었다. 시프, 굴드, 투렉 등 내로라하는 바흐 전문가들의 연주를 들으며 대다수가 지루하다고 판단했다. 지루한 세상을 내가 고쳐야 했다. 마지막 악장을 8분음표로 연주할지, 아니면 미친 셋잇단음표로 가야 할지를 두고 고민했다. 스테신은 내가 재즈처럼 연주하기를 원했다. 그는 거친 바흐를 사랑했다. 덜 서두르고 페달을 덜 쓰도록 했고—여섯 살 이후로 여전히 유용한 조언이었다—그러면서도 내가 통찰력을 개발하고 나의 모든 가능성을 발견하도록 내버려두었다. 언젠가 레슨이 끝나고 마티니(그가 애용한 음료)를 마시며 그가 말했다. "결국에는 자네 방식대로 바흐를 연주하는 법을 찾게 될 거네. 지금은 아니지만." 하지만 나는 당장 그것이 필요했다! "지금 방식은 통하지 않아." 그가 투덜거렸다.

내가 연주한 엘리엇 카터에 대해서는 스테신이 아무 말도 하지 않았다. 소리가 괜찮으니 그대로 연주하면 된다고 했다. 그러나 슈베르트는 달랐다. 여기서 그는 테크닉적으로 음악적으로 불만스러운 점들을 여럿 찾아냈으며, 더 파삭거리는 리듬과 명료한 윤곽을 주문했다. 내가 가장 좋아하는 마지막 악장은 수수께끼였다. 너무도 바보 같아서 진지하게 받아들이기 어려운 음악이지만, 그럼에도 모든 악장을 통틀어 가장 완벽하다.

오벌린 시절에 말러를 파고든 덕분에 이 곡과 말러의 교향곡 4번 마지막 악장 사이에 강한 연관성이 있다는 것을 알았다. 말러의 악장은 천국에서 성인聖人들과 노는 아이에 관한 노래다.

우리는 천국의 기쁨을 누리므로

지상의 기쁨은 필요치 않네.

세상의 그 어떤 소란도

천국에선 들리지 않으니.

말러와 슈베르트 음악 모두 거칠고 가벼운 대목들—엉덩방아, 충돌, 미니드라마—이 이제 막 걸음마를 시작하여 여기저기 뛰어다니며 부딪히는 유아를, 무너져 내리는 감정과 울화를 떠올리게 한다. 하지만 이 모두를 감싸는 것은 리듬, 억양, 이리저리 흔들리는 감각이다. 여기서 노년과 젊음이라는 매혹적인 이중의 관점이 생겨난다.

어느 날 오후, 스테신(어른)과 나(여전히 아이에 가까운)는 론도 악장의 중간 섹션을 두고 실랑이를 벌였다. 구슬픈 단조가 살짝 끼어드는 민요 선율로, 고전음악에 구애되지 않는 빈의 거리 악단이 연주하면 딱 어울릴 만한 음악이다. 여기서 피아니스트는 여러 일을 동시에 해야 한다. 첼로가 되어 저음을 맡으면서 바스락거리는 비올라와 달콤한 화음을 넣는 합창단도 되어야 한다.

또다시 마지막으로, 우리는 자동차 엔진을 다루듯 모든 것을 분해했다가 조립했다. 우선 스타카토 저음을 불편하게 연주하는 왼손이다. 스테신은 나보고 알아서 하라고 했다. 그는 왼손 엄지손가락이 맡는 비올라의 바스락거림으로 넘어갔다. "잘해봐, 아직 새파랗게 젊은 사람이 그렇게 게으름을 피워야 되겠어?" 이제 오른손이 남았다. 선율이 선을 그리면서 내성부가 가지런히 드러나도록 했다. 특히 슬프고 집요한 B플랫이 제대로 들려야 했다. 이제 그는 내가 지나치게 생각이 많아질 틈도 없이 이 모든 것을 합쳐서 연주하도록 했다. 그러자 피아노 연주의 드문 기적이 일어났다. 그저 건반을 눌렀을 뿐인데 결과물이 괜찮게 들렸다. 중력이 뒤집혔다. 지상의 걱정이 모두 사라졌다.

스테신은 악보를 보려는 듯이 피아노로 몸을 숙이더니 나를 향해 돌아서서 웃었다. 얼룩무늬 올빼미 같은 그의 얼굴이 환한 미소를 드러냈다. "바로 그거야, 해냈군." 그는 믿기지 않은 놀람과 기쁨의 표정을 보였다. 떨리는 손을 내 어깨에 내려놓고 내 머리카락을 헝클어뜨렸다. 복잡한 심정의 기쁨이었을 것이다. 나를 도발하여 자신이 다시는 하지 못할 일을 시켰으니 말이다.

⌇

데뷔 날짜가 다가왔다. 부모님이 내 연주를 들으러 왔다. 어머니가 뼈와 근육이 나날이 악화되는 몸으로 꼬박 하루가 걸려 왔으니 만만치 않은 여정이었다. 아버지가 말했다. "집에서 좀 더 가까운 곳에서 음악회를 열었다면 사려 깊다고 했을 텐데." 아버지의 트레이드마크인 찌푸린 표정 때문에 농담이 농담으로 들리지 않았다.

준비를 충실히 했고 평소보다 더 긴장하지는 않았다. 연주하기 바로 전에 무대 뒤에서 커다란 피자를 해치웠다. 새로운 전통이자 미신이었다. 피자가 행운을 가져다주는 부적이라고 생각한 것이다. 그렇지만 참사를 막지는 못했다. 청중석에 엘리엇 카터가 와 있었는데 알아보지 못했다. 중간 휴식이 끝나고 사과해야 했다. 슈베르트까지 마치고 나서 믿음직한 "사랑의 죽음"을 앙코르로 연주했다. 슈베르트 곡과 상반되지만 두 곡 다 영원으로 사라지는 곡이었다. 그러고 나서 리셉션이 있었다. 사랑하는 많은 친구들과 내 여자친구가 왔고, 다른 교수들이 멋진 축하의 말을 건넸다. 행복한 밤이었다.

하루 이틀 정도 지나서 『뉴욕타임스』에 괜찮은 리뷰 기사가 실렸다. 내가 연주한 바흐가 흥미로운 아이디어들로 가득했다고, 어쩌면 지나칠 정도로 연이어 쏟아졌다고 했다. 그 정도면 호의적인 평이었다! 카터는 눈을 뗄 수 없이 매력적이었다고 했다. 그리고 슈베르트에 대해서는 말을 아꼈지만 친절하게 써주었다. 전체적으로, 까다롭고 진지한 프로그램 치고 좋은 평가였다. 매니저가 무대 뒤에서 자신을 소개했다. 성자처럼 선해 보이는 바이런 구스타프손이었다. 사람들이 나중에 내게 설명하길 그와의 만남이 가장 중요한 것이라고 했다. 스테신은 이렇게 말했다. "슈베르트는 초고 수준이었지만 좋은 점도 있었네." 레슨에서 했을 법한 말이지만 나는 그가 만족했다는 것을 알았다. 두 주 뒤에 우리의 마지막 수업이 있었다. 공식적인 의미에서 피아노 학생으로서의 삶—내가 알았던 거의 유일한 삶—이 끝났다.

⸺

블루밍턴으로 돌아왔을 때 내가 가르치는 학생들이 대거 축하의 말을 건넸다. 본관 로비의 학교 게시판에 붙어 있는 내 리뷰 기사를 본 것이다. 학기가 거의 끝나가고 있었고 집중하기 어려웠다. 나는 심사를 앞둔 학생들을 지도하면서 그들이 하이든 소나타를 어설프게 연주하는 동안 행복한 표정을 지으려고 애썼다.

　　5월에 가구가 거의 없어서 휑한 내 아파트에서 일련의 사건들을 축하하는 파티를 열었다. 학기가 끝난 것, 다들 수고한 것, 나의 데뷔, 교사로서 첫해를 보낸 것, 피아노 레슨이라는 고행이 끝난 것, 모두가 심사를 통과한 것, 내가 바이런 구스타프손과 계약하면서 거대한 매니지먼트 회사 소속이 된 것을 축하했다. 에벌린이 접의자를 가져왔다. 학생들이 내게 줄 선물을 마련했다. 그들은 크지만 가볍고 아름답게 포장된 선물을 내가 싸게 구입한 흉물스러운 소파 옆에 놓아두었다. 한두 잔 마시고 어색한 대화가 오고 가다가 최고로 수줍음이 많은 한국인 학생이 시간이 되었다고 했다. 나는 모퉁이에서 포장지를 뜯기 시작했다. 어떤 선물이든 받아들일 마음의 준비가 되었다고 생각했다. 하지만 그들이 사온 것은 24개들이 크리넥스 화장지였다. 내가 수많은 학생들을 울게 만들었고 앞으로도 그럴 것이라는 뜻에서 스튜디오에 두고 쓰라고 가져온 것이었다.

　　나는 에벌린을 쳐다보며 미소를 기대했다. 하지만 내가 받은 것이라고는 노려보는 눈초리가 전부였다. 방 안이 조용했다. 내가 피아노 레슨의 고통을 그렇게 겪고도 고작 한다는 것이 다음 세대에게 똑같은 고통을 가하는 것이었다고? 결국에는 내가 말했다. "오, 정말 미안해."

♩

　　나는 직업 음악가의 삶으로 넘어갔다. 여전히 가르치면서 꽤 많은 음악회에서 연주했다. 내 경력은 순조로웠고, 아무튼 나도 만족했다. 몇 년 동안 소소하게 독주 리사이틀과 협연을 했고 실내악 연주는 수없이 했다. 그러다가 2001년 늦은 봄에 줄리아드에서 엄중한 편지를 보내 내가 학위를 마무리해야 한다고 알렸다.

끝없이 이어진 내 음악 교육의 마지막 과제는 박사과정에 필요한 서류였다. 줄리아드에서는 굳이 학위 논문이라고 부르지 않았다. 나는 주제를 두고 애매한 태도를 보였다. 그러다가 음악 교육의 유해함에 대한 선언문을 쓰겠다고 했다. 심사를 맡은 음악 교육자 위원회는 놀랍게도 내 제안을 기분 나쁘게 받아들였다. 재량은 주겠지만 제대로 써야 한다고 했다. 나의 논지는 음악 형식을 가르칠 때 동사를 더 많이 쓰고 명사를 더 적게 써야 한다는 것이었다. 요컨대 화학보다는 글쓰기에 가깝다는 것이었다.

내가 기획한 대부분의 일이 다 그랬지만 이 기획을 얼마나 체계없이 행했는지 말하면 입만 아플 뿐이다. 첫 번째로 한 일은 내가 사랑한 곡들의 목록을 작성하는 것이었다. 사랑은 박사과정 심사위원회의 마음을 얻는 핵심이었다. 그들을 나만큼 음악을 사랑하게 만들 수 있다면 얼마나 좋을까! 목록은 두서가 없었다. 최근에 내가 들은 곡이 대부분이었다. 베토벤의 라주모프스키 사중주 느린 악장에서 E장조로 멋지게 주제를 전개하는 대목이 그랬다. 나는 색인카드를 잔뜩 샀다. (평생 사용할 수 있는 것보다 많이 사서 지금도 벽장의 해골 모형 옆에 쌓아놓았다.) 카드 하나를 꺼내 책상에 두고 내가 확인한 사실—"라인이 올라감" "화성이 바뀜"—을 적은 다음, 이 사실이 어떤 결과로 이어지는지 잠시 따라갔다. 어쩌면 중요한 의미가 있을 수도 있고, 어쩌면 아닐 수도 있었다. 과정을 믿고 새 카드를 꺼냈다.

아파트가 지나치게 더워지자 카드를 주워 담아 센트럴 파크로 갔다. 공원 중앙에서 언덕과 조용한 은신처가 있는 곳을 발견하여 험한 바위 위로 올라갔다. 숲이 우거져서 공부하기 딱 좋은 둥지였다. 가끔 잡다한 소리들이 들렸지만 아무도 보이지 않았다. 사흘째 그곳을 찾아 몬테베르디의 마드리갈 "제피로가 돌아와 좋은 날씨를 가져오네" 악보를 펼쳐놓고 있었을 때, 젊은 남자 한 명이 바위 위로 올라와 3미터 떨어진 곳에 섰다. 나는 그를 무시했다. 내가 공부하고 있다는 것이 누가 봐도 확실하다고 생각했다. 하지만 1~2분 뒤에 고개를 들었을 때 그는 노골적인 동작을 취하고 있었다. 마음의 섹스와 몸의 섹스가 그렇게 대놓고 어긋난 적은 없었다. 나는 몬테베르디 악보에 고개를 파묻고 그가 알아서 물러나줄 때까지 쿵쾅거리는 가슴을 부여잡고 한참을 기다렸다.

(비록 내가 아무것도 안 했다지만) 그곳에서 벌어진 일을 받아들이기까지 몇 달이 걸렸다. 하지만 더 이상 그곳에서 일하는 것이 편치 않았다. 그래서 넓은 잔디밭으로 갔다. 나중에 친구들이 나를 비웃었다. 그들이 물었다. 네가 있었던 곳이 게이들이 섹스 파트너 찾는 장소로 유명한 램블이라는 것도 몰랐단 말이야?

{

가을까지 나의 '훌륭한 생각들'을 모았고, 이제 그것들을 던져놓을 구조를 마련해야 했다. 박사과정 마감 시한이 코앞에 다가왔다. 색인카드 더미가 올가미나 미로처럼 보였다. 그때 운명처럼 전화기가 울렸다. 비음악가 친구였다. 편의상 대니라고 하자. 당시에 나는 비음악가들과 어울리는 것을 좋아했다. 그가 말했다. "헤이, 브루클린에서 파티가 있는데 여기로 올래?"

서른한 살이 된 나는 이제 브루클린에서 놀 나이는 아니라고 생각했다. 하지만 그동안 열심히 일했다! 그래서 2호선을 타고 한 시간을 가 파크 슬로프를 헤매다가 전쟁 전에 지어진 아파트에서 마침내 대니를 찾았다. 그는 술에 취해 있었고 젊은 여자와 이야기를 나누고 있었다. 어디선가 요란한 음악이 흘러나왔고, 쓰다 버린 작은 종이컵들이 사방에 널려 있었다.

대니의 친구는 그래픽디자인 분야에서 일하면서 그를 알았다. 그들은 폰트에 관한 심도 깊은 이야기를 하고 있었고, 대상과 아이디어를 배치하는 윤리 문제로 자연스럽게 넘어갔다. 내가 불쑥 끼어들었다.

"심사위원회가 내 박사 논문 제목을 바꾸라고 했어." 듣는 사람은 별 관심이 없어 보였다.

"음악 형식에 대해 쓰고 있는데 '디자인'이라는 말로 바꾸라더군"

"그래, 그들은 디자인이 뭔지 모르는 것 같군." 대니가 말했다.

나도 모르긴 마찬가지였다. 디자인이 어떻게 윤리를 갖는단 말인가? 그들은 폰트 이야기로 돌아갔다. 나는 주위의 이십대 무리를 둘러보다가 포기했다. 지나치게 시끄러웠다. 소리를 칠 수도 있었지만 그 정도로 흥미로운 주제는 아니었다. 어쩌면 박사학위라는 기획 자체가 우스꽝스럽고 성가신 일인지도 모른다. 신나는 브루클린 모험에 나섰지만 고전음악이 부적절한 것임을 깨달았을 뿐이다. 그리고 대니는 다른 언어를 쓰는 다른 사람에 온통 정신이 팔려 나를 돌보지 않았다.

나는 파티와 흔들린 내 감정을 틀어막고 할 수 있는 유일한 것을 했다. 그날 오후에 내가 쓰고 있었던 글을 되짚어보기 시작했다. 몬테베르디의 마드리갈 "제피로가 돌아와"를 분석한 글이다. 나는 모든 디테일을 다 적었고 곡에 대해 알아야 하는 모든 것을 알았다고 생각했지만, 그럼에도 요점을 찾지 못했다.

마드리갈은 봄과 깨어나는 욕망에 관한 페트라르카의 시에 붙인 곡이다. 음악은 춤곡으로 시작한다. 자연의 춤이다. 장난스러운 바람이 불 때면 가사와 음이 계절에 맞게 리듬 패턴에 따라 움직인다.

시가 방향을 틀어 화자를 향할 때—"하지만 나에게는"—몬테베르디는 모든 음악적 요소를 일제히 바꾼다. 리듬은 춤추는 3박자에서 애도하는 2박자가 된다. 선율은 도약을 멈추고 탄식을 시작하여 깊은 탄식이 성부에서 성부로 넘어간다. 몬테베르디의 디자인(음악 형식)은 화자와 그의 환경 사이에 공통점이 없다고 우리에게 말한다. 세상은 봄이겠지만 이 사람 안에는 계절이 없다.

마지막 세 행에 이르면 페트라르카의 시는 우리에게 자연을 상기시킨다.

그리고 작은 새들의 노래와 꽃피는 들판,
그리고 고결한 여인들의 덕망 있는 행동

그리고 몬테베르디는 이 짧은 두 악구에서 앞의 춤곡을 다시 불러온다. 마치 르네상스 회화를 보면서 시선이 전경의 인물에서 배경에 있는 희미한 언덕과 나무로 옮겨가는 것과 같다. 음악 형식이 이

런 몸짓을 가능하게 하는 것이다. 그러나 (페트라르카가 계속하기를)
자연의 이런 아름다움은

나에게는 사막이요, 거칠고 흉포한 짐승이라네.

페트라르카에게 이것은 대략 하나의 이미지다. 하지만 몬테베르
디에게는 둘이다. "사막"에서 몬테베르디는 평이한 화음을 써서 비
어 있다는 느낌을 전한다. 그러고 나서 여러분이 상상할 수 있는 최
고로 꽉 찬 대목이 나온다. 믿기지 않을 만큼 불협화음이 잔뜩 들어
간 패시지다.

우리는 개인과 자연이 대조되는 것을 확인했다. 하지만 이제 개
인 내에도 또 하나의 심연이 있음을 음악이 보게 한다. 죽은 것과 고
통스럽게 살아 있는 것의 대조다. 마지막 40초에서 몬테베르디는 이
런 내적 고통을 표현한다. 앞서 나왔던 탄식보다 한층 더 혹독하여
앞서 3분 동안 가벼운 척 굴었던 가식을 산산조각 낸다. 심지어 자연
스러워 보이는 욕망—"그저 봄일 뿐"—도 뒤집는다. 이 마드리갈의
마지막 40초에서 여러분이 발견하는 욕망은 그것이 무엇이든 자연
스럽지 않다. 인간이 사방에 개입되어 있음을 느낀다. 그리고 여기에
는 몬테베르디의 능수능란한 솜씨, 여러분이 기대하는 대로 몇 개의
음을 올랐다가 중간의 돌진하는 음들을 고스란히 드러내 바깥의 불
협화음을 한층 더 악화시키는, 그래서 고통과 쾌락이 뒤얽힌 것으로
듣게 만드는 솜씨가 있다. 여러분은 이것을 멈추고 싶으면서 결코 멈
추고 싶지 않다. 내가 누군가에게 '불협화음'을 설명해야 한다면 기

꺼이 이 예를 고를 것이다. 이런 불협화음을 듣고 나면 봄의 보편적인 욕망은 시들해진다. 몬테베르디의 디자인의 목적은 자신이 시작했던 것을 잊도록, 기억에서 아예 지우도록, 이런 고통 외에 다른 어떤 것도 듣지 못하도록 만드는 것이다. 사랑으로 파괴된 개인만 듣게 하려는 것이다.

{

대니의 친구가 집으로 돌아가서 우리 둘은 벽에 어정쩡하게 기댄 채 사람들이 춤추는 것을 구경했다. 음악이 시끄러워졌다. "자리를 뜰까?" 그가 말했다. 콜택시를 불렀는데 한참이 걸렸다. 우리가 어디에 와 있는지 잊은 것이다. 차에 올랐고, 그가 자신의 집 주소를 주었다. 좁은 도로를 지나 브루클린 브리지로 향할 때 그의 손이 내 손을 잡았다. 낯선 털이 수북했다. 그가 자기 집에서 자고 가겠느냐고 물었다. 달리 할 말이 없어서 그러자고 했다.

그의 매트리스는 바닥에 있었다. 우리는 서로를 더듬다가 잠에 빠졌다. 특별한 일은 없었다. 아침에 요란한 숙취와 환한 행복감으로 깨어났다. 대니는 벌써 일어나 정신없이 왔다 갔다 했다. 나는 무릎을 꿇고 앉았다가 포기하고 도로 누웠다. 대니가 빵을 구워 가져왔다. 우리는 사려 깊게 서로에게 친절하게 굴었다. 그의 친절은 소름 끼쳤다. 마지못해 한 것임을 내가 알아보았기 때문이다. 나의 친절은 진심이었지만 마찬가지로 소름끼쳤다. 순전히 대니가 더 불안해하지 않도록 하려는 것이었기 때문이다.

그가 반스앤노블 서점에 가자고 했다. "커피를 팔 거야." 아마도 그럴 것이다. 그는 내가 구성 분자들로 쪼개져서 다시는 조합되지 않기를 원했다. 그럼에도 우리는 옷을 도로 입고 반스앤노블에 가서 커피를 사들고 서가를 둘러보았다. 대니가 나를 불러 자신의 우상이 디자인한 책을 보여주었다. 서 있는 것이 불편하다고 느꼈다. 그 순간, 불과 몇 시간 뒤에 우치다 미쓰코(명망 있는 말버러 음악학교에서 만났던 유명한 피아니스트)와 레슨이 있다는 것이 생각났다. 얼마 전에 읽은 가즈오 이시구로의 『위로받지 못한 사람들』에 주인공이 음악회가 있다는 것을 갑자기 기억하고 놀라는 장면이 있었다. 하지만 그런 악몽은 소설 속 이야기였고 지금은 현실에서 내게 벌어지는 일이었다. 나는 이스트 79번가에서 고전음악의 몇 없는 진정한 신 앞에서 연주해야 했고, 그 전에 어퍼 웨스트사이드로 가서 옷을 갈아입고 샤워를 해야 했다. 이런 중요한 일을 어떻게 잊었는지, 혹은 알면서도 왜 셀 수 없이 많은 술을 마시고 그릇된 성적 자각에 이끌리기로 했는지 모르겠다.

택시를 타고 집으로 갈 때 도시가 여전히 아침 햇살에 잠겨 있었던 기억이 난다. 모든 것이, 회색빛 건물들조차 초록색으로 보였다. 술을 깨려고 기름진 음식을 찾는 사람들이 있다. 둘을 연관 짓는 은유는 너무도 많다. 나에게는 이런 초록색이 숙취의 상징이었다. 다정다감함으로 모든 것을 물들이고 있었다. 심지어 더러운 스웨트팬츠 바람으로 벽에 기대앉아 웃는 노숙자도, 커피잔을 들고 가장자리로 떨어지는 방울을 핥는 여성도. 모두가 어디로 가고 있었고, 나는 그들을 지나고 있었다. 보편적인 움직임, 욕망이 벌이는 거대한 봄의 춤이다.

아파트에서 서둘러 씻고 양치질하고 반은 정신을 놓은 채로 몸을 풀었다. 미쓰코 앞에서 내가 연주할 곡은 세상에서 가장 엄격하고 비극적인 곡, 바로 바흐의 마지막 파르티타 E단조였다. 다시 택시를 타고 이제 속이 훨씬 더 울렁거리는 가운데 이스트사이드로 가서 매력적인 호스트 아델 모스코위츠에게 인사를 했다. 센트럴 파크가 한눈에 보이는 갈색 피아노 앞에 앉아 연주를 시작했다. 미쓰코는 많은 말을 하지 않았다. 실망한 기색이었다. 하지만 그녀에게 색인카드나 저녁에 있었던 일, 혹은 세상이 얼마나 아름다워졌는지를 이야기해봤자 이해하지 못할 것이다.

레슨이 끝나고 여든 살의 아델과 예순 살의 미쓰코, 이제 막 정신이 돌아온 나, 이렇게 어울릴 법하지 않은 3인방은 79번가와 매디슨가의 교차로에서 택시를 잡아탔다. 몇 분 뒤에 92번가 Y에서 내려 말버러 음악가들 음악회에 참석했다. 전반부를 거의 졸다가 슈만의 F장조 피아노 삼중주를 리처드 구드(유명한 피아니스트이자 나의 또 다른 우상)와 젊은 두 현악 연주자의 연주로 들었다. 음악은 경쾌하게 내달리다가 제2주제에서 구드가 한 음 바로 직전에 살짝 머뭇거렸다. 그가 머뭇거린 방식이 나를 매료시켰다. 내가 도시에서 보았고 그날 내내 다시 보려고 찾았던 다정다감함이었다. 대니의 눈에서 보려 했지만 보지 못했던 것이 그것이었다. 그렇다, 어떤 즐거움은 서둘러 그것을 찾게 만들지만, 어떤 즐거움은 시간을 끌고 싶게 만들기도 한다. 행복이 마치 수영장에 발가락을 담그고 물이 어떤지 시험하는 것이듯 말이다. 음악회가 끝나고 열린 리셉션에서 리처드 구드에게 이런 깨달음을 (몇 가지 요소를 삭제하여) 설명하려고 했지만 제대로 전해지지 않았다.

2002년 6월, 내가 쓴 박사 논문이 심사위원회 한 명이 강력하게 반대했음에도 심사를 통과했고 상을 받았다. 아버지가 학위수여식을 보러 왔다. 졸업생 한 명이 흥분한 나머지 명예 박사학위를 받으러 온 케빈 스페이시에게 키스를 했다. 아버지는 친해지는 시간을 갖기를 원했다. 우리는 책장 하나를 설치했다. 나는 새롭게 익힌 요리 솜씨로 아버지를 기쁘게 해주고 싶었다. 그래서 우리는 제이바스, 시타렐라, 머리스 치즈[고급 식료품, 해산물, 유제품 가게-옮긴이]에 갔다. 어디를 가든 사람이 많았고 끝도 없이 줄을 서야 했다. 아버지가 재치 있게 한마디 했다. "결코 잠들지 않는 도시라는 말이 줄을 서서 기다리느라 그랬던 거로군." 그런 다음 우리는 작은 나의 아파트로 돌아와 오소부코와 리소토를 만들었다. 맛있었고 우스꽝스러웠다. 그때만 해도 그곳이 23년째 내가 사는 집이 될 줄은 몰랐다.

다음 날 아침 아버지가 라과디아 공항으로 떠나면서 나는 뉴욕에서 몇 주 동안 혼자 지내게 되었다. 이제 막 박사가 된 지금이야말로 내가 적절한 짝을 만날 절호의 시간이라고 판단했다. 대니는 내가 생각할 여지를 주지 않았다. 그날 밤 일은 기억 저편에 묻어두었다. 친구들이 '너브 닷컴'이라는 사이트에 프로필을 만들어보라고 해서 그렇게 했고, 이십대의 브루클린 여자를 만나 코넬리아 스트리트에서 저녁을 먹었다. 그녀는 프로필에 리키스를 둘러보는 것을 좋아한다고 했는데 그게 화장품 가게라고 설명했다. 그것 때문에 낙담하지는 않았다. 화장하는 여자와 데이트를 해본 적은 없었지만 말이다. 우리는 즐겁고 기억할 가치가 없는 대화를 나누었다. 나는 완벽한 신사로 행동했고 택시를 타고 집으로 왔다. 그런 다음 인터넷에 접속했다. 몇 시간 뒤에, 아마도 새벽 2시 즈음에 시시껄렁한 사내를 내 침대와 아파트에서 쫓아내면서 안도와 두려움과 자기혐오를 느꼈다.

그로부터 일주일 뒤에 버몬트 남부의 굽이진 산악 지대에 위치한 말버러 음악학교로 차를 몰고 갔는데, 거기에 **당신**이 있었다. 점심 시간에 식당에서 나를 쳐다보았다. 노골적이고 뻔뻔한 표정으로. 이 일도 한 주 동안은 옆으로 치워놓았다. 당시 나의 관심은 여든이 넘은 작곡가 리언 커슈너의 신작에 온통 쏠려 있었다. 바이올린과 피아노를 위한 일종의 소나타였다. 이 곡이 많은 사랑을 나타내는, 커슈너의 삶이 담긴 역작이라는 것은 분명했다. 마디마다 해결과 비해결의 디테일을, 고통스러운 불협화음의 축적을 볼 수 있었다. 설령 전체 이야기가 이해되지 않았다 해도 그 사고를 따라가는 것은 놀라운 경험이었다. 나는 더 빠르게 연주하며 충동과 광기를 느끼고 싶었다. 마치 커슈너의 존경스러운 삶을 빠르게 돌려보는 기분이었다. 나는 항상 내가 할 수 있는 것보다 더 빠르게 배우기를 원했던 것 같다. 바이올리니스트는 내가 자신을 몰아붙인다며 화를 냈다. 커슈너는 습한 말버러 연습실에서 우리와 몇 시간을 함께 작업에 매달렸다. 그는 얼마 전 암으로 세상을 떠난 아내를 "희귀종 나비"라고 표현했다. 과연 곡 중간에 늘임표가 있었다. 화성이 실제로 공중에서 맴돌다가 자신을 발견하기라도 하듯 내려앉는 순간이었다. 나는 이것을 느꼈고, 자신의 삶을 착륙시키는 작품을 만들려고 애쓴 커슈너의 열의를 느껐다. 어느 날, 내가 리허설을 마치고 야나체크의 몇 마디를 연주하고 있었다. 그가 평소보다 의기소침한 표정으로 말했다. "오, 나는 그처럼 아름다운 소절은 한 번도 써본 적이 없네."

내 생각에는 그날 저녁에 그 일이 있었다. 내 마음은 아직도 커슈너의 곡의 감정에서 허우적대며 수수께끼를 풀려고 애썼다. 그때 당신이 (또다시) 커피숍에 있었다. 그때까지 내가 본 누구보다 아름다운 모습으로. 우리는 맥주를 몇 잔 마셨고 가볍게 농담하듯 이야기를 나누었다. 그러고 나서 기숙사 가는 길에 있는 언덕으로 자리를 옮겨 두 시간 뒤에 사랑을 나누고 있었다. 플루티스트가 우연히 옆을 지나다가 소리쳤다. "당신이 완전한 이성애자가 아니라고 내 짐작은 했지." 적절치 못한 말이었고, 누가 보았든 누가 알든 나는 상관하지 않았다. 커밍아웃을 할 필요가 없었다. 이미 밖으로 나와 있었으니까. 우리는 그에게서 벗어나 어두운 자갈길을 걸었다. 음악 토막, 여름, 자연, 밤. 나는 당신에게 무엇을 원하는지 물었고, 당신은 "모든 것"이라고 대답했다. 그리하여 그해 여름 내내 우리는 연못에서 수영을 했고, 숲에서 조용하게 오래 산책했고, 버몬트의 산들을 걸었다. 모두가 나에게 괜찮은지 물었다. 나는 그보다 좋았던 적이 없었다. 피아노도 연주했던 것 같은데 기억에는 없다.

내 몸은 그 모든 시간에 나를 기다려주었고, 내 마음이 그것을 찾을 때까지 기다렸다. 몬테베르디의 마드리갈과는 달랐다. 마술과도 같은 그 기간에 나는 개인인 동시에 자연이, 탄식인 동시에 춤이 될 수 있었다.

코다(이행부)

PLAYLIST

> 멘델스존: 콘체르탄테 변주곡
> 리스트: 스페인 랩소디
> 모차르트: 피아노 협주곡 C장조 K.503, 제러미 덴크와 세인트폴 체임버
> 오케스트라 연주

1999년 내가 아직도 박사 논문을 질질 끌고 있을 때 세복이 세상을 떠났다. 그 소식을 들었을 때 나는 뉴욕의 아파트에서 바닥에 쪼그리고 앉아 〈펠리시티〉라는 드라마를 보고 있었다. 내 삶과 시간을 허비하지 말라는 경고처럼 들렸다. 나는 인디애나로 가서 추도식에 참석했다. 에벌린과 나는 이제 룸메이트이자 친구였다. 그녀는 남편과 헤어졌고, 내게 손의 골격 문제에 대해 비공식적인 레슨을 해주고 있었다. 덕분에 어떤 건조한 콘서트홀에서 어떤 피아노를 만나도 해낼 수 있을 것 같은 자신감이 생겨 초창기 연주 생활에서 큰 부담을 덜 수 있었다. 우리는 슈타커와 세복이 연주한 멘델스존의 〈콘체르탄테 변주곡〉 음반을 들었다. 세복의 재치

와 다정다감함과 자제력이 빛나는 연주였고, 아울러 황홀하면서 세밀한 기교도 좋았다. 우리는 세복이 초창기에 녹음한 리스트의 〈스페인 랩소디〉를 듣고 놀랐다. 장황한 과시적 작품이라고 할 수도 있는 이 곡에서 그는 단조의 샤콘을 어둡고 우렁찬 클라이맥스로 몰고 갔고, 그런 다음 이어지는 스페인 춤곡에 캐스터네츠의 명쾌함을 부여했다. 그의 연주의 교훈은 내가 그와 가진 첫 레슨의 교훈과 거의 같았다. 어떤 선택을 하느냐에 따라 어떤 곡에도 품격을 부여할 수 있다는 것이었다.

두 해 뒤인 2002년에 나는 당분간 교습을 그만두기로 했다. 너무 일렀다. 나의 교습은 나에게도 내 학생들에게도 독이었다. 에벌린이 내가 용감한 결정을 내릴 수 있도록 2천 달러를 주었다. 그녀는 내게 부추김이 필요하다는 것을 알았다. (그녀가 없었다면 내 삶이 어떻게 흘렀을지 상상도 되지 않는다.) 그녀가 준 돈에 내가 모아둔 약간의 돈을 보태 뉴욕으로 완전히 이사를 가서 내가 이론적으로 벌인 일을 마무리하기로 했다. 몇 년간 재정적 어려움이 있었지만 친구들, 동료 음악가들, 기획자들, 지지자들이 크나큰 도움을 주었다. 그리하여 나는 누구도 부인할 수 없는 콘서트 피아니스트가 되었다.

세복의 영향은 여기저기서 예기치 못한 순간에 나타났다. 2000년대 말에 있었던 순회공연에서 한번은 연주가 끝나고 오벌린 시절 나의 교사였던 조지프 슈워츠와 저녁을 먹게 되었다. 1997년 이후로 그를 처음 보는 것이었다. 우리는 플로리다주 새러소타 근처의 애플비스에 있었다. 문을 연 식당이 그곳밖에 없었다. 그동안 서로 살아온 얘기를 나누었고 대화가 시들해지려고 하자 난데없이 그가 물었다. "오벌린에서 세복이 연주했던 바흐의 지그 기억나나?" 나는 당연히 기억난다고 했다. 나 자신이 갈기갈기 찢기는 기분이었다. 그로부터 20년이나 흘렀고 신호등과 쇼핑몰이 있는 이곳에 와서도 우리는 2분짜리 바흐 곡에 대한 기억을 여전히 간직하고 있었던 것이다.

그로부터 오래지 않아 내가 새로 지어진 필라델피아의 멋진 페렐만 극장에서 리사이틀을 한 기억도 잊히지 않는다. 어떤 악구를 연주하려고 팔을 자신감 있게 들었는데 그만 잘못된 음들이 나오고 말았다. 순간 공포에 질렸고, 급하게 숨을 들이마시고 자책의 말을 늘어놓으려고 할 때 머릿속에서 묘한 헝가리 억양의 목소리가 들렸다. "자네 문제는 완벽주의자라는 거네." 나는 좀 더 자유롭게 연주했다. 갑자기 더 많은 선택의 길이 보이는 것 같았다. 음악회가 끝나고 칭찬의 말을 건네는 사람들에게 미소를 지으려고 하면서도 내 머릿속은 여전히 세복의 이런 순간과 빌 릴런드를, 그의 검은색 레슨 노트에 적힌 사소한 가르침들을 비교하고 있었다.

우리가 얻으려고 노력하는 디테일에는 끝이 없다고 했던 릴런드의 말에는 일리가 있다. 하지만 세복의 말도 옳았다. 완벽하고자 하는 욕망은 치명적인 약점이 될 수 있다. 이런 역설을 설령 모른다 해도 떠안고 살아야 하는 것이 음악가의 숙명이다. 머릿속에는 수많은 목소리들이 얽힌 미로가 있다. 스스로 깨우친 것과 지도자들과 멘토들이 한 말이 대위법을 이루는데 항상 일치하지는 않는다. 가끔은 스승에게 물어 그들이 또다시 길을 알려주었으면 좋겠다고 생각하겠지만, 여러분이 항상 있고 싶어 하는 바로 그곳, 무대에 오르면 자신의 길을 스스로 찾아야 한다. 그들은 줄 수 있는 모든 도움을 주었다.

여러분의 미로를 해결할 수 있는 사람은 여러분밖에 없다.

$$\text{\textreferencemark}$$

2017년 12월, 왕성하고 바쁜 순회공연 일정을 네다섯 해 보내고 난 나는 조지아 오키프의 고향인 뉴멕시코주 애비퀴우 호수 연안에 있는 에어비앤비를 빌렸다. 그곳에 가려면 소떼 사이를 지나야 했다. 시속 10마일의 속도로 느릿느릿 그들의 성스러운 장소를 지나는 동안 어둑한 짐승 무리가 홍해처럼 갈라졌다. 시시각각 호수와 태양과 언덕이 자리를 바꾸며 환상적인 풍경을 연출했다. 나는 차에서 내려 사진을 찍지 않을 수 없었다. 소들은 못마땅했는지 불편하게 몸을 흔들었다. 에어비앤비에 도착했을 때는 쓰러지기 직전이었다. 가장 가까운 레스토랑이 45분 거리에 있었다. 온수 욕조가 있었다. 해발 6500피트의 공기가 차갑고 맑았고 절대적인 침묵이 흘렀다. 밤이 빠르게 찾아왔고 그와 더불어 별들이 밤하늘에 펼쳐졌다. 외로움을 덜 느끼려고 집에 켜둔 불빛을 제외하면 다른 불빛은 없었다.

음악회와 무관한 나의 여행이 대개 그렇듯 이번에도 충동적으로 예약한 것이었다. 기대가 없지는 않았다. 이 여행으로 드디어 델타항공에서 다이아몬드 등급을 받게 될 터였다. 하지만 더 깊은 생각은 **난 아무도 아무것도 상관하지 않아**, 하는 것이었다. 그해 멍청한 죽음들이 있었고, 오랫동안 나를 갖고 놀았던, 이름을 밝히지 않을 사내들이 있었다. 나는 나의 고독에 더 많은 고독으로 복수를 하고 싶었다.

하지만 에어비앤비에 짐을 풀고 나자 내 생각이 짧았다는 것을 깨달았다. 나는 연습을 해야 했다. 피아노가 없었다. 애초에 피아노를 확인하지도, 원하지도 않았다. 어쩌면 고의로 벌인 태업인지도 모른다. 세인트폴 체임버 오케스트라와 모차르트의 멋진 C장조 협주곡 K.503을 녹음하기로 한 날짜가 얼마 남지 않았다. 오래전에 정해진 일이었다. 나는 차를 몰고 근처의 주유소/가게로 가서 계산하면서 최대한 태연하게 물었다. "으음, 이상한 질문인데요! 혹시 주위에 피아노 가진 분 알고 계신가요?" 주인은 아이들을 가르치는 매들린이라는 여성이 있다고 대답했다.

그래서 나는 또다시 동네 피아노 교사의 도움에 기댔다. 첫 번째 교사 이후 40년 만이었다. 매들린은 품위가 있었다. (모나 슈나이더만, 매들린 윌리엄슨… 이름도 참 우아하다.) 그녀는 빛이 잘 드는 자신의 집으로 나를 환영했고, 키우는 개들을 소개했으며, 차를 끓여 대접했다. 나는 뭐라고 말해야 할지 몰랐다. 매일 그녀의 피아노 앞에 앉아 참을 수 있을 때까지 몇 시간을 쳤다. 나의 태도는 최고답지 못했다. 가끔은 이런 피아노로 연습하느니 차라리 도널드 트럼프가 단테를 큰 소리로 읽는 것을 들으며 십자가에 매달리는 편이 낫겠다는 생각을 했다. 하지만 매일 음악에서 더 많은 것을 발견했다. 적어도 발견이 줄어들지는 않았다. 결코 사라지지 않을 굳건한 가치였다. 이런 발견은 모차르트의 마지막 악장 론도에 나오는 특정한 패시지로부터 시작했다.

집에 복도가 있어야 하듯 론도에는 돌아오는 패시지가 있어야 한다. 이런 이행부는 복도처럼 좋지도 나쁘지도 않을 때가 많다. 선

율보다는 주로 음계나 펼침화음으로 이루어진다. 흥얼거리는 음이
라기보다는 연습해야 하는 따분한 음에 가깝다. 여기저기 빈둥거리
며 돌아다니는 느낌, 어딘가에 도착하는 느낌을 준다.

모차르트는 우아하고 고분고분한 이행부를 많이 썼지만, 가끔은
장대한 것을 쓰고자 마음을 먹고 기능적인 장소에 불필요한 마술을
집어넣는다. 내가 스포츠 은유를 드는 경우는 잘 없고 바보 같지만,
야구 이야기를 해보자. 여러분이 홈플레이트를 향해 슬라이딩을 하
면, 관성이 분명 여러분을 목적지까지 데려갈 것이다. 하지만 슬라이
딩을 하며 불가피함에 몸을 맡기는 일이 벌어지는 동안, 가만히 붙들
고 있기가 불가능한 그 순간, 여러분은 존재와 관련하여 영속적인 뭔
가를, 내가 지금 득점을 하게 된다는 것보다 훨씬 중요한 뭔가를 깨
닫는다. 게임의 본질, 어쩌면 우리가 게임을 하는 이유, 게임이 우리
의 삶에서 채워주는 깊은 정서적 틈새에 관한 것이다. 모차르트의 가
장 뛰어난 이행부가 바로 그런 깨달음을 안겨준다.

이 패시지에는 세 가지 요소가 있다. 첫 번째 요소로 피아노는 올
라가고 내려가는 제스처를 연속적으로 취한다.

하지만 이런 작은 고리들은 모두 더 긴 과정(두 번째 요소)을 만들
기 위함이다.

땅을 향해 활공하는 새처럼 차례로 하강하는 음계가 그것이다. 이런 두 요소에서 소우주와 대우주, 고리를 그리며 도는 횡보와 목적성 있는 비행이라는 두 유형의 여행이 서로 교차한다.

그러다가 세 번째 요소인 변절자가 등장한다. 완전히 규칙적이진 않지만 박이 바뀔 때마다 모차르트는 장조와 단조를 오간다. 마치 시간을 섬광등 아래에다가 둔 것 같다.

밝고 어둡고 밝고 어둡고 밝고 어둡고

이 대목에서 나는 으스스하면서 매혹적인 기분을 느낀다. 단조로 바뀔 때는 이상하다(**어째서 갑자기 슬프지?**). 하지만 장조가 다시 등장하면 한층 더 불안해진다(**왜 다시 행복한 거야?**). 첫 번째 요소는 공간을 행동으로 채운다. 두 번째 요소는 공간에 방향성을 준다. 그러나 세 번째 요소는 **우리가 어디에 있지?** 하고 물음으로써 공간을 복잡하게 만든다.

고지대 사막은 불면증을 불러오기 때문에 새벽 4시나 4시 반이면 눈을 뜨게 된다. 캄캄한 밖으로 나가 뜨거운 욕조에 웅크리고 앉아 양수와 같은 물속에서 노트북이나 휴대폰 없이 기다린다. 어느 시점이 되면 태양이 떠오르리라는 믿음이 약해진다. 잠에 빠져 욕조에서 익사하지 않도록 마음을 다잡는다. 그 순간 하늘 한쪽 끝이 아주 미세하게 밝아진다.

하늘과 땅이 만나는 복잡한 테두리에 생기가 돌면서 광대한 하늘이 자그마한 감자처럼 보였다. 길게 뻗는 빛의 각도가 주인공이었다. 고스트 랜치 주변의 절벽 가장자리가 창백해지면서 가장 먼저 깨어났음을 선언했다. 희끄무레한 바위가 점차 넓어져서 분홍색, 오렌지색, 빨간색이 어우러진 가족을 이루었다. 스펙트럼 한쪽에서 평생 사색하기에 충분한 아름다움이 만들어졌다. 한편 계곡의 또 다른 가장자리에서 피뇽 소나무가 많은 절벽은 보다 차분한 반응을 보였다. 호들갑스러운 분홍색이 숲의 바위에서 드문드문 고개를 내밀 뿐이었다. 시간은 빛의 형식으로 흘렀다. 나는 이런 멋진 사건을 한순간도 놓치지 않으려고 고개를 이쪽에서 저쪽으로 돌리며 욕조에서 허우적댔다. 모든 것을 꿰뚫어보는 눈이 되고 싶었다. 2분 전이 지금보다 더 아름다웠던가? 내가 왜 이렇게 판단을 내리고 평가하는지 나도 몰랐다. 뭔가가 다른 것보다 더 아름답다는 것에 어째서 신경을 쓸까?

이 광경이 끝나기를 결코 원치 않았다. 너무도 분명한 순간이 끝나고 더 이상 그곳에 있을 수 없다는 것을 알 때까지는 결코 다른 데로 가고 싶지 않았다. 욕조 밖으로 나왔다. 젖은 몸을 부르르 떨며 맨발로 바윗길을 서둘러 달려 쉼터로 돌아왔다. 안에는 따뜻함과 옹졸한 걱정이 있었다. 어째서 가운이 없는 거야? 나는 에어비앤비 주인에게 일견 정중해보이지만 언짢은 마음을 담은 쪽지를 썼다. 장시간의 온수 목욕이 건강에 미치는 효과를 구글로 검색했다. 그러면서 세상의 색이 바뀌는 이 순간을 마음속에 담아두려고 애썼다. 나는 이행부에 계속 머무르고 싶었다.

$\}$

K.503의 론도 뒤에 가면 또 하나의 이행부가 필요하다. 돌아오는 행위로 돌아오기 위한 이행부다. 우리는 이제 악장 중반에 이르렀다. 절반의 과거가 끝나고 절반의 미래가 남았다. 피아노와 목관이 사랑의 육중주를 벌인다. 갈망으로 가득한 대목이지만, 선율은 단순하여 하행하는 세 개 음이 반복되는 식이다.

눈먼 쥐 세마리

이 선율을 멍청하지 않게 탁월하게 만드는 것은 중간의 음('쥐')이 나올 때마다 바뀌는 화음이다. (이런 음을 가리켜 '경과음passing note'이라고 부른다.) 마술처럼 바뀌는 이런 화음은 주로 7화음이다. 7화음은 두 번째 화성 수업에서 살펴본 것으로, 해결의 욕망과 계속 머무르려는 욕망 사이에 존재한다. 이렇듯 중간 섹션은 중간의 음과 중간의 화음에 관한 것이다.

모차르트는 이 섹션에서 나가기 위해 그 어떤 이행부와도 다른 이행부를 마련한다. 그는 레코드 바늘이 튀는 듯한 당김음을 넣어 살짝 비틀거림으로써 감미로운 선율의 대칭을 무너뜨린다. 시간이 흐르면서 발아래 놓인 화음이 바뀐다. 그런 식으로 과거를 계속 철회하여 우리를 미지의 미래로 데려간다. 모차르트는 신뢰할 수 없는 해설자가 된다. 우리는 울타리도 길도 없이 어둠 속을 헤맨다. 〈윌리웡카와 초콜릿 공장〉[로알드 달의 소설 『찰리와 초콜릿 공장』을 원작으로 하는 1971년 뮤지컬 영화-옮긴이]의 유명한 보트 장면에 나오는 노래 "우리가 어느 방향으로 가는지 도저히 알 도리가 없네"처럼 말이다. 목관이 여전히 "눈먼 쥐 세마리" 선율을 노래하지만, 이제 비극적인 화성을 바탕으로 필사적으로 부르는 노래가 된다.

어둠이 승리를 거둔 것처럼 보일 때 모차르트는 또다시 기어를 바꾼다. 여섯 마디에 걸쳐 휘황찬란한 빛을 선사한다. 목관이 장조로 상승하는(!) 이 대목에서 나는 압박감을 느끼기 시작한다. 그냥 해결하고픈 강한 욕망이 아니다. 나에게 이런 압박감은 이 걸작이 '지나치게 그득하다'는 감각과 연계된다. 화창한 장조와 비극적인 단조, 신이 난 행복과 겁에 질린 공포, 규범적인 것과 기묘한 것, 이렇게 모순된 것을 하나의 내러티브에 욱여넣는 방식으로 이런 폭발할 것 같은, 넘쳐흐르고 쏟아질 것 같은 순간을 만든다.

마침내 오케스트라가 연주를 멈춘다. 피아니스트가 주도권을 쥐고 거미줄처럼 촘촘한 이중의 음계를 연주하며 내려가다가 …

… 어떤 지점에서 돌연 방향을 튼다. 물건을 잃어버리거나 출구를 지나친 것이 막 생각났다는 듯이 말이다.

음계가 다시 올라가더니 예고도 없이 우리가 그곳에 도착했음을 깨닫게 된다. 주요 주제가 등장한 것이다. 모자에서 꺼낸 토끼처럼. 위기는 해결되지 않고 그냥 소멸했다.

이 패시지를 연습하면서 거대한 유리창 너머를 바라보았다. 리오차마강의 물줄기가 지나는 독특한 뉴멕시코 풍경이 눈에 들어왔다. 사막에서는 모든 물이 비현실적으로 보인다. 로키산맥에서 눈이 녹아 흘러내린 물이 진흙과 섞이며 만들어낸 물줄기다. 태양빛이 강에 반사되며 무한히 증발했다. 음악과 이런 풍광 사이에서 오도 가도 못하게 된 나의 뇌는 저도 모르게 상실의 목록을 만들기 시작했다. 2년 전 세상을 떠난 나의 아버지. 뉴멕시코와 그곳의 복잡한 피비린내 나는 역사를 사랑했고, 나를 태워주고 놀리고 항상 분발하도록 다그치면서도 내가 이룬 것을 사랑했던 아버지. 그러고 나서 얼마 뒤 세상을 떠난 나의 어머니. 어머니가 꿈속을 거닐 듯 호흡을 잃어갈 때 이기적이게도 나는 핀란드의 끝없는 태양 아래에서 음악회를 하고 있었다. 그리고 결코 털어놓고 싶지 않은 예기치 못한 사건들 가운데 마지막으로, 아칸소에서 공연했을 때 노트북을 열고 인터넷으로 알게 된 내 친구 마이클의 죽음. 내가 바라던 대로 우리가 함께 하지 못했다며 나는 10년 동안 그를 원망해왔다.

내 마음이 내 의지와 무관하게 이런 세 죽음을 떠올리는 순간에도 나는 햇빛 속에서 모차르트의 동요 같은 주제를 연습하며 행복의 감정을 느끼고 있었다. 어머니가 치명적인 병을 앓았던 열두 살에는 음악이 전혀 위안을 주지 못했다. 가짜처럼 여겨졌다. 하지만 지금, 그 모든 상실과 교사들과 시간을 겪고 나니 음악이 의지할 만한 몇 안 되는 현실이라고 느꼈다. 나는 이행부를 계속해서 연습했다. 부엌에서 분주하게 움직이던 매들린이 참다못해 한마디 했다. "당신이 치고 있는 템포 말인데요. 너무 빨라요!" 나는 웃고 말았다. 아마도 메트로놈을 쓰라는 뜻 같았다. 하지만 나는 이 패시지의 진실을 알아내느라 너무도 바빴다. 모차르트는 전례 없는 영감을 발휘하여 주제가 돌아오는 대목을 마련한다. 그는 우리를 집으로 돌려보내기 위해 음악이라는 세상 끝까지 간다. 그럼에도 우리가 굳건한 땅으로 돌아올 때는 여전히 우발적으로 벌어진 일처럼 여겨진다.

감사의 말

무엇보다 나를 가르쳤던 모든 교사들에게 감사의 말과 사과의 말을 전해야겠다. 살면서 이미 한 번 그들을 이용한 적이 있는데 글을 쓰면서 또 한 번 이용했다. 당시 혼란스럽고 미숙했던 내 눈에 보인 대로 그들을 묘사하자고 마음을 먹었다. 그러니 노먼, 입내가 심하다고 해서, 그레그, 점이 있다고 해서, 래리, 목소리가 알랑거린다고 해서 죄송해요. 부분적으로 희화화한 겁니다. 내 마음에 가장 오래 남아 있는 인상은 그들이 보여준 애정이다. 가장 큰 미안함을 갖고 있는 대상은 조지프 슈워츠다. 우리는 잘못된 시기에 만난 잘못된 짝이었다. 이야기 진행을 위해 어쩔 수 없었다. 하지만 그는 멋진 피아니스트이자 교사였으며 훨씬 나은 대접을 받을 자격이 있다.

그다음은 인내심의 달인인 편집자 앤디 워드 차례다. 그가 이 프로젝트에 보인 열의는 지금도 나를 놀라게 한다. 그는 흥분하면 황홀해하며 답을 보냈고, 걱정이 되면 이마에 주름이 살짝 잡혔다. 그리고 나무랄 데 없는 에이전트 엘리스 체니. 그녀는 내가 『뉴요커』에 쓴 릴런드와 세복에 관한 글을 보고 연락을 해왔다. 처음 만났을 때를 잊지 못한다. 내가 두서없이 떠드는 동안 그녀는 편안하게 앉아 내 말을 들어주었다. 그러자 나는 이 책이 어떤 식으로든 만들어질 수 있겠다고 어렴풋이 느끼게 되었다.

랜덤하우스의 다른 많은 헌신적인 이들도 있다. 케일리 수버왈과 마리 판토잔은 수고스러운 편집을 진행하고 멋진 피드백을 줘서 내가 완전히 정신 나간 사람은 아니라고 느끼게 했다. 로런스 크라우저는 교열을 보며 실수를 잡아냈고, 나의 과거의 좀 더 어두운 구석을 파헤쳐서 명료하게 쓰도록 요청했다. 런던 킹은 홍보에 열심히 임해주었다. 매디슨 데틀린저는 소셜미디어에 서툰 내게 힘이 되었다. 루카스 하인리히는 근사한 표지를 만들었고(수많은 제안 가운데 아름다운 하나만을 고르려니 가슴이 아팠다), 사이먼 설리번은 (내가 어떤 폰트를 좋아하는지도 모르면서) 본문 디자인을 우아하게 만들었다.

그다음으로 내가 쓴 6천 단어 글 두 편을 엄정하게 살펴본 『뉴요커』의 레오 캐리가 있다. 내가 사우스캐롤라이나에서 공연할 때 그가 밤늦게 나와 함께 있었던 적이 있다. 나는 포장해온 접시를 바라보았고 그는 좁은 방에 놓인 책에 눈길을 주었다. 그러다가 우리는 마침내 마지막 문장을 고칠 단어 하나를 찾아냈다. 덕분에 미로에 관한 문장으로 글을 잘 마무리했고, 그 문장은 결국 오프라 윈프리의 웹사이트에도 인용되었다. 레오는 음악과 글을 사랑한다. 아무리 고단하고 좌절을 안겨주더라도 자신의 일에 전력을 다하는 사람이다.

샘플 원고를 읽어준 유명인들이 있다. 작곡가 존 애덤스, 소설가 에드워드 독스, 훌륭한 음악학자 피터 버크홀더와 윌리엄 쳉, 내 오랜 친구 아일린 브리크너, NPR의 애냐 그런드먼, 오랜 세월 날 위해 너무도 많은 것을 해준 영민한 영문과 교수 데이비드 워커, 바비칸의 폴 킨, 지금은 세상에 없는 내 짝사랑 작곡가 마이클 프리드먼, 솔직하게 의견을 말해준 시애틀의 두 음악 애호가 게이 친구 잭 카스텐슨과 제임스 어튼.

훌륭한 많은 교사들과 레슨을 이 책에 싣지 못했다. 그중 후회되는 것이 오벌린의 음악사 교수 제임스 헤포코스키다. 나는 그의 옛날식 음악학 강의와 에세이에 나오는 언어, 스타일, 통찰력을 좋아했다. 일부가 책에 담겨 있다. 하지만 지금 돌아볼 때 다른 성격의 영향을 미친 또 한 명을 생각하지 않을 수 없다. 수전 매클러리다. 우리는 멍청하게도 그녀의 책 『페미닌 엔딩』이 1991년에 출간되었을 때 아이디어가 투박하다며 놀려댔다. 하지만 그것이 얼마나 생동감 넘치는 것이었는지 이제 알겠다. 화성과 섹스를 다룬 장은 그녀의 영향력이 없었다면 쓰지 못했을 것이다.

나는 브라이언 블랜치필드의 『프록시스』라고 하는 멋지지만 기묘한 에세이집을 읽고 매료되었다. 내가 편안하게 간주에 해당하는 장들을 쓰게 된 것은 그 영향이다. 그리고 러시아 단편 소설들을 분석한 조지 손더스의 신간을 소개해준 앤디에게 감사하다는 말을 다시 전한다.

이 책은 내가 피아니스트로서 아직 완전히 자리를 잡기 전에 끝난다. 하지만 내가 점점 많은 청중 앞에서 연주하도록 도와준 수많은 사람들이 없었다면 나오지 못했을 것이다. 이미 책이 충분히 길어서 그들을 미처 다루지 못했지만, 그래도 여기서는 몇 명에게 고맙다는 말을 해야겠다. 가장 먼저 언급할 사람은 지휘자 마이클 틸슨 토머스다. 그는 내 안에서 뭔가(아이브스를 사랑한다는 공통점, 작곡가의 자기파괴적 성향에 대한 애정)를 보았다. 많은 것을 가능하게 해주었다. 그리고 영 콘서트 아티스트의 창립자 수전 워즈워스(그리고 먼저 나와 일했던 모니카 펠켈), 라비니아 페스티벌에서 내 연주를 듣고 여기저기 나를 추천해준 시카고의 마당발 베티 부케리가 있다. 그녀 덕분에 또 다른 후원자 바이런 구스타프손을 알게 되었다. 슬프게도 루게릭병으로 세상을 떠난 그는 나를 ICM 파트너스(현재는 오퍼스3)와 계약하게 해주었다. 바이런은 믿기지 않게 인내심이 많았고 많은 일들을 했다. 나중에는 그의 문하생 데이비드 볼드윈과 21C 미디어 그룹의 뛰어난 홍보팀, 특히 매력적인 앨버트 임페라토가 나를 도와주었다. NPR의 〈오늘의 연주〉는 나를 상주예술가로 받아주었다. 스콧 닉렌즈는 나를 가드너 미술관에서 일하게 해주었다. 그 외에도 내가 고마움을 표할 사람은 너무도 많다. 링컨 센터의 야마구치 하나코와 제인 모스, 카네기 홀의 크리스틴 랜치노, 주디 애런, 제러미 게펜, 클라이브 길린슨, 내가 로스앤젤레스 필하모닉과 연주하도록 결정적 기회를 마련해준 채드 스미스, 에사 페카 살로넨, 나를 오하이 페스티벌과 연결해준 톰 모리스, 92번가 Y의 해나 가이프먼, 에이미 램,

그리고 어쩌면 나와 가장 끈끈한 인연인 말버러와 필라델피아 체임버 뮤직 소사이어티의 사람들, 토니 체치아(꽤 수상쩍은 제의였을 때 나를 믿어주었다), 마일스 코언, 우치다 미쓰코, 리처드 구드. 구드 덕분에 내가 논서치 음반사의 로버트 허위츠와 인연을 맺게 되었다. 그에 대해서는 아무리 고마움을 표현해도 부족하다. 내 현재 매니저인 데이비드 포스터와 애들레이드 독스도 마찬가지다!

맥아더 재단의 너그러운 후원도 언급하고 싶다.

⸘

내 친구 마이크 니컬러스와 맷 리프먼 덕분에, 그리고 약간의 술기운을 빌어 내가 팬데믹을 버텨내고 글을 쓰는 와중에도 쾌활함을 잃지 않을 수 있었다. 헌신적이고 다정한 내 파트너 빈스 쳉도 마찬가지다. 무수히 많은 것들을 했지만 무엇보다 그는 요리와 청소를 담당하여 내가 몇 시간이고 일에 몰입하도록 해주었다. 캘리포니아에 있는 친구 조현과 모리스 싱어는 계속해서 격려를 해주었다.

세월을 거슬러 올라가면 아마도 가장 오래된 감사 인사는 애냐 그런드먼의 몫일 것이다. 2006년 내게 블로그를 시작하라고 권한 인물이니 말이다. 그녀는 내게 글쓰기의 사랑을 일깨워주었고, 내가 의외의 것을 연결하는 재능이 있다고 했다. 글을 쓰다 보면 특정한 목소리를 찾을 수 있을 거라고 했다. 그리고 본인이 잘하는 일을 하면 어쨌든 행복하지 않느냐고 했다. 본문에서 이미 감사의 말을 전한 내 친구 에벌린 브랜카트도 방식은 다르지만 같은 이야기를 했다.

내 고등학교 오케스트라 교사 도나 헤런, 빌 릴런드, 모나와 릴리언, 그 밖의 모든 교사들, 온갖 어려움에도 음악가들이 더 잘 듣고 가능성을 최고로 발휘하도록 애쓴 그들에게 감사의 말을 전하고 싶다. 그리고 당연히 세복을 빼놓을 수 없다. 나를 구해줘서 고마워요. 마지막 중요한 감사의 말은 그의 부인 비카에게 해야겠다. 가끔 나를 옆으로 불러내 마음이 쓰인다는 듯 온화한 표정으로 말하기를, 세복이 말은 그렇게 해도 나에게 희망을 걸고 있다고 했다. "그는 당신의 연주를 듣는 것을 좋아해요." 상상할 수 없는 최고의 칭찬이었다. 우리는 모두 비카 같은 사람이 필요하다.

옮긴이의 말

제러미 덴크가 누구지? 이 책을 집어든 사람 열에 아홉은 이렇게 물을 것이다. 나도 그랬다. 찾아보고 나서야 알게 된 피아니스트다. 주위에 음악 좀 듣는다는 사람들에게 물어봤지만 다들 처음 듣는 이름이라고 했다. (어쩌면 기억을 못했거나 내가 정보를 제대로 주지 않아 그랬을 수도 있다.) 게다가 회고록이다. 회고록이란 모름지기 친숙함을 전제로 하는 것이 아니던가? 그런데 생소한 피아니스트의 회고록이라니. 나는 대체 왜 이런 책을 골랐을까? 여기에는 사연이 있다.

한 출판사와 피아니스트의 에세이를 번역하기로 한 것이 무산되고 나서 헛헛한 마음에 아마존을 드나들며 신간을 둘러보던 중 눈에 들어온 책이다. 처음 보는 음악가 이름, 독특한 제목. 출간 전이어서 독자들이 매긴 별점이나 명사들의 추천사는 없었고 소개 글이 전부였다. 저자에 대해 찾아보았는데 나무랄 데 없는 경력이었다. 주로 미국에서 활동하여 국내에 인지도가 없을 뿐, 정상급 피아니스트임이 분명했다. 특히 눈여겨본 대목은 제러미 덴크를 소개하면서 그가 쓴 글에 대한 이야기가 빠지지 않고 언급된다는 점이었다. 피아니스트 중에 지성이 특출하고 글을 잘 쓰는 사람이 많은데 그런 부류 같았다. 궁금증이 일어 원고를 받아보았다. 음악가답게 문장의 리듬이 특이하다는 생각이 먼저 들었다. 눈으로 훑어보는데도 개성이 묻어났다. 당연하지만 음악 이야기가 잔뜩 들어 있는 것도 좋았다. 음악의 요소를 다룬 장을 무작위로 펼쳐서 읽어보았다. 베토벤의 첼로 소나타를 분석한 장이었다. 독특한 시각이 인상적이었다. 이 사람만이 쓸 수 있는 책이다 싶었다. 더 읽어볼 것도 없었다. 당연히 잡아야 할 책이었다.

작업을 마치고 이 글을 쓰는 지금도 가장 먼저 펼쳐서 읽고 싶은 대목은 음악의 요소를 다룬 짝수 장들이라는 생각이다. 본인이 연주한 곡에 대해 이야기하는 음악가는 많지만, 이렇게 큰 관점에서 음악을 말하는 사람은 드물다. 크게 보는 통찰력, 철학적 사유, 설득력 있게 문장으로 풀어내는 재주, 그리고 위트까지. 특히 음악을 이야기하다가 갑자기 삶의 은유로 비약하는 대목은 황홀하다. 그는 피아니스트 말고 전업 작가로 살았어도 성공했을 것이다. 다만 이런 장들은 음악을 기술적으로 이해하는 독자들만 따라갈 수 있고, 본편이라기보다는 간주에 가깝다. 책의 중심은 훨씬 많은 분량을 차지하는 홀수 장의 회고록이다. 그러니 생소한 피아니스트의 회고록을 왜 읽느냐는 앞서의 질문은 여전히 유효하다.

사실 이 회고록은 특이하다. 보통은 유명해지고 나서 활발하게 활동하는 시절에 초점을 맞추지만, 이 책은 여섯 살 때 받은 첫 레슨으로 시작하여 본인이 교단에서 처음으로 학생들을 가르친 레슨으로 끝난다. 생의 전반부만을 다루며 교습 이야기가 가장 큰 비중을 차지한다. 당연히 그를 음악가로 만들어준 교사들 이야기가 계속해서 나온다. 어떻게 보면 그를 가르친 이런 교사들이 회고록의 주인공이다. (대학원에 박사과정까지 마치면서 수많은 교사들에게서 배웠으니 그는 누구보다 이런 회고록의 저자로 적임자일 것이다.)

생각해보면 음악 교습만큼 누군가의 영향력이 직접적으로 드러나는 경험도 없다. 그것도 어린 시절이라면 더더욱 그렇다. 음악이라는 세계에 첫발을 들인 아이는 교사를 통해 음악을 하나씩 배워간다. 처음에는 교사의 모든 말을 그대로 받아들인다. 그러다가 다른 교사를 만나면서 상반되는 가르침을 받는다. 어떤 것을 취하고 어떤 것을 버릴지 결정해야 하는 순간이 온다. 같은 배움의 길에서 만나는 동료 학생들의 조언도 있다. 이런 과정을 계속 거치면서 그만의 소리, 그만의 개성이 빚어진다. 이 책에서 가장 빛나는 순간은 배움의 희열, 그리고 그 배움의 길이 하나가 아니라는 깨달음이다. 음악가가 어떻게 만들어지는지 그 과정을 낱낱이 보여주는 책이다.

한편으로 교습은 자신의 취약함을 고스란히 드러내는 것이기도 하다. 그러니 가장 내밀한 경험이 된다. 일종의 연애 같은 것이다. 죄르지 셰볼이 본격적으로 등장하는 3교시에서 우리는 그와 같은 관계를 만날 수 있다. 첫 만남, 첫 레슨, 그의 모든 한마디, 실망, 이른 결별, 재회. 모든 대목이 사랑스럽고 애틋하다.

이 책을 작업하는 내내 나는 마음속에서 또 한 명의 피아니스트를 생각하고 있었다. 지적인 피아니스트의 대명사 찰스 로젠이다. 몇 년 전 그가 쓴 『고전적 양식』(풍월당, 2021)이라는 책을 번역하면서 제러미 덴크가 그 책에서 영감을 받아 오페라 대본을 쓴 적이 있다는 사실을 알게 되었다. 하이든, 모차르트, 베토벤이 주인공으로 등장하는 오페라라니 과연 그답다는 생각이다. (미국 작곡가 스티븐 스터키가 음악을 맡았으며 유튜브에서 오페라 전체를 볼 수 있다.) 비록 이 책에서는 찰스 로젠이 딱 한 번 지나가면서 언급될 뿐이지만, 모차르트의 〈신포니아 콘체르탄테〉로 시작하여 모차르트의 피아노 협주곡 K.503으로 끝나는 책 곳곳에서 그의 그림자를 보았다.

부록 플레이리스트 해설

1장

생상스: 교향곡 3번 C단조(〈오르간〉), 2악장

카미유 생상스는 (이 플레이리스트의 다음 작곡가로 소외의 정서가 지금도 통하는 말러와 달리) 오늘날 널리 연주되는 작곡가는 아니다. 생상스는 신동이었고, 신동의 문제들을 갖고 있었다. 여든여섯까지 살면서 낭만주의 시대를 대부분 경험한 그였지만, 손쉽게 재주 좋게 영리하게 해내는 젊은 시절로 자주 돌아갔다. 아마도 그에게는 삶이 지나치게 살짝 편안했던 모양이다.

시끌벅적한 이 교향곡은 믿음과 의심의 대립이라는 점에서 이어지는 말러의 곡과 주제가 비슷하다. 1악장은 주로 인간적인 불안을 다룬다. 끊어짐 없이 느린 2악장으로 넘어가면 오르간이 존재를 드러내기 시작한다. (오르간은 초인적인 것, 신적인 것과 연결된다.) 여기서 우리는 긴 호흡으로 이어지는 천국 같은 찬가 주제를 듣는다. 가끔 앞선 악장에 나왔던 불안과 의심에 찬 주제를 회상하는 대목이 있다.

음악이 잠깐 멈출 때 기침을 하고 자리에서 꼼지락거리다 보면 3악장이 시작한다. 낡은 양식의 스케르초로 매혹적인 간주가 들어간다. 간주가 또다시 나오겠군 하고 생각할 즈음에 들리는 것은 바흐 풍의 찬가다. 생상스는 (많은 이들이 그렇듯) 바흐를 신과 진리의 상징으로 활용한다. 아버지가 좋아한 오르간 화음이 등장하여 마지막 악장을 알리면, 천국의 주인들이 눈앞에 나타난 것만 같은 기분이 든다. 분명 호들갑스럽고 키치하지만 그럼에도 환상적이다. 유감스럽게도, 요즘 들어 내가 머리가 굵어졌다고 깔보는 부류의 음악이다.

말러: 교향곡 1번 D장조(〈거인〉), 1악장과 4악장

대기실에서 몸을 풀고 있을 때 노크 소리가 들린다. 매니저가 미안해하는 표정으로 들어와 설명하기를, 오케스트라의 말러 교향곡 리허설이 길어져서 내가 할 모차르트 협주곡 리허설이 20분가량 줄었다고 한다. 거의 항상 말러가 주인공이다! 이따금 브루크너, 쇼스타코비치, 차이콥스키가 그럴 때도 있다.

이런 이유로 요즘 들어 말러에 대한 나의 견해에는 원한이 묻어 있다. 하지만 열아홉에서 스무 살 무렵에는 말러를 무척이나 좋아했다. 대학 라디오 방송국에서 겨울 학기에 말러 프로젝트를 진행하면서 교향곡들 사이에 과열된 개인의 의견(놀랍다는 탄식)을 집어넣기도 했다. 말러는 하나의 세계다. 거기에 빠지고 나면 헤어나기 어렵다. 말러는 죽음, 찰나성, 사랑, 소외, 상실, 한계, 무한에 맞서 싸운다.

나는 브루노 발터와 컬럼비아 심포니의 음반을 듣고 자랐다. 운이 좋았다고 생각한다. 그만큼 아름다운 연주였다. 세세한 사항에서 흥미를 느끼는 사람이라면 말러의 개시부와 베토벤의 교향곡 4번의 개시부를 비교해서 들어보라. 옛것을 취해 현대적으로 재해석한 솜씨를 볼 수 있다.

어둡고 신비로운 서두의 하행하는 두 음(4도)이 점차적으로 모습을 바꿔 낙관적인 주제로 변한다. 그러는 와중에 새 울음소리도 된다. 요컨대 이 두 음은 초자연적 세계, 자연의 세계, 인간의 목소리라는 세 가지 의미로 갈라진다.

1악장의 첫 3분의 1은 각성의 궤적을 보인다. 어둠 속에서 주저하다가 걸음을 내딛는 선율이 되며 갈수록 자유분방해진다. 그렇게 클라이맥스에 도달하고 나서 다시 초자연적인 고요함으로 돌아온다. 한바탕 몰아친 것이 잦아들고 첼로가 가슴 먹먹하게 악구에 매달린다. 이 대목을 들을 때면 내 마음도 덩달아 고요해진다. 침울한 단조로움에서 벗어나 자연의 기쁨으로 돌아가기 위해 말러는 능숙한 조바꿈을 구사하여 심오한 변화가 안에서 일어나고 있다는 느낌을 만든다.

마지막 악장이 너무 길어 짜증이 날 때가 많지만(이 정도면 말러치고 간결한 교향곡이다!) 효과에 대해서는 수긍할 수밖에 없다. 그는 상처 받은 영혼의 울부짖음을 표현하기 위해 또다시 베토벤(교향곡 9번의 마지막 악장)을 따라한다. 점차적으로 고통이 걷히면서 끈질기게 남아 있는 사랑의 주제가 드러난다(선율을 확장하는 방식의 교본이다). 대위법이 분투하며 자주 막다른 길에 내몰리다가 마지막 승리의 포효로 넘어간다. 여러분은 마지막 20분의 어딘가에서 피날레가 무리수를 두고 있다는 느낌을 받을 것이다. 하지만 낭만주의 교향곡을 듣는다는 것이 원래 그런 것이다.

클레멘티: 소나티나 F장조 op.36, no.4

클레멘티(1752~1832)는 베토벤보다 한 세대 앞선 사람이지만, 베토벤보다 4년을 더 살면서 고전주의 전성기를 다 체험했다. 그는 그 시대의 강점과 단점을 상당 부분 보여주는 인물이다.

나는 이 장에서 이 곡과 소나티나의 저주에 대해 충분히 말했다. 살짝 못되게 굴었다는 느낌도 있다. 속죄의 의미로 그가 학생용이 아니라 어른의 기발함이 빛나는 매혹적인 소나타도 꽤 많이 썼다는 것을 말해둔다. 그중 가장 잘 알려진 것이 F샤프단조 소나타(op.25, no.5)다. 계속해서 다른 모습을 보여주는 악구에서 하이든의 실험적인 면모가 보이며, 귀를 잡아채는 이례적인 텍스처와 스페인 분위기가 살짝 나는 대목에서는 스카를라티도 연상된다. F단조 소나타(op.13, no.6) 역시 들어볼 만하다.

클레멘티 협회 웹사이트에서는 몇몇 후기작이 "베토벤 후기와 슈베르트 소나타와 동급"이라고 주장하는데, 글쎄, 내 생각은 다르다.

2장

라벨: 왼손을 위한 피아노 협주곡

이 책에서 별도의 장을 할애하여 화성과 선율, 리듬을 살펴보면서 음악을 즐기는 데 너무도 중요한 요소인 음색이나 텍스처에 대해서는 다루지 않은 것이 아쉽다. 음색에 대해 배워야 할 것은 이 협주곡과 라벨의 또 다른 걸작 〈다프니스와 클로에〉에서 대부분 찾을 수 있다. 라벨의 음악은 음색이 장식이 아니라 화음 진행만큼이나 심오한 표현의 정수라는 대단히 프랑스적인 전제를 확인시켜준다. 음색이란 소리의 질감이다. 음악과 가장 잘 연결되는 다른 감각인 회화적 '색채'를 잘 포착한 말이다. 음색을 강조하면 음악이 연기구름에서 증발하듯 사라지고 싶어 한다는 느낌을 줄 수도 있지만, 이 곡 〈왼손을 위한 피아노 협주곡〉에서는 오히려 압도적인 힘을 느끼게 된다.

이 장에서 내가 설명한 서두의 카덴차는 피아노 작법의 기적이지만, 마지막 카덴차와 비교하면 아무것도 아니다. 양손이나 심지어 세 개의 손이 돌아가고 있다는 인상을 안겨주는 기념비적인 과업이다. 이 대목을 연주하려면 피아노와 인간의 손을 이해해야 한다! 레온 플라이셔가 국소성 긴장이상증으로 오른손을 잃고 얼마 뒤에 야외 공연장에서 이 곡을 연주한 실황 비디오를 본 기억이 난다. 실로 놀라운 연주였는데 정확한 정보는 확인되지 않는다. BBC 프롬에서 장에프랑 바부제가 연주한 것도 사랑스럽다.

모차르트: 피아노 협주곡 F장조 K.459

얼핏 봐서는 진가가 드러나지 않는 명곡으로 재치가 번뜩인다. 1악장의 행진곡 주제는 지나치다 싶을 만큼 단순하며, 악장은 대체로 하나의 모티브로 진행한다. 베토벤을 떠올리게 하는 강박적 집착이 느껴진다. 그러므로 피아니스트와 오케스트라는 상상력을 한껏 발휘하여 연주해야 한다. 주요 주제(행진곡)가 새로운 화성으로 갈아입을 때마다 다른 뉘앙스, 아티큘레이션을 떠올려야 한다. 예컨대 라두 루푸가 데이비드 진먼과 함께 한 연주가 그렇다. 아름다운 연주지만 내가 듣기에는 이 곡의 많은 녹음 연주들과 마찬가지로 살짝 과하게 진지하다는 생각이다. 우치다 미쓰코는 살짝 경박하다!

모차르트: 피아노 소나타 C장조 K.545, 2악장

우치다 미쓰코가 앙코르로 여러 차례 연주하는 것을 듣고 나도 한번 해보자고 생각했던 곡이다. 그녀의 음반을 추천한다. (말 나온 김에 털어놓자면, 나도 이 곡을 녹음하여 내 음반 〈c.1300-c.2000〉에 목가적인 고전주의 시대를 대표하는 곡으로 수록했다.)

K.545에는 '쉬운 소나타'라는 부제가 붙어 있다. 그만큼 아이들의 음악회 프로그램에 단골로 등장하는 곡이다. 모차르트는 클레멘티처럼 학생들을 위해 작곡하면서도 듣는 이를 매료시킨다. 가르치면서 초월성을 잃지 않는 것이 어떻게 가능할까?

슈베르트: 즉흥곡 F단조 D.935, no.1

내가 사랑하는 이 곡을 처음 연주했을 때와 연관된 추억이 있다. 인디애나에서 자주 드나들던 커피숍의 바리스타에게 홀딱 반했었다. 그래서 어느 일요일 오후에 블루밍턴에서 이 곡을 연주하고 나서 카푸치노를 마시고 평소처럼 잠깐 말이나 섞으려고 그곳으로 달려갔다. 그런데 내가 도착했을 때 그녀는 묘한 표정으로 데크를 닦으며 허공을 쳐다보았다. 소심한 나는 그녀에게 다가갈 생각을 못했다. 다음 날 다시 찾았을 때 그녀는 정신건강에 문제가 있어서 그곳을 떠난 뒤였고, 다시는 돌아오지 않았다. 운명의 요소, 그리고 희극과 비극이 뒤얽혀 있는 추억이다.

슈베르트는 묘하게 비선율적인 진술로 시작한다. 하강하는 음계가 격렬하게 분출하면 조용하고 슬픈 응답이 이어진다. (나의 소견이지만, 충분한 시간을 두고 이 응답을 기다려주는 녹음 연주가 거의 없다.) 또다시 반복되고 이번에도 똑같은 조용한 응답이 나온다. 이제 우리는 슈베르트의 열차, 빈의 열차에 몸을 싣는다. 춤곡과 노래와 운율의 요소로 끝없이 모호하게 이어지는 열차다. 가끔 마디 마지막에 몰아치는 음과 꾸밈음이 놓여 이제 멈추려나보다 생각하게 되지만, 열차는 계속해서 달린다.

이 장에서 내가 언급한 패시지는 (데카/유튜브의 라두 루푸 연주 기준으로) 2분 45초에 나온다. 곡의 내적인 삶을 보여주는 '핵심'이라고 생각한다. 단조로 시작하여 점차적으로 장조로 바뀐다.

추천하고 싶은 연주를 고르기가 어렵다. 처음 이 곡에 빠지게 된 계기는 슈나벨이지만, 그의 음반은 엉망이다. 조잡하게 서두르고 몇몇 대목에서는 표정이 전혀 실리지 않는다. 훌륭한 연주가 많지만 (우치다, 루푸, 퍼라이아) 어느 연주도 나의 (아마도 포착할 수 없는) 꿈을 제대로 포착하지 못한다는 생각이다. 내가 원하는 이 곡의 연주는 이야기를 계속 진행하고 싶은 욕망과 시시각각 바뀌는 우리의 마음 상태라는 두 가지 충동 사이에서 절묘한 긴장감을 유지하며 리듬에서 비극과 다정함을 끌어내는 연주다.

슈베르트: 피아노 소나타 B플랫장조 D.960, 2악장

이 악장에 대해 아직도 말하지 않은 뭔가가 또 있을까? 매독을 앓았던 슈베르트가 생의 마지막 달에 완성한 이 곡 2악장에는 장송 행진곡의 리듬과 춤곡의 박이 뒤섞여 고별의 느낌으로 가득하다. 내 마음을 특별히 흔드는 순간이 앞부분에 나온다. 음악이 비극적인 도착의 느낌을 차곡차곡 쌓아갈 때 돌연 E장조의 화성으로 넘어간다. 황홀한 아름다움과 규칙을 위반하는 불안정함이 결합된 그야말로 슈베르트다운 조바꿈이다. 우치다 미쓰코를 추천한다. 그녀의 조바꿈은 타의 추종을 불허한다. 이 장에서 설명한 발레리나 같은 손의 움직임을 보고 싶다면, 해석의 방향이 꽤 다른 알프레트 브렌델의 비디오가 있다.

베토벤: 피아노 소나타 C장조 op.53(《발트슈타인》), 3악장

마지막 악장이 시작하는 대목을 이해하기 위해서는 적어도 2악장 시작부터 들어봐야 한다. 음악적 질문에 요리조리 피해가며 수수께끼 같은 답을 던진다. 음악은 서정적이 되지만 잠깐일 뿐, 뒤로 갈수록 어둠이 깊어지고 집요해진다. 오른손은 위로 오르려 하지만 왼손은 두 개의 베이스 음을 계속 고집한다. 마지막 악장은 이런 양손의 갈등에 대한 해결책 비슷하게 등장한다.

이 마지막 악장에 논란이 되는 페달 표기가 있다. 베토벤은 한참 동안 페달을 밟도록 지시하여 화음이 뭉개진다. 언젠가 인디애나 대학 교수 위원회에 참석했을 때 내 옆에 앉은 캐런 쇼(가공할 피아니스트이자 교사이며 그리 상냥한 동료는 아니다)가 나를 쳐다보더니 이렇게 물었다. "어째서 베토벤은 그렇게 흉한 페달 지시를 쓴 거죠?" 나는 내 발을 내려다보며 고함을 지르려는 충동을 가까스로 눌렀다. 실용적인 교수법은 이런 순간을 못마땅하게 여기는 것 같다. 고전적인 피아노 연주의 규약을 위반하는데, 여기에는 심오한 목적이 있다. 슈만의 〈환상곡〉 1악장 마지막이나 하이든의 유명한 C장조 소나타 1악장의 피아니시모 섹션과 마찬가지로 이런 뭉개짐은 규칙을 유예한다. 당분간은 옳음도 그름도 없다.

많은 피아니스트들이 이런 표기를 존중하지 않는다. 옛날에 만들어진 피아노에 맞춰 작곡한 곡이라 그렇다면서 현대 피아노로 이렇게 하면 효과가 살지 않는다고 지껄여댄다. 개소리다. 슈나벨은 페달 표기를 지키며 환상적인 소리를 낸다. 선율이 화성의 꿈에서 깨어나는 것처럼, 혹은 그 반대처럼 들린다.

그럼에도 훌륭한 음반들이 수없이 많다. 환장할 일이다.

3장

모차르트: 빈 소나티나 1번 C장조 K.439b, 1악장

소나타 축소판으로 아이가 모차르트를 접하며 제스처를 알아가기에 이보다 완벽한 놀이터는 없다. '성인' 연주자 녹음은 많지 않다. 마지막 악장에서 단조로 진행하는 작은 에피소드는 진짜 모차르트, 복잡한 모차르트가 저기 어딘가에 있다고 말해준다.

쇼팽: 왈츠 A단조 B.150 op.posth.

이그나츠 프리드만은 내가 가장 신뢰하는 쇼팽 연주자지만, 이 왈츠는 녹음하지 않았다. 대신 다른 A단조 왈츠(op.34, no.2)를 비길 데 없이 우아하고 세심하게 녹음했다. 그렇다고 망설일 필요는 없다. 이 연주를 듣지 않고 넘어가기에는 삶이 너무 짧으니까. 프리드만은 노래하는 톤에 굳건한 중심을 부여한 다음 톤이 점차 약해지도록 내버려둬서 그 안에 있는 '작은 소리mezza voce'가 들리도록, 그리고 심지어 그 안에서 더 작은 소리가 들리도록 (마치 인형 속의 인형처럼) 하는 재주가 남다르다. 우리가 집중해서 이런 세밀함을 들으려고 하면 그는 우리를 안으로 끌어들인다. 청자를 공범이자 막역한 친구로 만드는 것이다. 그리고리 소콜로프가 2005년 암스테르담에서 연주한 쇼팽의 왈츠 B.150의 실황 녹음에서 비슷한 솜씨를 들을 수 있다.

쇼팽: 전주곡 D플랫장조(《빗방울》)

프리드만은 《빗방울》 전주곡도 연주했는데 평소 내게 익숙한 것보다 살짝 빠른 템포다. 열두 살의 나는 리듬에 푹 빠져 있었다고 자신 있게 말할 수 있다. 쇼팽의 선율을 연주하는 즐거움 하나는 가끔씩 원호를 그리며 자유롭게 펼쳐지는 음들이다. 일곱 음, 열다섯 음, 혹은 열아홉 음이 무리지어 등장하여 정확한 타이밍으로 연주하기가 불가능하다. 성악 카덴차 세계에서 넘어온 것으로, 가수가 악보에 적힌 것에 더해 패시지를 만들어내는 관습이다. 하지만 쇼팽의 작은 카덴차에서는 이런 즉흥적인 느낌과 하나라도 고치면 안 될 것 같은 느낌이 동시에 든다.

드뷔시: 아라베스크 1번

1891년 작품이다. 몇 년 뒤에 드뷔시는 서양 고전음악 양식에 전면적인 반기를 든다. 화성과 형식 구조의 토대를 무너뜨리고 아시아 전통(특히 인도네시아의 가믈란)을 받아들여 새로운 패러다임을 만든다. 하지만 여기서는 다정하게 그냥 오르락내리락하는 펼침화음으로 시작한다. 가장 오래된 서양의 수법인 화음 진행을 취하고, 대위법을 즐거움으로 뒤바꾼다. 친밀함과 단순함은 과열된 독일 낭만주의에 가하는 책망이다. 그는 바그너가 던진 미끼를 완강히 거부하고 있다.

이 곡은 나의 음악 교육에서 흥미로운 위치를 차지한다. 내가 페달에 대해 좀 더 자신감을 갖게 만든 곡이다. 드뷔시의 페달 규칙은 내게 다른 어떤 작곡가보다 자연스럽게 여겨졌다.

아라베스크의 순진무구함에는 깊은 감정이 담겨 있다. 하지만 쇼팽의 전주곡의 고통, 왈츠의 나른한 우울은 전혀 아니다. 드뷔시를 들으며 가슴을 두드리거나 실신하는 일은 없다. 그러니 드뷔시 피아니스트로 유명한 발터 기제킹의 연주로 시작해보면 어떨까?

모차르트: 피아노 협주곡 A장조 K.488, 1악장

이 협주곡은 〈피가로의 결혼〉이 나오기 직전인 1786년에 작곡되었다. 모차르트의 최고 전성기였고, 곡에서 그것이 느껴진다.

고전주의 협주곡의 1악장이 어떻게 구성되는지 모른다고 초조해할 것 없다. 이런 식으로 진행한다. 오케스트라가 모든 악상을 한 차례 제시한다. 피아니스트는 바보처럼 앉아 있다(원래는 피아니스트도 함께 연주했지만… 사라진 전통이다). 마침내 피아노가 등장하고, 우리는 모든 악상을 다시 듣는다. 하지만 이제 대화의 형식으로 나아간다. 피아노는 좀 더 분명한 아티큘레이션으로 이런저런 가능성들을 시험해본다. 그러니 그저 새로운 음색만이 아니라 새로운 성격을 더하는 것이기도 하다.

오케스트라가 피아노 없이 힘차게 다시 연주하면 우리는 새로운 섹션으로 접어든다. 발전부다. 모든 선택지가 열려 있다. 새로운 조성, 더 많은 극적 요소, 영리하게 혹은 긴장감 넘치게 개시부로 돌아가는 연결부. 그러고 나서 우리는 세 번째(!)로 모든 것을 듣는다. 이제 피아니스트가 독주에 나설 순간이 되었다. 자신의 재주를 뽐내는 기회다. 오케스트라가 마침내 피아니스트를 입 다물게 하고, 우리를 출구로 데려간다.

이렇게 쓰고 보니 상당 부분이 반복되는 것처럼 들린다. 사실 그렇다. 하지만 악상의 연속적인 배치와 연이은 대조가 그것을 감춘다. 제대로 되면 근사한 이야기를 세 개의 관점에서 돌아가며 듣는 기분이 든다. 여러 주제들이 벌이는 대화, 서정적 주제와 기교적 패시지워크의 대화, 당연히 오케스트라와 피아노가 주고받는 대화도 있고,

발전부에서는 주제의 원래 모습과 다른 모습이 서로 교차된다.

이 협주곡 1악장에 특별한, 너무도 모차르트다운 멋진 대목이 있다. 발전부가 시작하면(4분 30초경) 우리는 잠깐 멈추게 되고 현악기가 새로운 주제를 툭 던진다(뭔가를 진술한다기보다 가능성을 마련하고자 하는 것처럼 들린다). 앞서 들어본 적이 없는 주제다. 아주 근사한 화성으로 진행되어 (적어도 내가 듣기에는) 바흐의 코랄이 연상되지만, 선율 자체는 고루하지 않다. 옥타브를 아래위로 훑고 지나간다.

이런 새 주제는 이른바 소나타의 규칙에 의하면 '실수'다. 발전부는 우리가 이미 들었던 악상을 요리해야지 새로운 영역으로 발을 들여서는 안 된다. 그러나 이런 실수는 마침 곡에 필요했던 것이다. 지금까지 우리가 들은 많은 악상들은 안으로 접히거나 웃거나 우아하게 탄식하는 것이었지 날아오르는 것은 하나도 없었다.

오케스트라가 날아오르는 이 주제를 연주하고 피아노가 장식을 더하면, 클라리넷(특별한 음색의 악기)이 이것을 세 번째로 넘겨받아 단조로 진행한다. 새롭고 생명으로 가득한 이 주제는 곧바로 어두운 그늘이 진다. 우리는 앞에 나온 음악이 아쉬움을 털어낼 배출구를 찾고 있다는 것을 알게 된다. 마치 아이러니나 태연함으로 가장하고 덮어두었던 문제를 털어놓아야 할 필요가 있는 것처럼 말이다. 목관악기들이 독주자로 나서서 새 주제에 이리저리 매달리며 이런 슬픔의 상태를 드러낸다.

이런 '실수'의 주제는 마지막 섹션이 끝나갈 즈음에(8분 30초경) 한 번 더 등장한다. 여기서 피아니스트는 주제를 혼자서 연주한다. 순수하게 바흐의 분위기를 한껏 살려서 대위법 구조를 드러낸다. 그러고 나서 목관악기가 합세하고(이런 합세로 수많은 의미가 더해진다) 새로운 시퀀스로 이어진다. 마치 선율이 도약하면서 경계를 넓힐 필요가 있다는 듯이 말이다. 이 무렵이면 우리는 이런 '새로운' 주제를 여러 방식으로 들었다. 사랑스러운 현악기 코랄로, 피아노 아라베스크로, 목관악기들의 변화무쌍한 외침으로. 순수하고 대위법적이고 마지막으로 황홀하다. 이야기 속의 이야기가 나머지 모든 것을 거의 포괄하는 것 같다.

리처드 구드가 오르페우스 체임버 오케스트라와 연주한 음반은 사려 깊고 표정이 풍부하다. 클라라 하스킬은 언제 들어도 흥미롭다. 시대 연주에 관심이 있다면 로버트 레빈이 환상적인 장식음을 곁들여가며 연주한 멋진 음반을 들어보라.

4장

구노: "아베마리아"(바브라 스트라이샌드 노래)

바흐: 전주곡 C장조(〈평균율 클라비어곡집 1권〉 중)

이 전주곡 음반은 추천하지 않으련다. 어쨌든 우리의 문화적 의식의 한 부분이며, 모르는 사람이라도 어디선가 이미 들어본 곡이다. 이 곡과 관련하여 얼마나 다양한 연주가 가능한지 알면 알수록 놀랍다. '결정적인' 버전은 존재하지 않는다. 게다가 까다로운 해석의 문제가 있다. 패턴이 계속 반복되므로 마치 레코드 바늘이 튀듯 판에 박힌 리듬이 되기 쉽다. 그렇다고 리듬에 지나치게 양념을 집어넣으면 화음이 뭉개져서 뱃멀미를 일으킨다. 개인적인 표현을 어느 정도로 집어넣고 나머지는 음들이 '알아서 표현하도록' 내버려둘지 판단해야 한다. 그래서 이 곡은 리트머스 시험지, 통과의례가 된다.

니나 시몬: "저스트 인 타임"(〈The Tomato Collection〉)

내가 오벌린에 있을 때 영문학을 가르쳤던 멋진 교수가 맥스 윌크의 책 『그들이 우리의 노래를 연주하고 있어They're Playing Our Song』에 나오는 아래의 구절을 내게 알려주었다.

> [아돌프 그린과 나는] 줄과 이야기하던 중에 이렇게 말했다. "유먼스[브로드웨이 뮤지컬 작곡가 빈센트 유먼스-옮긴이]가 예전에 즐겨썼던 방식을 공연에서 선보이면 어떨까 싶어요. 두 음으로 된 선율인데 베이스는 그 아래에서 계속 바뀌면서 움직여 다른 화음을 만들어내고 선율을 나아가게 하는 겁니다." 무척 단순하다. 줄은 피아노 앞으로 가더니 단순한 것을 연주하기 시작했다. **다, 디 다.** 그가 이렇게 하면 되느냐고 했고, 우리는 바로 그것이라고 말했다.

'줄'은 작곡가 줄 스타인을 말한다. 나는 이런 식의 곡조가 유형이 되어 잘 알려진 작곡 행태로 자리 잡았다는 것이 마음에 든다. 그리고 '무척 단순하다'는 발상도 마음에 든다. 니나 시몬은 이런 단순함을 비틀어서 그토록 풍성하고 복잡한 곡을 만들었기 때문이다.

5장

스트라빈스키: 〈봄의 제전〉, 도입부

음악원의 음악사 수업에서 핵심적으로 다루는 세 명의 모더니스트가 있으니 드뷔시, 스트라빈스키, 쇤베르크다. 동일한 불만을 나타내는 세 얼굴이다. 하지만 옛 시절을 그리워하는 야나체크, 아이브스, 말러 같은 모더니스트도 있다. 1890년부터 1920년까지는 파괴할 것도 많고 허물어진 잔해에서 창조할 것도 많은 비옥한 시대였다.

이 곡은 하나를 추천하기에는 뛰어난 음반이 너무도 많다. 게다가 지휘자의 세계다. 야만적인 흉포함과 아름다움의 만남, 순전한 발상의 힘, 색채와 오케스트레이션의 향연, 그리고 리듬, 리듬, 리듬. 내가 음악 캠프에서 반항적인 펑크족이 되었다고 생각하며 불렀던 대목은 3분경에 나온다.

모차르트: 피아노 협주곡 A장조 K.488, 3악장

이 악장에서 내가 가장 사랑하는 주제는 3분경에 나오는 음계다. 피아노가 한 옥타브 반을 올라가고, 목관악기가 이것을 넘겨받는다. 민요풍의 지속저음을 바탕에 깔고 올라가는 순수한 즐거움이다. 몰아치고 풀어주는 느낌을 제대로 살려서 연주하기가 거의 불가능하다.

모차르트 론도에서 막바지에 이르면 오케스트라가 공손하게 굴려고 할 때가 자주 있다. 그래야 하기 때문이다. 하지만 모차르트는 극장 작곡가였고, 내가 경험한바 극장 작곡가들에게 엔딩을 확실히 각인시키는 것보다 중요한 것은 없다. 이 곡의 마무리는 모차르트 곡을 통틀어 최고 수준이다. 엎치락뒤치락하는 가운데 피아노가 거의 끝까지 연주를 계속하며 대화(내가 좋아하는 주제의 바로 그 상행 음계)의 마지막 불꽃을 태워 오케스트라가 힘을 뺄 여지를 주지 않는다. 압도적인 힘이 느껴진다.

베토벤: 피아노 소나타 C단조 op.13(〈비창〉), 1악장

베토벤이 어떤 '소리'를 찾아서 최대한 활용한 것을 보면, 그는 고뇌에 찬 천재이자 자신의 브랜드를 만드는 일에도 능숙한 대가였다고 봐도 좋다. 그가 맨 처음 출판한 피아노곡인 작품번호 1의 피아노 삼중주 세 곡은 각각 흥겨운 곡, 보다 전원적이고 느긋한 장조의 곡, 마지막으로 그의 트레이드마크가 되는 작품인 쉼 없이 몰아치는 C단조의 걸작이다. 업계에서는 이것을 베토벤의 'C단조 분위기'라고 칭한다. 특히 마지막 악장에서 각 악구는 이어지는 악구로 흘러넘치는 것만 같다. 숨 가쁘고 끝없는 음악적 충동이 느껴진다.

베토벤이 〈비창〉을 통해 C단조 분위기로 돌아왔을 때 그는 스물일곱 살이었다. 아직은 청각 장애나 다른 질병의 기미가 없었다(그는 이듬해부터 청력을 잃기 시작했다). 〈비창〉은 큰 인기를 누렸고 지금도 그러하다. 고전주의 틀을 돌파하여 낭만주의의 불씨를 담고 있는 작품이다.

지금 들어도 황홀하다. 많은 음표들, 계속적으로 움직이는 감각(소용돌이를 그리며 모색하는 하이든의 프레이징이나 왔다 갔다 하는 모차르트의 움직임과는 상당히 다르다), 거대한 라인. 모차르트와 하이든을 연주하다 보면 기교를 폭발시키는 순간이 나오지만 베토벤만큼 끈질기거나 극단적이거나 과장된 기교는 없다. 피아노와 피아니스트를 망가뜨리고 말겠다는 기세가 이 곡을 명곡으로 만드는 데 한몫을 한다.

도입부는 미니 오페라다. 간결한 장면 구성의 교본이다. 먼저 근엄하고 비극적인 리듬이 나온다. 그런 다음 (동일한 리듬을 바탕으로 하는) 사랑의 주제 같은 것이 등장한다. 중간에 잘린다. 사랑의 주제가 다시 시도하지만 다시 잘리고(멜로드라마!) 재차 시도한다. 애틋하게 위로 위로 올라간다.

구구절절한 말이 필요 없다. 아르투르 슈나벨을 들으면 된다. 도입부만이라도 들어보자. 나중에 가면 연주가 어수선해지는데, 그게 신경 쓰인다면(유감이다) 리처드 구드로 바꿔 들으면 된다.

베토벤: 피아노 소나타 C장조 op.53(〈발트슈타인〉), 1악장

이 곡은 〈비창〉의 확장판처럼 들린다. 다만 장조로 전개된다(폭풍이긴 한데 빛의 폭풍이다). 순전한 움직임으로 일관하며 이따금씩 코랄이 등장하여 숨을 돌린다. 느린 도입부는 없다. 바로 드라마로 진입한다.

서두는 빠르고 파삭거리고 여리게 연주해야 하는 삼중의 요구로 피아니스트를 두려움에 떨게 한다. 대부분의 음반이 내가 듣기에는 충분히 여리지 않지만, 그야 주관적인 것이니 넘어가자. 빠르기가 과할 수도 있다. 리처드 구드는 언젠가 자신이 들었던 어떤 연주가 워낙에 빨라서 마치 '진공청소기' 같았다고 했다. 그 말을 듣고 나는 웃으며 베토벤의 다른 일화를 떠올렸다. 페르디난트 리스가 〈템페스트〉 소나타를 잠깐 연주하는 것을 베토벤이 듣더니 엉망이라며 그를 꾸짖었다. 그러고는 그가 시범을 보였는데 리스의 말에 따르면 "누군가가 피아노를 청소하고 있는 것처럼" 들렸단다. 허허. 모든 교사는 시범을 보인다는 것이 얼마나 위험한지 알며 학생보다 더 엉망으로 칠 때 학생 얼굴에 떠오르는 두려움 섞인 실망의 표정을 안다.

구드의 음반은 상당히 빠른 편이며 스릴이 있다.

모차르트: 피아노 소나타 A단조 K.310, 1악장

단조의 소나타는 모차르트와 하이든의 경우에 상대적으로 드물며 특별하다. 단조로 된 두 곡의 모차르트 소나타는 다른 소나타보다 더 '오케스트라'적이다. 그러니까 피아노 특유의 짤랑거리는 소리가 거의 사라지고 없다. 음악은 더 준엄하고 각이 진 모습이다.

1778년 여름 파리에서 작곡된 곡으로 당시 모차르트는 스물두 살이었다. 악장 내내 행진곡의 질주감, 계속 나아갈 수밖에 없다는 느낌, 그리고 머뭇거림을 느끼게 된다.

해석과 관련하여 두 가지 핵심적인 질문이 있다. 나는 행진곡에서 묘한 절박함을, 해결할 길 없는 불협화음과 저항을 발견한다. (왼손의 저 집요한 화음!) 그러고 나서 곧바로 이 모든 것이 자취를 감춘다. 활기가 없거나 텅 빈 느낌이다. 명연으로 소문난 스무 장의 음반을 찾아서 들어봤는데 어느 것 하나 이런 두 가지를 반영하지 않았다. 내가 바보가 된 기분이다. 연주가 곡을 뛰어넘지 못하는 경우다. 그나마 내가 좋아하는 버전은 (가장 분노에 찬 버전이기도 한데) 맬컴 빌슨의 포르테피아노 연주다. 조용한 대목에서는 현대 피아노로 연주하면 더 감미로울 거라는 아쉬움이 든다(맬컴은 이런 말을 싫어하겠지만!).

슈만: 피아노 협주곡 A단조, 1악장

단조의 곡은 낭만주의 작곡가들에게 드물지 않다. 그들은 애도하고 감상에 젖는 것을 좋아한다.

곡이 시작함과 동시에 우리는 격정의 한복판에 서게 된다. 주요 주제를 오보에가 연주하고 피아노가 다시 연주한다. 두 가지 음색을, 프레이징과 호흡과 자유를 구사하는 두 가지 방식을 듣는 셈이다. 선율 저 위에서 높은음인 A가 딸림7화음(두 번째 화성 수업(4장)에서 '설명'한 화음)으로 등장한다. 슈만은 악구 중간에 딸림7화음을 내걸어 보답 없는 갈망을 나타내는 것으로 이 화음을 활용하고 있다.

그보다는 소나타 형식에 경의를 표하면서 자멸의 위험을 무릅쓰고 자신의 길을 가려는 (대학 진학을 결정하는 젊은이처럼) 곡이라고 말하는 편이 더 정확하다.

돋보이는 대목이 둘 있다. 악장 중간에 나오는 조용하고 느린 섹션에서 주요 주제가 피아노의 물결치는 펼침화음을 바탕으로 등장한다. 앞서 슬픔이었던 것이 여기서는 섹스와 같은 나른한 행복이 된다. 그리고 당연히 카덴차가 있다. 피아노가 오케스트라의 에너지를 넘겨받아 잠재우고 골똘히 생각하더니 다시 힘을 내서 거센 물결을 만들며 근사한 귀환을 준비한다. 코다는 완결성은 갖추되 청중을 즐겁게 하기 위한 마무리인데, 슈만은 코다를 어떻게 써야 할지 모를 때가 많았다. 하나의 음반을 추천하기가 대단히 어렵다. 워낙 개인적인 곡이고 오케스트라와 뒤얽힌 대목이 많다. 아르헤리치, 리파티, 루빈스타인, 리흐테르, 마이러 헤스를 들어보라.

6장

바흐: 푸가 B단조(⟨평균율 클라비어곡집 1권⟩ 중)

곡의 구성에 대해서는 이 장에서 충분히 말했다. 에트빈 피셔를 추천한다. 그는 페달을 사용하고 종종 베이스 음을 겹쳐서 연주하므로 '낭만적'이라는 비판을 자주 받는다. 하지만 나는 다른 많은 점에서, 가장 중요한 몇 가지 점에서 그의 방식이 음악적으로 순수하고 사심이 없다고 본다. 여러분은 그의 해석에서 (좋은 의미로) 길을 잃게 된다. 뛰어난 하프시코드 연주자들—일례로 피에르 앙타이—의 음반도 들어보기 바란다. 이 곡과 관련하여 글렌 굴드는 무시해도 좋다. 희화화에 불과하다. 버릇없는 아이가 자신을 과시하려고 걸작에 오줌을 갈긴 꼴이다.

슈베르트: "시냇물에서"(⟨겨울 나그네⟩ 중)

우울해져도 괜찮다면 연가곡집 ⟨겨울 나그네⟩는 고전음악의 빛나는 보물이자 어두운 구석을 오랫동안 탐험해온 슈베르트의 최고 성과다. 그의 생애 마지막 해(내 기억으로 1828년 1월)에 작곡되었고 베토벤이 죽고 얼마 되지 않았을 때다. 나는 디트리히 피셔디스카우와 제럴드 무어를 들으며 자랐지만, 마음을 뒤흔드는 연주가 너무도 많다.

깊게 파고들고 싶은 분들이라면 이언 보스트리지의 역작 『슈베르트의 겨울 나그네』를 읽어볼 것을 추천한다. 나도 이런 책을 쓰고 싶다. 그는 이 작품의 최고 해석자이기도 하다. 내가 92번가 Y에서 그를 인터뷰했을 때 애석하게도 그는 꽤나 예민하게 굴었다. 우리는 〈겨울 나그네〉가 정말 슬픈 작품인지를 두고 언쟁을 벌였다. 슈베르트 본인은 이 노래들을 가리켜 "실로 끔찍하다"고 했다.

조플린/쇼뱅: "헬리오트로프 부케"

누구의 연주로 들을까? 인터넷에서 기계로 녹음한 빠른 템포의 연주를 찾았다. 내가 듣기에는 살짝 무정하다. 그리고 래그타임의 부흥을 이끌었던 유명한 조슈아 리프킨의 연주가 있는데 꽤나 느리다. 그 중간쯤 되는 것이 〈Heliotrope Bouquet〉라는 음반에 수록된 윌리엄 볼컴의 버전이다.

이것은 래그타임에 관한 영원한 논쟁과 연결된다. 빠르고 경박해야 할까, 아니면 좀 더 느리고 노래하는 식이어야 할까? 어떤 래그타임은 내게 곡조에 가깝게 들리고, 어떤 것은 춤곡에 더 가깝다. 대부분은 그 사이에 놓인다.

내가 래그타임의 어떤 점을 사랑하는지 말하라고 하면 매력이라고 하겠다. 구조는 정형화된 틀이 있다. 화음은 으뜸조 근처를 벗어나지 않는다(이 곡은 예외다!). 많은 제한이 있다. 그러나 제한, 클리셰, 공식은 우아함을 위한, 영리하게 화음을 더하고 일탈하기 위한 일종의 배양 접시가 된다. 잔주름 같은 음악적 기발함이 재미를 준다.

쇼팽: 발라드 4번 F단조 op.52

발라드 4번의 개시부는 아무리 아름답게 연주해도 뭔가 아쉽다. 그래서 쇼팽은 또 한 번의 기회를 우리에게 준다. 이 장에서 내가 소개한 대목이 그것으로 대략 곡의 중간쯤에 나온다.

어떤 과정을 거쳐 이 순간에 도달하는지 형식의 관점으로 설명하자면 이렇다.

1. 짧은 인트로.
2. 우울한 주요 주제, 강박적으로 반복되며 비극적인 클라이맥스로 이어진다.
3. 서정적이고 느린 주제, 왈츠가 된다.
4. 짧은 왈츠, 우울한 주제의 단편들을 주섬주섬 모아 처음으로 돌아온다.

슬픈 주제는 몇 마디 슬프게 들리다가 급격하게 방향을 틀어 황홀한 클라이맥스로 내달린다. 여기가 곡의 최고 순간임을 부인하는 피아니스트는 아마 없을 것이다. 모든 기대감이 뒤섞이고 조성이 종잡을 수 없고 '섹션'의 감각이 흐려진다. 이때 쇼팽이 인트로를 다시 불러오면서 모든 것이 의미를 갖는다(대칭과 불가피함이 예기치 못한 아름다움과 어우러진다).

쇼팽은 인트로로 돌아가는 이 대목에서 반음을 올려 A장조로 조바꿈한다. 이것은 "시냇물에서"와 반대되는 움직임이다. 슈베르트와 방향만 반대가 아니라 의미도 반대다. 쇼팽은 그냥 조성만 올리는 것이 아니라 조바꿈을 '쟁취'한다. 그가 노리는 것은 슈베르트와 같은 위반이 아니라 개척이다. 훌륭한 조바꿈이 그러하듯 신성한 공간으로, 새로운 감각의 영토로 들어섰다는 느낌을 준다.

음반은 아르헤리치, 루빈스타인이 괜찮다. 곡이 연주자에 따라 얼마나 다른 느낌이 나는지 실감할 수 있다. 첫 마디를 제대로 연주하는 음반은 아직 들어보지 못했다.

7장

베토벤: 피아노 소나타 F단조 op.57(〈열정〉)

나는 젊은 피아니스트들에게 1악장에서 템포를 지키며 연주하라고 호통을 치지만, 전적으로 그들 잘못만은 아니다. 베토벤이 템포나 어떤 꾸준한 것을 느끼기 어렵게 음악을 만들었다. 그럼에도 배후에서 몰아가는 힘이, 지속적인 긴장감이 있다. 중단시키는 힘과 몰아붙이는 힘, 이렇게 둘이 서로 격돌한다. 연주자는 이 모두를 기꺼이 떠맡아야 한다.

2악장과 3악장에서는 다른 호흡이 등장한다. 허물어지는 느낌은 온데간데없다. 2악장은 1악장에서 결여된 평온함과 푸근한 연속성으로 가득하다. 연이은 변주를 거치면서 점점 빠른 음들로 안을 채워 환한 클라이맥스로 나아간다. 풍성한 저음에서 천국 같은 고음으로 올라가며 말이다.

내가 듣기에 바렌보임(유튜브에 올라온 실황 연주)은 2악장에서 많은 감정을 담고 있지만 (하찮은 나의 견해로는) 과정에 비해 과해 보인다. 빠른 음들이 등장할 때 앞에 나왔던 기쁨에서 비롯된 것처럼 느껴지지 않는다. 리흐테르(레닌그라드 실황 연주)는 변주에 괴상함이 있고 유희의 느낌이 덜하다. 나라면 리처드 구드를 고를 것이다.

베토벤: 교향곡 7번 A장조 op.92, 1악장

곡을 시작하는 가장 효과적인 방법 하나는, 브람스가 자주 사용한 방법이기도 한데, 악상을 제시하고 나서 살짝 흐트러지게 내버려두는 것이다. 말 그대로 살짝! 그렇게 덫을 놓고 나서 악상을 다시 전개하면 새로운 깊이와 다른 층위가 더해진 악상으로 청자를 끌어들일 수 있다. 때 이른 재현부이며 만들면서 벌써 돌아올 궁리를 하는 것이다.

내게 이 곡의 매력은 클리블랜드 오케스트라의 관악 섹션을 듣는 즐거움과 연결되므로 클리블랜드 오케스트라와 조지 셀의 고전적인 음반을 추천한다. 곡의 서두에서 현악기가 연주하는 화음이 목관악기의 길게 끄는 음과 대비되어 격렬하게 짧게 요동친다. 그런 다음 현악기가 아래에서 음계를 빠르게 훑는 가운데 앞서의 주제가 다시 돌아와 거대하게 몰아치는 음악이 된다.

쇼팽: 자장가 op.57

라벨의 〈왼손을 위한 피아노 협주곡〉과 마찬가지로 여기서도 핵심은 소리와 음색이다. 이그나츠 프리드만(빠르고 찰나적이고 만화경처럼 변화무쌍하고 황홀하다)과 루빈스타인(보다 관습적이고 무척 아름답다)을 들어보라.

슈만: 토카타 C장조 op.7

여러분은 여기서 상충하는 두 과제에 맞닥뜨리게 된다. 젊은 슈만은 초절기교의 난곡을, "역사상 가장 어려운 곡"을 쓰려고 했다. 아울러 그의 안에서 끓어오르는 낭만주의의 넉넉한 감성을 이 곡에 모두 담았다.

쇼팽은 피아노를 덜 투박한 악기로 만드는 감각이 남달랐다. 그는 중간 성부를 솎아내고 고음이 명료하게 울리고 저음이 묵직하게 떠받치도록 곡을 쓸 줄 알았다. 슈만은 그런 솜씨가 없어서 대개의 경우 중간 성부를 화성으로 꽉 채우기를 좋아했다. 이 곡은 화성으로 빼곡하게 채워져 있다. 연주자가 감당할 수 있는 수준 이상이다. 음들도 너무 많아서 노래하려 해도 시간이 거의 없다.

나는 어린 피아니스트들에게는 이 곡을 권하지 않는다. 그러나 젊은 에밀 길렐스라면 틀림없이 멋지게 연주했을 것이다!

8장

브람스: 피아노 삼중주 B장조 op.8, 1악장

이 작품에는 흥미로운 뒷이야기가 있다. 브람스는 열아홉에 이 곡을 작곡했다. 아마 자신도 믿기지 않았을 것이다. 얼마나 멋진 곡조인가! 그런데 그는 1~2분 순조롭게 나아가다가 막히기 시작했다. 대곡을 구성하는 것은 고사하고 선율을 어떻게 진행시킬지도 막막했다. 그는 제2주제를 첫 주제의 어두운 거울 이미지로 만들었다. 나름의 매력이나 논리 같은 것은 없었다. 그는 자신이 악상을 '발전'시키고 있다고 상상했지만 도중에 막히고 말았다. 3분의 2가량 진행했을 때는 상황이 한층 절박했다. 그러자 그는 대충 다시 작업한 주제를 바탕으로 푸가를 추가하기로 했다. 한창 재미를 보고 있는데 기하학 교수가 침실 문을 노크하는 것과 비슷한 상황이다. 요점을 정리하자면, 브람스는 번뜩 떠오른 1분의 유려한 선율에 부응하고자 머리를 싸매가며 힘겹게 15분짜리 곡을 만들었다.

나중에 출판업자가 브람스에게 옛날에 쓴 몇 곡을 다시 손보도록 권했다. 그래서 그는 이 곡의 1악장을 폐기처분했다. 고군분투하여 만든 모든 대목을 버리고 선율만 살리기로 했다. 그만큼 이 선율은 그에게 (그리고 나에게도) 소중했던 것이다. 그는 악상에 부합하는 제대로 된 곡을 만들고 싶었다. 젊음의 번뜩임을 미숙함에서 구하고 싶었다. 그리고 해냈다. 나중의 버전에 보면 제2주제가 푸가 주제보다 훨씬 간결하고 능수능란하다. 묘하게 슬픈 구석이 있어서 들뜨고 외향적인 개시부와 균형이 잘 맞다. 엉망인 이행부는 사라졌고, 개시부 주제로 돌아오는 대목은 생략의 묘미를 제대로 보여준다(나이가 들어 더 현명해진 브람스는 자신의 젊음으로 돌아가는 패시지를 찾은 것이다).

나중의 '진짜' 버전은 보자르 삼중주단의 초기 연주를 포함하여 많은 음반이 들을 만하다. 스티븐 이설리스, 조슈아 벨, 내가 초기 버전의 삼중주를 녹음하여 〈For the Love of Brahms〉라는 우리의 음반에 수록했다. 녹음 과정에서 우리가 얼마나 다투었는지 생각하면 소리가 제법 괜찮다.

베토벤: 현악 사중주 C샤프단조 op.131, 1악장

나는 낭만주의 작곡가들이 푸가를 쓰는 것이 못마땅할 때가 많다. 악상이 고갈되었을 때 하는 일이기 때문이다. 하지만 여기서는 푸가라는 형식이 간소한 악상, 어두운 집착의 느낌과 혼연일체가 된다. 우리를 홀리는 매력이 있다. 연습 삼아 써보는 습작과는 아예 다르다.

1820년대의 진정한 후기 베토벤 모습이 여기 있다. 그가 이상하게 변했다고 친구들이 느끼기 시작했는데, 그렇기도 하고 아니기도 하다. 이 사중주곡에서 베토벤은 일곱 악장(본편 다섯과 간주 둘)을 하나로 잇는 독보적인 내러티브 형식을 만들었다. 서로를 연결하면서 서로를 중단시키기도 하는 형식이다. 이 곡은 비극적인 푸가로 시작하다가 반음 내려서서 D장조의 이 세상 같지 않은 춤곡(천국?)에 들어서고, 길고 장식음이 들어가는 느릿한 변주곡(또 다른 식의 천국?)을 거쳐 우스꽝스럽고 스스로 훼방을 놓는 스케르초(베토벤은 또다시 희극과 숭고를 뒤섞는다)에 이르며, 마지막으로 날이 서 있는 피날레에서 푸가의 충돌하는 음들을 다시 불러와 해결하지 않은 채로 둔다.

음악가들이 무척 사랑하는 곡이다. 하지만 일반 청중에게 사랑받는 곡은 아닐 것이다. 제대로 설명되기를 거부하는 어두운 수수께끼가 너무도 많다. 내 친구들인 브렌타노 사중주단의 녹음이 훌륭하다.

9장

슈만: 교향적 연습곡 op.13

알프레드 코르토의 녹음이 명불허전이다.

마이클 도허티: 스냅!

클레멘티에서 그랬듯이 사과의 말을 또 해야겠다. 유튜브에서 〈스냅!〉의 연주를 찾았는데(시작 부분에서 리듬감이 좋게 들린 것으로 봐서 오벌린 현대음악앙상블의 연주는 아닌 것 같다) 세상에, 영리하고 잘 구성된 곡이다.

도허티의 음악을 내가 제대로 즐기지 못한 이유들을 생각해봤다. 오벌린 시절에 내가 가지고 있던 새로운 음악에 대한 선입견도 그중 하나다. 새로운 음악은 당연히 불협화음이 많고 진지하고 듣기 어려워야 한다고 생각했다. 듣기 어려울수록 더 좋은 음악이라고 느꼈다. 음악사 공부를 통해 고전음악이 바흐 이후에 점차 불협화음이 많은 쪽으로 발전해갔다는 것을 알게 되었다. 그러니 듣기 좋은 화성으로 돌아가는 것은 배신이었다. 고전음악의 '우위'를 저버리고 '대중음악'과 섞이도록 하는 것이니 말이다. 게다가 고전음악('게이' 음악)을 좋아한다고 모든 사람들이 나를 따돌리고 대중음악을 사랑하지 않는 나를 멍청하다고 했으므로 나는 대중음악을 적이자 박해자로 여겼다. 지금도 어느 정도 그런 마음이 남아 있다. 이런 의견이 여러 면에서 멍청하다는 것을 알면서도 말이다.

쇼스타코비치: 첼로 소나타 D단조 op.40

쇼스타코비치의 생애와 고초가 궁금한 분들은 알렉스 로스의『나머지는 소음이다』나 그의 전기를 읽으면 된다. 그는 전체주의 정권의 억압 아래에서 참으로 흥미진진한 창조적 삶을 보냈다(작곡 시기가 1920년대부터 1970년대까지 이어진다). 타고난 재능 때문에 국가의 상징이 되었고 나중에는 국가의 희생자가 되었다. 검열을 당하면서도 진실을 말하려 했던 목소리였고, 애매한 행보를 걸으며 스탈린 시대를 (겨우) 살아남았다. 이것은 재능 덕분이기도 하고, 음악이 의미론적으로 유연한 덕분이기도 하고, 누군가의 승리가 다른 누군가에게는 비극이 되기 때문이기도 하다.

이 곡의 느린 악장은 거대한 애가다. 그토록 많은 도착 지점과 그토록 많은 다른 카타르시스를 담고 있는 긴 음악적 문장을 구사하려면 어지간한 솜씨로는 어림도 없다. 쇼스타코비치의 '진짜' 목소리가 여기 있다는 생각이 든다. 하지만 그가 정확히 무엇을 애도하는지 알기란 불가능하다. 마지막 악장은 재치가 번뜩이면서 비극적이다. 카니발 축제의 느낌이며 코메디아 델라르테에 나오는 꼭두각시 인형의 폭력적이고 익살스러운 행동이 연상된다. 쇼스타코비치 본인이 피아노 앞에 앉아 다닐 샤프란과 연주한 실황 녹음이 있는데 흥미롭다.

브람스: 첼로 소나타 F장조 op.99, 1악장

대럿과 나는 많은 것에 의견이 달랐지만, 둘 다 오벌린에 있을 때 트룰스 뫼르크의 음반을 좋아했고, 나는 지금도 좋아한다. 브람스 전성기에 작곡된 이런 첼로 소나타는 구세계에 속하는 베토벤의 소나타와 상당히 다르다. 교향악적 방식을 취한다. 무대 위에 둘밖에 없지만 서로 격돌하는 양상을 보인다. 피아니스트는 자주 오케스트라처럼 덜거덕거린다. 모든 악상이 거창하게 군다. 행복해지고 싶다면 나의 스승 죄르지 셰복과 야노스 슈타커가 브람스의 E단조 소나타 1악장을 연주하는 것도 들어보기 바란다. 위엄이 있으면서 위압적이지 않은, 좀 더 친밀한 브람스를 만날 수 있다.

10장

베토벤: 첼로 소나타 A장조 op.69, 1악장

이런, 또 베토벤이다! 하나의 음반에 지나치게 익숙해지지 않는 것이 좋다. 골고루 듣자. 예전에는 재클린 듀프레이가 바렌보임과 함께 연주한 음반을 즐겨 들었다. 모든 것을 끝까지 밀어붙이는, 그야말로 낭만주의적인 연주다. 그녀의 연주를 듣고 있으면 주제가 셰익스피어의 주인공처럼 느껴진다.

11장

슈만: 시인의 사랑

나라면 가장 시적이고 상상력이 풍부한 피아니스트와 호흡을 맞춘 음반을 고를 것이다. 내가 각별히 아끼는 음반은 알프레드 코르토와 샤를 팡제라의 오래된 녹음이다. 오늘날 우리에게 익숙한 보컬 음색, 해석과는 상당히 다르다. 팡제라는 프랑스 특유의 절제와 정확성으로 노래한다. 코르토는 루바토를 대거 화려하게 사용하여 가슴을 파고드는 음들 주위로 리듬을 조였다 풀었다 한다.

반론도 있겠지만 〈시인의 사랑〉은 낭만주의의 극치다. 원재료를 제공했고 모델이 되었다. 유명한 예로 (낭만주의의 최종 단계에 다가갔던) 말러의 두 번째 교향곡의 3악장은 〈시인의 사랑〉에 나오는 곡("저것은 플루트와 바이올린")에 바탕을 두고 있다. 슈만의 노래에서 화자는 자신이 사랑했던 이의 결혼식 음악을 엿듣는다. 클레즈머[동유럽 유대인들의 민속 음악-옮긴이] 왈츠로, 그의 상실을 나타내는 메시지다. 그로부터 50년이 흘러(1890년대) 말러가 클레즈머의 성격과 끝없이 순환하는 춤곡(단언컨대 죽음의 춤곡이기도 하다)에 반응을 보였다. 거대하게 가지를 치며 뻗어가는 스케르초(교향곡 2번 3악장)에 이 곡을 응용하여 넣은 것이다. 그러고 나서 다시 70년이 흘러(1960년대) 루차노 베리오가 말러의 스케르초에서 나온 (인용을 재인용한) 포스트모던 걸작 〈신포니아〉를 작곡했다. 그는 말러의 선율을 바탕으로 텍스트에 관한 텍스트를 차곡차곡 쌓아올린다. 말러 자체가 이미 다층적이고 슈만을 바탕으로 하므로 고전음악의 힙한 자기참조의 예가 된다. 짧은 이 음악—청중을 생각하지 않는 음악, 다른 민족의 춤곡에 관한 춤곡, 소외와 매력과 자기복제로 가득한 음악—속에 125년이 넘는 세월이 담겨 있다.

브람스: 바이올린 소나타 3번 D단조 op.108, 1악장

많은 음반이 마이크를 바이올린에 바싹 붙여서 녹음하는 바람에 엉뚱하게도 차이콥스키의 바이올린 협주곡처럼 들린다. 여러분도 들어보라. 나는 마음에 쏙 드는 음반을 찾지 못했다.

1악장을 지배하는 정신은 **맴돌기**다. 첫 주제는 흔들리고 머뭇거리고 시작하고 멈추고 침묵에 빠진다. 이행부에서 폭발한다. 브람스 특유의 밀집된 음들이 등장한다. 마침내 우리는 노래하고 날아오르게 된다. 하지만 발전부에 이르면 음울한 맴돌기로 돌아간다. 끝없는 페달음이 저 아래에서 울린다.

내가 이 장에서 이야기한 주제는 1분 15초경에 나온다. 그리고 나중에 다시 등장한다. 두 번째, 세 번째로 나오는 것을 알아보지 못한다면 그건 여러분 책임이다. 내가 찾은 어떤 음반도 그레그가 알려준 아름다운 표기를 지키지 않는다. 최고로 뛰어난 음악가들조차 무시하기로 마음먹는 복잡한 것들이 세상에는 있는 법이다.

슈베르트: 피아노 소나타 B플랫장조 D.960, 1악장
슈나벨을 추천한다.

메시앙: 이국의 새들

메시앙은 20세기 중반 모더니스트의 상징과도 같은 존재로 대학원 생들이 발표하기 가장 좋아했던 작곡가였다. 그도 그럴 것이 깊게 생각하거나 조사를 많이 하지 않아도 논의할 게 무궁무진했다. 메시앙은 독실한 가톨릭 신자였다(5분이 소요된다)! 메시앙은 인도 음악을 좋아했고, 비역행 리듬non-retrogradable rhythm을 사용했다(10분)! 메시앙은 새를 사랑했다(그리고 어쩌고저쩌고)! 메시앙은 특정 화음이 특정 색깔이라고 생각했다(열거하는 데 5분에서 10분)!

나로 말할 것 같으면 이런 발표를 두려워했다.

그건 그렇고 1955년에 작곡된 이 곡은 새에게 바치는 러브레터다. 힌두의 찌르레기. 아메리카의 개똥지빠귀. 내가 각별히 좋아하는 대목은 세상에서 가장 정신 사납고 고집이 센 새, 히말라야웃음지빠귀 소리를 앙상블 전체가 연주하는 대목이다(무한히 이어지는 브륵-브륵-브륵-브륵). 이 새가 여러분 머리에 똥을 싸며 킥킥거리는 장면이 떠오를 것이다.

메시앙의 부인 이본 로리오의 연주를 추천한다. 따뜻함이 느껴지는 연주다. 밝게 빛나는 그녀의 개똥지빠귀 소리는 유튜브로 2분 20초에 나온다.

브람스: 피아노 협주곡 2번 B플랫장조 op.83

길렐스의 초기 녹음(프리츠 라이너가 지휘하고 야노스 슈타커가 오케스트라 단원으로 참여하여 유명한 독주를 맡은)이나 전설적인 에트빈 피셔와 빌헬름 푸르트벵글러의 음반을 추천한다.

바흐: 파르티타 1번 B플랫장조, 지그

셰복이 이 곡을 연주한 것이 여럿 있는데 모든 연주가 다 그의 독보적인 음악성을 담고 있다고 자신 있게 말할 수는 없다. 그도 똑같은 심정일 것이다. 나는 머리 퍼라이아의 바흐도, 앤절라 휴잇, 언드라시 시프 등도 자주 추천한다.

지그는 독특한 곡이다. 다른 어떤 곡과도 다르다(그 점에서는 파르티타 6번의 지그도 마찬가지다). B플랫장조 파르티타의 나머지 곡들이 기본적으로 단순하고 절제되고 전원적인 매력을 갖고 있는 데 비해 지그는 상당히 까불거린다. 마지막에 우리를 바닥에 내리는 것이 아니라 공중에 휙 던지며 곡이 끝난다. 바흐는 심오함이 지나쳐서 웃을 줄 모르는 사람이 절대로 아니다. 이렇게 말하면 어떨까? 그의 미소는 그의 한숨과 찡그림만큼이나 심오하다고.

12장

베르디: 팔스타프, 1막 2장

열네 살 때 〈팔스타프〉를 PBS에서 보고 사랑에 빠졌다. 그 이후로 이 오페라는 한 번도 매력을 잃은 적이 없다. 티토 고비가 타이틀 역을 맡은 카라얀의 유명한 음반을 추천한다. 그냥 CD만 들어서는 안 된다. 대본을 같이 보며 집중해서 들어야 한다! 그게 아니라면 번역 텍스트가 딸린 비디오도 괜찮다.

"당신의 얼굴이E il viso tuo…"는 이 장에서 내가 분석한 패시지 서두에 나오는 가사다. 하지만 2장 처음부터 들어보기 바란다. 그리 길지 않으며 가볍고 신속하게 내달리는 희극 작법의 진수를 보여준다.

13장

찰스 아이브스: 피아노 삼중주 S.86

아이브스가 이 곡에 대해 요약해놓은 노트가 있다.

첫 악장은 노령의 철학 교수가 예일 학생들에게 전하는 짧지만 진지한 강연이다. 둘째 악장은 학생들이 … 휴일 오후에 장난치며 노는 광경이다. … 마지막 악장은 캠퍼스에서 일요 예배를 본 기억을 담았다. 마지막에 "만세반석 열리니"로 끝난다.

그러니까 교실, 사교클럽, 교회, 이렇게 세 구역에 어린 캠퍼스의 추억을 담은 곡이다.

대부분의 연주자들이 내가 듣기에 1악장에서 노령의 철학자를 제대로 담아내지 못한다. 학계 특유의 현학과 근엄함이 뒤섞인 어중간하게 진지한 모습이다. 으스대는 팡파르는 불경한 블루노트가 섞인 애매한 C장조로 등장한다. … 마지막의 종지('아멘 종지')는 아이브스식 농담의 진수다. "오, 귀가 얇은 나그네쥐 같은 당신들은 올바른 엔딩을 좋아할 테니, 옜다, 여기 있다."

길버트 칼리시는 아이브스의 최고 해석자로 꼽히는 인물이다. 그가 말이 필요 없는 첼리스트 요요 마, 그리고 로넌 레프코위츠와 호흡을 맞춘 음반을 추천한다.

모차르트: 피아노 소나타 14번 C단조 K.457, 1악장

음악사를 살펴보면 흥미로운 사실이 있다. 대부분의 바흐 곡에는 침묵이 드물다. 일례로 내가 알기로 〈골드베르크 변주곡〉은 전곡을 통틀어 쉼표가 하나도 없다(변주와 변주 사이에 쉬는 것은 당연히 제외하고 하는 말인데, 그렇기에 대단히 중요한 결정이 된다). 한 손이 연주를 멈추어도 다른 손이 연주하고 있다. 어쩌면 한두 번 예외가 있을는지는 모르겠다.

하지만 〈골드베르크 변주곡〉 이후 50년이 지나서 작곡된 이 곡에서 악구와 악구 사이의 침묵은 절대적으로 중요한 '음'이다. 보이지 않는 존재감을 드러내며, 하나의 악상의 감정이 다음 악상의 감정으로 넘어가는 문턱이 된다. 1악장에서 내가 가장 좋아하는 순간은 호기심 많은 작은 악상이 중간에 툭 잘리는 것이다. 침묵에 이어 조용하고 우아한 대답이 돌아온다. 질문은 반복되고—침묵과 대답이 있고—그런 다음 격렬한 급류가 몰아친다. 우아함과 붕괴는 묘한 대칭을 이룬다.

재현부로 접어들기 직전에 나오는 스산한 침묵도 사랑한다. 음악이 점점 줄어들더니 단 두 음과 수수께끼 화음만 남는다. 그러고는 쉼표. 멋진 술수다. 가장 결정적인 시점에 이야기가 무너져 내린다. 피터 시켈레가 스포츠 중계하듯 베토벤 교향곡을 해설한 음악회에서 이 점을 명민하고 능숙하게, 나처럼 장황하지 않게 지적했다.

크리스티안 베주이덴호우트가 포르테피아노로 연주한 실황 녹음을 무척 즐겁게 들었다. 격렬하고 불확실하고 다정하다. 게다가 그는 쉼표를 제대로 요리해낸다! 루바토가 많다. 좀 더 조신한, 그러면서도 표정이 풍부한 해석을 좋아한다면, 우치다 미쓰코를 추천한다.

버르토크: 피아노 소나타(1926), 1악장

이 소나타의 1악장은 사건이 너무 많이 벌어져서 허둥대느라 곡의 복잡함과 명민함을 음미하기가 어렵다. 가장 흥미진진한 녹음 연주(예컨대 졸탄 코치슈)도 언짢게 들릴 수 있다. 개시부는 E장조(내게

'행복한' 조성 가운데 하나)로 되어 있지만 그런 느낌이 거의 나지 않는다. 나는 셰복이 이 곡을 녹음한 것을 찾지 못했다. 하지만 그는 같은 작곡가의 〈춤 모음곡〉을 녹음했으며 여기서 그의 접근법을 들을 수 있다. 지나치게 격렬하지 않다. 모음곡의 각 악장 마지막에 서정적인 후렴이 나오는데, 셰복은 이런 민요 곡조를 가히 매혹적으로 연주한다. 교실에서 내가 기억하는 바로 그 모습이다. 귀를 잡아채는 연주다. 이런 혼잣말을 하게 된다. "**이제야** 내가 음을 듣는군."

쇼팽: 환상곡 F단조 op.49

쇼팽이 이 곡에 환상을 많이 심어놓았다는 것이 내 지론이다. 그는 환상곡을 쓰면서 환상에 집착한 것이다. 악상에서 악상으로 이상하게 훌쩍 건너뛰는 대목이 많다. 벙커에서 벗어나려고 애쓰는 골퍼가 생각난다.

녹음에 저항하는 곡이라는 생각도 든다. 집념에 찬 유튜브 채널에서 대여섯 개 연주를 하나의 영상에 담아놓았는데 어느 것 하나 마음에 들지 않았다. 그러자 내가 젊었을 때 이 곡을 난도질했던 아픈 기억이 한결 누그러졌다.

마리아 주앙 피르스의 연주는 생동감 있고 음이 뭉개진다. 내 짐작이 사실이라고 (거의) 믿게 만드는 연주다.

브람스: 바이올린 소나타 1번 G장조 op.78

『가디언』의 2001년 조사에 따르면 이 곡은 '결정적인' 녹음이 없다고 했다. 나도 그렇다고 생각한다. 셰복이 유명한 아르투르 그뤼미오와 녹음한 것이 있다. 당연히 들어볼 만하고 좋은 대목이 있지만, 왠지 짝을 잘못 만났다는 느낌이다.

이 소나타는 브람스가 평생 품어왔던 지난 시절에 대한 노스탤지어의 정수다. 너무 늦게 태어난 자의 회한(낭만주의 시대에 고전주의자가 되려고 했던 작곡가), 혹은 열망과 책무에 짓눌린 자의 피곤이 느껴진다. 영화 〈남아 있는 나날〉에서 앤서니 홉킨스가 맡았던 역할과 비슷하다.

왈츠 분위기로 진행되는 개시부 주제는 근사하지만 난감하다. 요세프 수크가 연주하는 개시부는 지나치게 기념비적이고 웅장하게 들린다. 여유와 친밀함이 충분히 느껴지지 않는다. 이츠하크 펄먼과 블라디미르 아시케나지는 훌륭하지만 처음부터 몽상에 잠긴 것처럼 들린다. 모든 단계를 훌쩍 건너뛰고 이른 은퇴에 접어든 사람의 연주다. 1분 30초가 지나면(루빈스타인/셰링) 또 다른 왈츠 주제가 등장한다. 좀 더 날아오르는 느낌의 왈츠다. 3분이 되면(이번에도 루빈스타인/셰링) 또다시 왈츠다. 이제 반음계 음들이 두드러져서 추파를 던지는 느낌이다. 그러니 1악장은 왈츠의 세 가지 면을 담고 있다. 다정한 왈츠, 날아오르는 왈츠, 매혹적인 왈츠.

마지막 악장은 누가 잘 연주할까? 여러분이 듣고 판단하기 바란다. 두 연주자가 선율을 제쳐두고 몇 소절 동안 그냥 빗소리를 연주할 때가 너무도 많다. 연주자는 이 대목에서 소리를 바꿔야 하지만 그러지 않는다. (평생 담아왔던) 온갖 종류의 감정이 있는데 일순간 내면의 목소리를 잠재우고 비만 듣는다니 말도 안 된다. 비는 표현을 담는 틀, 친구, 떨어지는 것, 시간, 슬픔의 상징이다. 하지만 비 자체는 감정을 가져서는 안 된다. 청중석에 앉아 바이올리니스트가 온갖 멋진 비브라토와 슬라이드를 구사하는 것을 듣는다고 생각하니 화가 난다.

14장

코플런드: 육중주

유럽에서 유명한 대위법의 대가 나디아 불랑제에게 배우고 스트라빈스키를 만났던 젊은 미국인 게이 공산주의자 코플런드가 1933년에 고국으로 막 돌아와서 작곡한 매력적인 곡이다. 우리가 아는 코플런드 이전이며 아직 돈이 궁했던 시절이다. 그는 '자신의 목소리를 찾는' 중이었다.

유튜브에서 밴브루 사중주단의 사랑스러운 연주를 찾았다. 리듬의 활력이 넘치고 가끔 티 나게 어긋나서 불확실한 순간도 있다. 리듬이 어려운 곡에는 두 종류가 있다. 연주자가 일치하지 않음을 청중이 알아챌 수 있는 곡과 그렇지 않은 곡. 불행히도 이 곡은 전자다.

모차르트: 피가로의 결혼, 1막 1장

이 오페라와 관련해서는 권위 있는 음반이 차고 넘친다. 나는 어렸을 때 게오르그 솔티와 프레데리카 폰 슈타데, 루치아 포프가 함께 한 음반을 듣고 사랑에 빠졌다. 지금도 근사한 연주라고 생각하지만, 존 엘리엇 가디너의 시대 악기 연주로 이 오페라 시작 부분을 듣는 매력이 대단했다.

첫 장면에서 치수를 재며 즐거워하는 분위기가 수잔나가 결국에는 실상을 피가로에게 설명할 수밖에 없는 상황이 되면서 점차 위협적으로("딩딩, 동동") 바뀌어가는 것을 들어보라.

모차르트: 돈 조반니, 1막 1장, 다툼 직후 "아, 사람 살려!"

오래된 비디오로 코벤트가든 공연(콜린 데이비스, 키리 테 카나와, 토머스 앨런 등)을 보고 '하나 둘 셋'이 멋지다고 느꼈다. 기사장은 9분 50초에 칼에 찔린다. 셈하는 리듬은 10분에 시작하여 11분 15초에 마무리된다. 돈 조반니의 고음은 10분 35초경에 나온다. 죽음을 슬퍼하는 애가다. 이런 장면이 펼쳐지는 오페라를 어떻게 불평할 수 있단 말인가? 하지만 사람들은 오페라에 대해 불평하기를 좋아한다.

이런 불후의 패시지가 끝나자마자 농담이 등장한다. 돈 조반니가 레포렐로에게 거기 있는지 묻는다. 레포렐로는 돈 조반니에게 누가 죽었는지 묻는다. 돈 조반니인지 기사장인지. 모차르트가 얄밉도록 잘하는 것이다. 몸서리치는 비극에서 익살극으로 순식간에 넘어가는 것 말이다.

베르디: 팔스타프, 3막, "하나… 둘… 셋…"

숫자를 세는 장면은 카라얀/고비 음반(유튜브)을 기준으로 1시간 37분에 나온다.

슈베르트: 즉흥곡 A플랫장조 D.935, no.2, 아르투르 슈나벨 연주

가급적이면 슈나벨 연주로 즉흥곡 전곡을 들어보기 바란다.

15장

모차르트: 피아노 협주곡 C장조 K.415

능수능란한 우치다와 잘츠부르크 카메라타의 실황 연주(유튜브에서 들을 수 있다)나 머리 퍼라이아와 잉글리시 체임버 오케스트라의 유명한 음반(내가 들으면서 자란)을 추천한다.

하지만 내가 들은 가장 아름다운 음반도 피아노가 처음 등장하는 순간 세복만큼 장난기를 살려 연주하지 못했음을 말해둔다. 수수하고 서정적인 연주가 있고, 남아도는 C를 계속 강조하는 연주가 있다.

죽음에서 농담으로 넘어가는 〈돈 조반니〉의 순간을 생각해보라. 그런 귀중한 삶의 통찰은 우리가 모차르트를 지나치게 예쁘게 연주하면 놓치고 만다. 퍼라이아가 연주하는 마지막 악장(론도) 주제는 대다수 연주보다 우스꽝스러우며, 오케스트라는 대다수 연주보다 살짝 더 요란하게 날뛴다. 모차르트가 파티를 원한다면 그렇게 하는 것이 어떨까?

베토벤: 첼로 소나타 3번 A장조 op.69, 3악장과 4악장

폴 토르틀리에와 에리크 하이드시에크의 아름다운 연주를 추천한다. 3악장은 길이가 짧다. 도입부라고 부를 수도 있겠지만 비전이나 서정적 이상이라고 하는 것이 더 적절하다. 베토벤은 완벽하고 고립되고 흐트러짐 없는 삶을 사는 이런 식의 선율을 아주 드물게 남겼다. 그는 (교본과도 같은 1악장 발전부와 달리) 이 곡조를 전혀 발전시키지 않는다. 그냥 등장하고 머무르고 사라지게 한다.

나는 마지막 악장에서 왼손을 충분히 빠르게 놀리지 못했다. 돌아보면 나는 어떻게 하면 왼손은 더 빨리, 오른손은 더 느리게 놀릴까 애쓰면서 많은 세월을 보냈다.

멘델스존: 첼로 소나타 D장조 op.58, 3악장, 야노스 슈타커와 죄르지 셰복 연주

당연히 슈타커와 셰복의 연주로 들어야 한다.

낭만주의가 최절정에 이르렀을 때(1843년) 작곡된 소나타다. (바흐가 아닌 한) 찬가를 고전음악에 녹여내기가 쉽지 않은데 이 곡은 용케 그런 일을 해냈다.

멘델스존의 많은 곡이 하나의 악상(A)을 제시하고, 이와 다르게 행동하는 두 번째 악상(B)을 제시한 다음, 둘을 융합하여 B가 A의 반주가 되거나 반대가 되는 식으로 C를 만들어 모순을 해결한다. 이 곡에서 셰복의 말도 안 되게 아름다운 펼침화음을 집중해서 들었다면, 코랄이 돌아오고 나서 첼로가 어떻게 연주를 이어가는지도 들어보라. 믿음과 의심이 하나가 되었는가? 서로를 위로하는가?

16장

쇼팽: 연습곡 op.25, no.9(〈나비〉), 이그나츠 프리드만 연주

쇼팽의 〈연습곡〉을 모른다면, 여러분은 세상의 즐거움을 모르고 산 것이나 마찬가지다. 그는 각각 열두 곡으로 이루어진 연습곡 두 권을 작곡했다. 기교와 작곡 능력의 정점을 보여주는 걸작이다.

이 연습곡을 프리드만처럼 연주하는 것은 좀처럼 들어보지 못했을 것이다. 내가 각별히 좋아하는 곡은 C장조 연습곡과 G샤프단조 연습곡(일명 '3도')이다. 프리드만이 선호하는 피아노는 액션이 가벼워서 우리 같은 현대 피아니스트보다 더 민첩하게 연주할 수 있었다. 그렇게 공기역학에 기대어 가볍게 날아오르다가 프리드만은 베이스 라인을 들썩거리게 연주하기로 하며, 그러고 나서는 잔뜩 으스대는 몸짓으로 건반 아래위를 오가며 화음을 두들겨 래그타임 피아니스트의 세계에 다가간다.

17장

바흐: 비올라다감바 소나타 3번 G단조

안너르 빌스마가 보프 판 아스페런과 함께 연주한 음반을 추천한다. 언젠가 말버러에서 술에 취한 나는 안너르에게 다가가 그가 연주한 하이든이 무척 마음에 든다고 (다른 많은 더 '미국적인' 말버러 연주자들의 연주보다 한결 자유롭다고) 말했다. 그는 셰복과 흡사한 유럽인의 표정으로 나를 보더니 "오, 그래요, 그런 연주를 좋아하는 젊은이로군" 하고 말하고는 돌아서서 맥주를 주문했다.

빌스마/아스페런 음반은 오르간을 사용하는데 내 귀에는 아주 괜찮게 들린다(하프시코드보다 더 감미롭다!). 1악장은 협주곡을 방불케 하는 연주다. 복잡한 독주 패시지와 요란하고 반복적인 유니즌 패시지가 있으며 두 사람은 마치 오케스트라처럼 군다. 2악장은 바흐에게 있어서 일종의 한계를 시험하는 곡이다. "선율이 뭐지? 굳이 선율이 있어야 해?” 하고 우리에게 묻는 것 같다. 저음에 반복되는 악상이 있어서 곡을 끌어가지만, 나머지는 전부 즉석에서 만든 것 같다. 건반이 감정을 울리는 몇몇 음을 연주하고 비올라다감바가 장식음으로 활력을 주며 주도권을 쥐려고 한다.

길이가 3분에 불과한 마지막 악장은 대위법과 춤곡이 어우러진 보석 같은 곡으로 내가 가장 좋아하는 악장이다. 빌스마는 (반복되는 음들의 묶음으로 시작하는) 푸가 주제를 상당히 빠르게 연주하여 뒤에 오는 셋잇단음표는 미친 듯이 빨라진다. 오르간이 빵빵거리며 서둘러 해치운다. 하지만 이 모든 것은 ‘제2주제’에 이르면 누그러진다. 10분 50초경에 나오는데 바흐는 여기에 ‘칸타빌레’(노래하듯이)라고 딱 한 단어를 적었다. 이렇게 바흐가 나서서 무엇을 하라고 지시하는 경우는 드물다. 낭만주의 작곡가, 심지어 고전주의 작곡가도 칸타빌레라고 적고 나서는 재량에 맡긴다. 하지만 과묵한 바흐의 맥락에서는 그 말이 전부다.

바흐: 바이올린 소나타 4번 C단조

이 소나타에 느린 악장이 1악장과 3악장 이렇게 둘 있는데, 그 수수께끼를 풀고자 많은 시간을 매달릴 수도 있다. 내가 두 달 동안 그랬다. 1악장은 시칠리아노다. 부점 리듬(‘길고-짧고-긴’)으로 된 춤곡이며 바흐는 이런 리듬으로 놀라운 것을 자주 만들어냈다. 그 리듬이 대체 뭐라고. 고르지 않은 것, 떠다니는 느낌?

이자벨 파우스트와 크리스티안 베주이덴호우트의 연주를 들어보라. 1악장은 아름답고 세련된 연주다. 내가 생각하는 이상적인 연주는 건반악기가 살짝 더 자신의 세계에 머물고 덜 공손한 연주, 아주 가끔씩만 바이올린과 '어울리는' 연주다.

3악장은 바흐의 유명한 칸타타 "예수, 인간 소망의 기쁨"과 닮은 면이 있다. 건반악기가 셋잇단음표를 연주하는 가운데 종교적인 선율이 그 위로 흐른다. 바흐는 여기서 이례적으로 셈여림을 특정하게 표기한다. 주고받기call and response가 이어지며 그럴 때마다 그는 세게 여리게 연주하도록 한다. 메아리에 관한 곡이다. 처음에는 여린 악구가 센 악구와 같아서 말 그대로 메아리지만, 점차적으로 (삶의 기억이 그렇듯) 메아리가 복잡하게 된다. 시간과 다른 필요들에 의해 왜곡되는 것이다.

파우스트/베주이덴호우트가 3악장을 너무 빠르게 연주한다는 것은 말해야겠다. 그리고 하프시코드로는 이런 메아리를 제대로 표현할 수 없다. 애석한 일이다. 바흐가 현대 피아노를 선호했을지도 모르겠다는 기분이 드는 많은 순간 가운데 하나다(항의메일을 보내도 어쩔 수 없다). 유튜브에서 멜버른 바흐 마라톤 연주회의 일환으로 젊은 두 음악가 그레이스 우와 로런스 매더슨이 이 악장을 아름답게 연주한 것을 찾았다. 다른 뜻은 없다. 그냥 아름다운 연주다. 시간의 짐을 덜었다. 내 말이 아이러니하게 들리겠지만, 그냥 아름다운 연주일 뿐이다.

리게티: "바르샤바의 가을"(〈연습곡 1권〉 중)

염치없지만 논서치에서 나온 내 음반을 추천한다. 피에르 로랑 에마르의 카네기 홀 실황도 좋다. 구글 검색을 하면 찾을 수 있다. 그의 엔딩은 그냥 최고다.

베토벤: 변주곡과 푸가 E플랫장조 op.35(〈에로이카 변주곡〉)

베토벤의 가장 눈부신 피아노곡 가운데 하나다. 청중의 사랑을 받는 곡은 아니다. 그가 좀 더 장대한 자신의 목소리를 찾던 초중기 시절에 만들어진 곡이다.

이 곡을 유명한 〈영웅〉 교향곡의 마지막 악장을 위한 습작 정도로 치부할 수도 있다. 하지만 베토벤은 같은 악상을 취해 한동안 같은 행보를 따르는가 싶더니 피아노 특유의 즐거움을 좇기 시작한다. 그는 온갖 종류의 건반악기 기교를 숨 가쁘게 연이어 요구한다. 펼침화음과 음계, 도약 음정과 손바꿈, 양손이 서로를 쫓는 캐논(〈골드베르크 변주곡〉과 같은), 일부러 잘못된 음을 치며 즐거워하는 유명한 변주. 마지막으로 느린 두 변주를 위한 무대가 펼쳐진다. 하나는 단조의 곡, 다른 하나는 끝도 없이 전개되는 장조의 곡으로 화려한 아리아를 듣는 기분이다.

베토벤이 자신의 주제를 말도 안 되게 자세히 내려다보는 이런 아다지오 변주들에서 나는 소우주를 생각한다. 아주 작은 사건을 고배율로 확대해보는 것이다. 그는 활동의 속도를 줄이는 동시에 몰아치는 느낌을 만든다. 그래서 화음이 이제 건물 기둥이나 행성의 극지방처럼 느껴진다. 서로 멀리 떨어져 있지만, 눈에 보이지 않는 강력한 힘으로 묶여 있다.

누구를 추천해야 할지 모르겠다. 일단 이매뉴얼 엑스가 최근에 녹음한 사랑스러운 음반을 들어보라. 브렌델의 음반은 내가 기억하는 것보다 더 흥겹고 익살스러우니 그것도 추천한다.

베토벤: 피아노 소나타 32번 C단조 op.111

고전음악을 통틀어 가장 위대하고 기이한 곡으로 꼽힌다. 구드, 우치다, 빌헬름 켐프를 들어보라(그리고 저 어딘가에 덴크의 연주도 있다). 마지막 악장의 황홀경은 연주자마다 제각각이다. 얼마나 느려야 할까? 유명한 부기우기를 어떻게 들을까? 그것을 나머지와 어떻게 화해시킬까?

내가 누구의 연주로 들을까 크게 고민하지 않는 하나의 이유는 다들 어떤 악명 높은 피아노 문제에 집착하기 때문이다. 일례로 이 곡 마지막에 나오는 트릴이 있다. 나로 말할 것 같으면 연주자가 거기까지 가서도 내가 흥미를 잃지 않는다면, 그가 내 안에 고양된 의식 상태를 일으킨다면, 주제의 아름다움이 변주의 광기 내에서 여전히 느껴진다면, 시간 감각이 무너지고 순수한 소리의 매력이 빛난다면, 트릴 따위는 아무래도 상관없이 행복하다.

18장

베토벤: 피아노 협주곡 4번 G장조 op.58, 1악장

또다시 슈나벨이다! 1937년 HMV에서 나온, 맬컴 사전트가 지휘한 런던 필의 음반으로 추천한다. 슈나벨의 연주는 나무랄 데 없으며 지나치게 숭배하는 느낌이 없다. 장난스러움이 고전음악의 순수성에 짓눌리지 않는다.

베토벤: 교향곡 5번 C단조, 1악장

굳이 이 곡을 들어야 할 이유가 있을까?

베토벤: 첼로 소나타 D장조 op.102, no.2, 2악장과 3악장

재클린 듀프레이와 다니엘 바렌보임은 참으로 대담하게도 느린 악장을 이보다 더 느리고 죽음에 가깝게 연주할 수 있을까 싶게 연주한다. 정말이지 종착점에 다다른 느낌이며 금세 무너질 것 같은데 용케 버틴다. (독자들은 이미 눈치챘겠지만) 나는 평소에 이런 식의 접근법에 인내심을 보이지 않지만, 여기서는 꾹 참고 들은 보상이 있다. 느린 악장에서 마지막에 이르러 장조의 화음을 연주할 때 바렌보임과 듀프레이는 단순한 아름다움과 깊은 감정으로 기어이 우리를 울린다.

마지막 악장의 푸가도 훌륭하다. 말끔하고 투명하고 재치 있고, 그러면서 앞으로 나아가는 에너지와 난폭함으로 가득하다. 보다 침착한 **셋**에서 몰아치는 **하나**로 완벽하게 미끄러진다. 내가 쓰려고 했던 바로 그것, 리듬의 즐거움이다. 그들의 연주를 듣고 있자니 너무도 행복하다. 아울러 내가 놀러 다닐 게 아니라 음악에 대한 이야기를 더 많이 했어야 한다는 사실에 후회도 든다. 세상에, 그들은 마지막에 미쳐 날뛴다!!!

19장

슈만: 바이올린 소나타 1번 A단조 op.105

슈만의 곡들은 무엇을 원할까? 억누를 수 없는 욕망의 한가운데서 시작할 때가 많은데 이 곡 역시 그러하다, 바이올린이 어둡게 빙빙 도는 주제를 연주한다. 특정한 음들을 건너뛰고 음들 사이의 정서적 거리를 들으며 출구를 찾아 나선다. 피아노가 응답한다. 바이올린이 장조로 응답하지만, 여전히…

슈만은 브람스나 라흐마니노프처럼 명료한 클라이맥스를 쓰지 않는다. 나는 이것이 그의 성격과 연관성이 있다고 느낀다. 그는 자신의 욕망을 틀에 가두거나 특정한 목표에 내맡기려 하지 않는다. 하찮게 보이거나 거짓될 우려가 있어서다. 슈만을 들을 때는 욕망에서 욕망으로 이어지는 이행부를 찾아야 한다. 긴급한 필요에서 살짝 덜 긴급한 필요로, 알쏭달쏭한 필요로 나아간다.

1악장 마지막에 상대적으로 단순한 해결책이 나온다. 똬리를 틀고 있던 에너지가 폭발적인 기교에 힘입어 분출된다. 마지막 화음은 거의 야만적이다.

2악장은 다른 형식에 다른 해결책을 제시한다. 아이 같은 천진난만한 음악이다. 중간에 어두운 환상이 나왔다가 다시 밤의 공포에서 깨어난 아이로 돌아온다.

기돈 크레머와 마르타 아르헤리치의 연주는 생동감이 넘친다. 시간여행을 연습하는 셈 치고 아돌프 부슈/루돌프 제르킨을 들어보라. '오래된 녹음'의 분위기에 귀가 적응하면 화성을 어떻게 듣는지와 관련하여 귀중한 뭔가를 얻을 수도 있다. 내가 듣기에는 누구도 2악장에서 충분히 천진난만하지 않다.

엘리엇 카터: 소나타(1945-46)

줄리아드에서 가르쳤던 멋진 피아니스트 베버리지 웹스터의 오래된 음반을 추천한다. 깔끔한 연주는 아니며(솔직히 말해 재앙에 가깝게 음이 뭉개진다) 피아노는 음이 맞지 않는다. 하지만 (난이도가 있음에도) 깊은 감정이 있고, 몰아치는 힘과 루바토, 그리고 음색이 좋다!

1악장은 느리고 준엄한 화성과 거칠고 빠른 리프가 교대로 등장한다. 2악장은 훨씬 길고 준엄하고 노래하는 섹션이 앞뒤에 놓여 중간의 현란한 재즈풍의 푸가를 받쳐준다.

폴 제이컵스가 연주하는 푸가(2악장 중간)는 베버리지보다 깔끔하지만 푸가답게 들린다. 사람들이 푸가를 듣고 있음을 잊게 만드는 것은 근사한 일이다.

바흐: 파르티타 6번 E단조

반복 표시를 다 지켜서 연주하면 30분에 이르는 곡으로 바흐가 작곡한 건반악기 작품 가운데 가장 장대하고 대담한 곡이다. 첫 악장 토카타는 자유로운 즉흥과 푸가로 이루어져 있다. 자유로운 대목이든 정해진 대목이든 다루는 기본 악상은 똑같다. 반음 내려가는 음정과 네 개 음으로 된 하강으로, 둘 다 슬픔을 나타내는 음악적 상징이다.

리언 커슈너가 고통스러운 표정으로 서두의 펼침화음을 내게 노래로 불러주었던 것이 생각난다. 이 악장이 전하고자 하는 메시지는 고결한 슬픔이다. (서두의 상승하는 펼침화음과 하강하는 탄식에서 보듯) 하강과 상승 사이에 끊임없는 긴장이 발생하며, 여기에는 감정을 건드리는 뭔가가 있다. 항상 추락과 상실, 강박적인 상실이 있음을 인정하면서도 이를 딛고 올라서려고 한다.

파르티타는 여러 춤곡을 모아놓은 것이다. 전형적인 구성은 다음과 같다.

알망드(살짝 느린 2박자)

쿠랑트(빠른 3박자)

사라반드(느린 3박자)

자유 춤곡(가보트, 미뉴에트 등 중간 템포의 곡)

지그(빠른 3박자)

바흐가 기존의 이런 틀을 가져다가 이리저리 바꾸고 실험하는 장으로 활용했다고 하는 편이 정확하다. 모방하는 대상, 넘어서는 대상이었던 것이다. 알망드는 늘 그렇듯 성부들이 악상을 주고받으며 진행하는 식이며 실질적인 하나의 선율은 없다. 쿠랑트는 악마 같은 당김음으로 가득하며 오른손이 거의 항상 왼손과 어긋난다. 예기치 못하게 추가된 것이 있다. 짧은 아리아(에어)다. 더 가볍고 더 단순하다. 아마 숨을 돌리기 위함일 것이다. 그러고 나서 빌어먹을 사라반드다. 장식음이 가장 많은 바흐의 곡 가운데 하나다. 모든 성부에서 길게 물결치는 악구가 끝날 때마다 탄식의 음형이 격렬하게 돌아온다. 춤추기 불가능할뿐더러 뭐가 뭔지 알아보기도 어렵다. 그러고 나서 가보트가 나온다. 또다시 안도한다.

마지막은 전곡을 통틀어 가장 기이하고 난해한 곡이다. 돌연변이에 의해 3박자가 아니라 4박자로 진행하는 지그는 푸가라는 또 하나의 삶을 영위하며 도약하고 뛰어다닌다. 곡이 진행되면서 살짝 광기 어린 리듬의 자극에 적응하게 된다. 지적인 면이 있지만 순수한 생명력이기도 하다.

멋진 음반이 너무도 많다. 머리 퍼라이아의 실황 비디오가 있다. 내가 감당하기 어린 나이에 아지카에서 낸 음반도 추천한다. 살짝 느리게 연주했으면 좋았을 것이다. 좀 더 여유롭게, 6퍼센트 정도. 살짝 아쉽다!

슈베르트: 피아노 소나타 D장조 D.850

(뜻밖이겠지만) 슈나벨을 추천한다. 리흐테르도 좋다. 리흐테르(실황)는 듣는 사람을 얼어붙게 만든 연주였다. 내가 그 곡을 반드시 연주해야겠다고 마음먹게 만든 연주이기도 하다. 하지만 빈 특유의 운율감lilt은 슈나벨이 더 낫다. 러시아인들은 운율감으로 유명한 대가는 아니다. 내가 젊은 피아니스트들에게 운율감을 더 살려서 연주하라고 하면 대부분은 운율감이 뭐냐고 묻는다. 나는 두 손을 들고 만다.

몬테베르디: "제피로가 돌아와 좋은 날씨를 가져오네"(〈마드리갈 6권〉 중)

마드리갈은 과열될 때가 많다. 어떻게 보면 이른바 고전음악에서 이보다 감정이 풍부하고 강렬하면서 한입에 쏙 들어가는 장르도 없을 것이다. 둘, 셋, 넷, 다섯 성부가 대화를 주고받는다는 점에서 현악 사중주의 요소가 있다. 모든 성부가 하나의 목소리를 갖는다. 그래서 시의 화자의 내면에 담긴 모든 측면을 나타낼 수 있다.

　　구할 수 있다면 앤서니 룰리와 콘소트 오브 무지케의 음반으로 이 마드리갈을 들어보기 바란다. 그들의 엔딩은 그야말로 압도적이다.

리언 커슈너: 바이올린과 피아노를 위한 이중주 2번

이 곡은 세부적인 아름다움이 많다. 마디마다 공들여 만든 티가 난다. 하지만 전체적으로 무엇을 말하려는 걸까? 2002년 여름 말버러에서 내가 아이다 레빈과 함께 연주한 것이 음반으로 있다. 영원히 만족할 줄 모르는 리언이었기에 수많은 음악적 문장이 흘러넘쳤고 평온하게 쉬는 대목은 손에 꼽을 정도였다. 내가 가장 좋아한 순간이다.

　　리언은 1년 뒤에 이 곡을 개작하여 피아노 독주곡으로 만들었다. 아이다와 내가 템포와 관련하여 끊임없이 싸운 것이 원인이었지만, (내 생각에는) 그가 의뢰받은 피아노 독주곡 작업이 늦어진 것도 이유로 작용했다. 그리고 아름다운 일요일 오후, 뉴욕주 비콘의 오래되고 천장이 높은 도서관에서 나는 온전히 나만을 위한 곡을 연주했다. 리언은 넋이 나갔다. 내 연주를 마음에 들어 해서 이렇게 말했을 정도다. "항상 그렇게 연주하면 안 되겠나?"

　　이 연주는 리언의 피아노 독주곡 선집에 실렸으며 유튜브에 올라와 있다. 안타깝게도 중반으로 접어들 때 누군가가 요란하게 기침을 한다. 10분경에 내가 클라이맥스를 향해 시동을 걸 때 (내가 이런 말을 하기 그렇지만) 무척 근사하게 들리며, 그러고 나서 곡은 이제까지 응집력이 있었던 만큼 조각조각 해체된다. 음악이 들렸다가 사라졌다가 다시 기억난 것처럼. 12분경에 더없이 행복한 F샤프장조로 접어든다. 그대로 머물렀으면 좋으련만, 리언은 그 위에 더 많은 불협화음과 갈망을 쌓기를 고집한다. 과연 그답다.

코다 (이행부)

멘델스존: 콘체르탄테 변주곡

바흐의 〈골드베르크 변주곡〉, 브람스의 〈헨델 주제에 의한 변주곡과 푸가〉, 프레더릭 제프스키의 〈단합된 민중은 결코 패배하지 않으리〉처럼 하나의 세계를 이루는 멋진 변주곡들이 있다. 하지만 이 곡은 어떤가. 길이가 고작 8분이지만 이보다 더 완벽한 곡이 있을까. 나는 변주들이 적절하게 기교를 부렸다 놓았다 하며 구불구불 나아가는 방식을 좋아한다. 어떤 변주곡처럼 지나치게 오래 진창에 발을 담그고 꾸물대는 법이 결코 없다(브람스, 당신 말이오!).

처음에 셰복과 슈타커는 달콤한 선율이 물리는 것을 원치 않는다는 듯 거의 사무적으로 연주한다. 그러고 나서 본격적인 놀이가 시작된다. 셰복이 53초에 음들을 살짝 불균등하게 연주하는 것을 들어보라. (푸르트벵글러 왈 "음악성의 핵심은 거의 알아채지 못하게 템포를 바꿀 줄 아는 것이다.") 셰복은 1분 45초에 다시 고삐를 죄고 아름다운 종지를 이끈다. 그가 2분 50초에서 3분 30초 사이에 짧은 화음들을 연주하며 슬며시 웃는 것만 같다. 그러다가 4분 45초에 완연한 폭풍이 몰아친다. 어둠과 폭풍이 끝나고 슈타커가 음을 길게 끌며 친구가 합류하기를 기다린다. 이제 셰복이 주제를 연주하는데 시간을 살짝 늘려 잡는 대목이 있다(5분 53초). 그가 스스로에게 허락한 자유다. 이 대목을 들을 때면 항상 눈물이 난다. 그는 아름다움을 알아챘고 아름다움을 알아채는 것이 중요하다고 주장하면서도, 지나쳐서는 안 된다고, 결코 안 된다고 우리에게 계속 상기시킨다.

셰복의 마지막 펼침화음 연주는 놀라움 그 자체다! 피아노는 이렇게 연주해야 한다고 시범을 보이는 것이다. 언젠가 그가 내게 비결을 말하기를 빠른 음들을 느린 건반 속도로 연주하는 것이라고 했다. 음들은 빠르게 내지만 손가락이 건반에 도달하는 것은 상대적으로 느리다니. 멋진 역설이다.

리스트: 스페인 랩소디

이 책에서 리스트 이야기는 거의 하지 않았다. 내가 리스트를 썩 좋아하지 않아서인데 그가 최고의 영감과 최악의 영감을 구별하지 않고 마구잡이로 사용하기 때문이다. 그러나 셰복은 리스트를 좋아했고 멋지게 연주했다. 이 글을 쓰는 지금 그가 이 곡을 연주한 오래된 음반을 (분명 어디 있는데) 찾지 못하겠다. 여러분에게 그 음반을 발견하는 행운이 있기를. 하지만 애써 음반을 찾고 싶지 않다면 그냥 셰복이 연주하는 리스트의 소나타를 들으면 된다. 고전적인 접근, 건반의 장악력, 명료함, 견실함, 뭐 하나 부족한 게 없다.

모차르트: 피아노 협주곡 C장조 K.503, 제러미 덴크와 세인트폴 체임버 오케스트라 연주

내가 음반 내지에 쓴 해설로 대신하겠다. 열심히 썼다.

이 레슨이 끝나지 않기를

초판 1쇄 발행 2024년 4월 5일
초판 2쇄 발행 2024년 6월 3일

지은이 제러미 덴크
옮긴이 장호연

펴낸이 서지원
책임편집 홍지연
디자인 형태와내용사이

펴낸곳 에포크
출판등록 2019년 1월 24일 제2019-000008호
주소 서울시 서대문구 신촌로 63, 1515호
전화 070-8870-6907
팩스 02-6280-5776
이메일 info@epoch-books.com

ISBN 979-11-981231-4-5 (03670)
한국어판 ⓒ 에포크, 2024